Imke Schmincke
Gefährliche Körper an gefährlichen Orten

Materialitäten | Hg. von Gabriele Klein, Martina Löw und Michael Meuser | Band 9

Imke Schmincke (Dr. phil.) ist wissenschaftliche Mitarbeiterin an der LMU München. Ihre Forschungsschwerpunkte sind Theorien zu Körper, Kontrolle, Stadt, kritische Gesellschaftstheorie und feministische Theorie.

Imke Schmincke

Gefährliche Körper an gefährlichen Orten

Eine Studie zum Verhältnis von Körper, Raum und Marginalisierung

[transcript]

Bibliografische Information der Deutschen Nationalbibliothek
Die Deutsche Nationalbibliothek verzeichnet diese Publikation in der Deutschen Nationalbibliografie; detaillierte bibliografische Daten sind im Internet über http://dnb.d-nb.de abrufbar.

Umschlaggestaltung: Kordula Röckenhaus, Bielefeld
Lektorat & Satz: Imke Schmincke
Druck: Majuskel Medienproduktion GmbH, Wetzlar
ISBN 978-3-8376-1115-1

Gedruckt auf alterungsbeständigem Papier mit chlorfrei gebleichtem Zellstoff.

Besuchen Sie uns im Internet: *http://www.transcript-verlag.de*

Bitte fordern Sie unser Gesamtverzeichnis und andere Broschüren an unter: *info@transcript-verlag.de*

Inhalt

Dank

Das vorliegende Buch ist die überarbeitete Version meiner 2007 im Department Sozialwissenschaften der Universität Hamburg eingereichten Dissertation.

Für das Zustandekommen dieser Arbeit möchte ich vielen Menschen danken:

Zunächst danke ich meinen Interviewpartner/inne/n für die Zeit und Offenheit, die sie mir entgegengebracht haben.

Dann danke ich den beiden Betreuerinnen meiner Arbeit, Frau Prof. Gabriele Klein und Frau Prof. Marianne Pieper. Vor allem die Ermutigung und Unterstützung durch Gabriele Klein und das von ihr geleitete Doktorand/inn/en-Kolloquium waren eine wertvolle Hilfe und wichtige Begleitung für die diversen Denk- und Schreibprozesse. In diesem Zusammenhang möchte ich auch Malte Friedrich, Melanie Haller und Friederike Lampert für Austausch und Kritik danken. Klaus Buddeberg und Arne Dekker danke ich dafür, den Weg in die Bibliothek gefunden zu haben. Intellektuelle und emotionale Unterstützung habe ich vielen Menschen zu verdanken. Ich danke für Hilfe, Zusprache, Mut, Anregung, Ablenkung, Kritik, Gespräche, Geborgenheit und Freundschaft:

Dietlind Jäger-Schmincke, Maren Möhring, Dörthe Ohlhoff, Kathrin, Lisa, Moritz, Peter Parisius, Julia Puth, Hartmut Ruddies, Claus Sasse, Nicola Schmidt, Christoph Schmincke, Til Schmincke, Mark Schumacher, Anne Françoise Weber.

Prolog

Ein weiter, kopfsteingepflasterter Platz, in seiner Mitte ein monumentaler Brunnen, auf dessen Sockel die Hansa thront und majestätisch mit ihrer rechten Hand gen Himmel weist. Um den Brunnen herum steht eine Reihe hoher Linden, deren Grün zusammen mit den etwas niedrigeren Ahornbäumen den Platz erleuchtet. Zu drei Seiten ist der Platz durch Straßen und Parkstreifen von den ihn einfassenden Häuserfronten getrennt. Gründerzeitliche und moderne Häuserfassaden erheben sich hier. Eine bunte Mischung unterschiedlicher Einrichtungen und Gewerbe säumt die Straße: während in dem Haus, auf das der Platz unmittelbar zuläuft, die Imbiss-Stube Asia-Grill, eine Geschichtswerkstatt und ein Stadtteilladen untergebracht sind, befinden sich in den anderen Häusern ein Handy- und Internet-Laden, ein pakistanisches Restaurant, ein Tabakladen, einige Kneipen, Video- und Erotikläden, ein Leihhaus, mehrere Hotels und Nachtclubs sowie ein indisch-pakistanisches Geschäft für Lebensmittel und DVDs und eine türkische Tee-Stube. Vor einigen Geschäften stehen oder sitzen vereinzelt Männer; vor Hotels und an einigen Straßenecken stehen Frauen, Sexarbeiterinnen, die auf Kunden warten. Es ist insgesamt ruhig, auch wenn regelmäßig Autos vorbeifahren und Leute die Straßen und den Platz überqueren. Türkische Pop-Musik schallt aus einem Autoradio. Man hört das Hämmern von einer nahegelegenen Baustelle. Es ist Mittag und die Sonne scheint. Unterschiedliche Menschen passieren den Platz; ein junger Mann mit einer Gitarre auf dem Rücken; eine genervte Mutter, die das rosa Fahrrad ihrer schreienden Tochter über den Platz schiebt; ein älterer Mann fährt in seinem motorisierten Rollstuhl vorbei; ein anderer Mann führt seinen Hund aus; zwei Schülerinnen schlendern über den Platz; etwas schneller überqueren ihn zwei Frauen mit vollen Einkaufstüten; ein Mann im Anzug; ein Mann mit einer Bierflasche in der Hand bleibt stehen, geht dann weiter; ein junges Paar schiebt seinen Kinderwagen gemächlich über das Pflaster; zwei Polizisten, ein junger Mann und eine junge Frau, betreten den

Platz; an einer Ecke beugt sich ein älteres Ehepaar über einen Stadtplan; eine Schulklasse steuert auf den Brunnen zu. Vereinzelt verweilen Menschen auf dem Platz; eine Gruppe von drei, vier Bier konsumierenden Männern steht unweit der Reihe Altglascontainer am Rande des Platzes; mal lehnt sich auch jemand an die roten, den Platz sprenkelnden Mülleimer, oder jemand steht einfach so herum, die Bierflasche in der Hand. Dem Platz fehlt etwas: eine Verweilmöglichkeit. Einzig die Stufen des übel riechenden, von Kronkorken übersäten Brunnens bieten eine Sitzgelegenheit. Hier lasse ich mich nieder. Zu meiner rechten macht ein junger Mann Mittagspause, er packt Saftflasche und Brötchen aus, zu meiner linken sitzt eine Gruppe Männer, biertrinkend und sich unterhaltend, ab und zu stoßen weitere Menschen zu dem Grüppchen, Bekannte. Die beiden Polizisten laufen auf die Gruppe zu, bleiben in einigem Abstand stehen und weisen die Gruppe darauf hin, keinen Müll zu hinterlassen und sich nicht zu ›boxen‹, das würde den Touristen Angst machen. Dann ziehen sie weiter. Mir gegenüber steht ein hoher Pfahl mit einer Videokamera. Darunter ein Schild mit dem Hinweis: »Waffen verboten. Zu Ihrer Sicherheit wird dieser Bereich videoüberwacht«. Man hört Vogelgezwitscher. Ich packe die mitgebrachte Zeitung aus. Auf dem Titel: »Hamburgs gefährlichste Plätze« (15. Mai 2008). Der Hansaplatz, auf dem ich mich gerade befinde, so kann ich weiter lesen, belege in dem Gefährlichkeitsranking den Rang zwei.

Von den Stufen des Brunnens aus beginne ich, ein Netz theoretischer Fragen auszuwerfen.

Einleitung

> »Die Kontrolle der Gesellschaft über die Individuen wird nicht nur über das Bewusstsein oder durch die Ideologie, sondern ebenso im Körper und mit dem Körper vollzogen. Für die kapitalistische Gesellschaft war vor allem die Bio-Politik wichtig, das Biologische, das Somatische und das Körperliche.«
> (Foucault 2003b: 275)

Thema dieses Buchs ist das Körperliche als Dimension von Marginalisierung. Den empirischen Ausgangspunkt für dieses Thema bildet der eingangs beschriebene Platz. Theoretisch leitet es sich von der These her, dass Prozesse sozialer Ungleichheit immer auch eine körperliche Dimension haben, die bisher jedoch wenig erforscht ist. Warum, so ließe sich fragen, werden ›behinderte‹, ›fremdaussehende‹, besonders dicke oder dünne, ›unvollständige‹ oder ›kranke‹ Körper als ›anormal‹, gar als ›gefährlich‹ und damit verstörend oder bedrohlich wahrgenommen? Welche Normalisierungen verbergen sich in der Wahrnehmung und Bewertung von Körpern und welche Marginalisierungen werden damit bewirkt? Und nicht zuletzt: Wie reproduziert und stabilisiert sich Gesellschaft über diese Körperbilder und alltäglichen körperlichen Praktiken?

Diese Fragen basieren auf der körpersoziologischen Einsicht, dass die menschlichen Körper keine ›naturhaften‹ und damit vorsozialen Entitäten darstellen. Meine Sichtung der Literatur hinsichtlich der Bearbeitung der hier aufgeworfenen Fragen ließ jedoch zwei Leerstellen erkennbar werden: weder hat sich die Körpersoziologie mit Fragen zu Marginalisierung und sozialer Ungleichheit, noch hat sich die Ungleichheitsforschung mit der Dimension des Körperlichen gesondert auseinandergesetzt.[1] Aus körpersoziologischer Perspektive gibt es kaum Arbeiten, die die devianten, ausgeschlossenen, gefährlichen, anormalen etc. Körper zum Forschungsgegenstand machen. Genauso wenig jedoch taucht der Körper in soziologischen Forschungen zu Armut und sozialer Ungleichheit auf. Diese beschäftigen sich primär mit Sozialstrukturanalysen, mit Fragen der Bildung und in jüngster Zeit auch mit der subjektiven Dimension von Marginalisierung. Aber auch in diesem Zusammenhang taucht das Körperliche weder als vermittelte noch als eigenständige Dimension sozialer Ungleichheit auf. Es erschien somit notwendig und sinnvoll, die beiden Forschungsfelder stärker zusammenzudenken und auf eine konkrete Fragestellung zu beziehen.

Dieses Buch geht der Frage nach, *wie* sich Marginalisierung und Normalisierung an und in den menschlichen Körpern materialisieren und damit gleichzeitig die soziale Ordnung stabilisieren und *warum* bestimmte Körper marginalisiert werden. Diese Frage bedarf jedoch einiger Präzisierung: Körper bewegen sich immer im Raum, sie sind daher nicht von ihm getrennt zu betrachten. Der Raum wiederum ist als Feld gesellschaftlicher Auseinandersetzungen wie die Körper von Prozessen der Marginalisierung durchdrungen. Als eine räumliche Metapher verweist der Begriff der Marginalisierung schon von sich aus auf diesen Zusammenhang. Der Raum ist als öffentlicher Raum aber auch in besonderer Weise von der Herstellung von Sicherheit und der Abwehr von Gefahr determiniert. Erst diese legitimieren den Einsatz von Kontrolltechniken, mittels derer bestimmte Körper und Körperpraktiken aus dem Raum ausgeschlossen werden. Kontrolle als der Versuch, Sicherheit herzustellen und Gefahr zu bannen, richtet sich auf Raum und Körper. Kontrolle, Sicherheit und Gefahr bezeichnen die gesellschaftlichen Prämissen, unter denen sich Marginalisierung im Verhältnis von Körper und Raum entfaltet. Deswegen richtet sich der Fokus dieser Arbeit auf das Verhältnis von Körper, Raum und Marginalisierung vor dem Hintergrund von Sicherheit und Kontrolle.

Dieses Verhältnis wird zunächst theoretisch bearbeitet, um dann in einer ethnographischen Studie zu dem eingangs skizzierten Hansaplatz auch empirisch analysiert zu werden. Die empirische Untersuchung versteht sich als exemplarische Beschreibung einer Situation zum Thema. Um die Gefahr einer Hypostasierung der marginalisierten Körper zu vermeiden, habe ich mich für

1 Eine Ausnahme bilden die Sammelbände von Hagner (1995), Terry/Urla (1995) Thomson (1996a) und Junge/Schmincke (2007) zur Geschichte der ›anormalen‹ Körper. Die im angloamerikanischen Raum schon seit Jahren gewinnbringend geführten Diskussionen der Disability Studies haben zur Frage nach der gesellschaftlichen Konstruktion körperlicher Differenz wichtige Beiträge leisten können, vgl. hierzu Hughes/Paterson (1997), Mitchell/Snyder (1997) und Shakespeare (1998). Im deutschsprachigen Raum hat die Rezeption dieser Ansätze gerade erst begonnen, vgl. hierzu Waldschmidt/Schneider (2007).

einen Platz als Ausgang der empirischen Arbeit entschieden. Hätte ich eine ›marginalisierte Gruppe‹ zum Gegenstand der Untersuchung gemacht, wären mir entscheidende Konstruktionsleistungen im Verhältnis von Körper, Raum und Marginalisierung entgangen, denn ich hätte den zu erforschenden Gegenstand immer schon zum Ausgangspunkt meiner Überlegungen gemacht und damit ein weiteres Mal festgeschrieben. Der Hansaplatz schien hierfür insofern ein geeigneter Forschungsgegenstand zu sein, als er ein heterogener Ort mit einer konflikthaften Geschichte ist, geprägt von Auseinandersetzungen um den Raum, darum, wer ihn wie besetzen und nutzen sollte und wer nicht. In der Nähe des Hauptbahnhofs liegend, ist er in der medialen Öffentlichkeit zu einem Symbol für die Konzentration unterschiedlicher sozialer ›Probleme‹ wie Armut, Drogenszene, Prostitution etc. geworden. Und er ist ein Ort, an dem Exklusion aus dem Raum stattfindet.

Zum Aufbau des Buchs: Die Arbeit ist in zwei Teile gegliedert, einen Theorie-Teil, Kapitel 1-5, und einen Empirie-Teil, Kapitel 6-10. Beide Teile weisen eine relative Eigenständigkeit auf. Ziel war es, das Thema der Arbeit von zwei Seiten aus zu erhellen, um sowohl einen theoretischen Rahmen zu erarbeiten wie auch diesen am empirischen Material überprüfen und erweitern zu können. Im ersten Teil wird die Forschungsfrage in der Auseinandersetzung mit relevanten Theorie- und Themenfeldern präzisiert. Es geht hier zum einen darum, in einer theoretischen Verknüpfung soziologischer Teilgebiete wie der Ungleichheitsforschung, der Stadt- und Raumforschung, der Kriminologie und der Körpersoziologie zentrale Begriffe für die Analyse zu erarbeiten. Auf diese Weise bildet der theoretische Teil einen wichtigen Hintergrund für die empirische Studie, in die diese Begriffe und Zusammenhänge mit einfließen. Die Verknüpfung der einzelnen Theorie-Kapitel wurde darüber hinaus zum anderen entlang der Frage nach der Bedeutung der Körper vollzogen, die sich als roter Faden durch die ersten drei Theorie-Kapitel zieht und im Kapitel zu Körpertheorie vertieft wird. Die empirische Studie sollte eine gewisse Unabhängigkeit gegenüber der Theorie bewahren, ging es in der ethnographischen Annäherung an den Gegenstand doch primär darum, Zusammenhänge zum Verhältnis von Körper und Marginalisierung zu ›entdecken‹ und nicht einfach darum, Belege für die Ausgangsthese zu suchen und zu finden. Im besten Fall würden die Ergebnisse aus der Empirie das Thema der Arbeit um weitere Aspekte und Einsichten bereichern. Erst am Schluss werden deshalb Theorie- und Empirie-Teil systematisch aufeinander bezogen.

Im ersten Kapitel werden zentrale Begriffe der Ungleichheitsforschung diskutiert und erarbeitet. Den Ausgangspunkt der aktuellen sozialwissenschaftlichen Debatten zum Thema bildet die Feststellung, dass die Gesellschaft zunehmend von Spaltungen durchzogen wird. Sie wird bestimmt von Ausgrenzung, Exklusion und Marginalisierung. Ich zeichne zunächst den theoriegeschichtlichen Kontext dieser Debatten nach, um am Begriff der Randgruppe bedeutsame Verschiebungen und Problematiken innerhalb der sozialwissenschaftlichen Analysen zu verdeutlichen. Im Anschluss hieran führe ich aus, wie mit dem Konzept der Exklusion soziale Spaltung auf eine Weise begrifflich gefasst werden kann, die Ausgrenzung als ein gesellschaftliches Verhältnis zu bestimmen erlaubt. Diesem stelle ich dann den Begriff der Marginalisierung ergänzend zur Seite, weil er die Trennung in einen gesellschaftlichen ›Rand‹ und eine ›Mitte‹ als Verhältnis von Norm und Abweichung und damit als Verweisungszusammenhang zu fassen ermöglicht.

Die räumliche Dimension sozialer Spaltung steht im Fokus des sich anschließenden Kapitel 2. Nachdem ich hier die Aktualität der Ausgrenzungsthematik innerhalb der Stadtforschung diskutiert habe, arbeite ich heraus, dass diese um ein sozialwissenschaftliches Verständnis von Raum erweitert werden muss, das diesen als soziale Praxis begreift. In der Auseinandersetzung mit den Raumtheorien von Pierre Bourdieu und Martina Löw entwickle ich ein Verständnis von Raum, das diesen als Resultat körperlicher Praktiken *und* als diese Praktiken strukturierenden Behälter begreift und so Blickverengungen in der Analyse körperlicher Marginalisierungsprozesse im Raum zu vermeiden hilft.

Die Spaltungen im städtischen Raum sind jedoch auch Ausgang und Ergebnis veränderter Formen sozialer Kontrolle. Wie ich in Kapitel 3 zeige, wird Sicherheit in den letzten Jahren gesellschaftlich vor allem im Kontext von Gefahr und Kontrolle diskutiert und wahrgenommen. Soziale Fragen werden zu Fragen nach Sicherheit und Gefahr umgedeutet. Ich analysiere diesen Wandel in der Auseinandersetzung mit neuen Formen sozialer Kontrolle, die mit den Techniken der Selbstführung auf eine stärkere Internalisierung der Kontrollinstanz zielen und in den Techniken der Exklusion vor allem den räumlichen Ausschluss und den institutionellen Wegschluss ›gefährlicher Gruppen‹ bewirken. Nachdem ich diese beiden Techniken an verschiedenen Beispielen der räumlichen Kontrolle illustriert habe, diskutiere ich sie im Kontext des Konzepts der Sicherheitsgesellschaft. Die soziale Ordnung, so wird an dieser Stelle deutlich, konstituiert sich zunehmend über Sicherheit und Gefahr.

Der Körper taucht in den vorgestellten drei Feldern vor allem als Leerstelle auf und als Möglichkeit, die begrifflichen Probleme und thematischen Bezüge dieser Felder zu erweitern. In Kapitel 4 wende ich mich der soziologischen Körperforschung zu und arbeite heraus, wie Körper als soziale Praxis begriffen werden kann. Der Körper ist sowohl Produkt wie Produzent von Gesellschaft. Von dieser Einsicht ausgehend, entwickle ich einen körpertheoretischen Ansatz, der sowohl die performativen Aspekte von Körperlichkeit wie auch die gesellschaftstheoretischen Implikationen einer Perspektive auf die Körper beinhaltet.

Im anschließenden Zwischenresümee, Kapitel 5, führe ich die theoretischen Ergebnisse zusammen und systematisiere sie mit Hilfe der im vorangegangenen Kapitel gewonnenen Perspektive auf die Körper. Dabei zeigt sich, dass die in den bearbeiteten Themen- und Theoriefeldern implizit vorhandene Dimension des Körperlichen mit der Doppelperspektive auf Körper, die diesen als Produkt und Produzenten von Gesellschaft versteht, analytisch erschlossen werden kann.

Der empirische Teil wird in Kapitel 6 eingeleitet mit einer Beschreibung des konkreten Forschungsgegenstands: des Hansaplatzes und seiner Geschichte. Im Anschluss daran entwerfe ich den methodischen Aufbau der Studie, die sich als ethnographische Arbeit versteht. Um, dem grundlegenden Prinzip qualitativer Forschung entsprechend, dem Gegenstand gegenüber eine größtmögliche Offenheit zu gewährleisten und ihn genau beschreiben zu können, nähere ich mich ihm mit drei unterschiedlichen methodischen Zugängen, deren jeweilige Ergebnisse in den sich anschließenden Kapiteln vorgestellt werden. Dabei handelt es sich zum einen um eine Diskursanalyse relevanter Texte zum Hansaplatz, im einzelnen um Zeitungsartikel, Drucksachen des Hamburger Senats und Stadtteilzeitschriften aus St. Georg. Nachdem ich in Kapitel 7 verdeutliche, wie der Hansaplatz diskursiv als gefährlicher Ort hergestellt wird, werte ich im darauffolgenden Kapitel 8 meine eigenen Beobachtungsprotokolle aus, die ich für einen Zeitraum von drei Jahren zum Geschehen auf dem Platz erstellt habe. Den dritten methodischen Zugang bilden qualitative Interviews, die ich mit unterschiedlichen Personen geführt habe. Alle Interviewpartner/innen sind in besonderer Weise mit dem Platz und seiner Geschichte verbunden, sei es etwa als Stadtteilhistoriker, als Architekt, als Sozialarbeiterin in der am Platz ansässigen Beratungsstelle für junge Prostituierte oder als jemand, der regelmäßig auf dem Platz sitzt und das dortige Treiben beobachtet. Die Auswertung der Interviews in Kapitel 9 bildet den Kern der empirischen Studie. Aus den zentralen Kategorien des anhand eines Codierleitfadens codierten Interviewmaterials ergab sich eine Struktur theoretischer Zusammenhänge, die sich im Aufbau der Darstellung widerspiegelt. Zunächst werden die Dimensionen der Raumkonstitution am Hansaplatz rekonstruiert, dann wird die Perspektive auf Körper freigelegt und im dritten Abschnitt werden die systematischen Zusammenhänge von Körper und Raum aus dem Material entwickelt. Im folgenden Zwischenresümee, Kapitel 10, werden die Ergebnisse der unterschiedlichen methodischen Zugänge zusammengefasst und aufeinander bezogen. Im abschließenden letzten Kapitel werden dann die Ergebnisse aus dem Theorie-Teil mit denen der empirischen Studie in Beziehung gesetzt, um von dieser Synthese ausgehend die Forschungsfrage dieses Buchs beantworten zu können. Hier mache ich mit der analytischen Doppelperspektive auf Körper deutlich, wie sich am Hansaplatz als einem widersprüchlichen Ort die körperlichen Marginalisierungsprozesse im Raum genauer bestimmen lassen. Die Sichtbarkeit und Wahrnehmung gefährlicher Körper an gefährlichen Orten verweist nicht nur auf die Verankerung sozialer Teilungsprinzipien im Körper, sondern auch darauf, dass sich gesellschaftliche Normen zunehmend an Sicherheit und Gefahr ausrichten.

Mir geht es in der wissenschaftlichen Beschäftigung mit der körperlichen Dimension von Marginalisierung nicht zuletzt darum, Aufschluss über gesellschaftliche Zusammenhänge zu erhalten; d.h. auch Körper und Raum als Naturalisierungen zu begreifen, in denen sich gesellschaftliche Herrschaft sedimentiert und ›versteckt‹. Mit Bourdieu gesprochen, verstehe ich es als Aufgabe einer kritischen Soziologie, die Ursachen des Leidens an Gesellschaft zu kennen und zu verstehen, ebenso wie die Projektionen, die die Leiden ausdrücken und verschleiern:

»Die Mechanismen, die das Leben leidvoll und oft unerträglich machen, zu Bewusstsein zu bringen, heißt noch keineswegs, sie auszuschalten. Widersprüche sichtbar zu machen, bedeutet nicht, sie zu lösen. Aber bei aller Skepsis hinsichtlich der gesellschaftlichen Wirksamkeit soziologischer Botschaften kann man ihnen dennoch nicht jegliche Wirkung absprechen, eröffnen sie doch jenen, die leiden, einen Weg, ihr Leiden auf gesellschaftliche Ursachen zurückzuführen und sich solcherart vom Gefühl eigenen Verschuldens zu befreien. Und bringen sie doch die kollektiv verdunkelte gesellschaftliche Bedingtheit des Elends in all seinen auch noch so intimen und noch so geheimen Formen zu Bewusstsein.« (Bourdieu et al. 1997a: 825f.)

1. Marginalisierung

»Exklusion, als Prozess betrachtet, lenkt den Blick allerdings nicht nur auf die Betroffenen, sondern ebenso auf die Akteure und Agenturen der Ausschließung. Er zwingt dazu, die Ursachen, die Abstufungen und die Formen der Ausgrenzung bis in den Kern der Gesellschaft zurückzuverfolgen. Damit unterscheidet sich der Exklusionsbegriff grundlegend von Theorien sozialer Randgruppen. Er wird zu einer zentralen Kategorie der Gesellschaftstheorie selbst.«
(Kronauer 2002: 47)

1.1 Diskussionen um soziale Ungleichheit

Mit Kategorien wie »Überflüssige«, »Unterschicht«, »underclass«, »abgehängtes Prekariat« und »gefährliche Klassen« auf der einen, »Exklusion«, »soziale Verwundung« und »Ausgrenzung« auf der anderen Seite versucht die soziale Ungleichheitsforschung aktuelle Phänomene sozialer Ungleichheit zu beschreiben.[1] Soziale Ungleichheit ist ein Dauerthema der Soziologie, denn sie ist ein zentrales Charakteristikum (nicht nur) moderner Gesellschaften. Die Soziologie interessiert sich vor allem dafür, welche Funktion soziale Ungleichheit für den gesellschaftlichen Zusammenhalt hat, welche Formen von Ungleichheit die Gesellschaft hervorbringt und welche Gruppen von ihr betroffen sind. Die aktuelle Debatte entfachte sich vor allem an der Erkenntnis, dass mit dem Ende der integrativen Phase des westeuropäischen Wohlfahrtsstaats immer mehr Menschen an den Rand gedrängt zu werden bzw. aus

1 Vgl. hierzu vor allem den 2008 erschienenen Sammelband *Exklusion. Die Debatte über die »Überflüssigen«*. In diesem Band sind Beiträge zu dieser Debatte zusammengestellt, die in den Jahren 1998 bis 2004 in der Zeitschrift *Mittelweg 36* erschienen sind (Bude/Willisch 2008).

dem gesellschaftlichen Zusammenhang herauszufallen drohten. Diese Drohung ist schließlich auch bei den Gruppen angekommen, die bisher einen gesicherten Platz in der Mitte der Gesellschaft für sich beanspruchen konnten, und so scheint sich in den letzten Jahren das Gefühl von oder vielmehr die Angst vor einem sozialen Abstieg verallgemeinert zu haben.

Die derzeitige Debatte in den Sozialwissenschaften scheint jedoch von einigen Unklarheiten und Problemen gekennzeichnet: Besteht Konsens darüber, dass Phänomene sozialer Ungleichheit im Zuge der Veränderungen am Arbeitsmarkt sowie der staatlichen Regulierungsmaßnahmen in den letzten Jahren eher zunehmen, so ist man sich uneinig darüber, ob sich auch die Qualität der Ausgrenzung verändert hat bzw. ob man es gar mit einer neuen Gruppe von Menschen zu tun hat, die aus der Gesellschaft ausgeschlossen sind oder zumindest das Gefühl haben, in dieser keinen Platz zu haben. Problematisch ist in der Suche nach Klassifikationen darüber hinaus, dass die jeweiligen Kategorien sowohl normative wie analytische Implikationen in sich bergen, und unklar bleibt, vor welchem (normativen) Horizont diese Kategorien gebildet werden. Was für eine integrierende Gesellschaft steht Sozialwissenschaftler/inne/n vor Augen, wenn sie das Herausfallen einzelner Menschen oder Gruppen aus diesem Zusammenhang konstatieren? Und inwiefern werden diese Menschen nicht zuallererst durch den homogenisierenden und qualifizierenden Blick des/der Wissenschaftler/in zu einer marginalisierten Gruppe? Nach welchen Kriterien – Stellung am Arbeitsmarkt, Einbindung in soziale Bezüge, subjektives Gefühl des Ausgeschlossenseins – werden diese Gruppen gebildet? Gehören die langzeitarbeitslose Frau aus dem Ruhrgebiet, der Jugendliche mit migrantischem Hintergrund ohne Leerstelle, die Hartz IV erhaltende ehemalige Managerin, der Obdachlose aus einer süddeutschen Kleinstadt und die Drogenkonsumentin aus einer ostdeutschen Metropole in die gleiche Kategorie? Darüber hinaus stellt sich die Frage nach der Perspektive: Geht es darum, die von sozialer Ungleichheit Betroffenen zum Ausgangspunkt zu nehmen, oder sollte vielmehr der Prozess der Ausgrenzung selbst im Mittelpunkt der wissenschaftlichen Forschung liegen?

Im vorliegenden Kapitel soll es um zweierlei gehen: Ziel ist es, erstens, allgemeine Begriffe zur Analyse sozialer Ungleichheit zu erarbeiten, mit denen, zweitens, vor allem das Körperliche als Dimension sozialer Ungleichheit in den Blick kommen kann. Dabei werde ich mich vor allem mit den sozialwissenschaftlichen Analysen zu sozialer Ungleichheit, mit zentralen Debatten und Begriffen auseinandersetzen. Im Folgenden werde ich zunächst die Theorieentwicklung im deutschsprachigen Raum nachzeichnen und dann an einem konkreten Begriff, dem der ›Randgruppe‹, die entscheidenden Verschiebungen und Problematisierungen diskutieren (2). Im Anschluss an die Rekonstruktion dieses theoriegeschichtlichen Kontextes werde ich dann die zentralen Konzepte der aktuellen Forschung, Exklusion und *underclass*, darstellen

(3). Hierauf folgt eine kritische Reflexion dieser Konzepte, um die für die Forschungsfrage relevanten Begrifflichkeiten vorstellen zu können (4).

1.2 Neue Phänomene, neue Konzepte?

Von Ausbeutung zu Ausgrenzung

»Die soziale Frage in Europa hat einen neuen Namen: Exklusion« – mit dieser Feststellung beginnt Martin Kronauer seine Rekonstruktion der sozialwissenschaftlichen Debatte um das Konzept der Exklusion (2002: 9). Wenn es um soziale Ungleichheit geht, ist heute weniger von Ausbeutung als vielmehr von Ausgrenzung die Rede. François Dubet und Didier Lapeyronnie begründen diese Verschiebung in ihrer Studie zu den französischen Banlieus wie folgt:

»Bis in die Mitte der siebziger Jahre bildeten Arbeiterstreiks und Gewerkschaftsbewegung die Eckpunkte der sozialen Frage. Doch dann, mit einem Schlag, wurden sie durch die Vorstädte und die städtischen Revolten verdrängt. Mit ihnen rückten Probleme von Einwanderung, Jugendkriminalität und die Gefährdung der öffentlichen Sicherheit in den Vordergrund. Die Arbeitskämpfe sind der Ausgrenzung und der städtischen Problematik gewichen. Ausgrenzung hat Ausbeutung ersetzt. In einer zweigeteilten Gesellschaft wie der unsrigen verblasst der Klassenkampf vor der Integrations- und Randgruppenfrage.« (Dubet/Lapeyronnie 1994: 5)

Die französische Gesellschaft sei dabei,

»die gefährlichen Klassen und die Ränder der Gesellschaft wiederzuentdecken. Die ohnmächtige Wut der *galère* bricht sich Bahn in Randale. Die Probleme der Segregation überdecken die Ausbeutung, denn der Kern der sozialen Probleme ist vom Betrieb zur Stadt hinübergewandert.« (Ebd.: 225)[2]

Der ›neue Name‹ der sozialen Frage bedeutet nicht nur eine begriffliche Umorientierung, sondern bezieht sich auch auf eine veränderte soziale Realität, auf eine Restrukturierung des Verhältnisses von Kapital, Arbeit und Staat, die den Gesellschaftsanalysen zugrunde liegt. So gehen alle ›neuen‹ Ansätze von einer Spaltung aus, die das Resultat zweier miteinander verknüpfter Veränderungen ist: 1. dem Prekärwerden von Arbeit (strukturelle Arbeitslosigkeit, prekäre Arbeitsverhältnisse) und 2. dem Umbau des Wohlfahrtsstaats, den einige als Wandel vom »schützenden und sorgenden zum befähigenden und aktivierenden Wohlfahrtsstaat« (Bude/Willisch 2006b: 11), andere als den vom

2 Mit dem Begriff *galère* übernehmen die Autoren einen von den Jugendlichen der Vorstädte selbst gebrauchten Ausdruck für ihre Situation: »›*Galère*‹ bezeichnet den Nullpunkt eines gesellschaftlichen Erfahrungszusammenhangs, in dem einmal die industriegesellschaftliche Alltagskultur breiter Bevölkerungsschichten zum Ausdruck kam.« (Dubet/Lapeyronnie 1994: 127)

»wohltätigen Staat zum strafenden Staat« (Wacquant 1997: 50) charakterisieren. Als Bezugsfolie der Bewertung aktueller Transformationsprozesse fungiert in den Analysen in einer teils idealisierten Weise der fordistische Wohlfahrtsstaat der 1950er/60er Jahre.[3] Die Integrationsfähigkeit der Gesellschaft, so sind sich alle einig, sei gefährdet. Diese Gefahrenlage findet ihren Ausdruck auch in sozialwissenschaftlichen Konzepten, wie Berthold Vogel feststellt:

»In der oft ein wenig betulichen Sozialstrukturanalyse der bundesdeutschen Nachkriegsjahrzehnte, die mit gefälligen Zwiebelbildern sozialer Ungleichheit, mit wohlstandsgewissen Individualisierungstheorien und mit allerlei Lebensstilmilieus die sozialen Gefühlslagen der Mittelstandsgesellschaft beruhigte, etabliert sich seit den 1990er Jahren eine schärfer konturierte Sichtweise des gesellschaftlichen Strukturgefüges.« (Vogel 2006: 342)

Die soziale Ungleichheitsforschung in der Bundesrepublik war zu Beginn primär Armutsforschung. Während Armut nach dem Ende des Zweiten Weltkriegs breite Teile der Bevölkerung betraf, hob sich in den 1950er/1960er Jahren das allgemeine Wohlstandsniveau.[4] Erst vor dem Hintergrund einer auf Konsum ausgerichteten, mehr oder weniger ›integrierten‹ Gesellschaft wurde in den 1970er Jahren offenbar, dass nicht alle Bevölkerungsgruppen in gleicher Weise vom allgemeinen Wohlstand profitierten. Durch Jürgen Roths *Armut in der Bundesrepublik Deutschland* (1971) und Heiner Geißlers Studie zur *Neuen sozialen Frage* (1976) aufgeschreckt, begann die sozialwissenschaftliche Armutsforschung, sich diesen neuen Armuts-Gruppen zuzuwenden (vgl. Schäfers 1987: 89f.; Andreß/Kronauer 2006: 29f.). Anders als bei

3 Stephan Lessenich und Frank Nullmeier weisen in ihrer Diagnose der gesellschaftlichen Spaltungen darauf hin, dass die in der Rede von der nivellierten Mittelstandsgesellschaft imaginierte Einheit schon immer kontingent war und dass sich erst seit den 1970er Jahren langsam die Einsicht in das Fiktive und historisch Kontingente des gesellschaftlichen Zustandes geeinter Einheiten durchsetze (vgl. Lessenich/Nullmeier 2006: 10). Man könnte aber auch banaler feststellen, dass das ›Neue‹ an der aktuellen Situation vor allem darin liegt, dass mittlerweile auch weite Teile der Mittelschichten das Gefühl bekommen, ihnen könnte es ebenfalls an den Kragen gehen, und dass die Vorstellung immerwährender Prosperität und Aufstiegsmöglichkeiten für alle sich endgültig als Illusion entpuppt hat. Erst die ›Erschütterung‹ der Mittelklasse, d.h. ein erwachendes Bewusstsein des möglichen eigenen Abstiegs, hat zu einer (sozialwissenschaftlichen) Beschäftigung mit gesellschaftlichen Spaltungen geführt. In diesem Zusammenhang wäre auch der mittelschichtzentrierte Bias der Ungleichheitsforschung zu erwähnen.

4 Vgl. zu einem historischen Überblick über die Entwicklung sozialer Ungleichheit in der BRD und die Debatte um alte und neue Ungleichheiten Schäfers (1987), Müller (1998), Berger/Vester (1998), Burzan (2004), Barlösius (2004: 27-56), Berger/Schmidt (2004) und Adreß/Kronauer (2006).

der ›alten‹ sozialen Frage war mittlerweile nicht in erster Linie das Industrieproletariat von Armut betroffen, sondern Bevölkerungsgruppen, die auch Gegenstand der sich entwickelnden Soziologie der ›Randgruppen‹ werden sollten: alte Menschen, alleinerziehende Mütter, Arbeitslose, behinderte Menschen etc. Die Ungleichheitsforschung der 1970er Jahre analysierte Gesellschaft vor allem mit den Konzepten Klasse bzw. Schicht. In den 1980er Jahren hingegen veränderte sich das begriffliche Instrumentarium. Mit der sich immer deutlicher abzeichnenden Massenarbeitslosigkeit wurde die Armutsfrage nun unter dem Stichwort ›neue Armut‹ verhandelt. Die Kritik an bisherigen Ansätzen lautete, diese richteten ihr Augenmerk zu stark auf die vertikalen Strukturen sozialer Ungleichheit (bemessen an Einkommen, Beruf und Bildung) und würden somit die ›neuen‹, horizontalen sozialen Ungleichheiten (wie beispielsweise Differenzierungen nach Geschlecht, Ethnie, Kultur) vernachlässigen.[5] Als Alternativen boten sich nun die Begriffe Milieu, soziale Lage und Lebensstil und deren Pluralisierung bzw. Individualisierung an; d.h. in den 1980er Jahren fand eine Zentrierung auf kulturelle Kriterien zur Beschreibung sozialer Ungleichheit statt. Das Problem der mit diesen Konzepten arbeitenden Ansätze bestand allerdings darin, dass sie gesellschaftliche Zusammenhänge immer weniger pointiert darstellen konnten.[6] Eva Barlösius stellt in diesem Zusammenhang fest, dass sich die Klassen- und Schichttheorien und die Lebensstil- und Milieustudien komplementär zueinander verhielten. Während erstere vor allem die strukturierte soziale Ungleichheit und damit deren Dauerhaftigkeit analysierten, interessierten sich letztere vor allem für Prozesse der Entstrukturierung sozialer Ungleichheit und deren Folgen (vgl. Barlösius 2004: 19). In den 1990er Jahren fand dann die anfangs erwähnte begriffliche Umorientierung und die stärkere Problematisierung gesellschaftlicher Polarisierungstendenzen statt. Somit steht inzwischen wieder

5 Kreckel (1992) ersetzt die den klassischen Beschreibungen immanente Oben/Unten-Perspektive durch das Modell Zentrum-Peripherie und entwickelt damit eine Definition sozialer Ungleichheit, in der nicht nur die hierarchischen, vertikalen, sondern in der auch die ›neuen‹, nicht vertikalen Ungleichheiten begrifflich gefasst werden können. Diese Ungleichheit nennt Kreckel »strukturierte soziale Ungleichheit« (Kreckel 1992: 19). Sie setzt sich zusammen aus asymmetrischen Beziehungen und ungleichen Verteilungen von Gütern. Kreckel definiert: »Soziale Ungleichheit im weiteren Sinne liegt überall dort vor, wo die Möglichkeiten des Zuganges zu allgemein verfügbaren und erstrebenswerten sozialen Gütern und/oder zu sozialen Positionen, die mit ungleichen Macht- und/oder Interaktionsmöglichkeiten ausgestattet sind, dauerhafte Einschränkungen erfahren und dadurch die Lebenschancen der betroffenen Individuen, Gruppen oder Gesellschaften beeinträchtigt bzw. begünstigt werden.« (Ebd.: 17)

6 Für eine kritische Auseinandersetzungen mit Theorien sozialer Ungleichheit der 1980er und ein Plädoyer für eine Theorie der Klassenstrukturierung bzw. Rückwendung zu stärker polit-ökonomischen Ansätzen vgl. Diettrich (1999) und Bieling (2000).

mehr die Strukturierung der Gesellschaft im Zentrum. Andreß/Kronauer stellen für die aktuelle Armuts- und Ungleichheitsforschung fest:

»Nun ist von sozialer Ausgrenzung, Exklusion oder gar der gespaltenen Gesellschaft die Rede. Es geht jetzt um mehr als um zu geringes Einkommen, unzureichenden Lebensstandard oder die randständige gesellschaftliche Lage einzelner Bevölkerungsgruppen. Es geht um gesellschaftliche Integration und die Frage, ob grundlegende Teilhabemöglichkeiten und soziale Rechte für große Bevölkerungsgruppen noch garantiert sind.« (Andreß/Kronauer 2006: 33)

Von Randgruppen zu gefährlichen Klassen

Wie Dubet/Lapeyronnie konstatierten, sei der Klassenkampf der »Integrations- und Randgruppenfrage« gewichen. Wie auch immer man diese Diagnose bewerten mag, fest steht, dass die heute von Ausgrenzung betroffenen Gruppen nicht identisch sind mit den ausgebeuteten Arbeiter/inne/n im 19. Jahrhundert, auch wenn, wie der folgende kurze Abriss zeigt, die Frage der Erwerbsarbeit nach wie vor ein zentrales Kriterium für die gesellschaftliche Positionierung ist und nicht zuletzt auch für die Zuschreibung ›Randgruppe‹.

In den Sozialwissenschaften hatte sich nach dem Zweiten Weltkrieg der Begriff der Randgruppe etabliert, um diejenigen Gruppen zu kategorisieren, die freiwillig oder unfreiwillig am ›gesellschaftlichen Rand‹ standen.[7] Die in der sozialwissenschaftlichen Debatte um Armut bzw. Ausgrenzung oben skizzierten Verschiebungen lassen sich auch für den wissenschaftlichen Diskurs um ›Randgruppen‹ nachzeichnen.

Der Begriff der Randgruppe leitet sich von dem von Robert E. Park 1928 entwickelten Konzept des *marginal man* her.[8] Park bezeichnete damit eine gesellschaftliche Position, deren zentrales Charakteristikum ist, ›dazwischen‹ zu sein: zwischen zwei Kulturen, Sprachen, Gesellschaften. Er begriff diesen Typus als Resultat der Migration und meinte damit Menschen, die noch in ihrer Herkunftskultur verwurzelt waren, aber in einer ›neuen‹ und fremden Kul-

7 Folgende sehr heterogene Personengruppen tauchen in der sozialwissenschaftlichen Literatur unter dem Etikett Randgruppe auf: »Behinderte, psychisch Kranke, Drogenabhänge, Obdachlose und Arme, Prostituierte, Homosexuelle, ausländische Arbeitnehmer, jugendliche Heiminsassen und Fürsorgezöglinge, Sektenmitglieder, Nichtseßhafte, Sinti und Roma, Rocker, Gammler und Hippies, Bewohner von Landkommunen, rechtsextreme Jugendliche, Punks und Skinheads« (Scherr 1998: 504).

8 Ausführlich zu Parks stadtsoziologischen Studien vgl. Lindner (1990), insbesondere zur Genese des Konzepts des »marginal man« (ebd.: 202ff.). Georg Simmel, bei dem Park studiert hatte, entwickelte seinerzeit eine ähnliche Bestimmung des ›Fremden‹. In seiner bekannten Abhandlung bezeichnet er die spezifische Einheit aus Nähe und Ferne als wesentliches Kennzeichen des Fremden als desjenigen, »der heute kommt und morgen bleibt« (Simmel 1999: 764).

tur lebten, dort jedoch nicht heimisch oder vollwertig aufgenommen wurden. Der *marginal man* war nach Park, »a man on the margin of two cultures and two societies, which never completely interpenetrated and fused« (Park, zitiert nach: Bernsdorf 1969: 862).

Während jedoch der *marginal man* eher die konzeptuelle *Beschreibung* einer typischen Migrations-Identität darstellt, fungiert die Bezeichnung der ›Randgruppe‹ stärker als eine von einem imaginären gesellschaftlichen Kern oder einer Norm ausgehende *Zuschreibung* einer identitären Position. In den deutschsprachigen Sozialwissenschaften wurde der Begriff Randgruppe in den 1960er Jahren aufgegriffen, um Personengruppen ›außerhalb‹ der gesellschaftlichen ›Normalität‹ zu bezeichnen, Personen, die als nicht integriert galten. So stellte Friedrich Fürstenberg 1965 in einem Beitrag zur Soziologie der Randgruppen fest, dass die Gefährdung der gesellschaftlichen Stabilität nicht mehr von einer Polarisierung zwischen ›oben‹ und ›unten‹ ausgehe, »sondern von Personen und Gruppen, die ganz oder teilweise außerhalb des sozialen Zusammenhangs stehen« (Fürstenberg 1965: 236). Ihr Kennzeichen sei ein »niedriges Niveau der Anerkennung allgemein verbindlicher sozio-kultureller Werte und Normen und der Teilhabe an ihren Verwirklichungen sowie am Sozialleben überhaupt« (ebd.: 237). Fürstenberg zielte mit dieser Bestimmung auf Banden, Jugendliche und Obdachlose, sowie alte Menschen und Arbeitslose. Seiner Deutung nach ging die Entwicklung von ›Randgruppen‹ auf den sozialen Wandel und die Erosion sozialer Kontrollmechanismen zurück. In den 1970er Jahren fand in der Randgruppenforschung ein Perspektivenwechsel statt. Als ›Randgruppen‹ wurden nicht mehr primär nur die Menschen, die gesellschaftliche Normen ablehnten, bezeichnet. Stattdessen wurde diese Gruppenbezeichnung als Produkt sowohl gesellschaftlicher Stigmatisierung und Zuschreibungsprozesse, wie im *labeling approach*[9], als auch sozialstruktureller Veränderungen begriffen und analysiert. Alfred Kögler legte seiner Studie zu ›Randgruppen‹ von 1976 entsprechend folgende Definition zugrunde:

»Randgruppen sind sozial benachteiligte Gruppen, bei denen die Auswirkungen ungleicher Einkommens- und Vermögensverteilung sowie infrastruktureller Disparitäten kumulieren. Die Kompensations- und Substitutionsmöglichkeiten von Versorgungsdefiziten und die Chancen zur Artikulation und Durchsetzung von Interessen sind eingeschränkt. Damit verknüpft sind vielfältige Stigmatisierungs- und Diskriminierungsprozesse durch andere soziale Gruppen, die die Entwicklung und/

9 Zum *labeling approach*, der sich aus dem Symbolischen Interaktionismus entwickelte und abweichendes Verhalten als Ergebnis sozialer Zuschreibungsprozesse und Interaktionen analysiert, vgl. Groenemeyer (1999: 46f.).

oder Reproduktion spezifischer Einstellungs- und Verhaltensmuster begünstigen.« (Kögler 1976: V)[10]

Mit der Ausweitung sozialer Problemlagen auf immer mehr Bevölkerungsgruppen verlor jedoch ab Ende der 1970er Jahre die Rede von ›Rand‹-Phänomenen zunehmend an Plausibilität. Somit stand mehr und mehr die analytische Brauchbarkeit der Kategorie Randgruppe selbst in Frage. Albert Scherr argumentiert, dass sich die gesellschaftlichen Probleme, die mit dem Begriff gefasst werden sollten, nicht verändert hätten, dass jedoch das Selbstverständnis einer sozialstaatlich integrierten, auf Vollbeschäftigung basierenden Gesellschaft mehr und mehr in Frage gestellt werde und man heute weniger von subkulturellen und eng gefassten ›Randgruppen‹ als von »wesentlich in ökonomischer und rechtlicher Benachteiligung begründete[n], quantitativ ausgedehnte[n] Formen der gesellschaftlichen Randständigkeit« (Scherr 1998: 514) ausgehen müsse. Dagegen plädiert Karl-Heinz Chassé eher dafür, den Begriff nur in deskriptiver und politischer Hinsicht zu nutzen, ihn als gesellschaftsanalytisches Instrument aber in einer Soziologie sozialer Probleme aufgehen zu lassen (vgl. Chassé 1992).

Die analytische Brauchbarkeit des Randgruppen-Begriffs ist zwar mittlerweile umstritten, ausgedient hat er damit jedoch bisher noch nicht. Ich möchte abschließend die Probleme, die mit der Verwendung des Begriffs einhergehen, beleuchten und sowohl für eine kritische Lesart argumentieren, wie auch aufzeigen, dass die aktuelle Problematisierung des Begriffs ein weiterer Ausdruck der beschriebenen Wende in der Ungleichheitsforschung ist.

In systematischer Hinsicht lassen sich für den Begriff der Randgruppe zwei unterschiedliche Kriterien und Begründungszusammenhänge bestimmen:[11] Zum einen werden als ›Randgruppen‹ diejenigen gefasst, die hinsichtlich sozioökonomischer Kriterien eine gesellschaftliche Randposition einnehmen. In diesem sozialstrukturellen Ansatz produziert die Gesellschaft durch die ungleiche Vergabe von Chancen ›Randgruppen‹. In dieser Definition bleibt der Begriff negativ an die Erwerbsarbeit gebunden. Zum anderen werden als ›Randgruppen‹ jene Personengruppen bezeichnet, die den gesellschaftlichen Normen nicht entsprechen oder diese bewusst ablehnen. Deren Verhalten und Lebensführung gelten als unangepasst oder deviant und werden gesellschaftlich sanktioniert. In diesem kulturalistischen, verhaltensorientierten oder schlicht normativen Ansatz werden die Gruppen selbst für ihre Randständigkeit verantwortlich gemacht und zum Problem *für* die Gesellschaft erklärt. Scherr fasst die heterogenen Prozesse der Konstituierung von ›Randgruppen‹ in folgender Definition zusammen:

10 Vgl. außerdem zur Soziologie der Randgruppen auch ähnlich Essinger (1977) und Bellebaum (1984).

11 Vgl. zu einer Systematisierung auch Scherr (1998).

»Individuelle und kollektive Randständigkeit resultieren, so betrachtet, aus einem Prozeß, der auf gesellschaftlichen Strukturen der Benachteiligung, Ausgrenzung und *Diskriminierung* einerseits, Formen des Scheiterns an bzw. der Ablehnung von gesellschaftlichen Verhaltenserwartungen sowie der Entgegensetzung zu gesellschaftlichen Werten und Normen andererseits [basiert]« (Scherr 1998: 506).

Beide Grundkriterien des Begriffs sind problematisch. Wird der Begriff eher sozialstrukturell gefasst und meint Menschen, die in sozialer und ökonomischer Hinsicht schlecht gestellt sind, wird empirisch unplausibel, wie eine in den letzten Jahren nominell immer größer werdende Gruppe als gesellschaftlicher ›Rand‹ bezeichnet werden kann. Wird der Begriff normativ gebraucht, wirkt er unmittelbar stigmatisierend. In beiden Lesarten wird vor allem nicht begrifflich deutlich, dass die Gesellschaft selbst diesen Rand aus sich heraus produziert, bzw. dass die ›Mitte‹ – in Hinblick auf Erwerbsarbeit aber auch auf Normen – konstitutiv auf den ›Rand‹ angewiesen ist, weil sie sich gleichzeitig über ihn definiert. Den Begriff jedoch wegen der geschilderten Schwächen für obsolet zu erklären, hieße ein wesentliches Problem zu verkennen: dass es gesellschaftlich sehr wohl randständige Positionen gibt. Ich plädiere daher für eine kritische Lesart und damit für die Ersetzung des Randgruppen-Begriffs durch den Begriff der *Marginalisierung* oder marginalisierten Gruppen. Dadurch wird deutlich, dass die Thematisierung einer ›Randgruppe‹ auf den Kern von Gesellschaft verweist, d.h. auf die gesellschaftlichen Teilungen und Hierarchien, in denen Gesellschaft prozessiert. Denn sowohl in der an Erwerbsarbeit als auch in der an gesellschaftlichen Normen und Konventionen orientierten Definition fallen alle, die von der Norm (der Erwerbsarbeit oder der Verhaltensstandards) abweichen – sei dies selbst gewählt oder nicht – potenziell in die Kategorie der Randgruppe. ›Randgruppen‹ sind somit immer auch das Produkt gesellschaftlicher Marginalisierung *und* Normalisierung. Das heißt aber auch, dass Gesellschaft sich einerseits über Normen (im Sinne von Werten und Konventionen) in Rand und Kern spaltet, dass andererseits kapitalistische Vergesellschaftung eben eine solche Spaltung hervorbringt bzw. auf dieser beruht. Beides ist miteinander verknüpft, wenn auch nicht funktional aufeinander zu reduzieren. Während sich gesellschaftliche Ordnungen über gemeinsame Normen und, für diese konstitutiv, Abweichungen stabilisieren, werden diese für den kapitalistischen Verwertungsprozess produktiv gemacht. Die Gruppe der ›Unangepassten‹ ist dann gleichzeitig diejenige, die sich der Verwertung entzieht oder aber für diese nicht ›brauchbar‹ ist. Wenn heute vor allem die große Gruppe derjenigen in der Ungleichheitsforschung thematisiert wird, die sozialstrukturell an den Rand der Gesellschaft gedrängt werden, wird daneben eine Gruppe im öffentlichen Diskurs problematisiert, die vor allem aufgrund ihrer Existenzweise und ihres Verhaltens als bedrohlich angesehen wird wie Drogenabhängige, Obdachlose etc. Im

Begriff der ›gefährlichen Klassen‹, den einige Sozialwissenschaftler/innen wieder aufgenommen haben, um den zeitgenössischen Umgang der Gesellschaft mit als bedrohlich oder störend wahrgenommenen Gruppen zu beschreiben, konvergieren die beiden Bestimmungen des Randgruppen-Begriffs.[12]

Wenn man mittlerweile, wie Scherr weiter oben formuliert, von »ausgedehnten Formen gesellschaftlicher Randständigkeit« ausgehen muss, stellt sich die Frage, ob für die Analyse dieser Formen nicht andere Konzepte wie beispielsweise der Begriff der *Exklusion* geeigneter sind. Interessanterweise hat auch der Begriff der Exklusion seinen Ursprung in der Klassifizierung randständiger Existenzen, die sich nicht in die Gesellschaft integrieren würden.[13] Schon länger jedoch wird dieser vor allem für die Analyse sozialstruktureller Ausgrenzungsprozesse genutzt. Dass sich mit dieser begrifflichen Umorientierung der Bedeutungshorizont der Randgruppenforschung ebenfalls verändert hat, hebt auch Petra Böhnke hervor:

»Ähnlich der heute geführten Diskussion um soziale Ausgrenzungserfahrungen ging es um diejenigen, die ›am Rande der Gesellschaft‹ leben und von Deklassierung und Stigmatisierung bedroht sind. Ein wichtiger Unterschied liegt jedoch darin, dass sich damals die Politik der Randgruppen als Bedürftige annahm, die primär Opfer persönlicher Schicksalsschläge waren. Soziale Ausgrenzung heute wird hingegen in der Hauptsache auf strukturelle Ursachen zurückgeführt, allen voran Arbeitsplatzmangel, Dequalifizierung, Niedrigbildung und unzureichende sozialstaatliche Absicherung.« (Böhnke 2006a: 17)

---

12 Vgl. hierzu Morris (1994: 10-55), die die *underclass* als aktuelle Figur der im 19. Jahrhundert als gefährliche Klasse bzw. Lumpenproletariat titulierten Gruppen interpretiert, Ruddick (1994), die die Wiederkehr des Begriffs in Zusammenhang mit Raum analysiert, Gebhardt/Heinz/Knöbel (1996), die den Zusammenhang von biologistischen Erklärungsmustern und ›gefährlichen Klassen‹ analysieren, Krasmann/Marinis (1997) und Marinis (2000), die die Konstruktion der gefährlichen Klassen als Resultat der Spaltung der Gesellschaft und der Entwicklung hin zu einer Kontrollgesellschaft interpretieren, sowie Ronneberger (1998) und Ronneberger/Lanz/Jahn (1999), die zur »Wiederkehr der gefährlichen Klassen« festhalten: »Über ›Gefahr‹ lassen sich einerseits heterogene Milieus homogenisieren, andererseits erlaubt der Begriff gleichzeitig eine differenzierte Behandlung der betroffenen Gruppen je nach der Qualität der Gefährdung, die sie repräsentieren. [...] Die staatlichen Institutionen und die Medien definieren die neuen gefährlichen Gruppen vor allem als kriminelle Klasse.« (Ebd.: 175) Vgl. außerdem auch Kapitel 3 dieses Buchs.

13 René Lenoir thematisierte in seinem 1974 erschienenen Buch das Problem der Exkludierten, mit denen er die ›Unangepassten‹ meinte (Drogenabhängige, psychisch Kranke, ökonomisch Marginalisierte). Erst unter dem Eindruck struktureller Massenarbeitslosigkeit rückte das Exklusionsproblem vom ›Rand‹ ins ›Zentrum‹ (vgl. Kronauer 2002: 40ff.).

1.3 Exklusion und Underclass

Die Begriffe Exklusion bzw. Ausgrenzung und Marginalisierung sind vergleichsweise spät in der deutschsprachigen Debatte angekommen. Kronauer begründet diese Verspätung damit, dass die Bedrohung der Mittelschicht (bzw. das Gefühl des Bedrohtseins) in der Bundesrepublik später als in anderen westeuropäischen Ländern einsetzte. Die verspätete Rezeption hat aber auch theoriegeschichtliche Ursachen bzw. gründet in den unterschiedlichen nationalen Traditionsbezügen und Selbstverständnissen (vgl. dazu Kronauer 2006: 27f.).[14] Der Begriff der Exklusion kam erstmals in Frankreich in den 1970er Jahren auf, von dort fand er Eingang in sozialpolitische Programme der EU, bis er dann auch von der deutschsprachigen Ungleichheitsforschung aufgenommen wurde und Konzepte wie Armut und Randgruppen verdrängte. Neben dem Begriff der Exklusion wird häufig der Begriff der *underclass* als zentrale Kategorie zur Analyse neuer gesellschaftlicher Spaltungen benannt. Kronauer bezeichnet ihn als »das angelsächsische Pendant zum kontinentaleuropäischen Fokus auf Exklusion« (Kronauer 2002: 12). Stärker noch als dem Begriff der Exklusion ist ihm eine räumliche Bestimmung und die Festschreibung einer bestimmten Gruppe der Ausgeschlossenen immanent, die vor allem in den USA häufig mit der schwarzen, armen ›Ghetto‹-Bevölkerung identifiziert wird.[15]

Kronauer nennt zwei Gründe, die die breite Rezeption dieser Begriffe befördert haben: Zum einen wird in ihnen eine neue Form von Armut und Ausgrenzung analytisch gefasst, die sich vor dem Hintergrund langanhaltenden materiellen Wohlstands und institutioneller Einbindung als Problem der Teilhabe bzw. des Ausschlusses aus gesellschaftlichen Bezügen artikuliert. Zum anderen haftet beiden Begriffen eine Mehrdeutigkeit an, weil mit ihnen sowohl der gesellschaftliche Prozess (der Spaltung) thematisiert als auch das Verhalten einer Gruppe zur Ursache von Exklusion erklärt werden kann:

»Der Ausgrenzungsgedanke kann kritisch gegen gesellschaftliche Verhältnisse gewendet werden, die ausgrenzend wirken. Er kann aber auch personalisierend die Ausgegrenzten ins Zentrum der Aufmerksamkeit rücken, ihre Andersartigkeit her-

14 Vgl. zur Rezeptionsgeschichte des Begriffs der Exklusion im internationalen und deutschsprachigen Kontext Kronauer (2002: 38ff.), Mäder (2005) und Böhnke (2006a: 21ff.). Zu den nationalen Besonderheiten, von denen sich die Bezüge und Lesarten herleiten, vgl. vor allem Silver (1996).

15 Der Begriff des Ghettos trägt alltagssprachlich häufig negative Konnotationen. Wacquant weist nach, dass auch die wissenschaftliche Verwendung des Begriffs häufig von Vorurteilen und Klischees geprägt ist. Er plädiert für die Beibehaltung des Begriffs, aber einen veränderten Forschungsfokus (vgl. Wacquant 1998).

vorheben und damit seinerseits zu ihrer weiteren Ausschließung beitragen.« (Ebd.: 11f.)

Letzteres gilt in einem noch stärkeren Maße für den Begriff der *underclass*, dessen Entwicklung und Verwendung hier skizziert werden soll, bevor Kronauers systematische Konzeptualisierung zur Exklusion ausführlicher dargestellt wird.

Underclass

Der Begriff der (*urban*) *underclass* bezeichnet die Verfestigung von Ausgrenzung zu einer eigenen sozialen Lage, die sich auch räumlich konstituiert.[16] Er bezeichnet somit eine besondere Form *städtischer* Armut. Die dem Begriff innewohnende Ambivalenz hat ihn anschlussfähig gemacht für unterschiedliche politische und wissenschaftliche Diskurse. Zunächst als analytische, strukturtheoretische Kategorie konzipiert, wurde *underclass* von konservativer Seite zu einem verhaltensorientierten, stigmatisierenden Etikett umfunktioniert (vgl. ebd.: 56). Gunnar Myrdal verwendete in den 1960er Jahren erstmals diesen Begriff, um mit ihm eine Klasse von dauerhafter Arbeitslosigkeit betroffener Menschen zu bezeichnen. Prominent wurde das Konzept dann in den 1980ern vor allem durch William Julius Wilson, der *underclass* für seine Studien zur (städtischen) Armut (vor allem der schwarzen Bevölkerung) und Segregation in den Städten nutzte. Wilson machte mit diesem Konzept darauf aufmerksam, dass mitten in den prosperierenden Städten eine neue Armut entstand, deren zentrale Kennzeichen eine marginale Position am Arbeitsmarkt, soziale Isolation sowie die räumliche Ausprägung dieser Prozesse seien. Ken Auletta popularisierte den Begriff und machte ihn für konservative Lesarten anschlussfähig. Nach Lydia Morris differenziert er die *underclass* in vier Gruppen:

»1 the passive poor, usually long term welfare recipients (and presumably therefore lone mothers); 2 hostile street criminals, drop-outs and drug addicts; 3 hustlers, dependent on the underground economy but rarely involved in violent crime; 4 the traumatised drunks, drifters, homeless bag ladies and released mental patients.« (Morris 1994: 81)

In diese Kategorie fielen nach Auletta alle »›outsiders‹ in terms of both behaviour and material standard of living« (ebd.). An der hier bereits angelegten konservativ-pejorativen Wende des Begriffs der *underclass* wirkte an promi-

16 Zur Geschichte und Debatte um das Konzept der *underclass* vgl. die beiden Sammelbände von Mingione (1996a) und Jencks/Peterson (1991) sowie Morris (1994), Häußermann (1997), Kronauer (1997), Siebel (1997), Koch (1999) und Kronauer (2002: 53-73).

nenter Stelle Charles Murray mit, der 1984 aus dem Begriff ein Argument für den Abbau sozialstaatlicher Leistungen in den USA machte. Er prägte das reaktionäre Bild der *black welfare queen* und damit das Klischee einer schwarzen Bevölkerung, die sich über staatliche Leistungen einen devianten Lebensstil finanzieren wurde. Morris ordnet die bisherigen Ansätze zum Konzept der *underclass* zwei Richtungen unter: einer strukturtheoretischen, die die Bedingungen und Faktoren für Armut und Ausgrenzung untersucht, und einer kulturalistischen, die das Verhalten der einzelnen in den Mittelpunkt stellt und die Verantwortung für das soziale Elend auf die Individuen verschiebt (vgl. ebd.: 80ff.). Während Murray und Auletta Vertreter der zweiten Richtung sind, rechnet sie Wilson, der die Situation einer urbanen *underclass* mit der Situation auf dem Arbeitsmarkt erklärt, der ersten zu. Wilson nennt vor allem klassenspezifische Gründe für das Entstehen einer schwarzen *underclass*, wohingegen Norman Fainstein entschieden die rassistischen Strukturen in der Gesellschaft für die Benachteiligung der schwarzen Wohnbevölkerung verantwortlich macht (vgl. ebd.: 88). Nach Herbert Gans ist der Begriff inzwischen zu überfrachtet und ideologisch aufgeladen und sollte von daher besser fallengelassen werden. Auch Morris sieht den Wert des Begriffs eher in seiner deskriptiven und weniger in seiner analytischen Funktion.[17] Worauf das Konzept und die Debatte um seinen Einsatz aufmerksam gemacht haben, ist die Tatsache, dass es offenbar ein Ausgrenzungsproblem gibt und dass dieses mit Raum, Ethnie und den Strukturen des Arbeitsmarkts zusammenhängt. Wie aber genau dieser Zusammenhang aussieht, vermag das Konzept nicht zu erklären. Zu stark fokussiert dieses Konzept die Gruppe als Ergebnis von Ausgrenzung und weniger den Prozess selbst.

Exklusion

Die Betonung der Teilhabe als einer relevanten Dimension gesellschaftlicher Ungleichheit und damit der Verweis auf den gesellschaftlichen Prozess als (des)integrierenden sind nach Kronauer die zentralen Aussagen des Exklusions-Begriffs. In der Auseinandersetzung mit den sozialwissenschaftlichen Debatten um *underclass* und Exklusion vor allem in den USA, in Großbritannien und in Frankreich entwickelt er die wesentlichen Charakteristika seines Verständnisses von Exklusion bzw. Ausgrenzung: Diese zeichne sich aus durch eine marginale Position am Arbeitsmarkt, den Ausschluss aus sozialen Beziehungen und die Verhinderung gesellschaftlicher Teilnahme entsprechend den Standards und Möglichkeiten der Gesellschaft. Diese drei Merkmale systematisiert Kronauer dann vor allem in Möglichkeiten der *Interdepen-*

17 Wilson hat in seinen späteren Arbeiten statt *underclass* den Begriff »ghetto poor« benutzt, Gans (1996) spricht von »undercaste« und Wacquant (1996) schlägt »hyperghetto« vor. Vgl. hierzu auch Häußermann/Kronauer/Siebel (2004b: 18).

denz und der *Partizipation* als Modi der gesellschaftlichen Zugehörigkeit. In einem zweiten Schritt weist er nach, dass die Frage der Ausgrenzung eine qualitativ neue Situation von Armut bezeichnet und Ausdruck gesellschaftlicher Umbrüche ist. Veränderungen in der Erwerbsarbeit (durch Deindustrialisierung, den Einsatz neuer Technologien, die Verlagerung von Produktion und die Internationalisierung der Finanzmärkte), der Wandel der sozialen Beziehungen und der staatlichen Interventionsmöglichkeiten ließen prekär werden, was sich erst vor dem Hintergrund der Durchsetzung sozialer Rechte, materiellen Wohlstands und weitgehender institutioneller Einbindung hatte etablieren können: dass sich Zugehörigkeit im hoch entwickelten Kapitalismus vor allem über Interdependenz und Teilhabe herstellt. Bevor Kronauer diese Dimensionen unter Einbeziehung empirischen Materials konkretisiert, entwickelt er in einem dritten Schritt Argumente gegen eine dichotome Sichtweise von Exklusion, in der Gesellschaft unter der Perspektive des Innen *oder* Außen begriffen wird. An erster Stelle nennt er hier die Systemtheorie, für die Inklusion und Exklusion zentrale Begriffe ihrer Gesellschaftsbeschreibung sind. Kronauer wirft insbesondere Niklas Luhmanns Konzeption vor, dass sie enthistorisierend und in sich widersprüchlich sei.[18] Er selbst strebt ein Verständnis von Exklusion an, in welchem diese sowohl als *Zustand* wie als *Prozess* analysierbar wird, d.h. in welchem man den Bruch zwischen Innen und Außen fassen kann, ohne die Entstehungsrichtung dieses Bruchs – nämlich von Innen nach Außen – aus dem Blick zu verlieren. Ausgrenzung kann nicht als ein Herausfallen aus der Gesellschaft, sondern muss selbst als soziales Verhältnis begriffen werden. Kronauer findet für diese These Unterstützung in Georg Simmels Ausführungen zur gesellschaftlichen Funktion des Armen und der Fürsorge. Simmel arbeitet hier heraus, dass die Gesellschaft den Armen mittels des Fürsorgesystems in seiner randständigen Position hält. Insofern wird deutlich, dass Armenpflege, auch wenn sie ein wenig umverteilt, keineswegs auf

»ein Gleichwerden dieser individuellen Positionen geht, dass ihr Begriff nicht einmal der *Tendenz* nach die Differenzierung der Gesellschaft in Arme und Reiche aufheben will. Vielmehr liegt ihr die Struktur der Gesellschaft, wie sie nun einmal besteht, zugrunde [...]. Ihr Sinn ist gerade, gewisse extreme Erscheinungen der sozialen Differenziertheit so weit abzumildern, dass jene Struktur weiter auf dieser ruhen kann.« (Simmel 1999: 518)

18 Zu den systemtheoretischen Konzeptionen des Verhältnisses von In- und Exklusion sind in den letzten Jahren einige Studien erschienen. Vgl. hierzu Luhmann (1996), Stichweh (2005), Farzin (2006), die unterschiedliche Zugänge bei Luhman unterscheidet, und Nassehi (2006). Vgl. außerdem die Zusammenfassung bei Barlösius (2004: 186-210).

Der Arme steht einerseits außerhalb der Gesellschaft, weil er von ihr unterstützt wird, er ist damit aber auch ein Teil von ihr, weil er von ihr abhängig ist. Armut ist letztlich eine relative Größe und bemisst sich nach Simmel schließlich daran, wer Anspruch auf (staatliche) Unterstützung hat. Kronauer überträgt nun die Einsicht in die *Gleichzeitigkeit* von Drinnen und Draußen auf den Begriff der Ausgrenzung. Es gelingt ihm auf diese Weise, Exklusion als Prozess und Zustand zu denken: »Ausgrenzung lässt sich nur als *Prozess*, der im gesellschaftlichen Zentrum beginnt, angemessen erklären. Als *Ausgrenzungs*prozess wiederum lässt er sich jedoch nur von seinen Resultaten her begreifen.« (Kronauer 2002: 210)

Die wichtigen Dimensionen der Ausgrenzung und vor allem auch ihrer Erfahrung sind die Möglichkeiten der Interdependenz und der Teilhabe, die Kronauer in einem vierten Schritt differenziert. Interdependenzbeziehungen meinen Erwerbsarbeit zum einen, die Einbindung in soziale Netze und Beziehungen zum anderen. Teilhabemöglichkeiten beziehen sich auf die materielle, die politische (politische und soziale Rechte) und die kulturelle Ebene, d.h. auf anzustrebende kulturelle Werte und Standards. Der Ausschluss aus diesen Dimensionen, die miteinander verschränkt sind und sich gegenseitig bedingen, kennzeichnet die Lage der Exkludierten, die in der Gesellschaft selbst zu verorten ist:

»In der Gesellschaft keinen anerkannten Ort zu haben heißt deshalb keineswegs, außerhalb der Gesellschaft zu leben. Im Gegenteil: Ausgrenzung kann nur dem widerfahren, der sich auf dieselben sozialen Institutionen, Erfahrungen und Wünsche bezieht wie diejenigen, die ihm den Zugang verweigern oder die Erfüllung versagen.« (Ebd.: 204)

Was Kronauers Ansatz in meinen Augen auszeichnet, ist, dass er *Exklusion als gesellschaftliches Verhältnis* betrachtet. D.h. Exklusion verweist eher auf eine gesellschaftliche Verfasstheit und eine besondere Struktur sozialer Ungleichheit als auf eine Gruppe, die als gesellschaftliches Problem konstruiert wird. Mit Kronauer geht es mir also um das theoretische Problem,

»das ›Innen‹ und das ›Außen‹ wieder zusammenzudenken, ohne dabei den Gedanken einer auf neue Weise gespaltenen Gesellschaft aufzugeben. Genauer: Es geht um die Rückbindung des Exklusionsbegriffs an die internen gesellschaftlichen Ungleichheiten und zugleich darum, Exklusion als eine besondere Form der Ungleichheit zu verstehen.« (Ebd.: 139)

Darüber hinaus ist Kronauers Ansatz für die Fragestellung dieser Arbeit geeignet, weil er deutlich macht, dass Ausgrenzung als *mehrdimensionaler Prozess* zu verstehen ist. Neben der nach wie vor zentralen Bezugsgröße der Erwerbsarbeit rücken weitere Dimensionen in den Vordergrund, die die gesellschaftliche Position konstituieren. Eine wichtige, die in den meisten jüngeren Arbeiten zur Exklusionsforschung betont wird, ist die *subjektive* Komponente, d.h. das Gefühl, aus jeglichen gesellschaftlichen Bezügen ausgegrenzt zu sein.[19] Diese Dimension müsste man mit Holger Kuhle präzisieren und sowohl von Zuweisungen wie von Zuschreibungen sprechen. Kuhle konzipiert zwar Ausgrenzung als sozialstrukturelle Kategorie, er betont aber, dass eine Verfestigung verschiedener Ausgrenzungsdimensionen erst dann eine Schicht der Ausgegrenzten konstituiere, wenn sich für diese ein Circulus-vitiosus-Effekt beschreiben lasse, d.h. ein Teufelskreis aus Funktionszuweisungen (z.B. sozioökonomische Lebenslage) und -zuschreibungen, die die ausgrenzenden Zuweisungen bzw. Zuschreibungen bestätigten oder neu hervorrufen (Kuhle 2001: 65). In seiner Analyse sozialräumlicher Formen von Ausgrenzung verknüpft er eine sozialstrukturelle mit einer handlungstheoretischen (oder, wie er auch schreibt: kognitiv-interpretativen) Perspektive und folgert: »Ausgrenzung wird durch gesellschaftliche Struktur und Handlung der Akteure bestimmt« (ebd.: 8). Insbesondere mit Blick auf die in dieser Arbeit zu untersuchenden körperlichen Dimensionen von Ausgrenzung sind Zuschreibungsprozesse und subjektive Aneignungsweisen von großer Bedeutung, denn diese materialisieren sich am Körper. Körperliche Merkmale werden in Ausgrenzungsprozessen zu Stigmata. Doch bisher wird der Körper in der Ungleichheitsforschung weder als Teilaspekt der subjektiven Dimension noch als eigenständige Dimension thematisiert. Eine gewisse Ausnahme in dieser Hinsicht bildet Heinz Bude, der den Körper zwar als eines von vier Strukturmerkmalen, die den Prozess des ›Überflüssigwerdens‹ charakterisieren, benennt, diese These aber nicht weiter ausführt. Bei ihm heißt es zunächst nur, dass nicht selten unterschiedliche Formen von Süchten am Ende des Wegs in die ›Überflüssigkeit‹ stünden: »Die körperliche Stigmatisierung könnte man als selbst vollzogenen Schließungsmechanismus verstehen, der die Loslösung von den legitimen gesellschaftlichen Anerkennungszusammenhängen von Arbeit, Familie und Institution auf den Punkt bringt.« (Bude 1998: 376)

Eine weitere entscheidende Dimension in Ausgrenzungsprozessen, die in fast allen Arbeiten zum Thema hervorgehoben wird, ist die räumliche Dimension. So arbeitet Kuhle beispielsweise heraus, dass neben dem Ausschluss aus dem Arbeitsmarkt auch die Ausschließung aus dem Wohnungsmarkt konstitutiv für die neuen Formen sozialer Ausgrenzung und die (mögliche) Verfestigung einer städtischen Schicht der Ausgegrenzten ist. Hartmut Häußermann, Martin Kronauer und Walter Siebel unterscheiden insgesamt fünf Dimensionen der Ausgrenzung: eine ökonomische, eine institutionelle, eine soziale, eine kulturelle und eine subjektive (vgl. Häußermann/Kronauer/Siebel 2004b: 24f.).

19 Vgl. hierzu Bude/Lantermann (2006) und Leisering (1997).

Während alle Arbeiten zu Exklusion die Mehrdimensionalität des Phänomens betonen, gibt es keine Einigkeit darüber, welche gesellschaftlichen Gruppen primär von Ausgrenzungsprozessen betroffen sind. Inwiefern die vermeintlich abstürzenden Mittelklassen real oder bloß potenziell von Exklusion betroffen sind, ist umstritten. Während Berthold Vogel beispielsweise genau diese Gruppen zum Ausgangspunkt seiner Untersuchung von Ausgrenzungsprozessen nimmt und für ein differenziertes Vokabular plädiert, das sensibel für die feinen Übergänge von In- und Exklusion ist – er schlägt die Begriffe »soziale Verwundbarkeit« und »prekärer Wohlstand« vor (Vogel 2006: 344) –, stellt Böhnke in ihrer Analyse statistischer Daten fest, dass die Mittelklasse von Ausgrenzung nicht betroffen ist. Für Menschen, die vom allgemeinen Wohlstandsniveau abgeschnitten seien, wie beispielsweise Langzeitarbeitslose, gelte der Begriff der Ausgrenzung, für die Verunsicherungen der »gesellschaftlichen Mitte« ließe sich hingegen angemessener von einer »Prekarisierung von Wohlstandslagen«[20] reden (vgl. Böhnke 2006b: 120). Böhnke sieht jedoch den Vorteil des Konzepts der Ausgrenzung darin, dass mit ihm nicht nur materielle, und d.h. in erster Linie Verteilungsprobleme, sondern auch Integrationsaspekte für die Bestimmung sozialer Ungleichheiten zum Tragen kämen. Trotzdem lautet das Fazit ihrer empirischen Untersuchung:

»Mit sozialer Ausgrenzung [...] lässt sich kein neues und schichtübergreifendes Element sozialer Ungleichheit umschreiben, im Gegenteil, die Analysen bestätigen die starke Konzentration prekärer Lebenslagen bei strukturell benachteiligten Bevölkerungsgruppen. Marginalisierungserfahrungen stehen nach wie vor in einem deutlichen Zusammenhang mit Versorgungskategorien.« (Böhnke 2006a: 217)

Was alle Arbeiten zu Exklusion und Ausgrenzung hervorheben, so kann man an dieser Stelle resümieren, ist, neben der Bedeutsamkeit sozialstruktureller Benachteiligungen, die wieder verstärkt in den Fokus der Ungleichheitsforschung treten, vor allem der Aspekt der Teilhabe und damit die subjektive Ebene von Ausgrenzung. Damit bietet das Konzept für die Gesellschaftsanalyse wichtige Anschlussmöglichkeiten.

20 Diesen Begriff prägt Hans-Jürgen Andreß in seiner empirischen Untersuchung zu den Einkommens- und Versorgungsquellen armer Haushalte und ihren Strategien. Er kommt zu dem Ergebnis, dass ein großer Teil armer Haushalte sich durch Erwerbsarbeit finanziert, und folgert: »[V]ergleicht man den Lebensstandard der Armutsbevölkerung mit dem der Durchschnittsbevölkerung, dann ergibt sich das Bild eines prekären Wohlstands im Armutsbereich« (Andreß 1999: 326).

1.4 Diskussion

Entscheidend für die Wahl der jeweiligen Konzepte zur Beschreibung sozialer Ungleichheiten, gesellschaftlicher Hierarchien und Teilungen ist letztlich der Begriff von Gesellschaft und dessen theoretische Einbindung, die die Gesellschaftsanalyse leiten. Im Wesentlichen lassen sich die Ansätze zu sozialer Ungleichheit und Armut vier Gesellschaftstheorien zuordnen: 1. Systemtheorie, 2. Theorien der reflexiven Modernisierung, 3. Theorien, die Gesellschaft in Begriffen von Integration und Anomie denken und 4. kritische Theorien.[21] Den ersten drei Ansätzen ist gemein, dass in ihnen Phänomene der Exklusion und Marginalisierung als Störung begriffen werden. Diese Annahme impliziert eine Vorstellung von Gesellschaft als reibungsfreiem Funktionszusammenhang. Konflikte und Kämpfe erscheinen in dieser Vorstellung als der Gesellschaft äußerlich; Inklusion und Exklusion können nur als dichotomes Verhältnis gedacht werden. Diesem Buch liegt hingegen ein Begriff von Gesellschaft zugrunde, der Gesellschaft als die Gesamtheit sozialer Verhältnisse begreift. Deswegen bieten am ehesten die als kritisch bezeichneten Ansätze, zu denen ich auch Kronauer zählen würde, wichtige Anschlussmöglichkeiten für die Forschungsfrage dieser Arbeit. Exklusion und Spaltung werden in diesen Ansätzen als wichtiges Mittel zur Herstellung sozialer Kohäsion begreifbar, und nicht nur als Symptome einer fehlgeleiteten Moderne. Für den dieser Arbeit zugrunde zu legenden Begriff der Exklusion bedeutet dies, ihn, wie weiter oben mit Kronauer bereits ausgeführt, als soziales Verhältnis zu begreifen, als Prozess und Zustand, als Ausschluss aus Interdependenz- und Teilhabemöglichkeiten, als Resultat der Kumulierung von Ausgrenzungsdimensionen inklusive der Erfahrung oder dem Gefühl von Ausschluss. So verstanden kann er zu einem Instrument der Gesellschaftsdiagnose werden.[22] Problematisch bleibt an dem Konzept jedoch die von Kronauer angesprochene Tendenz zur schematisierenden Trennung in Gesellschaft und Exkludierte. Gesellschaft zerfällt in diesem Verständnis in vereinzelte Individuen, in Gewinner/innen und Verlierer/innen. Außerdem propagiert es indirekt die Einbindung aller als Lösung jeglicher Probleme, ohne dabei zu reflektieren, dass Inklusion auch als Zwangverhältnis beschrieben werden muss. Das Konzept benennt weder Subjekte noch Objekte der Ausgrenzung. Es koppelt darüber hinaus weiterhin Ausgrenzung stark an Erwerbsarbeit.

Ich schlage an dieser Stelle vor, den Begriff der Exklusion für bestimmte Ausgrenzungsverhältnisse zu benutzen, bei denen sich auf mehreren Ebenen Formen des Ausschlusses beobachten lassen. Für die als gefährlich, moralisch

---

21 Vgl. zu einer Systematisierung soziologischer Theorien für die Analyse sozialer Ausgrenzung auch Böhnke (2006a: 65-78).

22 Vgl. zur Exklusion als Kategorie einer kritischen Gesellschaftsanalyse auch Kronauer (2006, 1999).

verwahrlost etc. skandalisierten Gruppen beispielsweise ist der Ausschluss vorgesehen, nicht nur aus Interdependenz- und Teilhabemöglichkeiten, sondern ganz konkret aus dem öffentlichen Raum mittels Platzverweisen und Aufenthaltsverboten. Die ›gefährlichen Klassen‹ werden als Bedrohung und Negation der herrschenden Ordnung erlebt. Für ihren Ausschluss sind insbesondere die körperliche und die räumliche Dimension entscheidend, wie in diesem Buch dargelegt werden soll. Um die genannten Probleme des Begriffs zu vermeiden, d.h. den Prozess-Charakter deutlich zu machen, den Zusammenhang von drinnen und draußen, sollte dem Begriff der Exklusion die Begriffe Marginalisierung bzw. Normalisierung zur Seite gestellt werden. In diesen wird sowohl deutlich, dass es sich bei Ausgrenzung um einen Prozess handelt wie auch, dass sich beide, Norm und Abweichung, Normalisierung und Marginalisierung bedingen, wie bereits in der Diskussion des Randgruppen-Begriffs herausgestellt wurde. In der Literatur wird Marginalisierung, Ausgrenzung und Exklusion/Ausschluss häufig synonym verwendet. Eine Systematisierung des Begriffs Marginalisierung, wie sie Kronauer für Exklusion vorgelegt hat, gibt es bisher nicht. Bude/Lantermann und Kronauer begreifen Marginalisierung eher als Vorstufe von Exklusion. Während erstere damit vor allem die objektiv benachteiligte Lage meinen, die erst zusammen mit dem subjektiven Gefühl den Zustand der Exklusion herbeiführt,[23] hält Kronauer fest, dass in der marginalisierten Position der Ausschluss zwar schon angelegt, aber noch nicht vollzogen ist.[24] Für die diesem Buch zugrunde gelegte Fragestellung bietet sich jedoch gerade der Begriff der Marginalisierung aus mehreren Gründen an. Nicht nur, dass er das Prozesshafte von Ein- und Ausschlüssen betont, macht ihn für diese Arbeit wertvoll, sondern er vermeidet anders als der Begriff der Randgruppe oder der der *underclass* die

23 Bude/Lantermann zum Unterschied zwischen Marginalität und Exklusion: »Als entscheidend erweist sich die subjektive Auffassung der eigenen Chancenlage. Wer trotz offenbarer Benachteiligung das Gefühl hat, sein Leben meistern zu können und einen Ort in der Welt zu haben, ist marginalisiert, aber nicht exkludiert. Das Konzept der Marginalität bezieht sich auf massive Benachteiligung bei der Verteilung allgemein begehrter Güter, mit dem Exklusionsbegriff kommt die soziale Selbsteinordnung nach Maßgabe des Schematismus von Drinnen und Draußen ins Spiel. Der Marginalisierte trifft auf Barrieren, aber ist einbezogen, der Exkludierte sieht sich aus dem Ganzen entbettet und gerät in Panik.« (Bude/Lantermann 2006: 234)

24 Kronauer beschreibt den Zusammenhang folgendermaßen: »Zugleich geht der Exklusionsbegriff jedoch in einem entscheidenden Punkt über den der Marginalisierung hinaus: in der Behauptung eines qualitativen Bruchs zwischen Zugehörigkeit und Ausschluss.« (Kronauer 2002: 51) Ausgrenzung gehe über Ungleichheit hinaus, weil diese auch das Fehlen von organisierten Forderungen, von Anerkennung beinhaltet: »Exklusionsprozesse führen zu einem paradoxen Resultat: sie marginalisieren Menschen soweit, dass sie sie schließlich selbst noch aus den Wechselbeziehungen ungleicher Abhängigkeitsverhältnisse verstoßen.« (Ebd.)

Festschreibung von Gruppen. Der Begriff ermöglicht es, eine randständige Position zu analysieren, ohne diese bzw. die mit ihr bezeichnete Gruppe zu stigmatisieren oder zu essentialisieren. Denn Marginalisierung kann nur mit Verweis auf Normalisierung sinnvoll begriffen werden. Last but not least bietet sich der Begriff der Marginalisierung aber auch vor allem deshalb an, weil mit ihm Formen räumlicher und körperliche Ausgrenzung thematisiert werden können. Wenn in dieser Arbeit der Körper als eine relevante Dimension sozialer Ungleichheit analysiert werden soll und weniger die sozialstrukturelle Lage bzw. die Position am Arbeitsmarkt, dann ist es sinnvoll, mit einem Verständnis von Marginalisierung zu arbeiten, dem ein kritischer Begriff von Gesellschaft zugrunde liegt, mit dem der Kern der Gesellschaft und ihre Normen fokussiert werden können und der den Bereich zwischen Normalisierung und Ausschluss tangiert.

Im folgenden Kapitel soll ein genauerer Blick auf die schon mehrfach angesprochene räumliche Dimension sozialer Exklusion und Marginalisierung geworfen werden. Während die Verräumlichung von Ungleichheit sich in der *urban underclass* sogar begrifflich niederschlägt, werden hierzulande die Begriffe der Ausgrenzung, Marginalisierung oder Exklusion in vielen Studien als urbane Phänomene untersucht.[25] Aber auch die Begriffe selbst – Ausgrenzung, Marginalisierung, Rand und Peripherie – sind räumliche Metaphern der Gesellschaftsanalyse. Dass damit der prozesshafte Charakter von Gesellschaft nur unzureichend erfasst wird, ist in diesem Kapitel herausgestellt worden.

25 Vgl. zum Begriff der Marginalisierung und Ausgrenzung im urbanen Raum auch Sambale/Veith (1997).

2. Stadt und Raum

»Die große Obsession des 19. Jahrhunderts ist bekanntlich die Geschichte gewesen: die Entwicklung und der Stillstand, die Krise und der Kreislauf, die Akkumulation der Vergangenheit, die Überlast der Toten, die drohende Erkaltung der Welt. [...] Hingegen wäre die aktuelle Epoche eher die Epoche des Raums. Wir sind in der Epoche des Simultanen, wir sind in der Epoche der Juxtaposition, in der Epoche des Nahen und des Fernen, des Nebeneinander, des Auseinander.«
(Foucault 1991: 66, 1967 gehaltene Vorlesung)

»Herrschaft über den Raum bildet eine der privilegiertesten Formen von Herrschaftsausübung.«
(Bourdieu 1991: 30)

2.1 Ausgrenzende Stadt?

Die Stadt ist traditionell der Ort, an dem soziale Ausgrenzung *sichtbar* wird. Die im Zuge der Industrialisierung im 19. Jahrhundert expandierenden Städte waren nicht nur Laboratorien moderner Lebensformen, sondern immer auch Orte sozialen Elends, wie Friedrich Engels in *Die Lage der arbeitenden Klasse in England* (1845) eindrucksvoll schildert.[1] Während vor allem in Westeu-

1 Engels fasst seine ausführliche Beschreibung der Wohnverhältnisse der Arbeiter/innen in den englischen Industriestädten in folgenden Worten zusammen: »Die großen Städte sind hauptsächlich von Arbeitern bewohnt [...]; die Wohnungen der Arbeiter sind durchgehends schlecht gruppiert, schlecht gebaut, in schlechtem Zustande gehalten, schlecht ventiliert, feucht und ungesund; die Einwohner sind auf den kleinsten Raum beschränkt, und in den meisten Fällen schläft wenigstens eine Familie in einem Zimmer; die innere Einrichtung der Wohnungen ist ärmlich in verschiedenen Abstufungen bis zum gänzlichen Man-

ropa das städtische Elend als Produkt einer fortschreitenden kapitalistischen Vergesellschaftung im Verlauf des 20. Jahrhunderts durch eine stärkere staatliche Regulierung des städtischen Wohnungsbaus abgefedert werden konnte, nimmt seit den 1980er Jahren eine sozialräumliche Polarisierung der Städte immer mehr zu.[2]

Häußermann/Kronauer/Siebel stellen hierzu fest:

»Wie im 19. Jahrhundert die großen Städte der Ort waren, wo sich die schärfsten sozialen Gegensätze zeigten, sind sie auch heute wieder der Ort, wo Armut und Ausgrenzung sichtbar werden. Insbesondere die sich verhärtende Arbeitslosigkeit in Europa und die soziale Isolation der Schwarzen-Ghettos in den amerikanischen Innenstädten deuten auf eine neue Qualität sozialer Ungleichheit hin. In den USA wird dies mit dem Begriff ›New Urban Underclass‹, in Europa mit dem der ›Ausgrenzung‹ bzw. ›Exklusion‹ belegt.« (Häußermann/Kronauer/Siebel 2004b: 7f.)

In diesem Kapitel soll der Zusammenhang zwischen der Stadt bzw. dem Raum und Exklusion/Marginalisierung genauer herausgearbeitet werden. Dabei geht es um die Frage, in welcher Weise Raum für Ausgrenzung relevant wird. Ein Blick auf die ausgrenzenden Effekte der Stadt impliziert zunächst die Frage nach Modellen und Konzepten zum Begreifen städtischer Wirklichkeit (1). Entscheidend hierfür ist allerdings eine sozialwissenschaftliche Theorie des Raums, wie im sich anschließenden Abschnitt entwickelt (2) und an ausgewählten Ansätzen systematisch erarbeitet werden soll (3). In einer kritischen Diskussion dieser Ansätze werden Anschlussmöglichkeiten für die Fragestellung dieses Buchs diskutiert und die für die empirische Studie entscheidenden Analyseperspektiven verdeutlicht (4).

Wenn hierzulande im Zusammenhang von Ausgrenzung häufig von »sozialen Brennpunkten« und der Sorge vor einer »Ghettoisierung«, aber auch von Gentrification und damit der Verdrängung durch Aufwertung bestimmter Stadtteile die Rede ist, werden immer sozial*räumliche* Phänomene, genauer: benachteiligte Stadtteile und Quartiere beschrieben.[3] Sozialwissenschaft-

gel auch der notwendigsten Möbel; die Kleidung der Arbeiter ist ebenfalls durchschnittlich kärglich und bei einer großen Menge zerlumpt; die Nahrung im allgemeinen schlecht, oft fast ungenießbar und in vielen Fällen wenigstens zeitweise in unzureichender Quantität, so dass im äußersten Falle der Hungertod eintritt.« (Engels 1972: 304)

2 Diese Entwicklung ist seit Jahren Thema stadtsoziologischer Studien. Vgl. zum Zusammenhang von sozialer Ungleichheit und Stadt (bezogen auf die Bundesrepublik) Heitmeyer/Dollase/Backes (1998), Dangschat (1999), Harth/Scheller/Tessin (2000), Farwick (2001), Häußermann/Kronauer/Siebel (2004a) und Häußermann (2006).

3 1999 haben der Bund und die Länder als Gegenmaßnahme das Programm »Stadtteile mit besonderem Entwicklungsbedarf – die soziale Stadt« ins Leben

ler/innen und Geograf/inn/en vor allem aus der anglo-amerikanischen Wissenschaftswelt hingegen versuchen seit einigen Jahren diese Entwicklung zur stärker ausgrenzenden Stadt auf einen Begriff zu bringen, der die gesamte Stadt umfasst. Sie gehen davon aus, dass sich die gesellschaftliche Spaltung in den Strukturen der Städte Westeuropas und der USA manifestiert und schlagen hierfür unterschiedliche Konzepte vor: Mollenkopf/Castells (1991) sprechen von der *dual city*, Fainstein/Gordon/Harloe (1992) von der *divided city*, Marcuse/van Kempen (2002) von der *partitioned city* bzw. *quartered city*, der ge(vier)teilten Stadt[4], wieder andere wie Saskia Sassen benutzen Konzepte wie *world* oder *global city*[5] zur Beschreibung einer sich in arme und reiche Sektoren aufteilenden Stadt. Gemein ist diesen Ansätzen, dass sie für die Großstädte eine stärkere sozialräumliche Segregation feststellen. Den Hauptgrund für die Veränderung der sozialräumlichen Struktur sehen die Autor/inn/en im Niedergang und Umbau der Industriegesellschaften und der damit verbundenen Restrukturierung ökonomischer Prozesse. Marcuse/van Kempen gehen davon aus, »that changes in cities today come about because of the competitive market, in the face of an increasingly powerless state« (Marcuse/van Kempen 2002: VII).[6] In der fordistischen Phase habe die Stadt

gerufen, das die finanzielle und soziale Förderung benachteiligter Stadtteile vorsieht und eine Fortsetzung der Städtebauförderung darstellt. Strittig bleibt in der Bewertung solcher Programme, inwiefern sie kompensatorische oder gar verändernde Effekte haben sollen und inwiefern sie als bloß flankierende Maßnahmen einer städtischen Wirtschaftsorientierung zu verstehen sind, die die Spaltung immer neu produziert. Zu unterschiedlichen Einschätzungen und zur wissenschaftlichen Evaluation des Programms »Soziale Stadt« vgl. Walther (2002) und Walther/Mensch (2004).

4 Peter Marcuse entwickelt das Konzept der *quartered city*, der viergeteilten Stadt, für New York City und zeigt in seiner Analyse dieser Stadt, dass sich in den Metropolen die sozialen Spaltungen in vier unterschiedlichen, separaten, aber interdependenten Städten verräumlichen. Er nennt diese die gentrifizierte Stadt, die suburbane Stadt, die Stadt der Mietwohnungen und die aufgegebene Stadt (Marcuse 1993: 216f.).

5 Sassen hat das Konzept der *global city* geprägt. Mit diesem beschreibt sie Städte wie New York und London, die zu globalen Knotenpunkten und Steuerungszentralen des Kapitals geworden sind und eine Netzwerkstruktur bilden. Die *global cities* sind die zentralen Orte der Finanzmärkte und der Produktion von Dienstleistungen. Sie sind darüber hinaus stark hierarchisierte und segmentierte Städte, in denen die Grenzen zwischen Metropole und Peripherie mittlerweile in den Metropolen selbst verlaufen, weil diese Zentren sowohl Steuerungs- und Schaltzentralen der politischen und wirtschaftlichen Macht wie Armutsgruppen beherbergen. Vgl. hierzu Sassen (1991, 1993). Zum Konzept der *world city* vgl. auch Keil (1993), der diesen neuen Typus der Urbanisierung an der Stadt Los Angeles verdeutlicht.

6 Häußermann/Kronauer/Siebel formulieren fünf Gründe für die Zunahme sozialer Ausgrenzung und Armut in der Stadt, die in wesentlichen Punkten bereits oben im Zusammenhang mit Exklusion und Marginalisierung Erwähnung fanden: 1. Strukturwandel von der Industrie- zur Dienstleistungsgesellschaft (Ar-

stärker eine integrative Funktion erfüllt, wohingegen sich in ihr heute im Angesicht des beschriebenen Wandels vor allem desintegrative Tendenzen entfalteten.[7] Wie im vorangegangenen Kapitel bereits ausführlich dargelegt, sind die neuen Erscheinungen sozialer Ausgrenzung vor dem Hintergrund einer Phase relativen gesellschaftlichen Wohlstands zu bewerten und an dem ehemaligen Standard zu messen, sie werden daher vor allem in den Dimensionen von Teilhabe und Interdependenz relevant. Neben der Tatsache, dass Ausgrenzung sich als sozialräumliche Polarisierung im Stadtbild *manifestiert* (durch stark segregierte Viertel), bedeutet räumliche Ausgrenzung im stadtsoziologischen Kontext häufig auch, dass die Wohnviertel selbst zur Produktion und Reproduktion von Armut beitragen, dass diese ausgrenzende *Effekte* haben und somit den Circulus vitiosus der Ausgrenzung verstärken. Dies geschieht beispielsweise dadurch, dass jemand, der/die aus einem stigmatisierten Stadtviertel stammt, keinen Job bekommt, wodurch die Herkunft auf die Person zurückfällt. Auf diese Weise wird aus einem benachteiligten Quartier ein benachteiligendes. Ein stark benachteiligtes Quartier – sofern es nicht wie die in der Literatur gerne zitierten US-amerikanischen Ghettos ein restlos aufgegebenes Viertel ist – kann aber sowohl Fessel als auch Ressource für Veränderung sein (durch soziale Bindungen, die die eigene Situation erträglicher gestalten helfen etc.).[8]

---

beitsplätze in der Produktion werden zunehmend durch Arbeitsplätze im Dienstleistungssektor ersetzt, hier ist die Einkommensspanne sehr viel größer; daraus folgen die Langzeitarbeitslosigkeit derjenigen, die früher im industriellen Sektor beschäftigt wurden, und die Prekarisierung von Beschäftigungsverhältnissen), 2. Globalisierung ökonomischer Beziehungen (Verlagerung der Produktion ins Ausland; *global cities*; kulturelle Universalisierung), 3. Um- bzw. Abbau des Wohlfahrtsstaates (Senkung der Lohnnebenkosten, Rückzug der Kommunen aus dem sozialen Wohnungsbau), 4. Erosion der sozialen Netze, d.h. der traditionellen Familie und der Nachbarschaft, 5. Strukturwandel der Städte (soziale Entmischung führt zu großräumiger Segregation) (vgl. Häußermann/Kronauer/Siebel 2004b: 11ff.).

7 Häußermann/Kapphan heben hervor, dass die europäische Stadt traditionell durch eine starke Rolle der Stadtverwaltung in der Stadtentwicklung geprägt gewesen sei und aufgrund eines umfangreichen öffentlichen Grundbesitzes und entsprechenden politischen Willens schon frühzeitig für einen sozialen Wohnungsbau gesorgt war (vgl. Häußermann/Kapphan 2004: 203f.).

8 Kronauer/Vogel belegen in einer vergleichenden Studie, dass man nicht ohne weiteres von einem bestimmten Quartierstyp und seiner sozialen Zusammensetzung auf eine bestimmte Strategie des Umgangs mit Armut schließen kann. Sie untersuchten die benachteiligten Hamburger Quartiere Mümmelmannsberg und St. Pauli. Beide Viertel ähneln sich darin, dass dort jeweils der Anteil an Arbeitslosen und Sozialhilfeempfänger/inne/n überdurchschnittlich hoch ist, sie unterscheiden sich aber darin, dass ersteres eine Großsiedlung am Rande der Stadt und damit ein monofunktionales Wohnquartier und letzteres ein innerstädtisches gemischtes Altbauquartier ist. Die Autoren fanden heraus, dass beide Viertel unterschiedliche Gruppen anzogen, die die jeweiligen Vor- bzw. Nach-

Analysen zum Zusammenhang von Sozialstruktur und Sozialraum gehen davon aus, dass sich im Raum die soziale Struktur manifestiert. Bezogen auf Ausgrenzung wird dieser Zusammenhang dann, wie hier dargestellt, als Ausdrucksverhältnis bzw. Manifestation oder als räumlicher Effekt begriffen. Die wenigsten Studien gehen einen Schritt weiter und untersuchen, in welcher Weise der Raum Prozesse der Ausgrenzung und Marginalisierung mitstrukturiert und gleichzeitig selbst von diesen strukturiert wird.[9] Für diese Perspektive ist jedoch ein bestimmtes Verständnis von Raum relevant, das in den folgenden Abschnitten genauer vorgestellt werden soll.

Zumeist wird die Stadt als zentraler Gegenstand von Stadtplanung und Stadtsoziologie immer schon als gegeben vorausgesetzt, sie ist die Bühne, auf der sich soziale Interaktion, Prozesse der Mobilität, Integration, Differenzierung und Segregation ereignen. Es hat in der Vergangenheit diverse Ansätze gegeben, einen Begriff von Stadt bzw. ein Konzept der Urbanität zu bilden.[10] Mit Max Weber wurde die Stadt vor allem über den Markt definiert, mit Georg Simmel als moderne Geisteshaltung, mit der Chicago School als Ökosystem, mit Louis Wirth als Größe, Dichte und Heterogenität oder mit Hans-Paul Bahrdt als Polarität von Öffentlichkeit und Privatheit. Auch die neuen Versuche wie der der *global city* sind bestrebt, beobachtbare Entwicklungen in einem allgemeinen Begriff zu verdichten. Jedoch scheint sich im globalen Standortwettbewerb die städtische Realität der wachsenden und schrumpfenden, prosperierenden und verarmenden, fragmentierten und segregierten Städte einem solcherart verallgemeinernden Zugriff zu entziehen. Dies liegt sicher auch daran, dass sich klassische Modelle der Stadtforschung häufig an empirischen Städten wie beispielsweise Chicago und Los Angeles gebildet und damit nur eine begrenzte Reichweite haben.

Vielleicht bietet sich daher für die Frage nach der ausgrenzenden Stadt eher eine mikrosoziologische Perspektive an, die die spezifischen Muster der Segregation, von Auf- und Abwertungsprozessen in postfordistischen Städten an dem Verhältnis von Raum, Körper und Marginalisierung und deren Zu-

teile für sich zu nutzen wussten: »Jeder der beiden quartierstypischen Fälle trägt somit auf seine Weise sowohl zur Verschärfung als auch zur Abschwächung der Erfahrung von Ausgrenzungsbedrohung bei. In keinem Fall aber, selbst in dem des schützenden Milieus nicht, setzen die Quartierseffekte die Lageeffekte außer Kraft.« (Kronauer/Vogel 2004: 257)

9 Auch Jens Dangschat stellt fest, »dass man zu kurz greift, wenn man Segregation als Spiegelung sozialer Ungleichheit in den Raum auffasst, ohne den Produktionsaspekt von Raum (Ort und Ausstattung von Wohnungen, Ausstattungen mit Infrastruktur, Gestaltung des öffentlichen Raumes etc.) zu berücksichtigen. Die Definitionsmacht über Raum (Eigentumsverhältnisse, Zugang, Aufenthaltsberechtigung, Gestaltung) wird unter globalen Einflüssen der Städtekonkurrenz zunehmend bedeutend.« (Dangschat 2000: 151)

10 Vgl. hierzu die Überblicke bei Eckardt (2004: 11-26), Schmid (2005: 24-27) und Häußermann/Siebel (2004: 89-102).

sammenspiel untersucht. Für die hier zugrundegelegte Frage danach, wie sich in der Stadt und damit in räumlichen Strukturen Formen sozialer Ungleichheit nicht nur manifestieren und damit sichtbar werden, sondern wie diese in räumlichen Strukturen mit produziert und verfestigt werden, ist ein sozialwissenschaftliches Verständnis von Raum notwendig.[11] Thomas Krämer-Badoni stellt in seinem Nachwort zu einer aktuellen Aufsatzsammlung zu Gesellschaft und Raum fest, dass die Stadtsoziologie jahrelang ohne einen gesellschaftstheoretisch gefassten Raumbegriff ausgekommen sei:

»Paradoxerweise hat die Stadtsoziologie nie einen Raumbegriff benötigt. Genauer gesagt: der ihr implizite Raumbegriff ist immer der eines Raumes gewesen, innerhalb dessen sich bestimmte Prozesse abspielten, die ihrerseits zum Gegenstand der Analyse gemacht wurden. Sie hat ihren Gegenstand als sozialen begriffen, der in einer bestimmten räumlichen Begrenzung untersucht wurde.« (Krämer-Badoni 2003: 277)

Auch Martina Löw stellt fest, dass die Stadt- und Regionalforschung lange Zeit den Raum vernachlässigt bzw. ihn primär territorial konzipiert hat. Sie fordert daher:

»Um dem beklagten Theoriedefizit der Stadt- und Regionalsoziologie entgegenwirken zu können, bedarf es eines fundierten Raumbegriffs, der nicht nur deskriptiv erhebbare Territorien erfaßt, sondern die materiellen und symbolischen Aspekte der Produktion von Räumen durch die verschiedenen Akteurinnen sowie die institutionalisierten Raumkonstruktionen (darunter auch institutionalisierte Territorien) erfaßt.« (Löw 2001: 53)

Aber auch die allgemeine Soziologie hierzulande entdeckt erst in den letzten Jahren den Raum als Grundkategorie. Für die Frage nach der ausgrenzenden Stadt und danach, wie Raum selbst Ausgrenzung produziert, ist die Präzisierung des Raumverständnisses eine wesentliche Voraussetzung.

2.2 Raum als sozialwissenschaftliche Kategorie

Stadtforschung und Raum

Der Raum ist seit einiger Zeit ein beliebtes Thema, nicht nur der klassischen Raum-Wissenschaften wie der Stadtsoziologie und der Geografie. Ein von Jörg Döring und Tristan Thielmann herausgegebener Aufsatzband zur »Raumkonjunktur« (2008: 11) beispielsweise versteht sich als Anthologie zum *spatial turn* und stellt das Raumparadigma in den Kultur- und Sozialwis-

11 Zum Verhältnis von Stadtsoziologie und Raum vgl. zusammenfassend Eckardt (2004: 44-48) und ausführlicher Krämer-Badoni (1991).

senschaften vor, wobei das erklärte Ziel in einer Diskussion zwischen der Humangeografie und den anderen Wissenschaftsdisziplinen besteht. Im Folgenden soll es jedoch um einen kurzen Überblick innerhalb der Geografie und der Stadtsoziologie gehen, um die Perspektive dann vor allem auf ein sozialwissenschaftliches Raumverständnis zu konzentrieren.

Für die Hinwendung zur Kategorie des Raums lassen sich im wesentlichen zwei Gründe anführen: Zum einen geht es dabei um eine innertheoretische Bewusstwerdung der langjährigen »Raumblindheit« (Läpple 1991a: 163) der Stadtforschung im speziellen und der Sozialwissenschaft ganz allgemein, zum anderen wären reale gesellschaftliche Veränderungen zu nennen, die das alltagspraktische Verständnis von Raum erschüttern. Durch moderne Kommunikations- und Transporttechnologien verschwinde der Raum zusehends, heißt es einerseits; die Überschreitungen immer weiterer räumlicher Grenzen vor allem im Rahmen virtueller Welten ließen jedoch andererseits den ›realen‹ Raum mit seinen materiellen Grenzen wieder spürbarer werden. Einig sind sich die meisten Diagnosen zumindest darin, dass sich die Erfahrung und Wahrnehmung von Raum verändert habe.[12] Marc Augé bezeichnet diese neue Realität mit dem Ausdruck des »Nicht-Ortes«.[13] Die (Wieder-)Entdeckung des Raums als fundamentaler Kategorie der Sozial- und Geisteswissenschaften geht also vor allem auch auf reale räumliche Veränderungen zurück. Bernd Belina und Boris Michel postulieren in ihrem Sammelband zur *Radical Geography* für den *spatial turn* im deutschsprachigen Raum eine stärkere Hinwendung zu einer materialistischen Raumtheorie, wie sie in der angloamerikanischen Geografie schon seit sehr viel längerer Zeit diskutiert wird.[14] Diese Tradition steht insgesamt jedoch nicht unmaßgeblich dafür, was in der

12 Löw stellt die Veränderung in der Organisation von Räumen an drei Phänomenen eingehender dar: Räumen in Bildungs- und Sozialisationsprozessen, virtuellen Räumen und *global cities* (vgl. Löw 2001: 73-108). Daniela Ahrens geht in ihrer raumtheoretischen Arbeit von der These aus, dass die Moderne zwar als Prozess der Enträumlichung zu verstehen sei, dass damit jedoch kein Verschwinden, sondern vielmehr eine Aufwertung des Raums und neue Verräumlichungsprozesse einhergehen (vgl. Ahrens 2001).

13 Im Gegensatz zu Orten, die durch Identität, Relation und Geschichte charakterisiert seien, besäßen die Nicht-Orte keine Geschichte und keine Identität. Nicht-Orte sind die Transitorte der Moderne; sie verunmöglichen Sozialität (vgl. Augé 1994).

14 Nach Belina und Michel ist die kritische Raumforschung und -theorie in der BRD zum einen deswegen bisher wenig präsent, weil nach dem Nationalsozialismus der Raum-Begriff diskreditiert war, und zum anderen, weil sich die Forschung hierzulande weniger um die Perspektive der sozialen Kämpfe kümmerte. Ein materialistisches Verständnis von Raum sieht diesen jedoch gerade nicht unabhängig von sozialen Prozessen und damit auch sozialen Kämpfen (vgl. Belina/Michel 2007: 9).

Stadtsoziologie als *spatial turn* bezeichnet wird: eine stärkere Einbettung des Raums in soziale Prozesse.

Christian Schmid datiert den *spatial turn* der Stadtforschung auf die 1980er Jahre (vgl. Schmid 2005: 62). Der Hinwendung zum Raum ging die »Krise der Stadt« voraus, die von einer vor allem an Funktionalität und Fortschritt orientierten Stadtplanung produziert worden war (vgl. ebd.: 31ff.). Mit Rekurs auf Henri Lefebvre machten dann vor allem Manuel Castells und David Harvey in den 1970er Jahren den städtischen Raum erneut zum Thema der Stadtsoziologie und der Geografie. Ihre Konzeptionen von Stadt und Raum blieben aber, so Schmid, letztlich schematisch und universalistisch und waren daher nicht in der Lage, die sozioökonomischen Veränderungen der 1980er Jahre angemessen zu begreifen. Der *spatial turn* war also zum einen Ausdruck einer Hinwendung zu regionalen und spezifischen Phänomenen und zum anderen einer Retheoretisierung des Raums. Schmid sieht in der Entwicklung einer stärker postmodernen Geografie den Beginn einer zweiten Phase innerhalb der Stadtforschung, in der abermals, aber auf eine neue Weise, die Raumtheorie von Lefebvre zum zentralen Bezugspunkt wird. Er fasst zusammen:

»[A]lle diese Tendenzen, von der postmodernen Architektur über die Gentrifizierung und die erneuerte soziale und ökonomische Bedeutung der Urbanität bis hin zu den neuen Entwicklungen in der urbanen Peripherie [zeigten] eine grundlegende Neukonfiguration des Städtischen an, durch die die klassische Form ebenso wie das klassische Verständnis der Stadt radikal in Frage gestellt wurde. Damit lag die These nahe, dass sich mit Postmoderne und Postfordismus ein neues Modell der Stadtentwicklung etabliert habe.« (Ebd.: 57f.)

Ein Protagonist dieser zweiten Phase ist Edward Soja, der auf die Bedeutsamkeit eines gesellschaftstheoretischen Raumbegriffs aufmerksam gemacht hat.[15] Der US-amerikanische Geograf fordert ebenfalls mit Rekurs auf Lefebvre eine kritische Theorie, die das Machen von Geschichte mit der Produktion von Raum in ihrer Gesellschaftsanalyse verbinde (vgl. Soja 1991: 75). Bisher sei die Zeit der hegemoniale Bezugspunkt kritischer Gesellschaftstheorie gewesen. Dabei sei der Raum als soziale Kategorie vernachlässigt bzw. als homogen und leer vorausgesetzt worden. Soja fordert dagegen, den Raum für eine materialistische Sichtweise auf Gesellschaft fruchtbar zu machen, ihn neben

15 Neben Sojas Arbeiten wären vor allem drei Sammelbände zu nennen, die einschlägige Aufsätze zu innovativen theoretischen Verknüpfungen von Raum und Gesellschaft vorstellen: Gregory/Urry (1985) für die angloamerikanische Diskussion und für die deutsche Debatte Wentz (1991) und Häußermann et al. (1991). Für eine frühe soziologische Beschäftigung mit Raum vgl. auch Giddens (1988). Einen hilfreichen Überblick bieten auch Schmid (2005) sowie die bereits genannten Arbeiten von Löw (2001) und Schroer (2006).

Zeit und Sein als Grunddimension menschlicher Existenz zu konzeptualisieren. Sein Ansatz stellt eine Verknüpfung erkenntnistheoretischer und ontologischer Verständnisse von Raum dar. Sojas Ziel ist die Erweiterung marxistischer Theorie durch eine Retheoretisierung des Raums. In dieser Hinsicht ähnelt sein Vorhaben dem Harveys, der als einer der ersten Anfang der 1970er Jahre eine marxistisch orientierte Geografie entwickelt und auf die Bedeutung von Raum für die kapitalistische Entwicklung, genauer die Überwindung von Krisen durch den *spatial fix*, eine räumliche Fixierung der inneren Widersprüche, aufmerksam gemacht hatte (vgl. Harvey 2001). Aber stärker als Harvey betont Soja die konstitutive Dimension, die der Räumlichkeit für Gesellschaft zukomme. Er formuliert dieses Verhältnis als *socio-spatial dialectic*:

»If spatiality can be interpreted as both outcome-embodiment and medium-presupposition of social relations and social structure, as their manifest material reference, then spatiality is both product *and producer*.« (Soja 1985: 98)

Nach Soja wird durch die globale ökonomische Krise der Raum in den 1980ern neu politisiert und es bildet sich der Ansatz einer kritischen materialistischen Theorie des Raums heraus. Deren Vertreter – Soja nennt hier Gregory, Giddens und Lipietz – begreifen den Raum vor allem als *räumliche Praxis*.

Der ›Vater‹ eines solchen Raumverständnisses ist der schon erwähnte Lefebvre.[16] Dieser hatte bereits in seiner Arbeit zur *Revolution der Städte* die Urbanisierung als eine neue gesellschaftliche Form begriffen (vgl. Lefebvre 2003). In *The Production of Space* entwickelt er dann eine umfassende Raumtheorie, in deren Zentrum die Annahme steht, dass Raum ein soziales Produkt ist (vgl. Lefebvre 1991: 26). Die Geschichte dieser Produktion analysiert Lefebvre dann über ein dreidimensionales Schema, in dem er Materie, Geist und soziale Praxis als miteinander vermittelt begreift. Diese Dimensionen sind: 1. die räumliche Praxis (die materielle Umwelt und die nicht-reflexive alltägliche Praxis), 2. die Repräsentationen des Raums (Konzepte, Darstellungen, Wissenschaft und Planung) und 3. die Räume der Repräsentation (Räume des Ausdrucks, die gelebte soziale Beziehung) (vgl. ebd.: 33). Die Ebenen sind dialektisch aufeinander bezogen. Dieser Trinität entspricht die Trininät von Erfahrenem, Erdachtem und Erlebtem. Die dritte Ebene beinhaltet nach Lefebvre auch die Möglichkeit der Veränderung, der Veränderung von Raum als

16 Eine sehr gute Rekonstruktion von Lefebvres Raumtheorie im Kontext seines Denkens bietet Schmid, der die Bedeutung von dessen Theorie vor allem darin sieht, »dass sie Kategorien der ›Stadt‹ und des ›Raumes‹ systematisch in eine übergreifende Gesellschaftstheorie integriert und es ermöglicht, räumliche Prozesse und Phänomene auf allen Massstabsebenen, vom Privaten über die Stadt bis zum Globus, abzubilden, zu erfassen und zu analysieren« (Schmid 2005: 9).

Bedingung gesellschaftlicher Veränderung. Mit seiner Theorie der Produktion des Raums hat Lefebvre eine wichtige Grundlage für einen Raumbegriff geliefert, der nicht nur für die Stadtforschung, sondern auch für die Soziologie diverse Anschlussmöglichkeiten bietet.[17]

Sozialwissenschaftliche Raumkonzeptionen

Für den deutschsprachigen Kontext ist Dieter Läpples Text zum »gesellschaftszentrierte[n] Raumkonzept« zu einem wichtigen Bezugspunkt geworden (vgl. Läpple 1991b). Dieser stellt ebenfalls heraus, dass Räumlichkeit als Produkt wie Produzentin gesellschaftlicher Praxis zu verstehen sei. Lange habe in der Wissenschaft ein physikalischer bzw. naturzentrierter Raumbegriff vorgeherrscht. Mit der Newtonschen Physik habe sich die Vorstellung des absoluten Raums durchgesetzt.[18] Mit Einsteins Relativitätstheorie sei dieses Verständnis jedoch erschüttert worden und ein anderes Modell habe an Prominenz gewonnen: das relativistische bzw. relationale Raumverständnis. Der Raum wird gemäß dieser Auffassung nicht mehr als Behälter aller körperlichen Objekte verstanden, sondern die relationale Anordnung der Körper selbst als konstituierend für den Raum. Erst mit einer solchen Vorstellung gibt es Anschlussmöglichkeiten für eine Historisierung und Soziologisierung des Raums. Läpple versucht nun die Raumvorstellung des relationalen Raums für die Analyse sozialer Prozesse zu konzeptualisieren. Er geht davon aus, dass Raum und Zeit menschliche Syntheseleistungen sind, »die sich auf positionale Beziehungen in einer vergesellschafteten Natur und einer äußerst komplexen Gesellschaft beziehen« (Läpple 1991a: 164). Den Ausgangspunkt seines ge-

17 Lefebvre analysiert in seiner Theorie der Raumproduktion verschiedene Raum- und Gesellschaftstypen. In seiner Analyse arbeitet er heraus, dass der Kapitalismus den abstrakten Raum hervorgebracht hat, der sich vor allem durch einen zentralen Widerspruch auszeichnet: Er ist sowohl ein homogener Raum, weil der Warentausch alles zu Äquivalenten macht, als auch ein fragmentierter Raum, was sich in der Parzellierung von Land durch Privateigentum oder auch in der Ausdifferenzierung unterschiedlicher sich mit Raum beschäftigender Spezialwissenschaften zeigt. Lefebvre beschreibt den »homogeneous/fractured character« des Raums wie folgt: »Under its homogeneous aspect, space abolishes distinctions and differences, among them that between inside and outside, which tends to be reduced to the undifferentiated state of the visible-readable real. Simultaneously, this same space is fragmented and fractured, in accordance with the demands of the division of labour and of the division of needs and functions, until a threshold of tolerability is reached or even passed (in terms of exiguity of volumes, absence of links, and so on).« (Lefebvre 1991: 355) Die Gleichzeitigkeit von Homogenisierung und Fragmentierung des Raums bezeichnen auch die meisten aktuellen Studien und Theorien zur Globalisierung als deren zentrales Charakteristikum.

18 Vgl. zur Rekonstruktion der für gesellschaftliche Vorstellungen von Raum relevanten physikalischen und philosophischen Theoreme und Entwicklungen ausführlich Löw (2001: 17-35).

sellschaftszentrierten Raumverständnisses bildet der relationale Ordnungsraum, der jedoch in entscheidender Hinsicht erweitert werden muss, um Raum auch als herzustellenden denken zu können, d.h. auch in seinem gesellschaftlichen Funktions- und Entwicklungszusammenhang. Läpple entwirft hierfür den »Matrix-Raum«, der aus den folgenden vier Komponenten besteht: dem materiell-physischen Substrat (1), gesellschaftlicher Praxis (2), er wird reguliert durch ein institutionalisiertes und normatives Regulationssystem (3) und vermittelt durch Zeichen-, Symbol- und Repräsentationssysteme (4) (vgl. ebd.: 196f.). Läpple fasst zusammen:

»Ein gesellschaftlicher Raum ist dementsprechend aus dem *gesellschaftlichen Herstellungs-, Verwendungs- und Aneignungszusammenhang* seines materiellen Substrats zu erklären, in dem diese vier schematisch unterschiedenen Komponenten mit einander in Beziehung gesetzt werden. Als Resultat der materiellen Aneignung der Natur ist ein gesellschaftlicher Raum zunächst ein *gesellschaftlich produzierter Raum.* Seinen gesellschaftlichen Charakter entfaltet er allerdings erst im Kontext der *gesellschaftlichen Praxis der Menschen*, die in ihm leben, ihn nutzen und ihn reproduzieren. Durch diese *unmittelbare* gesellschaftliche Dimension erklärt sich auch sein Charakter als ›Matrix-Raum‹, d.h. ein sich selbst gestaltender und strukturierender Raum.« (Läpple 1991a: 197)

Läpples Konzept umfasst wichtige Elemente, die ein soziologischer Raumbegriff beinhalten sollte. Allerdings bleibt diese Konzeption tatsächlich sehr allgemein und schematisch und: sie geht nicht weiter auf die Bedeutung des Körpers, konkreter der körperlichen Praktiken in der Produktion von Raum ein. Um ein konkreteres Verständnis von Raum als soziologischer Kategorie zu gewinnen, werde ich nun etwas ausführlicher auf zwei Ansätze eingehen, die die zentralen Ausgangspunkte für den Raumbegriff bilden, den ich für meine Forschungsfrage entwickeln möchte.

2.3 Raum als soziale Praxis

Die Raumtheorien von Bourdieu und Löw stehen im Zentrum des folgenden Abschnitts. Während die erstere stärker strukturalistisch und die zweite stärker handlungstheoretisch argumentiert, bieten sie sich für die Fragestellung dieser Arbeit vor allem deshalb an, weil beide Raum als soziales Produkt bzw. als soziale Praxis verstehen, und weil sie darüber hinaus zum einen die Funktion von Raum in der Herstellung und Reproduktion sozialer Ungleichheit betonen sowie zum anderen Raum in Zusammenhang mit Körper konzipieren. Raum als soziale *Praxis* bedeutet, dass der Raum als Produkt sozialen Handelns, als dessen Voraussetzung wie als dessen Ergebnis, zu verstehen ist. Der Begriff der Praxis bietet sich an, weil er über Handeln als wie auch immer intentionale Akte hinausgeht und weil er bedeutet, dass der Raum immer beides ist: Produkt wie Produzent sozialer Strukturen. Auf diese (analytische) Doppelperspektive auf Raum wird später zurückzukommen sein.

Bourdieus Sozialtheorie ist geprägt von raum-metaphorischen Begriffen wie beispielsweise *Feld* und *sozialer Raum*[19] – letzterer wird von ihm häufig synonym für Gesellschaft gebraucht. Das von diesen Begriffen umrissene analytische Modell ist zunächst abstrakt und stellt Menschen als Akteure vor, die entsprechend der Menge und Güte ihres akkumulierten Kapitalvolumens innerhalb eines Feldes oder Raums bestimmte Positionen einnehmen. Sichtbar und konkret analysierbar ist die Materialisierung oder Objektivierung dieses Modells und seiner Elemente in der Empirie in Form realer Dinge, Eigenschaften, Menschen und Beziehungen oder eben auch angeeigneter physischer Räume. Entsprechend unterscheidet Bourdieu in *Physischer, sozialer und angeeigneter physischer Raum* ähnlich wie Lefebvre zwischen drei Ebenen von Raum: dem *physischen*, dem *sozialen* und dem *angeeigneten physischen Raum* (welchen er auch den *reifizierten sozialen Raum* nennt) (vgl. Bourdieu 1991). Die ersten beiden Raum-Ebenen sind Abstrakta und dienen damit analytischen Zwecken, denn der physische Raum ist zwar abstrahiert vom Sozialen vorstellbar, aber nicht unabhängig von diesen Vorstellungen erfahrbar, und auch der soziale Raum ist zwar vorstellbar jenseits der physischen Dingwelt, aber nicht greifbar. Die dritte Raum-Ebene hingegen, der angeeignete und bewohnte Raum, ist Ausdruck und Niederschlag des sozialen Raums, mit anderen Worten »eine *soziale Struktur in objektiviertem Zustand* […], die Objektivierung und Naturalisierung vergangener und gegenwärtiger sozialer Verhältnisse« (ebd.: 28, Hervorhebung I.S.). Während sich demzufolge die hierarchisierte Verteilungsstruktur des sozialen Raums in räumlichen Gegensätzen im physischen Raum ausdrückt, können wiederum der vom Akteur im physischen Raum eingenommene Ort und sein Platz ein Indikator für seine Stellung im sozialen Gesamtgefüge sein. Nach Bourdieu liegt also eine strukturelle Korrespondenz von sozialem und angeeignetem physischen Raum vor. Die Verteilung der dominanten Kapitalsorten determiniert die Stellung der Individuen im sozialen Raum. Und diese Verteilung manifestiert sich im angeeigneten physischen Raum einerseits in objektiven Strukturen der sozialen Teilung (wie beispielsweise in bestimmten Stadtvierteln oder Sitzordnungen), andererseits in subjektiven oder auch mentalen Strukturen, worunter Wahrnehmungs- und Bewertungskategorien (*Habitus*) verstanden werden. Das bedeutet, dass auch Raum selbst, genauer die Verfügungsmacht über denselben eine wichtige Kapitalform im gesellschaftlichen Kampf um Macht und Presti-

19 Vgl. hierzu beispielsweise Bourdieu (1985). Für eine Einführung in Bourdieus Denken und die für dieses zentralen Kategorien vgl. Kapitel 4.3.3 dieses Buchs.

ge darstellt. Die Struktur der räumlichen Verteilung der Machtfaktoren (Chance des Zugangs bzw. der Aneignung) stellt nach Bourdieu die objektivierte Struktur der sozialen Kämpfe um Raumprofite dar. Diese Raumprofite sind einerseits Lokalisationsprofite (Situationsrendite, d.h. Nähe und Ferne zu begehrten Gütern und Personen, sowie Positions- und Rangprofite wie eine ›angesagte‹ Adresse), andererseits Okkupations- oder Raumbelegungsprofite (durch privaten Besitz an Raum). Angeeignet wird Raum also zum einen über den Einsatz der jeweiligen Kapitalform, zum anderen über den Habitus, und damit wirkt Raum auch direkt auf die Körper, bzw. mittels der Körper werden die objektiven Strukturen in den sozialen Akteuren verankert. Hierzu schreibt Bourdieu:

»Wir dürfen begründet annehmen, daß sich auf dem Wege ihrer Realisierungen in den Strukturen des angeeigneten physischen Raumes die unausgesprochenen Imperative der sozialen Ordnung und die verschwiegenen Ordnungsrufe der objektiven Hierarchie in Präferenzsysteme und mentale Strukturen umwandeln. Genauer, die körperliche Einschreibung der Strukturen der sozialen Ordnung vollzieht sich sicher zu einem Großteil vermittels der Verlagerungen und Bewegungen des Körpers, vermittels körperlicher Stellungen und Körperhaltungen, die durch jene in Raumstrukturen umgewandelten sozialen Strukturen organisiert und sozial qualifiziert werden als Ausstieg oder Abstieg, Eintritt (Einschluß) oder Austritt (Ausschluß), Nähe oder Ferne zu einem aufgewerteten Zentralort.« (Ebd.: 27)

Im Gegensatz jedoch zum analytisch ›nackten‹ sozialen Raum werden im angeeigneten physischen Raum die Strukturen des Sozialen verschleiert und als den Personen oder Dingen ›an sich‹ anhaftende Eigenschaften (miss-)verstanden. Es ist Bourdieus Verdienst, mittels seines analytischen Modells vom sozialen Raum hingewiesen zu haben auf diese Prozesse der Herrschaft durch Hierarchisierung und Teilung:

»In einer hierarchisierten Gesellschaft gibt es keinen Raum, der nicht hierarchisiert ist und nicht die Hierarchien und sozialen Distanzen zum Ausdruck bringt, (mehr oder minder) entstellt und verschleiert durch den *Naturalisierungseffekt*, den die dauerhafte Einschreibung der sozialen Realitäten in die physische Welt hervorruft: Aus sozialer Logik geschaffene Unterschiede können dergestalt den Schein vermitteln, aus der Natur der Dinge hervorzugehen (denken wir nur an die Vorstellung der ›natürlichen‹ Grenze).« (Ebd.: 26f., Hervorhebung I.S.).

Den Naturalisierungseffekt, der sich nur durch eine vorgestellte Differenz zwischen sozialem und angeeignetem physischem Raum erkennen lässt, gilt es für meine Fragestellung mit in die Operationalisierung einzubeziehen wie auch die Perspektive der damit einhergehenden Manifestation einer sozialen Struktur im physischen Raum. Die für meine Arbeit wichtigsten Aspekte von

Bourdieus Raumtheorie lassen sich zusammenfassend benennen als: 1. die Einsicht in die konstitutive Wirkung von Raum für die (ungleiche) Positionierung der sozialen Akteure, 2. die analytische Trennung in drei Ebenen der Raumkonstitution (ähnlich wie Lefebvre, wobei bei diesem eher von Dimensionen die Rede sein müsste, da diese alle auf einer Ebene stehen, bzw. gleichermaßen Anteil an der Produktion von Raum und sozialer Wirklichkeit haben), 3. der Fokus auf die Aneignungsprozesse von Raum (Bourdieu nennt hier die Kapitalformen, die Zugang zu Raum ermöglichen oder verunmöglichen, und auch umgekehrt kann der Zugang zu Raum wiederum die Akkumulation von Kapital befördern), 4. die Vermittlung von Raum und Herrschaft (nach Bourdieu sind Räume immer hierarchisiert, in ihnen vollzieht und bestätigt sich Macht vor allem als symbolische Gewalt, durch die Naturalisierung werden die Herrschaftseffekte verschleiert) und 5. die Betonung des Körperlichen für die Realisierung räumlicher Strukturen.

Löws zentrales Anliegen ist die Formulierung eines prozessualen Raumbegriffs, entsprechend steht bei ihr die Konstitution von Raum im Mittelpunkt. Ihr Ziel ist es, »eine Soziologie des Raumes zu formulieren, die auf einem prozessualen Raumbegriff [aufbaut], der das *Wie* der Entstehung von Räumen erfaßt« (Löw 2001: 15). Ähnlich wie Läpple diskutiert sie kritisch natur- und sozialwissenschaftliche Traditionen, die Raum aus euklidischer Perspektive als Behälterraum konzeptualisiert und ein *absolutistisches* Raumverständnis hegemonial haben werden lassen. Mit Rekurs auf Traditionen, die einen eher *relativistischen* Raum-Begriff hervorgebracht haben, stellt Löw, gewissermaßen als weiterführende Synthese beider Ansätze, den von ihr als *relational* gedachten Raum-Begriff vor. Sie kritisiert an bisherigen Konzeptionen vor allem, dass diese Raum und Handeln einander gegenüberstellen und damit letztlich immer wieder eine Vorgängigkeit des Raums implizieren. Löw selbst definiert Raum zunächst als »eine relationale (An)Ordnung von Körpern, welche unaufhörlich in Bewegung sind, wodurch sich die (An)Ordnung selbst ständig verändert« (ebd.: 131).

Sie versucht dann, die Konstitution von Raum als gesellschaftlichen Prozess zu rekonstruieren. Unter ›Körper‹ versteht sie sowohl soziale Güter als auch Menschen. Den Herstellungsprozess von Raum begreift sie als Wechselwirkung von Handeln und Strukturen. Die Konstitution von Räumen ist in den Handlungsverlauf eingerückt, sie erfolgt über zwei analytisch voneinander zu unterscheidende Prozesse: das *Spacing* (das Platzieren bzw. Anordnen von Objekten) und die *Syntheseleistung* (die Verknüpfung der Objekte zu einem Raum im Rahmen von Vorstellungs-, Wahrnehmungs- und Erinnerungsprozessen). Im Begriff der »(An)Ordnung« sieht Löw sowohl den Handlungsaspekt der Raumkonstitution, das Anordnen, wie auch gleichzeitig den Strukturaspekt, Raum als Ordnungsprinzip, gefasst. Da Räume im Handeln entstehen, begreift Löw sie als gesellschaftliche Strukturen. Mit Giddens versteht sie Strukturen als Regeln und Ressourcen, die rekursiv in Institutionen eingelagert sind. Entsprechend lässt sich auch die alltägliche Konstitution von Raum als repetitives Handeln bestimmen, das sich dann in Institutionen ablagert. So entstehen institutionalisierte Räume, d.h. Räume, in denen die (An)Ordnungen über individuelles Handeln hinaus wirksam bleiben und genormte Spacings und Syntheseleistungen nach sich ziehen. In Routinen, d.h. regelmäßigen sozialen Praktiken werden dann die institutionalisierten (An)Ordnungen wieder reproduziert. Nach Löw sind beispielsweise Fußgängerzonen oder Bahnhöfe als institutionalisierte Räume zu bezeichnen. Löw nimmt eine für die Konstitution von Raum wichtige Präzisierung vor, die Anschlussmöglichkeiten für die empirische Studie dieser Arbeit bietet: Die Konstitution von Raum ist zum einen verknüpft mit der Lokalisierung von Raum an *Orten* und zum anderen mit der Entstehung von *Atmosphären*. Orte sind konkret, benennbar und einzigartig. Sie sind sowohl Ziel wie Ergebnis der Platzierung und darüber hinaus auch deren wichtige Voraussetzung: »Räume bringen Orte hervor, und diese sind gleichzeitig die Voraussetzung jeder Raumkonstitution.« (Ebd.: 203) In die Synthetisierung von Orten, d.h. die Verknüpfung auf der Ebene von Vorstellung, Wahrnehmung und Erinnerung, geht sowohl der Habitus der Person, die die Syntheseleistung vollbringt, mit ein wie auch der Ort, von dem aus sie dies tut. Ein weiteres wichtiges Moment in der Konstitution von Raum ist die Erzeugung von Atmosphären, die mit den jeweiligen Orten verbunden sind. Atmosphären entstehen sowohl in der Wahrnehmung der Person als auch in der Außenwirkung der jeweiligen Anordnung. Löw definiert: »Atmosphären sind demnach *die in der Wahrnehmung realisierte Außenwirkung sozialer Güter und Menschen in ihrer räumlichen (An)Ordnung*.« (Ebd.: 205) In der Wahrnehmung wird Raum spürbar. Atmosphäre wird sowohl über das Spacing wie über die Synthesen erzeugt. Da die Wahrnehmung wiederum ein Resultat des spezifischen (von gesellschaftlichen Strukturprinzipien wie Klasse und Geschlecht durchzogenen) Habitus ist, gehen auch in die Entstehung von Atmosphären gesellschaftliche Strukturmomente mit ein. Mit dem Habitus kommt dem *Körper* eine weitere, wenn nicht die zentrale Bedeutung in der Konstitution von Räumen zu. Nach Löw ist der Habitus als das Scharnier zwischen Handlung und Struktur für die Herstellung von Raum in den beiden Dimensionen des Spacings und der Syntheseleistungen unabdingbar. Eingeschrieben in den Habitus (und damit in die Körper der Akteure), sind die gesellschaftlichen Strukturprinzipien Klasse und Geschlecht mithin auch wesentlich an der Konstitution von Raum beteiligt: »Die Wahrnehmung räumlicher (An)Ordnungen, die Relevanzkriterien der Synthese, die Spacings und die räumlichen Strukturen sind demnach wie alle Strukturen von den *Prinzipien der Klassengesellschaft und der hierarchisch organisierten Zweigeschlechtlichkeit* durchzogen.« (Ebd.: 227)

In der Konstitution von Raum wird soziale Ungleichheit reproduziert und abgesichert. Ähnlich wie Bourdieu geht Löw davon aus, dass die Verfügung über unterschiedliche Kapitalformen die Konstitution von Raum begünstigen kann, bzw. dass die Verfügungsmöglichkeit über Raum selbst zu einer wichtigen Ressource im Kampf um gesellschaftliche Macht wird: »Über Räume, also über relationale (An)Ordnungen von sozialen Gütern und Lebewesen, insbesondere über institutionalisierte (An)Ordnungen, werden Verteilungsprinzipien, Einschlüsse und Ausgrenzungen organisiert.« (Ebd.: 228)

Eine weitere wichtige Ebene, auf der soziale Ungleichheit räumlich reproduziert wird, ist die Entstehung von Atmosphären als Wahrnehmungen realisierter Außenwirkung von Gütern und Lebewesen in spezifischen (An)Ordnungen. Die Atmosphäre eines Orts erzeugt bei demjenigen, der die Platzierung vornimmt, ein Gefühl von Zugehörigkeit oder Fremdheit, von Angst, Unsicherheit oder Wohlbefinden. Dieses subjektive Gefühl ist jedoch Ausdruck einer habituellen Prägung. Damit ist das Wahrnehmen und Bewerten einer Atmosphäre abhängig von den jeweiligen Habitusformen (d.h. auch beispielsweise von klassenspezifischen Geschmackspräferenzen). Löw fasst die Atmosphäre einer (An)Ordnung gegenüber den Spacings und Syntheseleistungen als sekundäre Objektivation: »Über sie stellt sich auf eine subjektiv gelebte, aber objektiv wirksam werdende Weise Exklusion sowie Inklusion und damit soziale Ungleichheit her.« (Ebd.: 216f.)

Soziale Ungleichheit wird also vor allem über die ungleiche Verteilung von für die Konstitution von Raum relevanten Ressourcen reproduziert (Löw nennt hier Reichtum, Wissen, Rang und Zugehörigkeit), zum anderen darüber, dass gesellschaftliche hierarchische Prinzipien wie Geschlecht und Klasse in die Konstitution von Räumen eingehen. An dieser Stelle ist auch die Privatisierung von Boden als besonders entscheidende gesellschaftliche Struktur für die ungleiche Verteilung in der Konstitution von Raum zu erwähnen. Als drittes nennt sie die Erzeugung von Atmosphären, die eine ungleiche Verteilung reguliert. Zusammenfassend hält Löw ganz ähnlich wie Bourdieu fest,

»daß die Konstitution von Raum Verteilungen zwischen Gesellschaften und innerhalb einer Gesellschaft hervorbringt. In hierarchisch organisierten Kontexten sind dies zumeist ungleiche Verteilungen bzw. unterschiedliche Personengruppen begünstigende Verteilungen. Diese (An)Ordnungen haben Inklusions- und Exklusionseffekte. Räume sind daher oft ›Gegenstände‹ sozialer Auseinandersetzungen. Verfügungsmöglichkeiten über Geld, Zeugnis, Rang oder Assoziation sind daher ausschlaggebend, um (An)Ordnungen durchsetzen zu können, so wie umgekehrt die Verfügungsmöglichkeit über Räume zur Ressource werden kann.« (Ebd.: 217f.)

Die für diese Arbeit wichtigsten Aspekte der von Löw konzipierten Theorie des Raums sind: 1. die Betonung der konstitutiven Perspektive in der Produktion von Raum, 2. die Konkretisierung des Vorgangs der Raumkonstitution in den zwei Dimensionen des Handelns (dem Spacing und der Synthetisierung), 3. die Verknüpfung von Handeln und Struktur in der Raumkonstitution, 4. die systematische Einbindung von Macht und Ungleichheit in ihre Raumtheorie und 5. die Bedeutung von Ort und Atmosphäre für die Konstitution von Raum.

2.4 Diskussion

Auch wenn Löw ihrer Raumtheorie zentrale Begriffe von Bourdieu zugrundelegt, erhebt sie doch einen gewichtigen Einwand gegen seine Raumkonzeption. Sie kritisiert an Bourdieu, dass dieser zwar den sozialen Raum als einen relationalen vorstelle, den angeeigneten physischen Raum aber als einen absolutistischen konzipiere, da dieser ja quasi nur die Hintergrundfolie für den sozialen Raum biete. Somit stelle Bourdieu das Soziale dem Räumlichen einseitig strukturierend gegenüber und es gelinge ihm folglich nicht, die strukturierende Wirkung von Räumen zu berücksichtigen (vgl. ebd.: 183). In eine ähnliche Richtung geht auch die Kritik Markus Schroers an Bourdieus Raumtheorie. Er wirft Bourdieu vor, dass dessen Raumverständnis letztlich eine zu einfache Widerspiegelungsthese zugrundeliege, in der sich die soziale Struktur eins zu eins im physischen Raum abbilde. Beide Räume, der soziale wie der physische, würden in dessen strukturalistischer Perspektive als zu starr gedacht werden: »Mit der Annahme eines immer schon unterteilten Raums kann man nicht sehen, wie verschiedene Gruppen eben nicht übereinstimmend den Raum einteilen, sondern je verschieden durch unterschiedliche Einteilungen verschiedene Räume an einem Ort erst entstehen lassen.« (Schroer 2006: 105)

Während man Bourdieu also vorwerfen muss, dass er Raum als zu starr konzipiert, wäre an Löws Raummodell zu kritisieren, dass diese Räume als zu ›flüssig‹ konzipiert, d.h. dass es in ihrem Ansatz die Tendenz gibt, die Starrheit, die Räume (als institutionalisierte) *auch* kennzeichnet, zu sehr in der handlungstheoretischen Konstruktion aufzulösen. So wichtig es ist, hervorzuheben, dass Räume nicht von gesellschaftlichem Handeln zu trennen sind, dass sie als umkämpfte und veränderbare Eingang in eine soziologische Raumtheorie finden müssen, so wichtig ist es aber auch, ihre Wirkungen als institutionalisierte, starre Räume zu reflektieren. Insbesondere für die Fragestellung dieser Arbeit gilt es auch die Wirkungen ›starrer‹ Räume bzw. die Wirkung von Container/Behälterraum-Vorstellungen auf Körper zu untersuchen. Löw betont zwar die Bedeutsamkeit der Körper in der Konstitution von Raum; dass aber auch umgekehrt räumliche Strukturen die Körperbewegung beeinflussen, ist in ihren Überlegungen weniger zentral. Dies liegt zum einen daran, dass sie ihre Konzeption vor allem gegen absolutistische Raummodelle entwickelt, und zum anderen daran, dass dieser ein emphatischer Handlungsbegriff zugrundeliegt, von dem aus es schwierig ist zu erklären, wer die Handlung ausführt und inwiefern das Handeln die Handelnden auch mitkonstituiert. Es würde also darum gehen, in der Raumanalyse beide Perspektiven auf Raum zu reflektieren, d.h. Raum als durch Handeln herzustellenden und als ›Behälter‹, der das Handeln *und* die Handelnden strukturiert, zu denken. Denn Phänomenen wie Marginalisierung und Ausschluss aus Raum geht die Konstruktion eines Behälter-Raums voraus. Der Container-Raum beschreibt somit eine gesellschaftliche Praxis, da Räume beispielweise als ausschließend *erfahren* werden. Sie strukturiert aber auch die *Vorstellung* von Raum und die mit dieser verknüpften Planungen und Gestaltungen von Raum. Mit Lefebvre könnte man also argumentieren, dass der Behälter-Raum sowohl auf der Ebene der räumlichen Praxis wie auch auf der Ebene der Repräsentation von Räumen wirkmächtig ist.

Auch Schroer weist darauf hin, dass ein relationales Raum-Modell die alltagspraktische Wirkmächtigkeit von Container-Raum-Vorstellungen ignoriert (vgl. Schroer 2006: 174f.). Er kritisiert daher ebenfalls, dass die Auswirkungen räumlicher Arrangements auf handelnde Akteure mit einem relationalen Raum-Begriff nicht ausreichend beschrieben werden könnten. Dagegen ist die Behälter-Auffassung insbesondere für die Analyse von Raum-Phänomenen in Verbindung mit Herrschaft, Macht, Gewalt und Zwang unverzichtbar.[20]

Ein so verstandener Raum-Begriff, der eine Doppelperspektive auf Raum als Produkt und Produzent sozialer Praxis aufmacht, ist für die Forschungsfrage dieser Arbeit grundlegend, weil sie darauf zielt zu ergründen, wie sich zum einen im Verhältnis von Raum und Körper Marginalisierung herstellt, und zum anderen, worin die ausgrenzenden Effekte räumlicher Strukturen bestehen. Wie im vorangegangenen Kapitel ausgeführt, wird hier ein Begriff von Exklusion zugrundegelegt, der Ausgrenzung und Ausschluss nicht in erster Linie als Ressourcenfrage versteht, sondern als Prozess, der in Hinblick auf die ausgrenzenden Instanzen und Praktiken untersucht werden soll. Insofern geht es einer Perspektive auf Marginalisierungsprozesse im öffentlichen

20 Schroer, der prinzipiell die Kritik der relationalen Raumtheorien an einem Raumdeterminismus teilt, sieht jedoch in Ansätzen, die zu sehr die kreativen Möglichkeiten der Akteure bei der Herstellung von Räumen betonen, eine Gefahr des »Raumvoluntarismus« (Schroer 2006: 175). Seine These ist, dass beide Modelle, das absolutistische und das relationale, jeweils einen Teil sozialer Wirklichkeit beschreiben und dass die Gleichzeitigkeit verschiedener Raum-Modelle Ausdruck einer veränderten Realität ist: »Das räumliche Prinzip des Nebeneinanders hat die Raumtheorie gewissermaßen selbst eingeholt. Wir haben es mit den verschiedensten Raumbildern, Raumkonzepten und Raumauffassungen zu tun, die einander nicht mehr ablösen, sondern nebeneinander existieren.« (Ebd.: 179)

Raum immer auch um die Perspektive auf Normalisierungsprozesse. Während Löw das zu Erklärende – die über Raum und Körper marginalisierte Gruppe, in ihrer Konzeption eine mit wenig Ressourcen ausgestattete – vorauszusetzen scheint und so ›nur‹ die Reproduktion hierarchischer Strukturen thematisieren kann, fokussiert diese Arbeit Marginalisierung als Prozess und Effekt, die (auch) durch Raum als eine relationale, Normen stabilisierende (An)Ordnung befördert werden.

Bezogen auf die empirische Studie bedeutet das dargelegte Raum-Modell, dass die Analyse von Marginalisierungsprozessen im öffentlichen Raum aufzeigen soll, wie sich dieser Raum durch Platzierungen von Menschen und Dingen konstituiert und wie er synthetisiert wird. Der Hansaplatz muss als institutionalisierter Raum begriffen werden, um herausarbeiten zu können, durch welche Regeln, normierten Syntheseleistungen und routinisierten Praktiken er konstituiert wird. Darüber hinaus ist zu untersuchen, wie sich am Hansaplatz Raum als Ort lokalisiert und als Atmosphäre spürbar wird und welche Auswirken dies auf Prozesse der Marginalisierung und Exklusion hat. Eine Mikroanalyse des Raumhandelns soll aufzeigen, inwiefern sich im Rahmen des institutionalisierten Raums andere Räume konstituieren bzw. verschiedene Räume überlappen. Welche (An)Ordnungen entstehen? Das Zusammenspiel von Objekten, Lebewesen und den Verknüpfungsleistungen ist genauer am Gegenstand zu untersuchen, um auf diese Weise auch die Heterogenität des öffentlichen Raums auffächern zu können. Außerdem soll in der Studie die ›Verfestigung‹ von Raum und ebenso die Rückwirkung räumlicher Strukturen auf Körper- und Bewegungspraktiken analysiert werden mit der Perspektive darauf, ob und wie sich in diesen Marginalisierung manifestiert.

Für diese Arbeit soll eine Konzeption von Raum zugrundegelegt werden, die von der Produktion des Raums ausgeht und diesen als Resultat sozialer Praxis begreift. Das bedeutet für die Analyse, dass verschiedene Raumdimensionen zu unterscheiden sind, der physische und der soziale Raum sowie, in Anlehnung an Lefebvre, der gelebte Raum, der die beiden anderen Ebenen immer synthetisiert und die Möglichkeit zur gesellschaftlichen Veränderung bietet. In räumlichen Strukturen lagern sich soziale Strukturen ein, d.h. Räume sind Ausdruck, Medium und Ressource gesellschaftlicher Herrschaft und Gewalt. Sie haben Teil an der Reproduktion gesellschaftlicher Ungleichheit. Räume sind sowohl Resultat von Handlungen (des Spacings und der Syntheseleistung) wie auch institutionalisiert und damit geronnene Praxis. D.h., dass Räume durch Handlungen hergestellt werden, zugleich aber auf die Handelnden zurückwirken. Meine zentrale These in diesem Zusammenhang ist, dass sich diese Prozesse wesentlich über die Körper und Körperbewegungen entfalten.[21] Diesen Zusammenhang empirisch konkreter auszuleuchten, ist Aufgabe der Studie zum Hansaplatz.

Der Hansaplatz ist aber als öffentlicher Ort auf eine besondere Weise ein umkämpfter Ort, denn hier stehen unterschiedliche Interessen in einem Konflikt um dessen Nutzung und Aneignung. Als öffentlicher Ort unterliegt er zudem den zunehmenden Auswirkungen sozialer Kontrolle durch den Raum, die Michel als »*Spatial Turn* der sozialen Kontrolle« beschreibt (Michel 2005: 117).

Eindrucksvoll schildert Mike Davis für Los Angeles, dass sich diese Kontrolle auf Raum *und* (Körper-)Bewegung richtet und wie darüber die Stadt zunehmend in voneinander abgegrenzte und überwachte Zonen zerfällt:

> »Welcome to post-liberal Los Angeles, where the defense of luxury lifestyles is translated into a proliferation of new repressions in space and movement, undergirded by the ubiquitous ›armed response‹. This obsession with physical security systems, and, collaterally, with the architectural policing of social boundaries, has become a zeitgeist of urban restructuring, a master narrative in the emerging built environment of the 1990s.« (Davis 1992: 223)

Diese neuen Formen der sozialen Kontrolle des (städtischen) Raums sind Thema des anschließenden Kapitels.

21 Zum Verhältnis von Körper und Raum gibt es bisher wenige Studien. Vgl. zur historischen Rekonstruktion der Korrespondenz von Raum- und Körperkonzepten Sennett mit Bezug auf die Stadt (1997), Löw mit Bezug auf Geschlecht (2001: 115-129) und Schroer (2006: 276-296).

3. Sicherheit und Gefahr

»Die Sicherheitsgesellschaft, wie sie sich abzeichnet, verknüpft die objektiv gegebenen und subjektiv befürchteten Risiken unter sozialen, räumlichen, ideologischen und technischen Prämissen und stellt auf digitalisierte Weise einen Teil jener Berechenbarkeit und sozialen Ordnung wieder her, die die ›alte‹ Sozialität ausmachte.«
(Legnaro 1997: 281f.)

3.1 Sicherheit als Mythos?

In ihrer Einleitung zu dem Sammelband *Unsichere Großstädte?* stellen Martin Dinges und Fritz Sack fest, dass Sicherheit zu einem Schlüsselkonzept und konstitutiven Symbol moderner Gesellschaft geworden sei, jedoch »eher die Struktur, den Gehalt und die Funktion eines Mythos [habe] als den eines kognitiven und rationalen Werkzeugs zur Erfahrung und Erfassung einer von ihm als unabhängig verstandenen Wirklichkeit« (Dinges/Sack 2000: 11).[1]

Sicherheit, so die dieses Kapitel leitende These, wird aktuell vor allem im Zusammenhang mit *Kontrolle, Risiko* und *Gefahr* wahrgenommen, sie wird

1 Sie beziehen sich hier auf den Mythos-Begriff von Roland Barthes, nach dem der Mythos der Wirklichkeit nicht einfach entgegengesetzt ist, sondern sich zu ihr in einer spezifischen Weise der Umdeutung verhält. Dinges/Sack schreiben: »Der Mythos hat das Ziel, die soziale Realität mit einer Existenzweise symbolischer Verdichtung auszustatten, die ihren eigenen Gestaltungs- und Funktionsregeln folgt. Er unterliegt ›Wahrheits‹kriterien, die, obwohl auf die Realität der Gesellschaft bezogen, resistent sind gegenüber den etablierten und kanonisierten Methoden zur Erzeugung empirischen Wissens wie der deskriptiven Selbstvergewisserung der Gesellschaft« (Dinges/Sack 2000: 11). Barthes formuliert das »eigentliche[] Prinzip des Mythos« so: »[Der Mythos] verwandelt Geschichte in Natur.« (Barthes 1996: 113)

zur gesellschaftlichen Praxis und materialisiert sich in entsprechenden Mechanismen und Institutionen.[2] In diesen Verknüpfungen ist sie zu einem neuen Modus von Gesellschaftlichkeit geworden. Nicht soziale Sicherheit, sondern die Angst vor Kriminalität charakterisiert den gegenwärtigen Sicherheitsdiskurs, der sich verstärkt seit den 1990ern in allen westlichen Gesellschaften ausbreitet.[3] In diesem Zusammenhang tauchte in den letzten Jahren das subjektive Sicherheitsbedürfnis als neue gesellschaftliche Größe auf. Es handelt sich hierbei um das paradoxe Auseinanderfallen von ›objektiven‹ Unsicherheitsfaktoren auf der einen und ›subjektiv‹ gefühlten Unsicherheiten auf der anderen Seite, von Kriminalitätslage und Kriminalitätsfurcht.[4] Die Auseinandersetzung mit gesellschaftlichen Gründen für Unsicherheit oder Kriminalität tritt immer mehr in den Hintergrund. Dinges/Sack halten dazu fest: »Die gesellschaftlich und politisch gehandelte und akzeptierte Erzeugungsgrammatik von Unsicherheit und sozialer Gefährdung kennt fast nur noch das Konto des Individuums und sieht kaum mehr Eintragungen und Belastungen auf den diversen Konten von Staat, Politik und Gesellschaft vor.« (Ebd.: 11)

Die Herstellung von Sicherheit erfolgt primär über Formen der *sozialen Kontrolle*.[5] Den Strukturwandel sozialer Kontrolle machen viele Autor/inn/en zum Ausgangspunkt ihrer Analyse des Sicherheitsdiskurses.[6] Singelnstein/Stolle interpretieren den Wandel sozialer Kontrolle als eine Entwicklung hin

2 David Garland, einer der prominentesten Theoretiker neuer Formen der Kriminalitätskontrolle, stellt zur gegenwärtigen Konjunktur von Kontrolle fest: »Kontrolle von Räumen, situative Kontrolle, betriebsinterne Kontrolle, Systemkontrolle, Sozialkontrolle, Selbstkontrolle – eine soziale Sphäre nach der anderen ist immer umfangreicheren Regulations-, Überwachungs- und Kontrollmechanismen ausgesetzt.« (Garland 2004: 5)

3 Vgl. hierzu beispielsweise die Analysen zu Kriminalität und Sicherheitspolitik in den Städten London, Paris, Berlin und New York in Nissen (2003).

4 Zum Versuch einer Theoretisierung des Sicherheitsgefühls vgl. Frevel (2003) sowie als Übersicht über die verschiedenen Verfahren zur Messung der Kriminalitätsfurcht Heinz/Spiess (2001), die letztlich feststellen, dass es bisheriger Forschung an einer theoretischen Fundierung sowie einer Standardisierung des Fragedesigns und darin der Abgrenzung zu anderen »Lebensrisiken« mangelt.

5 Tobias Singelnstein und Peer Stolle definieren soziale Kontrolle als »sowohl staatliche als auch private Mechanismen und Prozesse, mit denen eine Gesellschaft oder eine sonstige soziale Gruppe versucht, ihre Mitglieder dazu anzuhalten, den von ihr aufgestellten Normen als Verhaltensanforderungen Folge zu leisten und so soziale Integration herzustellen« (Singelnstein/Stolle 2006: 11).

6 Susanne Krasmann und Pablo de Marinis betrachten die Politik der räumlichen Machtinterventionen als symptomatisches Beispiel der Transformationen im Bereich sozialer Kontrolle (vgl. 1997: 162). Sascha Schierz nennt als Indikatoren des Strukturwandels sozialer Kontrolle *community policing*, Präventionspartnerschaften, subjektives Sicherheitsgefühl, Thematisierung von Festungsmentalität, Punitivität und Exklusion (vgl. Schierz 2004: 120). Hubert Beste wiederum untersucht den Formwandel sozialer Kontrolle empirisch für die Stadt Frankfurt/M. Zur Transformation sozialer Kontrolle vgl. Beste (2000: 67-75).

zur *Sicherheitsgesellschaft*, die sich dadurch auszeichne, dass Regieren zunehmend über Verunsicherung erfolge und das Streben nach umfassender Sicherheit anderen Zielvorgaben übergeordnet und zum Wert an sich werde (vgl. Singelnstein/Stolle 2006: 13). Diese Entwicklung ist das Thema des vorliegenden Kapitels. Im Folgenden sollen zunächst zentrale Aspekte des Sicherheitsdiskurses nachgezeichnet werden (1), um anschließend die konkreten Techniken und Mechanismen der Kontrolle und Überwachung darzustellen, die sich vor allem räumlich artikulieren und sozialen Ausschluss bewirken (2). Hierbei handelt es sich zum einen um direkte und indirekte Techniken, Raumtypen, Raumkonzepte und Raumideologien, und zum anderen wird dargestellt, wie sich dieser ›Wandel‹ in der Kriminalpolitik, im Strafrecht und in der Kriminologie reflektiert. Im anschließenden Abschnitt werden drei theoretische Erklärungen dieses Wandels hin zu Sicherheit und Kontrolle herangezogen: Anomie- und Modernisierungstheorien, polit-ökonomische Ansätze sowie Ansätze zur Kontroll- und Sicherheitsgesellschaft, die mit Foucaults Konzept der Gouvernementalität von neuen Formen des Regierens ausgehen (3). Die Ansätze werden dann in Hinblick auf die Forschungsfrage dieser Arbeit und die empirische Untersuchung diskutiert (4), um am Ende die Schlüsselrolle, die dem Körper in der Sicherheitsgesellschaft zukommt, hervorzuheben. Während also im Folgenden das Diskursfeld von Sicherheit und Kontrolle umrissen werden soll, wird dieses im Anschluss in seinen Materialisierungen als Techniken der Kontrolle und Überwachung, die sich primär im urbanen Raum realisieren und auf Exklusion zielen, konkretisiert und dann gesellschaftstheoretisch kontextualisiert.

Die Entgrenzung der Sicherheit

Sicherheit wird in unterschiedlichen gesellschaftlichen Bezügen aktualisiert: als Sicherheit der eigenen Existenz in Bezug auf körperliche Unversehrtheit und Eigentum, als soziale Sicherheit im Sinne einer materiellen Absicherung und als Sicherheit vor technischen Risiken. Ein Kennzeichen des aktuellen Diskurses um Sicherheit ist die Entgrenzung der Sicherheit. In der Politik lässt sich beispielsweise beobachten, dass sich die Grenzen von innerer und äußerer Sicherheit zunehmend auflösen und verschränken. So stellt Patricia Bauer auf der einen Seite mit Blick auf die Bestimmung von äußerer Sicherheit fest, dass die NATO nach 1989 ihr Selbstverständnis nicht mehr auf die Abwehr von (relativ konkreter) Bedrohung, sondern auf die Abwehr von (relativ abstraktem) Risiko gründet (vgl. Bauer 2004). Diese neue Legitimationsgrundlage ermöglicht nun auch den Einsatz von Militär im Inneren. Auf der anderen Seite wird in der sogenannten »Terrorbekämpfung« und deren Instrumenten wie den sogenannten »Sicherheitspaketen« eine Entgrenzung der inneren Sicherheit vorangetrieben, da beispielsweise eine Verschränkung der Ermittlungsarbeit unterschiedlicher Behörden angestrebt und die Befugnisse der Polizei bzw. des Bundesgrenzschutzes, der seit Juli 2005 Bundespolizei heißt, erweitert werden.[7]

Dieser Bedeutungswandel von Sicherheit zeigt sich aus sozialwissenschaftlicher Perspektive als eine Entgrenzung hin zu Gefahr, Risiko und Kontrolle.[8] Dinges/Sack weisen in ihrer historischen Rekonstruktion der unterschiedlichen Konzeptualisierungen von Sicherheit nach, dass im 16./17. Jahrhundert im Zuge der Staatenbildung zunächst ein politischer Begriff von Sicherheit entstand, der erst im 19. Jahrhundert in einen Zusammenhang mit Kriminalität und großstädtischem Leben gebracht wurde. Da diese semantischen Verschiebungen nicht auf eine veränderte bedrohliche Sicherheitslage zurückgingen, schließen die beiden Autoren, der sich im 19. Jahrhundert ereignende Ausbau und Umbau des Systems der staatlichen sozialen Kontrolle sei

»eher als Ausdruck eines von den realen Problemen weitgehend unabhängigen und umfassenden Vorgangs der Errichtung staatlicher und politischer Institutionen und Strukturen überhaupt zu sehen. Er ist Teil der Etablierung einer grundsätzlich anderen Struktur gesellschaftlicher Regulierung und sozialer Kontrolle, die – losgelöst von Bewegungen der Realität im einzelnen – die expressiven und ›aufgeregten‹ Elemente der Vergangenheit abstreift und auf Formen der Kontrolle zielt, die sich durch mehr Rationalität und ›Ökonomie‹ auszeichnen.« (Dinges/Sack 2000: 21)

Kriminalität ist im 19. Jahrhundert eingebettet in den antagonistischen Zusammenhang unterschiedlicher gesellschaftlicher Akteure und damit auch eine Klassenfrage (vgl. ebd.: 22). Für den aktuellen Sicherheitsdiskurs heben Dinges/Sack die exponentiell wachsende Gefangenenrate in den USA und Europa sowie das Aufkommen neuer polizeilicher Strategien, die sich mit den Konzepten *zero tolerance*, der *broken windows*-Theorie sowie dem *community policing* verbinden, als Indikatoren hervor, die auf eine repressive Wende in der sozialen Kontrolle hinweisen. Die Wandlung der Bedeutung von Sicherheit drücke sich subjektiv in dem bereits erwähnten Phänomen der Kriminalitätsfurcht aus. Mit Blick auf die Diskrepanz zwischen Sicherheitsbedürfnis und objektiver Kriminalitätsbedrohung gehen sie davon aus, dass die Kriminalitätsfurcht als Vehikel für die Kanalisierung von Unsicherheiten un-

---

7 Bauer schreibt dazu: »Dass das Sicherheitspaket II eine kompetenzielle Vermischung von im Inneren und nach Außen zuständigen Behörden sowie deren Informationsaustausch vorsieht, die Kontroll- und Sicherheitsüberprüfungsmöglichkeiten der Exekutive ausweitet und Ausländer aus bestimmten Regionen mit einer Art Generalverdacht belegt, ist die Fortentwicklung der sicherheitspolitischen Entwicklung zum Präventionsstaat.« (Bauer 2004: 68)

8 Vgl. beispielsweise zu Sicherheit als gesellschaftlicher Konstruktion und zur Soziologie des Risikos Bonß (1995; 1997) sowie zu den Verschiebungen von sozialer Sicherheit hin zu Risiko, Unsicherheit und Versicherung Castel (2005).

terschiedlichster Art fungiert. Es gebe keine statistische Beziehung zwischen der Kriminalitätsrate und der allgemeinen Kriminalitätssorge, sehr wohl jedoch eine zwischen einer auf *Law and Order* setzenden Politik und einem öffentlichen Interesse an (Un-)Sicherheitsproblemen. Dinges/Sack beziehen sich daher zur Erklärung der repressiven Wende auf das Konzept des *governing through crime* von Caplow/Simon, mit dem diese den Strukturwandel sozialer Kontrolle als eine besondere Weise des Regierens bezeichnen, die sowohl staatliche Sicherheitspolitiken als auch kulturelle Aufladungen von Sicherheit umfasse (vgl. ebd.: 53).

Sicherheitsdispositiv – Governing through Crime

Wenn man die unterschiedlichen Aspekte des Sicherheitsdiskurses als *governing through crime* begreift, wird deutlich, dass Sicherheit nicht nur als Mythos, sondern als Sicherheitsdispositiv verstanden werden muss.[9] Denn erst damit ist Sicherheit als Wissens-Macht-Formation beschrieben, die realitätsmächtige Effekte hat.

Das Sicherheitsdispositiv zeichnet sich vor allem durch zwei für die Fragestellung dieser Arbeit relevante Charakteristika aus. Das erste bezieht sich auf die grundsätzlich *neue Struktur sozialer Kontrolle*, die Beste zusammenfasst als *»staatlich-privaten Kontrollmix«* (Beste 2000: 71). Eine gute Systematisierung dieses Mix' bieten Singelnstein/Stolle an. Als ›neue‹ Elemente sozialer Kontrolle[10] nennen sie zum einen die Risikologik als Grundlage für

9 Die sozialwissenschaftliche Verwendung des Begriffs Dispositiv geht auf Foucault zurück, der hiermit vor allem die Verknüpfung von diskursiven und nichtdiskursiven Praktiken, von Diskursen und Institutionen zu einem strategischen Netz meint. Ein Dispositiv sei »ein entschieden heterogenes Ensemble, das Diskurse, Institutionen, architekturale Einrichtungen, reglementierende Entscheidungen, Gesetze, administrative Maßnahmen, wissenschaftliche Aussagen, philosophische, moralische oder philanthropische Lehrsätze, kurz: Gesagtes ebensowohl wie Ungesagtes umfaßt« (Foucault 1978: 119f.). In *Der Wille zum Wissen* entwickelt er das Konzept und analysiert hier das Sexualitätsdispositiv, das er beschreibt als »ein großes Oberflächennetz, auf dem sich die Stimulierung der Körper, die Intensivierung der Lüste, die Anreizung zum Diskurs, die Formierung der Erkenntnisse, die Verstärkung der Kontrollen und der Widerstände in einigen großen Wissens- und Machtstrategien miteinander verketten« (Foucault 1983: 128). Foucault selbst hat in einer späten Vorlesung den Begriff des Sicherheitsdispositivs für seine Analysen geprägt. Hierauf werde ich ausführlicher im anschließenden Kapitel eingehen.
Volker Eick bezeichnet die Verknüpfung von Fragen der Sozialpolitik und Stadtentwicklung mit denen der inneren Sicherheit als Dispositiv: »Sicherheit avancierte [Anfang der 90er Jahre] zu dem zentralen Dispositiv urbaner Restrukturierung« (Eick 2004: 140).

10 Sie betonen jedoch, dass auch die ›alten‹ disziplinierenden Kontrollmechanismen nach wie vor wirksam sind. Vgl. auch zu dem Zusammenspiel neuer Formen sozialer Kontrolle und Disziplinierung am Beispiel der Drogenpolitik, die

eine Rationalität der Sicherheit (aus der sich die Logik der Prävention ergibt). Zum anderen seien die gegenwärtigen Formen sozialer Kontrolle durch *Ausdifferenzierung* und *Pluralisierung* ihrer Institutionen und Mechanismen gekennzeichnet (Privatisierung und Kommodifizierung von Sicherheit, Veränderungen bei der Polizei und im Strafrecht) sowie durch eine *Erweiterung* der Techniken der Sozialkontrolle:

»Die disziplinierende Intervention wird ergänzt durch *Techniken der Selbstführung*, der *instrumentellen Kontrolle und des Ausschlusses*. Der Schwerpunkt von sozialer Kontrolle verlagert sich von der sozialen Integration durch soziale Netzwerke und Institutionen und der fürsorglichen, resozialisierenden Intervention des Staates hin zu Selbstführungsmechanismen, amoralischen und abstrakt-unpersönlichen Kontrollarrangements und sozialem Ausschluss. Damit entsteht eine Ausdifferenzierung in sich komplementär ergänzende Mechanismen. Diese sind vorfeldorientierter, wirken manipulativ und entfalten umfassende Kontrolle, während sie zugleich absoluter und repressiver sind.« (Singelnstein/Stolle 2006: 88, Hervorhebungen I.S.)

Diese drei Techniken sind in meinen Augen sinnvoller als zwei verschiedene Strategien gesellschaftlicher Herrschaft auszubuchstabieren: zum einen als Strategien der Selbstführung, zum anderen als Strategien des Ausschlusses. *Beide* realisieren sich auch im Modus instrumenteller Kontrolle, wie im Verlauf dieses Kapitels deutlich werden wird.

Das zweite relevante Charakteristikum ist der *Raum-Bezug* des Sicherheitspositivs. Beste stellt dazu fest, dass der aktuelle Sicherheitsbegriff, in dem Sicherheit heutzutage nicht mehr als soziale, sondern als ordnungs- und kontrollpolitisch fixierte Kategorie verstanden wird, praktisch ausschließlich auf die Öffentlichkeit und den öffentlichen Raum zugeschnitten sei (vgl. Beste 2000: 29).[11] Sicherheit und Ordnung seien zu einem »zentralen Dispositiv

zunehmend zu einer Ordnungspolitik werde, Dollinger (2001) und Prömmel (2002).

11 Vgl. zum Zusammenhang von Stadt/Raum und (Un)Sicherheit beispielsweise neben dem erwähnten Sammelband von Dinges/Sack auch Glasze/Pütz/Rolfes (2005), Jehle (2001), im Kontext von Raum und Geschlecht Ruhne (2003), Gestring et al. (2003), darin vor allem Breckner/Sessar (2003) zu Unsicherheitsgefühlen in der Großstadt. Vgl. außerdem zum Zusammenhang von Lebensstrukturen im Stadtteil und Strukturen von Verunsicherung die interessante Studie von Birenheide/Legnaro/Ruschmeier, die in einer vergleichenden Untersuchung unterschiedlicher Hamburger Stadtteile zu dem Schluss kommen: »Verunsicherungsstrukturen erscheinen dabei sowohl als ein Reflex der Art und Weise, in der Individuen ihre soziale Umgebung betrachten und bearbeiten, wie auch als ein Medium dieser Bearbeitung. Derart stehen ›Sicherheit‹, sowohl die Wahrnehmung ihrer Gefährdung wie die Versuche ihrer Herstellung, und ›urbaner Raum‹ in einem engen Wechselverhältnis. Letzterer ist zwar keineswegs der einzige Bedingungsfaktor der urbanen Verunsicherung, vielleicht nicht einmal der tatsächlich entscheidende, aber – und das macht ihn dennoch zu einem we-

städtischer Politik« (Beste 2000: 443) geworden, mit dem der zunehmende Gebrauch einer Ausgrenzungsrhetorik einhergehe. Die Zentralität von Raum für neue Formen der Kriminalitätspolitik betont auch Bernd Belina, der die oben erwähnte These des *governing through crime* entsprechend erweitert: Er bezeichnet die Praxen und Methoden der Kriminalitätspolitik als »*governing through crime through space* bzw. *through scale*« (Belina 2006: 24).[12]

Im Folgenden sollen die Charakteristika des Sicherheitsdispositivs anhand konkreter Techniken und Mechanismen verdeutlicht werden. Dabei wird sich einerseits zeigen, wie die genannten Elemente, die Ausdifferenzierung sozialer Kontrolle und deren Erweiterung durch die zwei zentralen Strategien (als Techniken der Selbstführung und des Ausschlusses) sowie der Raum-Bezug in allen Beispielen zum Tragen kommen. Es wird andererseits deutlich, dass auch der Körper im Sicherheitsdiskurs eine zentrale Rolle spielt.

3.2 Neue Formen der (räumlichen) Kontrolle

3.2.1 Techniken der Kontrolle

Polizei, Sicherheitsdienste, Sicherheitspartnerschaften und *community policing*

Kontrolle und Überwachung werden nach wie vor auch von Menschen über Menschen ausgeübt. Allerdings sind in diesem Bereich in den letzten Jahren deutliche Veränderungen beobachtbar, die sich vor allem in den Kompetenzerweiterungen der *Polizei*, dem Boom privater Sicherheitsdienste und präventiv-kommunalen Formen des Polizierens zeigen.

In der Bundesrepublik kommt im öffentlichen Raum verstärkt der *bürgernahe Beamte* zum Einsatz. Hierbei handelt es sich um ›bürgernahe‹ Polizeiarbeit, Fußstreifen, die jeweils bestimmten Quartieren in der Stadt zugeordnet sind und die vor allem das subjektive Sicherheitsbedürfnis beruhigen sollen. Neben dieser Form niedrigschwelliger Polizeiarbeit sind in jüngster Zeit jedoch auch die Repressionsmöglichkeiten ausgeweitet worden, was vor allem

sentlichen Bestandteil der komplexen Interdependenzketten – das soziale Medium, in dem sich ökonomische Ressourcen, soziale Fragmentierungen und ethnische Gemengelagen in der Stadt realisieren.« (Birenheide/Legnaro/Ruschmeier 2001: 55f.)

12 Belina weist in seiner Studie nach, auf welche Weise Sozialkontrolle als Raumkontrolle funktioniert. Zum einen arbeitet er heraus, wie ›kriminelle Räume‹ konstruiert werden, zum anderen zeigt er, wie derart kriminalisierte Räume Teil einer Raumideologie werden. Eine Raumideologie legitimiere einen räumlich selektiven staatlichen Zugriff auf die öffentliche Ordnung. Auf diese Weise werde aus einem verschärften selektiven Zugriff qua Strafrecht (das *governing through crime*) durch die raumideologische Legitimierung ein *governing through crime through space* (Belina 2006: 155).

in den Reformulierungen der Polizeigesetze der Länder deutlich wird. Diese legitimieren neue Eingriffsmöglichkeiten gegenüber Personen bzw. Handlungen im öffentlichen Raum: *ereignis- bzw. verdachtsunabhängige Personalienkontrollen*, die Vergabe von *Platzverweisen*, die Durchführung von Verbringungsgewahrsam und das Erteilen von *Aufenthalts-, Betretungs-, Gebiets- oder Durchquerungsverboten*. Der Platzverweis gilt für ein bestimmtes Gebiet und wird zunächst nach einem erstmaligen Verstoß (gegen den Verweis) zeitlich verlängert bzw. es wird ein Aufenthaltsverbot ausgesprochen. Dieses wird bei einem abermaligen Verstoß ein weiteres Mal verlängert und mit einer Geldstrafe bzw. Ingewahrsamnahme verknüpft. Als Begründungszusammenhang für die Verhängung einer solchen Maßnahme reicht die Annahme einer möglichen Gefahr oder Störung, die von der betreffenden Person oder Personengruppe ausgehen könnte. Diese Art »Raumverbote« (Belina 2006: 221) treffen vor allem ›Randgruppen‹, die, wie in Kapitel 1 bereits deutlich geworden ist, als ›gefährlich‹ und die öffentliche Ordnung bedrohend angesehen werden, wie vor allem Angehörige der Drogenszene oder Obdachlose.[13]

Insgesamt ist in den letzten Jahren auf mehreren Ebenen ein zunehmender Ausbau der Exekutive zu beobachten (Ausweitung des BGS zur neuen Bundespolizei, Schleierfahndung etc.). Neben der Ausweitung polizeilicher Kontroll- und Ordnungsfunktionen ist jedoch auch ein ganz anderer Trend zu beobachten: die Privatisierung und Kommerzialisierung dieser Funktionen.

Eines der wenigen boomenden Gewerbe der letzten Jahre ist zweifellos das der *privaten Kontroll- und Sicherheitsanbieter*.[14] Diese offerieren eine breite Palette an Sicherheitsdienstleistungen und werden sowohl von privaten wie öffentlichen (Bund, Kommunen) Kunden nachgefragt. Während private Sicherheitsdienste zum einen private Objekte bewachen, werden sie zum anderen immer mehr auch in halb-öffentlichen Gebäuden (Geschäfte, Museen, Bahnhöfe) und öffentlichen Räumen (Straßen, Plätze, Räume des öffentlichen Transports und Veranstaltungen) eingesetzt. Ihre Befugnisse beschränken sich zum einen auf die Jedermannrechte und zum anderen auf die Durchsetzung von Hausordnungen. Die profitorientierten Sicherheitsanbieter sind Ausdruck eines verschärften Bedürfnisses nach Überwachung und Kontrolle einerseits und in Bezug auf ihre interne Organisation Ausdruck der Deregulierung von Arbeitsverhältnissen andererseits (geringe Ausbildung und Entlohnung, Prinzip des *hire and fire*). Neben den profitorientierten Sicherheitsanbietern gibt es in jüngster Zeit auch Sicherheitsdienstleistungen durch freie Träger bzw. Kooperationen mit professionellen Anbietern, in denen Arbeitslose im Rah-

---

13 Vgl. zur Praxis der Raumverbote Belina (2006: 221-226) sowie zu der juristisch fraglichen Grundlage dieser Praxis Lesting (1997).

14 Eine ausführliche Studie zu kommerziellen Sicherheitsanbietern, Eigentümlichkeiten der Branche und Merkmalen der Anbieter bietet Beste (vgl. 2000: 296-395).

men beschäftigungspolitischer Maßnahmen mit Kontroll- und Ordnungsfunktionen im öffentlichen Raum beauftragt werden. Eick, der diese Entwicklung für Berlin nachzeichnet, spricht in diesem Zusammenhang von einer Verschränkung von Arbeits- und Sicherheitspolitik (vgl. Eick 2003; 2004).

Abgesehen von diesen kommerziellen Formen privater Sicherheitsproduktion gibt es jedoch auch die nicht-kommerziellen Organisationen in der Gestalt von *Sicherheitswachten, Bürgerwehren* oder *neighbourhood watch.*[15] Diese bestehen in einem privaten Zusammenschluss von Bürger/inne/n, Nachbar/inne/n oder Interessensgemeinschaften, die entweder vollkommen autonom oder in Kooperation mit der örtlichen Polizei die Überwachung bestimmter Gebiete oder Objekte durchführen. In diesem Zusammenhang sind auch Implementierungen von Ordnungspartnerschaften zu nennen sowie die Einrichtung Kriminalpräventiver Räte, die Anfang der 1990er Jahre auf kommunaler Ebene bundesweit installiert wurden, aus einem Zusammenschluss verschiedener Institutionen (Polizei, Jugendamt, Gewerbetreibende u.a.) bestehen und gemeinsam bzw. ›bürgernah‹ Strategien der Kriminalitätskontrolle – vor allem jedoch der Sicherstellung bestimmter Ordnungsvorstellungen – im öffentlichen Raum erarbeiten.[16] Diese Einrichtungen sind Ausdruck des *community policing*. Das Polizieren (*policing*) allgemein umfasst alle Formen der polizeilichen Arbeit, aber auch private Sicherheitsdienste sowie Bürgerwehren/Sicherheitswachten, also alle Arten, »wie eine Gesellschaft ihre öffentliche Ordnung herstellt« (Karstedt/Oberwittler 2004: 20). Gisbert van Elsbergen unterscheidet hierbei zwischen Polizieren, als Formen der Wahrung und Herstellung von Sicherheit, und Kustodialisieren, das sich eher auf das Beobachten und Überwachen begrenzt (Elsbergen 2004b: 16).[17] Beide Funktionen sind jedoch Teil von *community policing*, einer Strategie zur Aktivierung von

15 Zur Einrichtung von Sicherheitswachten am Beispiel Bayerns vgl. Elsbergen (2004c).

16 Schierz (2004) zeigt dies exemplarisch an der Ordnungspartnerschaft Kölner Anti-Spray Aktion.

17 Mit dem Konzept der Kustodialisierung versucht Elsbergen, die Gemengelage neuerer sicherheits- und kontrollpolitischer Tendenzen in den analytischen Griff zu bekommen (vgl. Elsbergen 2004b). Während hierin ein innovativer Vorschlag zur sozialwissenschaftlichen Beschäftigung mit dem Thema zu sehen ist, muss doch bezweifelt werden, ob die Trennung in Überwachen auf der einen und Herstellen von Sicherheit auf der anderen Seite zur Systematisierung geeignet ist, da zum einen die Überwachung selbst an der Produktion von Kriminalität bzw. Sicherheit qua Präsenz beteiligt ist. Zum anderen lässt sich insbesondere im Bereich privater Sicherheitsdienste eine Ausweitung polizeirechtlicher Maßnahmen beobachten und somit eine Lockerung des staatlichen Gewaltmonopols. Dieser Vorgang stellt sich auch durch eine zunehmende Privatisierung öffentlicher Räume her, in welchen dann durch eine etwaige Hausordnung erhebliche Interventionsmöglichkeiten für die angestellten Dienste zur Durchsetzung von Sicherheit vorliegen.

Bürger/innen für Kriminalitätsprävention, die zuerst in Großbritannien unter Federführung des *Home Office* entwickelt[18] wurde und zunächst in der Förderung von *Neighbourhood Watch*-Gruppen bestand (vgl. Karstedt/Oberwittler 2004: 29). Es geht dabei um den Versuch, Partnerschaften und Netzwerke zwischen Polizei und nichtstaatlichen Instanzen aufzubauen, die Bürger/innen in sicherheits- und ordnungspolitische Maßnahmen mit einzubinden und damit letztlich die Verantwortlichkeiten vom Staat auf die Individuen und Gemeinden zu verschieben.[19] Damit ist das Konzept Teil einer ganzen Reihe von Maßnahmen und Technologien, die auf eine Aktivierung des Einzelnen zielen und damit ein *governing at a distance*[20] ermöglichen.

»Design against Crime« – Architektur und Gestaltung

Jane Jacobs (1960) stellte als eine der ersten einen Zusammenhang zwischen der architektonischen und raumplanerischen Gestaltung des urbanen Raums und der sozialen Entwicklung in diesem Raum her. Oscar Newman entwickelte diesen Gedanken in seinem 1972 veröffentlichten Buch *Defensable Space* weiter und machte Vorschläge, wie durch Planung die Kriminalität in den betreffenden Wohnanlagen reduziert werden könne. Er plädierte für kleine, überschaubare Wohneinheiten (*zones of influence*) und homogene Nachbarschaften (*communities of interest*), die Kontrolle und Überwachung der Wohnsegmente sicherstellen sollten. Diesen situationsorientierten Ansatz Newmans zur Kriminalitätsprävention durch architektonische Maßnahmen nahm Barry Poyner auf und radikalisierte den Grundgedanken, dass »the form of the urban environment can and does create opportunities for crime« (Poyner 1983: 14). Im Zentrum von Poyners Überlegungen steht die Zugangsmöglichkeit (zu Privateigentum), die eingeschränkt werden müsse, um Kriminalität zu verhindern. Dieses gewährleisten zum einen Mauern und Zäune, zum anderen aber auch sozial homogenisierte (letztlich sozial segregierte) Stadtteile und damit eine Trennung reicher von ärmeren Bevölkerungsgruppen. Die Gestaltung von privatem wie öffentlichem Raum muss Poyner zufolge ent-

18 Nach Judith Greene wurde das Konzept in den USA von Herman Goldstein 1979 entwickelt und in Form einer bürgerorientierten Polizeiarbeit in einigen Gegenden umgesetzt. In ihrem Artikel arbeitet Greene im Vergleich New York (*zero tolerance*) und San Diego (*community policing*) heraus, dass letztere die erfolgversprechendere, in jedem Fall demokratischere Strategie zur Kriminalitätskontrolle sei (vgl. Greene 2001).

19 Zum Konzept der *community* als neue Form des Regierens vgl. auch Rose (2000).

20 Bei dem Herrschen aus der Distanz handelt es sich um ein indirektes Regieren, weil der Staat die Übernahme von Verantwortung durch Strategien der Responsabilisierung und Privatisierung steuert und organisiert. Vgl. hierzu Shearing (2005) und Beste (2000: 312f.).

lang sicherheitspräventiver Ziele erfolgen wie Zugangsbeschränkung, der Markierung von Eigentum und der Überwachung durch Einsehbarkeit.[21]

Dieser situationsorientierte, präventive Aspekt von Architektur und Gestaltung findet auch im öffentlichen Raum immer mehr Anwendung, um dort eine bestimmte soziale Ordnung durchzusetzen und Gruppen aus diesem Raum auszuschließen. Das Entfernen von Bänken und anderen Sitzgelegenheiten, bzw. das Umzäunen ehemaliger Sitzgelegenheiten oder aber die Gestaltung ›unbequemer‹ Sitzgelegenheiten soll ein längeres Verweilen durch Sitzen oder Liegen im öffentlichen Raum verhindern.[22] Davis nennt diese architektonischen Einrichtungen wie unbequemes Sitzmobiliar an Bushaltestellen, Sprinkleranlagen in Parks, Umzäunen von Mülleimern und Entfernen öffentlicher Toiletten »Sadistic Street Environment« (Davis 1992: 232). In seiner Analyse des »new class war at the level of the built environment« (ebd.: 228) beschreibt er die Zonierung der inneren Stadt in eine wohlhabende, auf Konsum ausgerichtete und eine von dieser streng getrennten Zone der Obdachlosen und weniger betuchten bzw. gestrandeten Einwohner/innen. Neben dem entsprechenden Meublement im öffentlichen Raum, das ein Sichaufhalten verunmöglichen soll, wird auch durch eine auf Exklusivität ausgerichtete Ästhetik (durch Baumaterialien, glatte und glänzende Oberflächen, Beleuchtungsinstallationen) die Nutzung des öffentlichen Raums präformiert. Außer diesen gestalterischen Maßnahmen werden auch direkte Mittel zur Vertreibung unliebsamer Gruppen angewendet. So soll der Einsatz starker Reinigungsmittel in Bahnhöfen und anderen (semi-)öffentlichen Gebäuden verhindern, dass dort genächtigt wird. Wasserdüsen auf Kniehöhe in den Eingängen von Kaufhäusern oder die Klimaanlagen vor Kaufhäusern haben den Zweck, dort ›Lagernde‹ zu vertreiben (vgl. Zinganel 2003: 275). Eine weitere Technik zur Verdrängung ›unerwünschter Personengruppen‹ besteht in der Beschallung des öffentlichen Raums mit Musik. Die U-Bahn Eingänge des Hamburger Hauptbahnhofs sowie weitere ausgewählte U-Bahn Stationen werden seit 2002 mit klassischer Musik beschallt, weil man davon ausgeht, dass diese von ›Randgruppen‹ ungern gehört werde und zu einer Verdrängung dieser Gruppen positiv beitrage.[23] Michael Zinganel berichtet für Österreich, laut den

21 Dieser Ansatz wird auch in den Konzepten bzw. Strategien, die unter dem Namen Crime Prevention through Environmental Design (CPTED) entwickelt werden, realisiert. Im angloamerikanischen Raum ist mit CPTED eine eigene Forschungstradition begründet worden. Tipps zur Gestaltung von Schulen und anderen semiöffentlichen Räumen finden sich unter anderem im *Handbook of Loss Prevention and Crime Prevention* (Fennelly 1996).

22 Vgl. zum Ausschluss aus und zur Zonierung von Raum durch Gestaltung eine Auflistung weiterer Beispiele bei Wehrheim (2002: 105f.).

23 Der Sprecher der Innenbehörde formuliert als Ziel der Klassik-Beschallung: »Auf diese Weise sollen die unerwünschten Wegelagerer vertrieben werden.« (Hartig 2006)

Aussagen eines Sicherheitsexperten habe sich für die Vertreibung unerwünschter Personengruppen vor allem Volksmusik bewährt, ganz besonders Hansi Hinterseers Hit *Du ich mag Dich* (vgl. ebd.: 276).

Videoüberwachung

Prominentestes Mittel zur Kontrolle des öffentlichen Raums ist gegenwärtig die Video-Überwachung, die in immer stärkerem Maße und nicht nur für den öffentlichen Raum nachgefragt wird, auch wenn ihre Bedeutung für die proklamierte Reduktion von Kriminalität nach wie vor umstritten ist. Derzeit scheint sie die Maßnahme Nummer eins zu sein, wenn es darum geht, eine wie auch immer motivierte allgemeine Angst vor Kriminalität, Terror oder anderen diffusen Bedrohungen zu besänftigen.

Die flächendeckende Implementierung dieser Technik im öffentlichen Raum begann erst in den 1990ern – somit zeitgleich zur Intensivierung des Sicherheitsdiskurses. Während die Videoüberwachung zunächst zur Objektsicherung im militärischen Bereich diente, wurde sie in den 1970er Jahren in privaten Gebäuden und nur vereinzelt im öffentlichen Raum, so in westeuropäischen Innenstädten zur Verkehrskontrolle, eingesetzt. Der Durchbruch für CCTV (Closed Circuit Television) im öffentlichen Raum kam dann jedoch 1985 mit der Installation von Überwachungskameras im britischen Seeort Bournemouth. Ab 1994, nachdem die konservative Regierung Fördergelder ausgeschrieben hatte, folgten etliche britische Städte diesem Beispiel (vgl. Nogola 2003: 41). Seitdem übernimmt Großbritannien eine Vorreiterrolle in der videobasierten Überwachung privater und öffentlicher Räume – von Wohngebieten über öffentliche Straßen und Plätze bis zu Supermärkten, Kindergärten und Büros.

In der BRD begann man in den 1990er Jahren zunächst vor allem in ostdeutschen Städten mit dem innenstadtweiten Einsatz von Videotechnik zur Kriminalitätsbekämpfung. 1996 wurde mit Leipzig das Pilotprojekt zur Überwachung der Innenstädte gestartet. Seither haben etliche ost- und westdeutsche Städte Videoüberwachung an sogenannten Kriminalitätsschwerpunkten im öffentlichen Raum als Mittel zur Strafverfolgung und Gefahrenabwehr implementiert. Seit Anfang der 1990er, aber vor allem verstärkt seit Anfang der 2000er wurden in fast allen Bundesländern die notwendigen Polizeigesetze geändert, um diese neue kriminalpräventive Maßnahme rechtlich abzusichern (vgl. die Übersicht bei Belina 2006: 214).

Weder sind bisher die Nützlichkeit im Sinne der Strafverfolgung noch die präventive Wirkung der Videoüberwachung wissenschaftlich bewiesen (vgl. Nogola 2003: 46, Hölscher 2003).[24] Norris/McCahill/Wood sehen folglich

24 Während es im deutschsprachigen Raum bisher noch wenige Forschungsarbeiten zu neueren Überwachungstechnologien gibt, wird im anglo-amerikanischen Raum schon sehr viel länger zu diesem Thema geforscht. Mittlerweile hat sich

ihren Nutzen vor allem in ihrer politischen Dimension und symbolischen Funktion: »The political appeal of CCTV had less to do with CCTV's proven effectiveness in reducing crime and far more to do with its symbolic value that something was being done about the problem of crime.« (Norris/McCahill/Wood 2004: 123)

Einige Wissenschaftler/innen haben sich kritisch mit der Funktion und Wirkung der Videotechnik als Mittel der sozialen Kontrolle auseinandergesetzt. Norris/Armstrong streichen in ihrem Buch zur sich abzeichnenden *Maximum Surveillance Society* heraus, dass nicht die Kamera allein, sondern erst ihre Verknüpfung mit anderen Technologien und der Kontext, in dem sie zum Einsatz kommen, weitergehende Implikationen für soziale Kontrolle haben. In ihrer Studie über den Einsatz von CCTV in drei unterschiedlichen Innenstadtbereichen in Großbritannien haben sie empirisch untersucht, nach welchen, letztlich informellen Kriterien die Kameras überwachen bzw. von den hinter den Aufzeichnungsapparaten sitzenden Angestellten ausgerichtet werden. Als Ergebnis stellten sie in der Auswertung des Materials fest, dass bestimmte soziale Gruppen – junge, schwarze Männer – überrepräsentativ häufig ausgewählt werden. Sie schlussfolgern:

»The gaze of the cameras does not fall equally on all users of the street but on those who are stereotypically predefined as potentially deviant, or through appearance and demeanor are singled out by operators as unrespectable. [...] [A]nd rather than contributing to social justice through the reduction of victimisation, CCTV may become a tool of injustice through the amplification of differential and discriminating policing.« (Norris/Armstrong 1999: 201)

Nach Norris/Armstrong hat der Einsatz von Kameras im öffentlichen Raum eine exkludierende Wirkung und dient dazu, ›unerwünschte‹ Personengruppen aus diesem zu vertreiben. Auch Stolle/Hefendehl halten fest:

»Kriminalpräventive Strategien im öffentlichen Raum – etwa in Gestalt der Videoüberwachung – entpuppen sich somit als *trojanische Pferde*. Unter der Vorgabe der Verteidigung von Gemeinwohlinteressen und mittels des Polizei- und Ordnungsrechts werden Interessen und Bedürfnisse von bestimmten sozialen Gruppen durchgesetzt, die begrenzte Öffentlichkeit bleibt erhalten.« (Stolle/Hefendehl 2002: 270)

---

ein eigener Forschungszweig gebildet: die Surveillance Studies, »a cross-disciplinary initiative to understand the rapidly increasing ways in which personal details are collected, stored, transmitted, checked, and used as means of influencing and managing people and populations« (Lyon 2002: 1). Seit 2002 wird von diesem Forschungszusammenhang die Online-Zeitschrift *Surveillance & Society* herausgegeben, in welcher empirische Forschung, Analysen und Theorien aus unterschiedlichen Ländern präsentiert und diskutiert werden.

Hille Koskela (2002) weist in ihrer Studie nach, dass die Überwachung von öffentlichem Raum durch Videokameras auch geschlechtsspezifische Aspekte hat. Denn die Kamera wird zum verlängerten Auge der diese kontrollierenden Männer, und durch den mitunter voyeuristischen (männlichen) Blick wird die Nutzung des Raums von Frauen (negativ) strukturiert. Eine weitere Wirkung der Omnipräsenz von Überwachung durch Videokameras liegt nach Krasmann in der Herstellung konformer Subjektivitäten. Die Videotechnik stehe paradigmatisch für »neoliberale oder avanciert liberale Formen der Subjektivierung« (Krasmann 2002: 58). Im Verhältnis von Individuum und Kamera konstituieren sich neue Subjektivierungsformen, die in der beständigen Selbst-Modulation, in Flexibilität und permanenter Selbstkontrolle bestehen. Schon die bloße Präsenz der allgegenwärtigen Kameras führe dazu, dass das eigene Handeln dauernd kontrolliert und soziale Normen antizipiert werden: »Noch auf der Straße soll offenbar ein jeder der Unternehmer seiner selbst sein: räsonierend, vorausschauend, sich selbst oder zumindest die Konsequenzen des eigenen Verhaltens vernünftig kontrollierend, und dabei, schließlich wird man gefilmt, noch gut aussehen.« (Ebd.: 62)

Krasmann folgert: »Als eine Chiffre für neoliberale Kontrollgesellschaften steht die Videotechnik für zwei alternative Vergesellschaftungsformen: selbstunternehmerische Teilhabe oder Exklusion.« (Ebd.: 53)

Neue Raumtypen als Laboratorien der Sicherheitsgesellschaft

Als neue Raumtypen können folgende Räume bezeichnet werden: (neu gestaltete) Bahnhöfe, Shopping-Center/*malls*, *gated communities*, *Business Improvement Districts* (BIDs), Parks und Plazas, Themenparks.[25] Unter den Imperativen von Sicherheit und Konsum werden in diesen die öffentliche und die private Sphäre auf eine neue Weise miteinander verknüpft. Jan Wehrheim charakterisiert diese Raumtypen so:

> »Themenparks, Shopping Malls, Passagen und Bahnhöfe neuen Typs sind de jure private Räume der öffentlichen Sphäre, die sich unter direktem Einfluss der Tertiarisierung verbreiten. Diese neuen Raumtypen prägen zunehmend die Städte, und zwar sowohl an ihren Rändern als auch in den Zentren, und sie schaffen neue Ausgangsbedingungen für Sicherheit und Ausgrenzung.« (Wehrheim 2002: 25f.)

Aldo Legnaro und Almut Birenheide bezeichnen diese Orte als Nicht-Orte und untersuchen hierfür beispielhaft die neuen Bahnhöfe, Shopping-Malls und Disneyland. Sie deuten die Nicht-Orte als Prototypen der Kontrollgesellschaft und stellen hierzu fest:

25 Vgl. hierzu Wehrheim (2002: 119-194), Legnaro/Birenheide (2005) und Becker (2001).

»Die Kontrollgesellschaft findet statt vor dem Hintergrund schmiegsamer und flexibler Normsetzungen, die nur noch wenige bindende Regelungen für alle enthalten, und eben deswegen wird die Darstellung des Selbst zu einer produktiven Leistung der Einzelnen, die dabei auf kommodifizierte Angebote zur Selbst-Gestaltung zurückgreifen können. Es ist eine der wesentlichen gesellschaftlichen Funktionen der Nicht-Orte, diese Angebote bereitzustellen und die Mechanismen einer Selbstverwirklichung feilzubieten, die nicht zuletzt im Angebot von ›Erlebnis‹ kulminieren.« (Legnaro/Birenheide 2005: 26)

Im Folgenden sollen knapp die Raumtypen *mall*/Shopping-Center, *gated community* und Bahnhof vorgestellt werden sowie ein vierter Raumtyp, der in den bisherigen Arbeiten zu neuen Raumtypen nicht auftaucht, meines Erachtens jedoch in genau diese Reihe gehört, auch wenn oder weil er in vielerlei Hinsicht einen Antityp zu den genannten Räumen darstellt: der ›gefährliche Ort‹. Ich beschränke mich auf diese Auswahl, weil diese vier Raumtypen für die Kontextualisierung des Themas dieses Buchs bedeutsam sind und letztlich die wesentlichen Charakteristika dieses neuen Typus abdecken. BIDs, Parks und Themenparks sind nur weitere Variationen des gleichen Gegenstands.

Malls und Shopping-Center

Bei diesem Raumtyp handelt es sich um überdachte Einkaufskomplexe, die verschiedene Konsum- und Freizeitangebote anbieten. Ihr Grundprinzip: »Der ehemals öffentliche ›Straßenraum‹ zwischen den Geschäften befindet sich mit unter einem Dach und wird privat gemanagt.« (Wehrheim 2002: 121) Zu diesem Raumtyp gehören die außerhalb von Städten angelegten riesigen Malls (wie beispielsweise das CentrO in Oberhausen), aber auch innerstädtische Passagen. Typisch ist darüber hinaus ein Branchenmix aus Gastronomie, Gewerbe und Freizeiteinrichtungen wie Multiplexkinos, der die Synthese aus Verweilen, Entspannen und Konsumieren ermöglichen soll.[26] Die Gestaltung und Ästhetik richtet sich nach Sicherheits- und Konsumaspekten. Die in diesen semi-privaten Räumen geltenden Hausordnungen und Verhaltensstandards werden von Sicherheitspersonal und Videokameras sichergestellt. Birenheide/Legnaro stellen fest, dass sich Sicherheit in einer Shopping Mall vor allem als ein Produkt architektonisch gewährleisteter Kontrollierbarkeit – ähnlich einem Gefängnis – durch die folgenden baulich-räumlichen Konstruktionsprinzipien ergibt: Übersichtlichkeit der Anlage, lange Gänge, wenige

26 Legnaro/Birenheide formulieren als Charakteristikum, dass in der Mall die Welt kondensiert, auf ein handliches und übersichtliches Format gebracht werde: »Die Welt in der Mall und die Mall als ein Kondensat dieser Welt: beide Aspekte formen sich in den großen shopping malls zu einem architektonisch ausgebildeten Ensemble, einer sozialen Veranstaltung, einem kulturellen Typus und letztlich zu einer Form der Steuerung von Individuen.« (Legnaro/Birenheide 2005: 98)

Ein- und Ausgänge, polyoptische Ordnung, Lichtgestaltung und Sauberkeit (vgl. Birenheide/Legnaro 2003: 4ff). Dabei ist Sicherheit nur ein Leitprinzip in der Gestaltung, das andere bezieht sich auf den Wohlfühl-Faktor der potenziellen Kunden. Um diesen zu stärken wird eine künstliche Innenstadt-Atmosphäre zu erschaffen versucht mit Marktplatz, Springbrunnen und Palmen. Wie Birenheide/Legnaro zeigen, verhalten sich innerstädtische Einkaufszonen und Shopping Malls zueinander komplementär und sind darin stark aufeinander bezogen. Während die innerstädtischen Einkaufszonen sich mühen, die Sicherheitsstrategien der Malls zu adaptieren, versuchen die Malls das innerstädtische Flair zu imitieren. Beides gelingt nur bis zu einem gewissen Grad:

> »Insofern ergibt sich hinsichtlich der Sicherheitsbemühungen und der urbanen Buntheit ein reziprokes und gleichzeitig sich ausschließendes Verhältnis. Denn einerseits versuchen die innerstädtischen Einkaufszonen und Shopping Malls sich gegenseitig, unter Vermeidung der strukturellen Defizite des anderen, zu imitieren. Andererseits schließen sich rigide Sicherheitsbemühungen und die Entfaltung eines vielfältigen urbanen Flairs gegenseitig aus.« (Ebd.: 13f.)

Bahnhöfe

Nicht nur die erwähnten Passagen sollen als Visitenkarte zur Aufwertung der Innenstädte beitragen, auch die Bahnhöfe in neuem Gewand erheben diesen Anspruch. Ähnlich wie die Shopping-Center entsteht hier im Zeichen von Konsum und Erlebnis ein semi-öffentlicher Raum, der von strengen Sicherheits- und Kontrollstrategien strukturiert ist und den Ausschluss bestimmter Gruppen befördert.[27]

Mit der Privatisierung der Deutschen Bundesbahn und der Gründung der *Deutsche Bahn AG* ging eine Umgestaltung der Bahnhöfe einher. Nicht mehr Hinterhof, sondern Visitenkarte sollte der Bahnhof sein und nicht nur einer umfassenderen Verwertbarkeit erschlossen, sondern auch Motor der innenstädtischen Umgestaltung werden. Entsprechende Konzepte wurden von der bahneigenen Managementfirma entworfen, die angelehnt an das Modell der Flughäfen durch Privatisierung nicht mehr genutzter Flächen die Bahnhöfe zu *Urban Entertainment Center* umfunktionieren half. Am Hamburger Hauptbahnhof soll diese Entwicklung beispielhaft dargestellt werden: Angestoßen durch einen 1987 von der Stadt ausgeschriebenen Investorenwettbewerb wurde 1991 die Wandelhalle eröffnet, die eine kommerzielle Nutzung des Bahnhofs durch diverse Geschäfte ermöglichte. Damit war das erste Einkaufszentrum mit Gleisanschluss verwirklicht, dem andere Bahnhöfe (Köln, Leipzig) in

27 Vgl. hierzu Häfele/Sobczak (2002), Legnaro/Birenheide (2005: 49-95) und Ronneberger/Lanz/Jahn (1999: 94-104).

den 1990er Jahren folgen sollten (vgl. Häfele/Sobczak 2002: 84).[28] Die Transformation der ehemaligen Transit- und Aufenthaltsräume in Erlebnis- und Konsumräume wurde flankiert von einem rigiden Sauberkeits- und Sicherheitsprogramm, dessen zentrales Instrument das »3-S-Programm« darstellt (vgl. ebd.: 73f.). Dessen Ziele – Service, Sicherheit, Sauberkeit – sollen durch die Vernetzung folgender Elemente erreicht werden: Ein System diverser Videokameras wird von einer Zentrale aus kontrolliert, die wiederum in Funkverbindung mit Polizei, Bahnschutz, BGS und Reinigungskräften steht und die die entsprechend befugte Einheit bei beobachteten Regelverstößen sofort alarmiert. Die »Bahnhofs-Hausordnung« ist ein weiteres wichtiges Element. Sie hängt überall gut sichtbar aus und umreißt einen Katalog verbotener Handlungen (»Betteln, Herumlungern und Belästigen von Personen«, »Übermäßiger Alkoholkonsum«, »Handel und Konsum von Drogen und Betäubungsmitteln«, »Sitzen und Liegen auf dem Boden«). Wer sich nicht an die Regeln der Hausordnung halte, müsse den Bahnhof verlassen. Ronneberger stellt dazu fest, dass das 3-S-System letztlich die Konformitäts- und Kontrollstandards von Disney-Themenparks zu kopieren versuche (vgl. Ronneberger 1998: 23). Birenheide/Legnaro streichen heraus, dass das Neue nicht in der Institution Hausordnung selbst sondern in ihrem Charakter bestehe. Während frühere Hausordnungen Regelwerke zur internen Vergemeinschaftung darstellten, stellt die Hausordnung der Bahn diese Vergemeinschaftung ex negativo her, indem sie die Grenzen des legitimen Zugangs oder Ausschlusses festlegt (Birenheide/Legnaro 2003: 12). Zur Durchsetzung von Sicherheit und Sauberkeit am Hamburger Hauptbahnhof sind eine Reihe unterschiedlicher Kontrolldienste abgestellt, die für unterschiedliche Bereiche zuständig sind und unterschiedliche Befugnisse haben: die bahneigene »Bahnschutz GmbH«, die »S-Bahn-Wache« eines privaten Sicherheitsdienstleisters, die »U-Bahn-Wache«, die der Behörde unterstellt ist, und ein weiterer privater Sicherheitsdienst, der für die Wandelhalle zuständig ist. Diese unterschiedlichen mit der Herstellung von Sicherheit beauftragten Kontrolldienste sorgen streng dafür, dass bestimmte soziale Gruppen den Bahnhof nicht betreten. Wer keine ›Reiseabsicht‹ erkennen lässt, so die offizielle Begründung, wird vom Wachpersonal aufgefordert, den Hauptbahnhof zu verlassen. Allerdings trifft diese Praxis nur bestimmte Personengruppen. Ein Großteil derer, die nicht die Absicht zu reisen, aber dort einzukaufen, jemanden abzuholen, Alkohol in den ansässigen Gastronomien zu konsumieren oder andere Dinge zu erledigen haben, wird vom Sicherheitspersonal nicht behelligt. Mit diesem umfassenden Sicherheitskonzept ist die Bahn mittlerweile wegweisend, weshalb Häfe-

28 Zwar gab es in Bahnhöfen auch früher schon Geschäfte, neu ist jetzt jedoch das programmatische Konzept der Bahn AG, den Schwerpunkt in der Ausrichtung der Bahnhöfe auch auf Konsum und nicht wie früher vor allem auf Verkehr und Transport zu legen.

le/Sobczak im Bahnhof ein Zukunftsmodell urbaner Raumkontrolle sehen: »Stadtentwicklung bedeutet in diesem Zusammenhang inzwischen zu einem beachtlichen Teil die Herstellung einer sicherheits- bzw. kontrollgesellschaftlichen Ordnung« (Häfele/Sobczak 2002: 84).

Gated communities

Als Gegenstück zu den Ghettos der Städte können die *gated communities* verstanden werden: abgeschlossene und festungsähnlich abgesicherte Wohnanlagen, die durch Mauern, Videoüberwachung und Eingangskontrollen den Zugang stark reglementieren.[29] Hier wird residenzielle Segregation freiwillig vorangetrieben von denen, die sich in diesen Wohnanlagen verschanzen. Aber es handelt sich dabei, wie Zinganel schreibt, »nicht bloß um eine architektonische Festungsanlage gegenüber dem Außen, sondern vor allem auch um eine nach innen gerichtete Überwachungsarchitektur« (Zinganel 2003: 145). Diese Wohnform, die es klassischerweise vor allem in stark polarisierten Gesellschaften Lateinamerikas oder in Südafrika gab, setzt sich auch in den USA und Europa immer mehr durch. In den USA lebten im Jahr 2000 bereits neun Millionen Einwohner/innen in *gated communities*. Wenn man, wie Wehrheim, zusammenhängende Wohnanlagen, die sich über Sicherheitsdienste und Zäune sicherheitstechnisch abschotten, dazuzählt, kommt man auf eine Zahl von 20 Millionen (vgl. Wehrheim 2002: 170). Mittlerweile werden sogar ganze Städte, *Gated New Towns*, als Trutzburgen der Sicherheit und des Komforts aus dem Boden gestampft. Die Bewohner/innen sind zu einem überwiegenden Teil weiße Angloamerikaner/innen der (gehobenen) Mittelschicht. Auch in der BRD ist ein ähnlicher Trend zu beobachten, wenn auch noch weitaus weniger ausgeprägt. Es entstehen die ersten zusammenhängenden privaten Siedlungen, die über Zäune, CCTV und Sicherheitsdienste bzw. Pförtner verfügen. Damit entwickeln sich privatisierte Parallelwelten, die sich vor allem durch Bunkermentalität und den Ausschluss ›Fremder‹ auszeichnen, welche jedoch nicht zuletzt zu einer repressiven Homogenisierung nach innen und dem Verlust von Freiheit führen.[30]

29 Das einschlägige Werk zu *gated communities* in den USA ist von Blakely/Snyder (1997). Vgl. hierzu auch Nogola (2000), Zinganel (2003: 135-153) und Michel (2005: 86-94).

30 Innerhalb mancher *gated communities* in den USA gelten sehr penible Vorschriften bezüglich der Gestaltung der Eigenheime und Verhaltenskodexe bezüglich ihrer Bewohner/innen. Vorgeschrieben werden beispielsweise die Farbe des Hauses, der Dachziegel und der Gardinen, die Höhe des Rasens und der Pflanzen, die Frequenz von Besuch und das Halten (bzw. das Verbot) von Haustieren (vgl. Nogola 2000: 62).

›Gefährliche Orte‹

Dieser Raumtyp unterscheidet sich von den übrigen genannten vor allem dadurch, dass es sich bei ihm nicht um (semi-)privatisierte und kommerzialisierte Räume handelt.[31] Konsum und Sicherheit spielen jedoch auch hier für die Bestimmung des Orts eine tragende Rolle.

Neben den jeweils subjektiv wahrgenommenen ›gefährlichen Orten‹, also Orten in der Stadt, die für Einzelne mit Angst oder Gefahr besetzt sind, gibt es seit einiger Zeit offizielle ›gefährliche Orte‹, die, auch als Kriminalitätsschwerpunkte bezeichnet, von der Polizei ›objektiv‹ festgelegt werden und ein besonderes polizeiliches Eingreifen legitimieren. Seit 1996 werden beispielsweise in Berlin auf der Basis des Berliner »Allgemeinen Sicherheits- und Ordnungsgesetzes« spezifische Plätze, Straßen und Parks der Stadt zu »gefährlichen Orten« erklärt und damit einer Form von Kontrolle und Überwachung freigegeben, wie sie an anderen Orten (noch) nicht möglich ist. Konkret bedeutet diese Klassifizierung, dass die Polizei verdachtsunabhängige Kontrollen durchführen kann. Es handelt sich also um Orte, an denen wesentliche Persönlichkeitsrechte außer Kraft gesetzt sind:

> »Gefährliche Orte werden von der Polizei nach der Summe von Straftaten und Ordnungswidrigkeiten an einem gegebenen Ort innerhalb eines bestimmten Zeitraums festgelegt. An diesen derzeit 24 Orten können verdachtsunabhängig polizeiliche Maßnahmen ergriffen, Bürgerrechte suspendiert, mithin also erkennungsdienstliche Behandlungen, Durchsuchungen, Platzverweise und Ingewahrsamnahmen durchgeführt werden, ohne dass es dazu weiterer Begründungen bedarf.« (Eick 2003: 76)

Die Gefährlichkeit eines Orts wird in den Polizeigesetzen bzw. Gesetzen zum Schutz der öffentlichen Sicherheit und Ordnung definiert. Beispielhaft soll hierfür die entsprechende Passage aus dem Hamburger Polizeigesetz zitiert werden.[32] Dort heißt es zum Paragraph Identitätsfeststellung, die Polizei dürfe die Identität einer Person feststellen,

> »wenn sie an einem Ort angetroffen wird, von dem Tatsachen die Annahme rechtfertigen, dass dort
> a) Personen Straftaten von erheblicher Bedeutung verabreden, vorbereiten oder verüben,

31 Vgl. hierzu Ronneberger/Lanz/Jahn (1999: 156f.), Wehrheim (2000: 55) und Eick (2003: 76).

32 Es handelt sich dabei um Änderungen, die 2005 in das Gesetz eingearbeitet wurden. Die zitierte Definition ist beinahe identisch mit dem entsprechenden Absatz im Berliner Polizeigesetz, nur wird in letzterem als Kriterium auch die Prostitution erwähnt, die einen Ort zu einem gefährlichen mache (vgl. Berliner Polizeigesetz 2003: 5).

b) Personen angetroffen werden, die gegen aufenthaltsrechtliche Straf- oder Ordnungswidrigkeitenvorschriften verstoßen,
c) sich gesuchte Straftäter verbergen« (Hamburger Polizeigesetz 2005: 27).

Diese Definition wirkt tautologisch. Denn im Zentrum steht eine zu kontrollierende Person, die offenbar ›gefährlich‹ ist, weil sie sich an einem ›gefährlichen Ort befindet. Dessen Gefährlichkeit begründet sich jedoch erst mit dem Aufenthalt ›gefährlicher‹ Personen. Der Effekt einer solchen Definition und der diese legitimierenden Kontrollpraxis besteht in einer wechselseitigen Kriminalisierung von Ort und Person. Der Ort wird kriminalisiert, d.h. als ›gefährlich‹ deklariert, weil an ihm gefährliche Handlungsweisen stattfinden oder stattfinden könnten, zu denen im übrigen auch Ordnungswidrigkeiten gehören können. Der so bestimmte Ort hat dann wiederum kriminalisierende Effekte auf die sich an ihm aufhaltenden Personen. Diese können ohne weitere Begründung präventiv überprüft werden. Voraussetzung ist eine präventive Gefahrenannahme, welche sich nicht unwesentlich in der *körperlichen* Präsenz objektiviert. Nicht nur die unter a) und b) aufgelisteten Verhaltensweisen müssen körperlich sichtbar werden, damit sie als solche qualifiziert werden können, auch das ›Antreffen‹ der Person an diesem Ort bezieht sich auf eine körperliche Besetzung des Orts. Dies wird deutlich in einer Begründung des Hamburgischen Oberverwaltungsgerichts gegen die Formulierung, eine Identitätsfeststellung könne erfolgen, wenn die betreffende Person einen »gefährlichen Ort« *durchschreite*. Das OVG hält es »nicht für ausreichend, dass eine Person an diesem Ort nur ›angetroffen‹ werde, weil sie diesen *passiere*. Der Begriff ›sich aufhalten‹ bedeutet vielmehr, an einem Ort zu *verweilen*, setze zumindest aber einen *zögerlichen Bewegungsablauf* voraus« (Bürgerschaft der Freien und Hansestadt Hamburg 2004, Hervorhebung I.S.).

Die ›gefährlichen Orte‹ sind insofern neue Raumtypen, als sie Orte des öffentlichen Raums sind, an denen einige der für diesen typischen Rechte suspendiert werden. Wie die anderen Raumtypen handelt es sich dabei um Orte, die einer besonderen Form der Kontrolle unterliegen.

Konzepte und Raumideologien

Die oben genannten Aspekte eines Sicherheitsdispositivs, das sich vor allem im öffentlichen Raum realisiert, werden in Konzepten wie *broken windows* und der als *zero tolerance* bezeichneten Strategie der New Yorker Polizei amalgamiert und dienen in dieser Form als Legitimationsgrundlage für den Ausbau kontrollpolitischer Strategien.[33]

33 Vgl. zu diesen Konzepten Hecker (1997), Wacquant (2000), Wehrheim (2002: 66-73) und Belina (2006: 134-195). Zur Rezeption der Konzepte in der Bundesrepublik vgl. Dreher/Feltes (1997) und Ortner/Pilgram/Steinert (1998).

James Q. Wilson und George Kelling setzten mit ihrem gleichnamigen, 1982 publizierten Artikel das Stichwort *broken windows* in die Welt. In diesem populärwissenschaftlichen Aufsatz behaupten sie, dass schon kleinste Ordnungswidrigkeiten zu Kriminalität führen können. Ist erst mal ein Fenster zerbrochen und niemand kümmert sich um die Reparatur und Instandhaltung, sind bald alle weiteren Fenster auch zerstört, und sind folglich Vandalismus, moralischem Verfall und Verbrechen Tür und Tor geöffnet. Der Grund hierfür sei primär das Fehlen sozialer Kontrolle, entsprechend fordern die Autoren die harte Ahndung kleinster Regelverstöße, um durch ein präventives Eingreifen die Dynamik der *broken windows* zu stoppen. Sie stellen auf diese Weise einen strukturellen Zusammenhang her zwischen physischer Unordnung und moralischem Fehlverhalten. Populär wurde diese vor allem mit bestimmten Ordnungsvorstellungen argumentierende, empirisch aber nicht weiter abgesicherte These durch ihre kriminalpolitische Anwendung in der Strategie der *zero tolerance*, mit der der New Yorker Polizeichef William Bratton zusammen mit Bürgermeister Rudolph Giuliani nach dessen Wahlsieg 1994 das ›Kriminalitätsproblem‹ der Stadt anging. Die Strategie sah zum einen eine Neustrukturierung der Polizeiarbeit vor, zum anderen die Etablierung eines computergestützten Erfassungssystems und zum dritten die rücksichtslose Bekämpfung von Verhaltensweisen, die als die öffentliche Ordnung störend wahrgenommen wurden. Gemeint war hiermit ein hartes polizeiliches Eingreifen gegen *incivilities* wie Schwarzfahren, Betteln, Alkoholkonsum oder Urinieren in der Öffentlichkeit. Im Rahmen dieser polizeilichen Aktivitäten kam es auch zu diversen polizeilichen Übergriffen (vgl. Wacquant 2000: 27f.). Nach Hecker bildet das eigentliche Kernstück des Modells New York die »alle Grundsätze des tradierten Rechtsstaats weitgehend außer Kraft setzende polizeiliche Praxis«, denn statt der Bindung an Recht und Gesetz wird der »Bewegungsfreiheit der Polizei der absolute Vorrang eingeräumt« (Hecker 1997: 403). Aufgrund des Rückgangs der Kriminalitätsrate wurde das repressive New Yorker Modell bald zum Exportschlager und das Konzept von *zero tolerance* globalisierte sich (vgl. Wacquant 2000: 21ff.). In der BRD wurde das Modell spätestens 1997 nach einem die New Yorker Polizeistrategie thematisierenden Artikel im *Spiegel* breiter diskutiert (vgl. Darnstädt 1997). Zwar wurde die Polizeistrategie nicht direkt übernommen, aber immerhin sind Versatzstücke in der Umsetzung neuer Konzepte zum Polizieren im öffentlichen Raum erkennbar. So setzt sich auch hierzulande ein stärker repressives Vorgehen und vor allem die Ahndung substrafrechtlicher Verhaltensweisen durch. Immer mehr Kommunen erklären Betteln und Alkoholkonsum im öffentlichen Raum zu Ordnungswidrigkeiten, deren Verstoß dann ein entsprechendes polizeiliches Einschreiten gegen bestimmte Gruppen legitimiert.

Wie Belina in seiner Analyse der von ihm als Raumideologien klassifizierten Programme bzw. Strategien hervorhebt, handelt es sich bei *broken windows* um eine als Kriminalpolitik formulierte neokonservative Ordnungsvorstellung, bei *zero tolerance* um eine ambivalent erscheinende Strategie sozialen Ausschlusses[34] und bei *New York* um die räumliche Verortung der beiden Strategien und damit die scheinbare Evidenz ihres ›Erfolgs‹.[35] Nach Peter Marcuse haben die repressiv-autoritären politischen Strategien (die Kriminalisierung substrafrechtlicher Verhaltensweisen und die massiven Einsperrungen) sowohl einen Klassen- wie auch einen Raumaspekt: »Durch diese Strategien wird die Perzeption von Straßenkriminalität von der politischen Führung und den Medien künstlich hochgespielt und instrumentalisiert, um soziale Kontrolle durch räumliche Trennung zu rationalisieren und zu rechtfertigen.« (Marcuse 2003: 99)

Der wesentliche Kern dieser Raumstrategien besteht darin, substrafrechtliche Verhaltensweisen, *physical disorders* bzw. *incivilities*, d.h. ›unordentliches‹ oder allgemein ›störendes‹ Verhalten zu kriminalisieren. Mit diesen werden die Gruppen, von denen diese Verhaltensweisen ausgehen oder denen sie zugeschrieben werden, kriminalisiert und letztlich marginalisert. Ziel dieser ordnungspolitischen Maßnahmen sind also bestimmte Körperpraktiken (und damit letztlich Gruppen); durchgesetzt werden sie mittels räumlicher Kontrollstrategien.[36]

---

34 Ambivalent ist die Strategie, weil einerseits alle Menschen gleichermaßen bei Regelverstößen hart angegangen werden, letztlich die Härte aber doch nur bestimmte soziale Gruppen trifft. Nach Belina wird in dieser Strategie der soziale Ausschluss einerseits legitimiert, weil Minderheiten, Randgruppen und Unangepasste als ›Andere‹ auch anders, nämlich härter, als die ›Normalen‹ behandelt würden. Andererseits wird der Anspruch erhoben, die Härte treffe alle Gruppen gleichermaßen. Diese Argumentation beinhaltet auch eine räumliche Zuordnung: »Weil alle wissen, wo die Minderheiten, Randgruppen und Unangepassten wohnen und stören, ist damit auch gewusst, wo ›Härte‹ selektiv zum Einsatz gelangen soll und wo nicht.« (Belina 2006: 163)

35 Vgl. zu Studien, die den ›Erfolg‹ kritisch unter die Lupe nehmen Bowling (1999) und Greene (2001).

36 In diesem Zusammenhang ist auch die britische Variante von *broken windows* und *zero tolerance* zu erwähnen: die Problematisierung von *anti-social behaviour*. Als *anti-social behaviour* gelten Graffiti, lautes und pöbeliges Verhalten von Nachbarn, das Verbreiten von Müll, Drogenverkauf, Betteln und Alkoholkonsumieren. Das Home Office legt hierfür folgende Definition vor: »Anti-social behaviour (ASB) includes a variety of behaviour covering a whole complex of selfish and unaccceptable activity that can blight the quality of community life. Examples include: nuisance of neighbours; rowdy and nuisance behaviour; yobbish behaviour and intimating groups taking over public places; vandalism, graffiti and fly-posting; people dealing and buying drugs on the street; people dumping rubbish and abandoning cars; begging and anti-social drinking; the misuse of fireworks.« (Home Office 2007) Diese Verhaltensweisen werden als Voraussetzung für die Entstehung von Kriminalität gedeutet. Mit

3.2.2 Reflexion in der Kriminologie

Die breite Diskussion des *broken windows*-Ansatzes verweist auch auf einen Paradigmenwechsel in der Kriminologie, der im Folgenden knapp nachgezeichnet werden soll. Während die Kriminologie die Wissenschaft ist, die den gesellschaftlichen Umgang mit Kriminalität reflektiert, reflektiert sich der Wandel der Formen sozialer Kontrolle auch innerhalb der kriminologischen Wissenschaft selbst.

Kriminalität ist ein genuin gesellschaftliches Produkt.[37] Krasmann geht in ihrem Plädoyer für eine konstitutive Kriminologie sogar so weit zu behaupten, dass sich Gesellschaft und Kriminalität gegenseitig hervorbringen.[38] Beide, die Kriminologie als Wissenschaft sowie die Gesellschaft als eine für die Wissenschaften relevante Bezugsfolie, haben ihren Ursprung im 19. Jahrhundert. Die Gesellschaft ›entsteht‹ negativ aus der Verteidigung gegen die sie bedrohenden Individuen (bzw. Gruppen wie die ›gefährlichen Klassen‹) und *zugleich* zum Schutz der Individuen vor Risiken der Gesellschaft. Die Kriminologie, so Krasmann, wird dabei zu einem Transformationsriemen:

»Sie sollte eine der Verbindungen herstellen zwischen einem Prinzip der Regulierung, das die Ordnung der Gesellschaft als Ganzer in den Blick nimmt, und einer

---

zwei Strategien versucht die Regierung *anti-social behaviour* einzudämmen. Zum einen in dem *Anti-Social-Behaviour Act*, der repressive Mittel wie Haftstrafen bei kleineren Delikten, Ausgangssperren für Jungendliche und Versammlungsverbote für bestimmte Gruppen an öffentlichen Plätzen vorsieht (vgl. Sotscheck 2004). Zum anderen mit Kampagnen, die an die Verantwortlichkeit der Einzelnen für ihre Community appellieren und diese auffordern, rechtzeitig einzuschreiten gegen anti-social behaviour (vgl. Home Office 2004; 2007).

37 Schon Emile Durkheim wies darauf hin, dass Verbrechen und Strafe keine vorsozialen Tatsachen sind, sondern vielmehr Ausdruck der Werte und Normen, über die ein Gemeinwesen seinen Zusammenhalt stiftet: »[M]an darf nicht sagen, daß eine Tat das gemeinsame Bewußtsein verletzt, weil sie kriminell ist, sondern sie ist kriminell, weil sie das gemeinsame Bewußtsein verletzt. Wir verurteilen sie nicht, weil sie ein Verbrechen ist, sondern sie ist ein Verbrechen, weil wir sie verurteilen.« (Durkheim 1992: 130) Neben ihm kommt Rusche/Kirchheimer und nicht zuletzt Foucault das Verdienst zu, schon früh den gesellschaftlichen Charakter von Verbrechen und Strafe hervorgehoben zu haben und damit deren jeweilige konstitutive Funktion für den gesellschaftlichen Reproduktionsprozess und das jeweils historisch spezifische Verhältnis von Individuum und Gesellschaft.

38 In ihrer Studie geht es um die Frage: »Wie kann die Konstitution des Kriminellen in Beziehung zur Konstitution der Gesellschaft gesetzt werden, ohne das eine abstrakt aus dem anderen abzuleiten – und so letztlich aufeinander zu reduzieren – und ohne das Soziale zu reifizieren?« (Krasmann 2003a: 10) Aus dieser Perspektive untersucht sie aktuelle Konzepte der Kriminologie und kann zeigen, wie sich diese vom Tätersubjekt abwenden und sich zugleich einen neuen Zugriff auf den Menschen erschließen (vgl. ebd.: 12).

Form der Disziplinierung, die auf den Einzelnen zielt, auf das abweichende Subjekt oder den Kriminellen, die am Modell der Norm bestimmt und gemessen werden.« (Krasmann 2003a: 127)

Das Soziale wurde somit erstmals zur Bezugsfolie und damit, in Form der Bevölkerung, auch zu einer berechenbaren Größe, um die sich die jungen Humanwissenschaften kümmerten. In dieser Phase, dem 19. Jahrhundert, fand innerhalb der Kriminologie eine Verschiebung von der Tat zum Täter statt. Gesellschaftliche Probleme wurden auf den Täter projiziert und dieser zum Objekt der Wissenschaften erklärt. Dies hatte auch Folgen für die Kriminalpolitik und das Strafrecht, die einerseits eine ›Veranlagung zum Verbrechen‹ im einzelnen Individuum nachzuweisen versuchten, andererseits jedoch bereits repressive mit präventiven Maßnahmen kombinierten und insofern den Rehabilitationsgedanken (zum Schutz der Gesellschaft) in die Strafrechtspraxis einführten. Die Täterzentrierung wurde erst in den 1960er Jahren erschüttert, als sich allmählich der Gedanke durchsetzte, dass für die Produktion von Kriminalität soziale Ursachen verantwortlich zu machen sind, seien es die Verhältnisse, die kriminelle Handlungen begünstigten, seien es gesellschaftliche Deutungsmuster, die Kriminalität als Resultat entsprechender Zuschreibungspraxen erscheinen ließen. Neben theoretischen Einflüssen einer vor allem in den USA sich etablierenden pragmatischen Soziologie (Mertons Anomietheorie, Chicago School, lerntheoretische Zugänge, interaktionistische Soziologie) war die Phase der Wohlfahrtsstaaten eine wichtige Bedingung für diese Wende in der Strafrechtspraxis mit ihren neuen Zielen der Resozialisierung, Rehabilitation und der Aussicht auf (Re-)Integration. Die Kriminologie beschäftigte sich jetzt mit Erklärungsansätzen wie dem *labeling approach*, dem Definitions- oder Etikettierungsansatz, der kriminelles Verhalten als Resultat sozialer Zuschreibungsprozesse begriff. In diesem Zusammenhang entstand in der BRD in den 1970er Jahren die Kritische Kriminologie, die sich sowohl gegen eine täterpersönlichkeitszentrierte wie administrativ positivistische Kriminologie etablierte.[39]

Das liberale auf Resozialisation zielende Modell sozialer Kontrolle ist mittlerweile in die Krise geraten, bzw. es tauchen neue Formen eines gesellschaftlichen Umgangs mit Kriminalität und Strafe auf, die zunächst sehr heterogen erscheinen.[40] Zum einen setzt sich ein pragmatischer Zug durch, dann

39 Vgl. zur Kritischen Kriminologie Bussmann/Kreissl (1996), Ludwig-Mayerhofer (2000: 10-12) und Krasmann (2003a: 36-53).

40 Garland beschreibt diese Entwicklung in enger Verzahnung mit sozio-ökonomischen und kulturellen Transformationsprozessen genauer für die USA und Großbritannien (vgl. Garland 2001, 2004). Seiner Analyse nach beginnt der Wandel des Kontrollmodells in den USA und Großbritannien bereits in den 1970er Jahren, für die Bundesrepublik gilt eine entsprechende Zeitverschiebung. Garlands zentrale These lautet, »dass die spezifischen Konfigurationen, die sich

wiederum sind Strategien der Responsabilisierung zu beobachten (wie letztlich ja auch in den bereits beschriebenen Fällen von *community policing* und Sicherheitspartnerschaften) und, bereits als *zero tolerance* erwähnt, eine stärker repressive und autoritäre Ausrichtung von Kriminalpolitik und Strafe, wie sich insbesondere in der Zunahme der Gefangenenzahlen vor allem in den USA, aber auch hierzulande zeigt.[41] Mit dem britischen Kriminologen Garland kann man diese verschiedenen Ansätze zwei Strategien zuordnen, die sowohl auf der Ebene der politischen Kriminalitätskontrolle wie auf der Ebene der Kriminologie relevant werden. Zum einen handelt es sich dabei um »new criminologies of every day life« (Garland 1996: 450) und zum anderen um »a criminology of the alien other« (ebd.: 461). Die erste Strategie bezeichnet einen eher pragmatischen Umgang mit Verbrechen und einen stärker situativen Ansatz zur Verbrechensbekämpfung, wie er in den erwähnten CPED und technischen Kontrollen zum Ausdruck kommt. Ein weiteres Beispiel hierfür wäre das im Rahmen der *Neuen Pönologie* seit einiger Zeit praktizierte Konzept der *actuarial justice*, der es weniger um das kriminelle Individuum und seine Strafe bzw. Behandlung geht als vielmehr um einen versicherungslogischen Blick auf potenziell gefährliche Bevölkerungsgruppen und um Risikomanagement.[42] Auch gehören zu dieser ersten Strategie die politischen Steuerungsweisen der Responsabilisierung, der Verantwortlichmachung Einzelner oder von Gruppen. Für die Kriminologie zählen Ansätze, die mit *rational choice*-Theorien arbeiten, sowie situationsorientierte Ansätze der Kriminalprävention, die jeweils ein ökonomisch orientiertes Verhalten un-

---

im Feld der Kriminalitätskontrolle in den letzten Jahrzehnten entwickelt haben, ihre Wurzeln in einer neuen kollektiven Erfahrung von Kriminalität und Unsicherheit haben, einer Erfahrung, die wiederum von den gesellschaftlichen, wirtschaftlichen und kulturellen Gegebenheiten geprägt wurde, die charakteristisch für den Kapitalismus des späten 20. Jahrhunderts sind« (Garland 2004: 37). Er arbeitet insbesondere heraus, inwiefern die Mittelklasse sich von der Befürworterin einer Straf- und Wohlfahrtspolitik zur Trägerin einer verstärkt auf *law and order* setzenden Politik gewandelt hat.

41 Singelnstein/Stolle konstatieren, dass sich auch für die Bundesrepublik eine Renaissance der Punitivität beobachten lässt. Sie zeigt sich in der Entwicklung hin zu einem repressiveren Strafrecht, dem Anstieg der Gefangenzahlen und längerer Freiheitsstrafen, der vermehrten Einsperrung von Ausländern und der Ausweitung der Sicherungsverwahrung (vgl. Singelnstein/Stolle 2006: 65f.).

42 Der Terminus *New Penology* kommt aus der angloamerikanischen Debatte. In der Neuen Pönologie geht es darum, sich von Konzepten wie Strafe oder Besserung, bzw. Schuld oder Moral zu verabschieden und stattdessen die Klassifikation und das Management von Gruppen in den Vordergrund zu stellen mit dem Ziel einer Minimierung von Risiken. Vgl. zur Neuen Pönologie und *actuarial justice* auch Norris/Armstrong (1999: 25) und Lutz/Thane (2002). Nach Krasmann bilden beide einen Mix aus disziplinären Praktiken und Risikotechnologien (2003a: 237ff).

terstellen, zu dieser Strategie.[43] Zur zweiten Strategie gehören die repressiveren Polizeigesetze, Gesetzesverschärfungen überhaupt, die mediale Inszenierung bestimmter Tätersubjekte (»kriminelle Ausländer«, »Kinderschänder«) und die Ausweitung der Einsperrungspraxis. Garland stellt resümierend fest:

»We thus have an official criminology which is increasingly dualistic, increasingly polarized, and increasingly ambivalent. There is a *criminology of the self*, that characterizes offenders as rational consumers, just like us, and there is a *criminology of the other,* of the threatening outcast, the fearsome stranger, the excluded and the embittered. One is invoked to routinize crime, to allay disproportionate fears and to promote preventive action. The other is concerned to demonize the criminal, to excite popular fears and hostilities, and to promote support for state punishment.« (Ebd.: 461)

Diese beiden Strategien, die pragmatisch-versicherungstechnische und die moralisch-repressive existieren parallel zueinander, aber sie überschneiden und ergänzen sich auch, wie Tilmann Lutz und Katja Thane an *actuarial justice* und Drogenpolitik beispielhaft zeigen. Ihr Fazit lautet, dass die neue Qualität der Kriminalitätskontrolle nicht in einem weniger an Moral und einem mehr an Risiko liege, »sondern in der komplementären Nutzung der Begründungsstrategien Risiko und Moral, die gemeinsam zu einer Verschärfung der Repression und des sozialen Ausschlusses beitragen, indem Sicherheit und Vergeltung in den Vordergrund gestellt und zusätzlich mit Rehabilitation oder Integration legitimiert werden – oder vice versa« (Lutz/Thane 2002: 18).

In diesen Strategien und Modellen der Kriminalpolitik und der Kriminologie reflektieren sich genau die Strukturmerkmale, die am Anfang dieses Abschnitts als Merkmale des Sicherheitsdispositivs genannten wurden. Das eine Strukturmerkmal bestand in einem spezifischen Mix neuer (und alter) Techniken sozialer Kontrolle: den Techniken der Selbstführung und des Ausschlusses, beide in Kombination mit Techniken instrumenteller Kontrolle. Techniken der Selbstführung und der instrumentellen Kontrolle finden sich in diesem Abschnitt in der ersten genannten Strategie (bzw. den »criminologies of everyday life/ the self«) wieder,[44] wohingegen die Techniken des Aus-

43 Zu diesen Kriminologien vgl. den Überblick bei Karstedt/Oberwittler (2004: 16-18) und die kritische Analyse von Krasmann (2003a: 292-299).

44 Techniken der Selbstführung wie beispielsweise in den Techniken der Responsabilisierung und Techniken, die einen ökonomisch denkenden bzw. vielmehr handelnden Akteur unterstellen wie in den situationspräventiven Techniken, scheinen auf den ersten Blick zwei unterschiedliche Strategien zu verkörpern. Während die eine ein verantwortungsbewusstes autonomes Selbst voraussetzt, basiert die andere eher auf einem behaviouristischen Menschenbild. Der gemeinsame Kern beider Techniken ist jedoch die Annahme eines Menschen, der ein Kosten-Nutzen-Kalkül internalisiert hat und dessen Lebensziel einzig in der Maximierung oder Optimierung seines Kapitals besteht. Das rechtfertigt, sie in

schlusses entscheidender Teil der »criminology of the alien other« sind. Das andere Strukturmerkmal, der Raumbezug der Kontrolle, gilt sowohl für die pragmatischen Kontrollansätze wie beispielsweise die exkludierende Gestaltung von Raum, wie auch für die Techniken der Exklusion, denn in diesen wird der Raum selbst (als ›gefährlicher‹) zum Kriterium für den Ausschluss. Wie aber, so wäre hieran anschließend zu fragen, lässt sich der Formwandel sozialer Kontrolle gesellschaftstheoretisch begreifen? Im Folgenden werde ich drei Theorierichtungen darstellen, die unterschiedliche Erklärungen für den Wandel anbieten.

3.3 Theoretische Erklärungen

Theorien zu Anomie und Desintegration

Eine erste Gruppe von Erklärungsansätzen argumentiert mit der auf Durkheim zurückgehenden These sozialer Anomie bzw. Desintegration.[45] Die Tatsache, dass die soziale Kohäsion aufgrund des Fehlens kollektiver verbindlicher Werte nicht mehr funktioniere und Desintegration die (unweigerliche) Folge sei, lässt sich einmal konservativ als *Werteverfall* (wie letztlich im *broken windows*-Ansatz) ausbuchstabieren und einmal modernisierungstheoretisch als *Wertetransformation* wie in den Ansätzen von Ulrich Beck, Wolfgang Bonß und anderen. An dieser Stelle ist vor allem Wilhelm Heitmeyer zu nennen, der in seinen empirischen Untersuchungen zu Gewalt und Fremdenfeindlichkeit die Desintegrationstheorie mit der Modernisierungstheorie verknüpft (vgl. Heitmeyer et al. 1996, 1998). Seiner Analyse nach ist Gewalt das Resultat einer durch den gesellschaftlichen Wandel bedingten Individualisierung und Enttraditionalisierung. Beide sind mit einem Wertewandel verbunden, in dem sich vor allem die Eigenverantwortung des Einzelnen und die Konkurrenzlogik des Marktes als handlungsleitende Werte herausschälen. Susanne Karstedt und Dietrich Oberwittler fassen für diesen Ansatz zusammen, dass Anomie im Rahmen der Desintegrationstheorie primär die Verunsicherungspotenziale beschreibe, die durch Individualisierung und Destrukturierungstendenzen in der ›Risikogesellschaft‹ entstehen würden (vgl. Karstedt/Oberwittler 2004: 17). Die neuen Formen der sozialen Kontrolle können in diesem Zusammenhang als Reaktion auf einen Wertewandel beschrieben werden, der neue Formen von Gewalt und Desintegration befördert.

Die bereits mehrfach zitierten Singelnstein/Stolle bieten als Erklärung für den Formwandel eine Prekaritätsthese an. Sie behaupten: »Die zunehmende Prekarität des Lebens sorgt für ein steigendes Bedürfnis nach *sozialer* Absi-

den Techniken der Selbstführung zusammenzufassen und als eine Strategie gesellschaftlicher Herrschaft zu bezeichnen.

45 Vgl. zur Desintegrationstheorie auch Eisner (2001), Karstedt/Oberwittler (2004: 15f.).

cherung. Dieses wird kompensiert und aufgefangen durch das starke Gewicht der Themen Kriminalität und professionelle Sozialkontrolle in der öffentlichen Auseinandersetzung.« (Singelnstein/Stolle 2006: 51)

Die Prekarität werde durch gesellschaftliche Transformationsprozesse ausgelöst und betreffe mehrere Ebenen (Ökonomie, Staatlichkeit, Kultur und soziale Beziehungen). Stärker noch mit der materiellen bzw. politischen Ebene argumentieren die folgenden Ansätze.

Polit-ökonomische Ansätze

Zu diesen zähle ich Ansätze, die den Formwandel sozialer Kontrolle auf eine ökonomische Restrukturierung des kapitalistischen Verwertungsprozesses unter dem Namen Neoliberalismus zurückführen. Der Kerngedanke dieser Analysen lautet: Unter der Federführung des Marktes zieht sich der Staat einerseits aus sozialen Regulierungsfeldern zurück, während er andererseits mit zunehmend autoritären Mitteln die Folgen dieser deregulierten Ökonomie kompensiert. Der Abbau des Sozialstaats und die neuen autoritären Formen sozialer Kontrolle sind somit zwei Seiten einer Medaille, die Neoliberalismus heißt. Exemplarisch für diesen Ansatz steht die Analyse Loïc Wacquants, der die Herausbildung eines neuen autoritären *common sense* in den USA und Europa analysiert. Wacquant argumentiert, »daß zwischen dem sozialpolitischen Rückzug und der strafrechtlichen Offensive des Staates ideologisch wie praktisch ein organischer Zusammenhang besteht« (Wacquant 2000: 11). Diesen Zusammenhang zeichnet er detailliert für die USA und Europa nach. Die Deregulierung der Lohnarbeitsverhältnisse und damit einhergehend der Abbau sozialer Sicherung seien verknüpft mit einer Sozialpolitik, die die Kriminalisierung von ›Randgruppen‹ und die »punitive Ausgrenzung« sozial Benachteiligter massiv vorantreibe (vgl. Wacquant 1997: 50). Die ›Kosten‹ einer immer weniger auf sozialen Ausgleich ausgerichteten Politik des Marktes würden vom Staat vor allem durch Ausbau seiner autoritär-repressiven Institutionen – allen voran das Gefängnis – ›abgefedert‹, das Elend werde nicht abgeschafft, sondern die Elenden strafrechtlich verfolgt. Insofern handelt es sich um eine »Politik der Kriminalisierung des Elends als unabdingbares Gegenstück einer Politik der Verpflichtung zu unsicheren und unterbezahlten Arbeitsverhältnissen« (Wacquant 2000: 86).

Der hier an Wacquant veranschaulichte Kerngedanke polit-ökonomischer Ansätze liegt auch den meisten (kritischen) Ansätzen zur Analyse neuer Kontrollformen im öffentlichen Raum zugrunde. So stellt Beste fest, »Sozialpolitik wird tendentiell durch eine Form der ›Sicherheits‹-Politik abgelöst, die sich vor allem im städtischen Raum durch ein verschachteltes System unterschiedlicher Kontroll-, Überwachungs- und Ausschlusstechniken entfaltet« (Beste 2000: 17).

Beste vertritt die These, dass der Formwandel sozialer Kontrolle letztlich ein Ausdruck des gesellschaftlich-ökonomischen Strukturwandels ist (vgl. ebd.: 439-444). Ähnlich argumentiert auch Eick, der den Sicherheitsdiskurs als zentrales »Schmiermittel postfordistisch-urbaner Restrukturierung« bezeichnet (Eick 2003: 67, vgl. auch Eick/Sambale/Töpfer 2007). Als letztes Beispiel für eine solche gesellschaftstheoretische Analyse von Sicherheit, Kontrolle und Raum seien Ronneberger/Lanz/Jahn zitiert, die resümieren:

»Die Diskussionen um die Innere Sicherheit und die Aufwertung der Städte stehen in einem engen Zusammenhang. Die Durchsetzung einer neoliberalen Politik führt zu Ausgrenzungsprozessen, die nun nicht mehr dem Wohlfahrtsstaat überantwortet, sondern mit ordnungspolitischen Mitteln bearbeitet werden. Gleichzeitig schreibt sich die gesellschaftliche Spaltung in den städtischen Raum ein.« (Ronneberger/Lanz/Jahn 1999: 10)

Ansätze zur Kontrollgesellschaft und Sicherheitsgesellschaft

Die folgenden Ansätze haben ebenfalls den Neoliberalismus als Bezugsfolie, allerdings begreifen sie ihn weniger als staatliches Projekt, sondern vielmehr als eine Rationalität des Regierens, und das meint im Sinne des Konzepts von *Gouvernementalität* als neue Formen, in denen sich Fremd- mit Selbstführungen, staatliche Herrschaft und Subjektivierungsformen verkoppeln.[46] Die Ansätze beziehen sich darüber hinaus auf das von Gilles Deleuze in Anschluss an Foucault skizzierte Theorem der *Kontrollgesellschaft* und entwickeln es weiter. Deleuze hatte beobachtet, dass die Disziplinargesellschaft mit ihren Einschließungsmilieus wie der Fabrik, der Schule oder dem Gefängnis von einer neuen Form des Kapitalismus und der gesellschaftlichen Herrschaft abgelöst werde, die er als Kontrollgesellschaft bezeichnet (vgl. Deleuze 1993: 255). Ihr Merkmal sei eine Logik der Modulation, die, anders als die Logik der Disziplin, die einzelnen Individuen nicht mehr einschließe und forme, sondern ihnen die permanente Aufgabe der Anpassung und Selbstformung auferlege. All dies werde begleitet von omnipräsenten Mechanismen techni-

46 Gouvernementalität meint eine Weise des Regierens als »Verkopplung von Machtformen und Subjektivierungsprozessen als ›Führung der Führungen‹, bei denen Selbsttechnologien (Selbstregierung) und Machttechnologien (Regierungen durch andere) als ineinandergreifende Praktiken gedacht werden« (Pieper/Gutiérrez Rodríguez 2003: 8). Das von Foucault in seinen Vorlesungen Ende der 1970er Jahre entwickelte Konzept wurde Anfang der 1990er Jahre von den Sozialwissenschaften aufgenommen und in den *Gouvernementality Studies* weiterentwickelt, vgl. hierzu Burchell/Gordon/Miller (1991). Für die deutsche Rezeption des Konzepts vgl. vor allem Lemke (1997), Bröckling/Krasmann/Lemke (2000) und Pieper/Gutiérrez Rodríguez. (2003). Siehe zu Gouvernementalität auch die Ausführungen im anschließenden Kapitel 4.3.2.

scher Kontrolle. An diese These schließen einige Autor/inn/en an.[47] Michael Lindenberg und Hennig Schmidt-Semisch beispielsweise charakterisieren den von ihnen beobachteten Wandel in den Formen sozialer Kontrolle als eine Hinwendung zu modulativen Kontrolltechniken (vgl. Lindenberg/Schmidt-Semisch: 1995). Kontrolle basiere weniger auf Normen und Moral und funktioniere stärker räumlich-situativ. Herrschaft vermittele sich jetzt eher indirekt in den unterschiedlichen Formen der Modulation, der situationsspezifischen Anpassung an Gesellschaft. Das neue Kontrollsystem sei flexibler und könne sich so besser ausbreiten. Michael Hardt und Antonio Negri analysieren im Übergang zur Kontrollgesellschaft vor allem die Internalisierung von Herrschaft in den Köpfen und Körpern der Individuen:

»Die Kontrollgesellschaft könnte man also durch die Intensivierung und Verallgemeinerung der normalisierenden Disziplinarmechanismen charakterisiert sehen, die, nunmehr verinnerlicht, unsere gewöhnlichen und alltäglichen Praktiken regeln, doch im Gegensatz zur Disziplin dehnt sich die Kontrolle über die strukturellen Orte sozialer Institutionen hinaus durch flexible und modulierende Netzwerke aus.« (Hardt/Negri 2002: 38)

Eine noch weitergehende Prognose zeitgenössischer Gesellschaften bietet Legnaro, der das Konzept der Kontrollgesellschaft überführt in ein Konzept der *Sicherheitsgesellschaft*, in welchem er die Entgrenzung von Sicherheit nicht nur als Programm staatlicher Maßnahmen wie beispielsweise im Konzept vom Sicherheits- oder Überwachungsstaat begreift, sondern darauf hinweist, dass an der Produktion von Sicherheit auch private Akteure beteiligt sind – ja, mehr noch, so seine These, dass Sicherheit zu einem neuen Modus von Vergesellschaftung geworden ist. Die Produktion von Sicherheit werde zu einer »permanente[n] gesellschaftliche[n] Anstrengung, ein[em] Régime des täglichen sozialen Lebens« (Legnaro 1997: 271). Dabei geht es nicht nur um den Schutz vor Kriminalität oder die Kontrolle ›devianten‹ Verhaltens, sondern vor allem auch um die Etablierung innergesellschaftlicher Grenzen durch Inklusions- und Exklusionsprozesse. Die Produktion von Sicherheit wird so zu einem konstitutiven Element zur Herstellung sozialer Konformität. Vorbedingung dieser Entwicklung ist die Universalisierung technischer Risiken und das damit einhergehende Gefühl der Angst oder der Bedrohung (durch die Klimakatastrophe oder ›den Terror‹), das für alle unterschiedslos gilt und somit »ein generalisiertes Bedürfnis von Sicherheit« (ebd.: 273) entstehen lässt. Legnaro erläutert diese Thesen an drei Beispielen. Zum einen zeigt er an der Ausweitung von Kontrollbefugnissen der Polizei im Inneren

47 Hierzu zählen vor allem die Beiträge aus der (kritischen) Kriminologie von Scheerer (1994), Lindenberg/Schmidt-Semisch (1995), Legnaro (1997), Krasmann/Marinis (1997), Marinis (2000) und Krasmann (2003a).

wie auch in Schengen-Europa, dass eine Vorverlagerung des Verdachts stattfindet und dass in dieser Form der räumlichen Kontrolle die gesamte Bevölkerung als Risikofaktor wahrgenommen wird. Zum anderen wird am Beispiel der Segregation in den Städten deutlich, dass Sicherheit sich in der Bildung von Ghettos auf der einen, *gated communities* auf der anderen Seite, auch in den geografischen Raum einschreibt: »Die Grenzlinien von Inklusion und Exklusion werden auf eine neuartige Weise markiert, nicht nur sozial, sondern unter dem Gesichtspunkt von Sicherheit auch geographisch.« (Ebd.: 278) Als drittes Beispiel für die Konturierung einer Sicherheitsgesellschaft dient ihm die Integration von Sicherheitsmechanismen innerhalb der Alltagswelt. Diese verdeutlicht er an der Bankkarte und den automatisierten Kontrollen von Transiträumen durch Chipkarten. Der Zugang von Räumen wird mehr und mehr durch ›gesicherte‹ Datenprofile gesteuert. In der heraufdämmernden Sicherheitsgesellschaft finden Vergesellschaftung und Kommunikation zentral in der kollektiven Herstellung von Sicherheit statt. Gleichzeitig, und dies ist der weitere zentrale Punkt an dieser Argumentation, stellt sich auf diese Weise die soziale Ordnung her, eine Ordnung, die sich über Inklusion und Exklusion konstituiert und die Gruppe der Konformen und die Gruppe der Gefährlichen als Akteure des Sozialen produziert. Sicherheit ist somit ein Produktionsmittel, wie das Kapital ungleich verteilt, und wie dieses auf eine negative Weise ein Mittel zur Bildung von Sozialität:

»Die Sicherheitsgesellschaft, wie sie sich abzeichnet, verknüpft die objektiv gegebenen und subjektiv befürchteten Risiken unter sozialen, räumlichen, ideologischen und technischen Prämissen und stellt auf digitalisierte Weise einen Teil jener Berechenbarkeit und sozialen Ordnung wieder her, die die ›alte‹ Sozialität ausmachte.« (Ebd.: 281f.)

Sicherheit wird zunehmend zu *dem* Konstituens sozialer Ordnung. Die Grundlage einer auf diese Weise hergestellten Sozialität sind die »Gefährdungsgemeinschaften« (ebd.: 282).[48] Sicherheit und Gefahr sind somit konstitutive Prinzipien der Sicherheitsgesellschaft.

48 Den Zusammenhang von Sicherheit, Ordnung und Exklusion macht auch Zygmunt Bauman in seinen Ausführungen zum gesellschaftlichen Nutzen von *law and order* auf. Dieser setzt voraus, dass sich Gesellschaft über Ordnung einerseits, Norm und Sicherheit andererseits herstellt, bzw. dass sie sich paradoxerweise über deren Gegenteile zusammensetzt: »Die Konzepte von Ordnung und Norm sind scharfe Messer, die sich gegen die Gesellschaft, so wie sie ist, richten; ihnen geht es in erster Linie um die Trennung, Amputation, Beschneidung, Bereinigung und Ausschluß.« (Bauman 1998: 7) Diese These illustriert er an der klassischen Einschließungspraxis, die den Ausschluss aus der Gesellschaft bedeutet und in den letzten Jahren in immer größerem Stil betrieben wird: die Inhaftierungspraxis. Bauman führt das Bedürfnis nach *law and order*-Maßnahmen darauf zurück, dass ein für postmoderne Gesellschaften kennzeichnendes Gefühl

3.4 Diskussion

Während in dieser knappen Darstellung unterschiedlicher Erklärungsansätze zur neuen gesellschaftlichen Bedeutung von Sicherheit die ersten Ansätze vor allem den Wandel im Rahmen der Moderne fokussieren, betont die zweite Gruppe von Theorien stärker die materielle Basis dieser Orientierung hin auf Sicherheit, Risiko und Gefahr. Sie weisen auf den Zusammenhang zwischen einer neoliberalen Restrukturierung des Kapitals und der daraus resultierenden gesellschaftlichen Spaltung hin, die der Sicherheitsdiskurs ›kompensiere‹. Der Staat macht weniger Integrationsangebote, sondern kontrolliert den drohenden oder realen Ausschluss mit den unterschiedlichen Techniken sozialer Kontrolle. Wie jedoch die mit den Konzepten Gouvernementalität, Kontroll- oder Sicherheitsgesellschaft arbeitenden Ansätze hervorheben, ist nicht nur der Staat der handelnde Akteur in Sachen Sicherheitsproduktion. Diese ist, wie Legnaro schreibt, zur gesamtgesellschaftlichen Anstrengung geworden. Mit dem Konzept der Gouvernementalität lässt sich das Sicherheitsdispositiv primär als Ausdruck veränderter Formen gesellschaftlicher Herrschaft analysieren. Diese Formen wurden einleitend in den Techniken der Selbstführung und der Exklusion bereits genannt. Während die Strategie der Exklusion auf die Aussperrung ›unangepasster‹ oder bedrohlicher Individuen und Gruppen zielt, werden in den Strategien der Selbstführung gesellschaftliche Imperative (der Ordnung, Kontrolle, eigenen Verwertbarkeit) internalisiert. In dieser Perspektive wird der neoliberale Diskurs sichtbar als eine Ökonomisierung des Sozialen, denn die ökonomische Logik der Verwertbarkeit strukturiert alle sozialen Bereiche, nicht zuletzt die Konstruktion von Kriminalität und den gesellschaftlichen Umgang mit dieser.[49]

Gefährdungsgemeinschaften

Der Strukturwandel der sozialen Kontrolle ist Ausdruck dafür, dass die Einheit von Sicherheit und Gefahr zunehmend zu einem realitätsstrukturierenden Prinzip wird. Abschließend soll der Gedanke entfaltet werden, dass in diesem Prinzip die in den bisherigen Kapiteln erarbeiteten Thesen zusammenlaufen.

Während in Kapitel 1 deutlich geworden ist, dass die soziale Frage neu auf die Tagesordnung gekommen ist und nunmehr in den Dimensionen von Teilhabe und Interdependenzen analysiert wird, strich das Kapitel 2 heraus, dass sich die Spaltung im Raum reproduziert. In diesem Kapitel hingegen wurde der sozialen Frage eine weitere Perspektive hinzugefügt: Sicherheit

---

existenzieller Unsicherheit (*uncertainty* bzw. *insecurity*) auf den Schutz der persönlichen Sicherheit (*safety* als Unverletzlichkeit des Körpers und Eigentums) reduziert wird.

49 Vgl. zur Analyse des Neoliberalismus mit dem Konzept der Gouvernementalität Bröckling/Krasmann/Lemke (2000: 25ff.).

und Gefahr. Die anfangs benannten Charakteristika des Sicherheitsdispositivs beziehen sowohl die Perspektive der Marginalisierung und der Exklusion wie auch die des Raums mit ein. Ich habe mich dort vor allem auf die Systematisierung von Singelnstein/Stolle bezogen und neben der Risikologik vor allem zwei Strategien gesellschaftlicher Herrschaft ausgemacht: Techniken der Selbstführung zum einen und Techniken des Ausschlusses zum anderen, beide vor allem in Verbindung mit automatisierten Kontrolltechniken. Zu den Techniken der Selbstführung gehören die unterschiedlichen Formen der Responsabilisierung, sei es in Form des erwähnten *community policing*, aber auch in den aktuellen Neubestimmungen des Sozialstaats als ›aktivierenden‹ sowie der zunehmenden Privatisierung im Gesundheits- und Bildungsbereich. Es geht in dieser Strategie um eine Individualisierung gesellschaftlicher Risiken. Zu den Strategien des Ausschlusses hingegen zählen beispielsweise die Ausweitung der Einsperrungspraxis, der Ausschluss aus Raum mittels Platzverweisen und Aufenthaltsverboten. In den instrumentellen Techniken der situativen Kontrolle wie den RFID Chips[50], der Videoüberwachung oder den biometrischen Pässen gehen die beiden Strategien ineinander über. Ich möchte nun an dem Paradigma der *dangerization*[51] zeigen, inwiefern diese beiden Strategien miteinander verbunden sind. Michalis Lianos und Mary Douglas stellen heraus, dass sich in einer Gesellschaft, in der sich soziale Interaktion vor allem über Institutionen, d.h. vor allem über eine zunehmend technisierte Umwelt, vermittelt, das Verhältnis von Norm und Devianz verändert. Die Grundlage und gleichzeitig die Legitimation der technisierten Umwelt ist die generalisierte Annahme einer möglichen Gefahr, die von jedem/r Nutzer/in (beispielsweise eines Bankautomaten) ausgeht. Die technische Kontrolle ist zunächst egalitär und binär. In der unmittelbaren Interaktion mit der technisch vermittelten Umwelt tritt die Norm den Individuen also als technische gegenüber. Jedoch sind der Technik soziale Normen vorgelagert und schreiben sich in diese ein. Klassenspezifische und andere soziale Kriterien werden daher nicht aufgelöst, sondern werden verschoben, wie Lianos/Douglas feststellen: »Race, age, gender and poverty are being recast in the mould of dangerousness, which now becomes the emerging category for legitimizing social ex-

50 Vgl. zu den Kontrollmöglichkeiten durch RFID Chips Eisenberg/Puschke/Singelnstein (2005).

51 Lianos/Douglas arbeiten mit dem Konzept der Dangerization und definieren diese als »the tendency to perceive and analyse the world through categories of menace. It leads to continuous detection of threats and assessment of adverse probabilities, to the prevalence of defensive perceptions over optimistic ones and to the dominance of fear and anxiety over amibition and desire. Dangerization concerns all areas of experience in contemporary societies as a direct repercussion of the dominance of institutional action over collective social interaction.« (Lianos/Douglas 2000: 267) Krasmann übersetzt das Konzept mit »Gefährdungsausweitung« (2003a: 312-320, 2003b).

klusion.« (Lianos/Douglas 2000: 272) Die Verfügung über entsprechende Ressourcen wie beispielsweise eine Bankkarte oder ein passables Erscheinungsbild (vor dem Auge der Videokamera) regeln den Zugang zu bzw. Ausschluss aus Räumen. In diesem »räumlich-situativen Gefahrenbegriff« (Beste 2000: 309) findet eine Entkopplung von Intention und Handlung statt. Dadurch rückt die Sichtbarkeit von Verhaltensweisen oder Körpern (letztlich: Gruppen) in den Fokus, vor allem hinsichtlich der Kriterien von Ordnung/Unordnung. Diese äußerlich sichtbaren Ordnungskriterien werden zum Ausweis von Sicherheit oder Gefahr. Die Wahrnehmung der Realität aus der Perspektive von Sicherheit/Gefahr und deren Materialisierung in den automatisierten technischen Kontrollapparaten gründet, wie Legnaro schreibt, auf der Sozialität von Gefährdungsgemeinschaften, für die, so müsste hinzugefügt werden, gefährliche andere konstitutiv sind. Zum gesellschaftlichen ›Problem‹ werden die ›gefährlichen Klassen‹ und die ›gefährlichen Orte‹. Krasmann/Marinis analysieren mit Blick auf den öffentlichen Raum und den gesellschaftlichen Umgang mit Drogen, dass die Konstruktion von gefährlichen Klassen mit der Konstruktion gefährlicher Zonen einhergehe (Krasmann/Marinis 1997: 182). In der stark fragmentierten Stadt, so folgern sie, werde das Paar Sicherheit – Gefährlichkeit zum »Leitprinzip der Klassifizierung von Menschenaggregaten und von Räumen« (ebd.: 182f.). Die gefährlichen Klassen sind in zweifacher Weise ein Produkt dieser in Sicherheit und Gefahr verankerten sozialen Ordnung. Sie stellen ›real‹ eine Bedrohung dar, insofern sie Kriminalität produzieren, aber auch insofern sie gewollt oder ungewollt den ökonomischen Imperativen einer auf Techniken der Selbstführung basierenden Selbstverwertung nicht entsprechen und damit qua Existenz diese Ordnung negieren. Sie sind darüber hinaus notwendig, um die diffusen Unsicherheitsgefühle konkret werden zu lassen, ihre ›Gefährlichkeit‹ ist für die Sicherheitsgesellschaft konstitutiv.

Wie sich genau diese auf Sicherheit und Gefahr basierende Ordnung mit ihren unterschiedlichen Strategien der Herstellung von Sicherheit durch Kontrolle stabilisiert bzw. wie sie räumlich wirkt und Exklusion bzw. marginalisierte Gruppen hervorbringt, soll in der empirischen Studie konkreter ausgeleuchtet werden. Zentral für die räumlich-situative Kontrolle zur Herstellung sozialer Ordnung in der Sicherheitsgesellschaft ist aber vor allem der (menschliche) Körper, der in den bisherigen Ansätzen zu Kontrolle und Sicherheit nur am Rande thematisiert wird.

Der Körper in der Sicherheitsgesellschaft

Wie im Verlauf dieses Kapitels deutlich geworden ist, zielen die neuen Formen der sozialen Kontrolle immer auch auf die menschlichen Körper, somit kommt dem Körper in der Sicherheitsgesellschaft eine zentrale Funktion zu. Diese These soll an zwei Aspekten verdeutlicht werden, um aufzuzeigen, auf welche neue Weise der Körper für gesellschaftliche Prozesse produktiv gemacht wird. Der erste Aspekt bezieht sich auf die bereits thematisierte Videotechnik, der zweite auf Entwicklungen, den Körper verstärkt als Datenquelle zu nutzen.

Die ›einfache‹ Videotechnik besteht in der massenhaften Aufnahme und Speicherung von Daten. Hier werden Körper insofern relevant, als die Kamera nur Körperformen und Bewegungen aufzeichnen kann, nicht jedoch mögliche kriminelle Motive oder Intentionen der Individuen. Insofern kommt also der beobachtbaren Körperbewegung Evidenz-Charakter zu. Der Körper, konkreter die Kleidung, die Haltung, die Bewegungsabfolge, Gestik und Mimik werden somit zu Zeichenträgern für Devianz und Kriminalität. Mittlerweile wird die Videotechnik jedoch dahingehend weiterentwickelt, dass sie Bilder nicht nur aufzeichnen, sondern bereits klassifizieren und selektieren bzw. mit weiteren Informationen verkoppeln kann.[52] Mit dieser *smart vision*, der ›intelligenten‹, an Software-Programme angeschlossenen, auf Algorithmen basierenden Videotechnik, ist es beispielsweise möglich, unterschiedliche Bewegungsprofile zu klassifizieren. So wird in einigen europäischen U-Bahn-Stationen eine Software eingesetzt, mit deren Hilfe die Kamera ›registrieren‹ kann, ob jemand dort (zu) lange verweilt. Bleibt der/die entsprechende Passant/in länger unbewegt stehen, färbt sich die aufgezeichnete Figur auf dem Bildschirm rot und es wird ein Alarm ausgelöst (vgl. Belina 2006: 219). Auf diese Weise können unerwünschte Bewegungsprofile in die Videotechnik eingespeist werden und entsprechend ›ausgesondert‹, d.h. aber auch die realen Körper (vom Sicherheitspersonal oder anderen Kontrollinstanzen) aus dem Raum ›entfernt‹ werden. Die Vermutung liegt nahe, dass der breite Einsatz solcher Kameras im öffentlichen Raum auch Rückwirkungen auf die Körper- und Bewegungspraxen der sich dort bewegenden Menschen haben wird. In jüngster Zeit, unter anderem bei Fußballspielen, kommt die computerbasierte Videotechnik vor allem zur Gesichtserkennung zum Einsatz. So können beispielsweise die von der Kamera aufgezeichneten Gesichter durch eine Verbindung mit entsprechenden Datenbanken automatisch abgeglichen werden. ›Verdächtige‹ Hooligans können die Sicherheitskräfte daraufhin herausfiltern. Dieses Beispiel leitet direkt zu dem zweiten Aspekt über: Die Entwicklung hochmoderner Kontrolltechnologien geht offenbar mit einem zunehmenden Rückgriff auf die Körper zur Identitätsfest- und vor allem sicherstellung einher. Beispiele hierfür sind die biometrischen Pässe und automatisierte, den Zugang zu Gebäuden regelnde Techniken, die auf den Fingerabdruck oder die Iris reagieren. David Lyon stellt in seiner Analyse zur Überwachungsgesellschaft fest, dass der Körper für diese in zweifacher Weise relevant wird: »The body has become not only a site of surveillance but a source of surveillance

52 Vgl. hierzu Norris/Armstrong (1999: 210-230).

data« (Lyon 2001: 81). Die Strategien zu Sicherheit und Kontrolle haben zum einen den Körper zum Gegenstand, sei es in der direkten Kontrolle durch Wachpersonal oder Polizei, die Körper ausschließen bzw. Bewegungspraktiken unterbinden, zum anderen wird er aber auch zur Quelle einer scheinbar immer körperloser werdenden technisch-automatisierten Umwelt. In dem Produktivmachen erschließt sich die Gesellschaft einen neuen Zugriff auf den Körper.

4. Körper

»What is at stake [...] is not merely that what we know to be bodies are always representations; what matters is that scientific and popular modes of representating bodies are never innocent but always tie bodies to larger systems of knowledge production and, indeed, to social and material inequality.«
(Terry/Urla 1995: 3)

4.1 Die Soziologie und der Körper: body turn?

Seit nunmehr weit über 20 Jahren wird die Entdeckung, Wiederkehr oder Ankunft des Körpers in den Sozialwissenschaften beschworen.[1] Dass dieser mittlerweile auch in der deutschsprachigen Soziologie einen festen Platz hat, lässt sich an diversen Publikationen zum Thema ablesen. Eine der jüngeren trägt den programmatischen Titel *body turn*[2] und beschreibt damit die Soziologisierung des Körpers gar als Paradigmenwechsel. Die Gründe der neueren Körperorientierung nicht nur der Sozial-, sondern auch der Geistes- und Kultur-

1 Vgl. zu »Wiederkehr« Kamper/Wulf (1982), »Entdeckung« Kuhlmann (2004) und Schroer (2005) und »Ankunft« Gugutzer (2006). Während der Körper in der anglo-amerikanischen Theorielandschaft schon seit Anfang der 1980 Jahre diskutiert wird, angeregt durch die Arbeiten Turners (1984), Featherstone/Hepworth/Turner (1991) und Shillings (1993) und die Zeitschrift *Body and Society*, begann die Auseinandersetzung mit dem Körper hierzulande zunächst in der Kulturanthropologie mit den Sammelbänden von Kamper/Rittner (1976) und Kamper/Wulf (1982). Erst in den 1990er Jahren erschienen die ersten sozialwissenschaftlichen Arbeiten, die den Körper ins Zentrum rückten: Körper und Geschlecht thematisierten Hirschauer (1993), Lindemann (1993), Villa (2001), Jäger (2004); Körper und Sport/Tanz Bette (1989), Klein (1994), Alkemeyer (2001), Schmidt (2002); Körper und Identität Gugutzer (2002).

2 Vgl. zum *body turn* Gugutzer (2006).

wissenschaften[3] sind sowohl inner- wie außertheoretischer Natur.[4] Als innertheoretischer Impuls wäre die Problematisierung der cartesianischen Trennung von Körper und Geist und damit einhergehend der Priorisierung des Geistes zu nennen, die von den vernunftkritischen Denkbewegungen des 20. Jahrhunderts wie beispielsweise poststrukturalistischen oder feministischen Theorien angestoßen wurde. Außertheoretische und damit gesellschaftliche Gründe der Körper-Popularisierung sind in der Transformation körperlicher Arbeit in den nachindustriellen Gesellschaften zu sehen, der Hinwendung zum Körper im Rahmen veränderter spätkapitalistischer Freizeit- und Konsummuster, der Entwicklung biomedizinischer Technologien zur ›Optimierung‹ der Körper und schließlich der Erosion traditioneller Bindungen und Werte, in deren Folge, so die individualisierungstheoretische Deutung, der Körper zu einem »reflexiven Identitätsprojekt« (Gugutzer 2004: 40) werde. Die sozialwissenschaftliche Beschäftigung mit dem Körper ist somit zu begreifen einerseits als Reflex auf eine theorieimmanente Vernachlässigung des Sujets[5], wie andererseits als Reflex auf gesellschaftliche Veränderungen. Der Körper ist aber in den letzten Jahren nicht nur zunehmend auf thematisches Interesse gestoßen, sondern er ist auch, wie Ute Planert schreibt, »theoriefähig geworden« (Planert 2000: 539) und damit auch ein begehrtes Objekt unterschiedlichster theoretischer Ansätze. Mit Chris Shilling lässt sich daher konstatieren: »›the body‹ remains one of the most contested concepts in the social sciences: its analysis has produced an intellectual battleground over which the respective claims of post-structuralism and post-modernism, phenomenology, feminism, socio-biology, sociology and cultural studies have fought« (Shilling 2005: 6).

Seiner Meinung nach liegt der Grund für die »ubiquity and elusiveness« der Kategorie Körper in der »conceptual under-determination of the body«, die die westliche, nachcartesianische Philosophie kennzeichne (ebd.: 9). Letztlich liegt jedoch ein entscheidender Grund für die Heterogenität der Körper-Konzepte im Gegenstand selbst: Die Besonderheit des Körpers be-

3 Vgl. für eine körperorientierte Geschichtswissenschaft die Überblicke bei Stoff (1999) und Lorenz (2000) sowie als ›klassische‹ körperhistorische Studie Duden (1987) und die diskursanalytischen Arbeiten zur Körpergeschichte von Sarasin (2001) und Möhring (2004). Eine wichtige Bezugsgröße sowohl für sozial- wie kultur- und geisteswissenschaftliche Körpertheorien ist Butler (1995).

4 Vgl. zu den Gründen Hahn/Meuser (2002: 11-14), Gugutzer (2004: 33-40), Shilling (2005: 1-6) und Schroer (2005: 11-24).

5 Dass die Thematik des Körpers bei den soziologischen Klassikern von Marx bis Goffman nicht vollkommen ausgeblendet wurde, sondern implizit vorhanden war, deutet Chris Shilling als »absent presence« des Körpers in der Soziologie (Shilling 1993: 9). Diese habe sich schon immer mit verschiedenen Formen der Verkörperung beschäftigt. Zu der »versteckten Geschichte des Körpers« vgl. auch Gugutzer (2004: 23-33).

steht in seiner ›doppelten Gegebenheit‹, da er einerseits Objekt des Handelns, Forschens etc. ist, andererseits aber als materielle Basis oder Ressource dieses Handelns eine gewisse Eigenständigkeit (als Gespür, Instinkt, Bedürfnisse) aufweist, die in den diversen theoretischen Konzeptionen sehr unterschiedlich verhandelt wird. Mit anderen Worten, der Körper ist zu verstehen und zu analysieren »als Objekt kultureller Formung und als Erfahrungsdimension, die den Menschen immer wieder an seine Kreatürlichkeit erinnert« (Hahn/Meuser 2002: 7).[6]

Das Feld der unterschiedlichen Konzeptionen lässt sich folgendermaßen systematisieren: Aus sozialwissenschaftlicher Perspektive wird der Körper auf zwei Ebenen thematisiert, zum einen als Forschungsgegenstand, zum anderen als theoretische Kategorie.[7] Beide Ebenen sind jedoch nicht immer

6 Einige körpersoziologische Arbeiten haben genau diese doppelte Gegebenheit des Körpers zum Ausgangspunkt genommen. Sie schließen an die leibphänomenologischen Betrachtungen Maurice Merleau-Pontys (1966) und die anthropologischen Arbeiten Helmuth Plessners (1981) an. Letzterer konzipierte diese doppelte Gegebenheit als zentrale Bestimmung der menschlichen Existenzweise. Er führte die Doppeltheit darauf zurück, dass Menschen einerseits einen Körper haben und andererseits Körper sind, d.h. in Distanz zu ›ihrem‹ Körper gehen, diesen zum Instrument oder Objekt machen können, dass er aber andererseits die konstitutive Grundlage für menschliches Leben ist, dass gerade die körpereigenen Bedürfnisse (beispielsweise Hunger, Durst) und Empfindungen in ihrer Unmittelbarkeit das Handeln anleiten und die Menschen von dieser Körperdimension gerade nicht getrennt sind. Diese Seite wird auch als Leib bezeichnet. Plessner zufolge charakterisiert die menschliche Existenz gerade dieser »Doppelaspekt« von Körper und Leib und die aus diesem resultierende »exzentrische Positionalität« (Plessner 1981: 367). Vgl. zu einer soziologischen Körpertheorie, die sowohl den Leib- wie auch den Körperbegriff für soziologische Analysen anschlussfähig macht, insbesondere die Arbeiten von Lindemann (1993), Gugutzer (2002) und Jäger (2004).

7 Diese Systematisierung nimmt auch Gugutzer vor und ordnet bisherige körpersoziologische Ansätze in dieses Schema ein. Allerdings führt er neben den beiden von mir erwähnten Ebenen (Forschungsobjekt, theoretische Kategorie) eine dritte ein: Körper als Erkenntnisinstrument. Auf der epistemologischen Ebene wird der Körper als Forschungssubjekt begriffen, woraus folgt, dass der/die Wissenschaftler/in die eigenen leiblich-affektiven Aspekte als Teil des Erkenntnisprozesses kritisch reflektieren müsse (vgl. Gugutzer 2006: 9-40, hier besonders 39). Meiner Meinung nach liegt diese Thematik aber eher auf einer methodologisch-forschungspraktischen Ebene. Die erkenntnistheoretische Ebene ist selbst ein zentraler Teil der Konzeption des Körpers als einer Kategorie des Sozialen. Das wirklichkeitskonstituierende Potenzial des Körpers wird bereits auf der Ebene der Theoretisierung des Körpers thematisiert, hierfür eine neue Ebene einzuziehen, hieße den Körper als theoretische Kategorie zu beschneiden. Denn in der Betrachtung des Körpers als generierende Instanz sozialer Strukturen – wie im Konzept des Habitus – und mehr noch in der Annahme einer körperlichen Logik des Sozialen, dem *sens pratique*, d.h. dem praktischen Wissen kommt dem Körperlichen bereits ein epistemologischer Status zu. Insofern bietet sich m.E. die Auffächerung in nur zwei Ebenen an.

trennscharf voneinander abzugrenzen, gehen sie doch partiell ineinander über. So werde ich mit Robert Gugutzer argumentieren, dass der Körper in zwei unterschiedlichen Perspektiven als Forschungsgegenstand auftauchen kann, zum einen als *Produkt* gesellschaftlicher Prozesse, zum anderen als *Produzent* von Gesellschaft. Insbesondere allerdings bei einer Betrachtung des Körpers als Produzent von Gesellschaft wird offenbar, dass er hier nicht nur als Forschungsgegenstand, sondern bereits als basale Kategorie einer Theorie des Sozialen konzipiert wird, geht es in dieser Perspektive doch darum, die konstitutive Funktion körperlicher Praktiken für die Gesellschaft in den Blick zu nehmen.

Da diese Doppelperspektive auch für die Fragestellung dieser Arbeit von zentraler Bedeutung ist, soll im Folgenden unter der Überschrift *Körper als soziale Praxis* (und damit als Produkt und Produzent) der theoretische Status des Körpers dargestellt werden (2). Um den Körper nicht nur als Produkt gesellschaftlicher Prozesse thematisch und damit als Forschungsgegenstand, sondern auch als Produzent sozialer Wirklichkeit zu begreifen, erscheint es sinnvoll, sich einem performativen Verständnis von Körper zu nähern. D.h. der hier vorgestellte Ansatz nimmt seinen Ausgang bei der Perspektive auf den Körper als Produzenten, um ihn dann jedoch auch als Produkt in Erscheinung treten zu lassen. Eine wichtige theoretische Bezugsgröße für den performativen Ansatz ist die Körpertheorie Judith Butlers. Ziel des gesamten Kapitels ist es, eine körpertheoretische Herangehensweise zu erarbeiten, mit der zu analysieren wäre, wie sich soziale Ungleichheit an und über Körper materialisiert und wie die normalisierten und marginalisierten Körper zur Stabilisierung sozialer Ordnung und gesellschaftlicher Herrschaft beitragen. Für dieses Unterfangen ist neben einem performativen auch ein stärker gesellschaftstheoretisch fundiertes Verständnis von Körper und zugleich die Perspektive auf den Körper als Produkt von Gesellschaft hilfreich (3). Deswegen sollen im Anschluss zum einen historische Zugänge zeigen, wie Körper gesellschaftlich produktiv gemacht wurden (3.1), um zum anderen schließlich aus den Arbeiten Foucaults (3.2) und Bourdieus (3.3) für das Verhältnis von Körper und Gesellschaft entscheidende Analyseraster und Konzepte gewinnen zu können. Während diese Ansätze beim Körper als Produkt ihren Ausgang nehmen, verhandeln sie jedoch gleichzeitig auch die Perspektive auf den Körper als Produzent. Diese Doppelperspektive werde ich im abschließenden Kapitelabschnitt (4) noch einmal vor dem Hintergrund der theoretischen Ergebnisse sowie hinsichtlich der Forschungsfrage diskutieren.

4.2 Körper als soziale Praxis

Wie Gugutzer in seiner *Soziologie des Körpers* darlegt, gibt es zwei zentrale Perspektiven auf den Körper: Der Körper ist sowohl *Produkt* wie *Produzent* von Gesellschaft (vgl. Gugutzer 2004: 6). D.h. der Körper ist zum einen gesellschaftlich geformt, geprägt, zugerichtet und symbolisch vermittelt, er hat zum anderen jedoch auch aktiv Teil an der Reproduktion von Gesellschaft, er ist konstitutiv für soziale Wirklichkeit (beispielsweise als Zeichenträger oder als Agens sozialer Praxis).

Gugutzer systematisiert die bisherigen Forschungen zum Körper unter diesen beiden Perspektiven: Den Körper als Produkt erforschen Ansätze, die sich mit Körperformung, mit Körperdiskursen, mit Körperumwelten, Körperrepräsentationen und Leiberfahrungen beschäftigen. Den Körper als Produzenten fokussieren Ansätze, die Körperroutinen, Körperinszenierungen und Körpereigensinn thematisieren (vgl. Gugutzer 2006: 12-20).

Der Körper als Forschungsgegenstand soll in dieser Arbeit sowohl daraufhin analysiert werden, inwiefern er *Produkt* von Gesellschaft, konkret: von Marginalisierungs- und Normalisierungsprozessen, ist, wie auch hinsichtlich seiner Funktion als *Produzent* von Gesellschaft, von Herrschaft, gesellschaftlichen Teilungen und last not least eben den Prozessen der Marginalisierung und Normalisierung. Daher werde ich Körper als *soziale Praxis* fassen, weil in dieser Konzeption beide Perspektiven aufgehoben sind. Als soziale Praxis hat der Körper eine wichtige Scharnierfunktion: er vermittelt zwischen Individuum und Gesellschaft bzw. zwischen Handlung und Struktur.[8] Die Bewegungen des Körpers sind zentral sowohl für die ›Hereinnahme‹ des Sozialen in den individuellen Körper, die Inkorporation, wie auch für die Stabilisierung gesellschaftlicher Normen und Konventionen.[9] Außerdem folgt der Körper mit seinen Bewegungen auch einer eigenen, nicht-intentionalen, nicht-kognitiven Logik. Ihm kommt in neueren praxeologischen Theorien damit eine zentrale Rolle in der Konstitution des Sozialen zu.

Die Praxeologie ist vielleicht der weitgehendste Versuch einer körperbasierten Sozialtheorie bzw. einer Konsequenz aus dem *body turn*. Sie bezeich-

8 Gugutzer legt mit Rekurs auf Giddens dar, dass eine »verkörperte Sozialtheorie« die Dichotomisierung von Struktur und Handlung überwinde, weil sie als »Dualität von Struktur und Körper« darauf abziele, »die Konstitution von Sozialität unter dem Gesichtspunkt der wechselseitigen Prägung und Hervorbringung von sozialen Strukturen und leibkörperlichen Handelns herauszuarbeiten« (Gugutzer 2006: 35). Die Scharnierfunktion wird anhand der Konzepte von Bourdieu in einem späteren Abschnitt noch eingehender thematisiert.

9 Im Rahmen einer Soziologisierung des Körpers sind die Körperbewegungen als das zentrale Moment in der Vermittlung von Individuum und Gesellschaft in den Fokus gerückt. Vgl. zu den unterschiedlichen Facetten eines kultur- und sozialwissenschaftlichen Bewegungsbegriffs Klein (2004a, b).

net eine sich im Gefolge der *cultural* und *performative turns* ereignende Perspektivenverschiebung hin auf die Ebene der Praktiken, die gesellschaftlich relevante Strukturen aktualisieren und realisieren.[10] In gewisser Weise stellt diese theoretische Emphase der Praxis den Versuch dar, die poststrukturalistische Theorieentwicklung stärker wieder an Materialitäten zurückzubinden, und gegenüber den Strukturtheorien die Ebene der Handlung in den Vordergrund zu rücken, ohne dabei jedoch Rekurs auf ein autonomes Subjekt nehmen zu müssen. In seinen *Grundelementen einer Theorie sozialer Praktiken* hat Andreas Reckwitz eine erste Systematisierung der praxeologischen Perspektive als Sozialtheorie vorgelegt. Ähnlich wie für (sozialkonstruktivistische) Kulturtheorien stellt sich das Soziale in dieser Perspektive als kollektiv geteilte Wissensordnung dar, nur dass der Ort des Sozialen nicht die Kultur oder Symbolwelt, sondern die sozialen Praktiken sind. Die Praktiken sind zu verstehen als Materialisierungen des Kulturellen und Sozialen. Reckwitz nennt als die wichtigsten Merkmale, die diese praxeologische Perspektive kennzeichneten: zum einen die implizite Logik, damit liegt der Schwerpunkt auf dem praktischen Wissen und Können, zum anderen die Materialität in Körpern und Artefakten (vgl. Reckwitz 2003: 290). Praktiken sind in ihren Grundformen vor allem Körperbewegung, insofern ist die Bewegung die kleinste Einheit einer praxeologischen Sozialtheorie. »Eine Praktik«, so Reckwitz, »besteht aus bestimmten routinisierten Bewegungen und Aktivitäten des Körpers« (ebd.). Die beiden für die Praxistheorie relevanten Aspekte der Körperlichkeit von Praktiken sind die Inkorporiertheit von Wissen (ein Körperwissen) und die Performativität des Handelns.[11] Die praxeologische Perspektive verortet das Soziale also in sozialen Praktiken und analysiert diese in ihrer Verankerung in mit inkorporiertem Wissen ausgestatteten Körpern und in Artefakten. Die Einsicht in die Performativität des Handelns ist eine zentrale Voraussetzung für Körpertheorien, die den Körper als Produzenten von Gesellschaft theoretisch begreifbar zu machen versuchen.

Performativität beschreibt die Herstellung sozialer Wirklichkeit im Vollzug, d.h. der Sinn oder die Wahrheit liegt der Handlung nicht voraus, sondern wird in ihr aktualisiert. Insofern »beschreiben [performative Akte] keine sozialen Tatsachen, sondern sie schaffen soziale Tatsachen« (Wirth 2002: 10f.). Das ursprünglich im Rahmen der Sprechakttheorie formulierte Theorem ist mittlerweile auch von kultur- und sozialwissenschaftlichen Forschungsansätzen aufgenommen und weiterentwickelt worden. Für eine körpertheoretische Perspektive ist die Performativität sozialer Prozesse insofern bedeutsam, als

10 Diese Perspektivenverschiebung wird auch als *practical turn* bezeichnet (vgl. Schatzki/Knorr-Cetina/Savigny 2001). Zu einer praxeologischen Soziologie des Körpers vgl. auch Meuser (2006), Schmidt (2006) und Alkemeyer (2006).

11 Vgl. zu einer performativen Körpertheorie vor allem Klein/Friedrich (2003) und Klein (2005).

zum einen gerade der Körper an der Aufführung und Inszenierung sozialer Praxis mitwirkt und zum anderen der Körper in dieser als Bedeutungsträger relevant und beglaubigt wird. So begründet Gabriele Klein die Notwendigkeit einer performativen Körpertheorie folgendermaßen:

»Für die Frage, wie der Körper als Bedeutungsträger in der Praxis wirksam wird, also wie er Agent von Praxis wird, erweist sich das Konzept der Performativität als hilfreich, besonders dann, wenn ›Körper‹ nicht als substantiell oder essentialistisch verstanden wird, sondern als eine Diskursfigur, die erst in der Performanz ›wirklich‹, das heißt sinnlich erfahrbar und sozial wirksam wird.« (Klein 2005: 82)

Der Körper wird somit analysierbar als Produkt eines Materialisierungsprozesses. Die sich hieran anschließenden Forschungsfragen lauten: Wie wird der Körper geglaubt bzw. wie wird er praktisch und damit: wie wird er sozial wirksam?

Grundlegend für ein performatives Verständnis von Körperlichkeit ist vor allem Judith Butlers in *Körper von Gewicht* entwickelter Versuch, Materialisierungsprozesse als Ergebnis performativer Akte zu verstehen. Diese Konzeption soll hier kurz vorgestellt werden, wobei der Fokus sowohl dem Prozess der Materialisierung als auch der Funktion der illegitimen Körper gilt. Hier, so wird sich später zeigen, ergeben sich weiterführende Anknüpfungspunkte zu der in dieser Arbeit verfolgten Fragestellung.

Butler verfolgt ein doppeltes Ziel: Es geht ihr einerseits darum, eine Theorie des Körpers als Theorie der Materialisierung mit der Performativität der sozialen Geschlechtsidentität zu verknüpfen. Sie fragt dabei aus sowohl sprachphilosophischer wie psychoanalytischer Perspektive danach, wie (vergeschlechtlichte) Subjekte konstituiert werden. Dass die Prozesse der Subjektkonstitution immer mit Macht und Zwang verbunden sind, führt sie andererseits zu der Frage, welche politischen Möglichkeiten sich ergeben, um die Spielräume für die illegitimen, d.h. sozial nicht akzeptierten Körper zu erweitern.

Performativiät definiert sie als »die ständig wiederholende und zitierende Praxis, durch die der Diskurs die Wirkungen erzeugt, die er benennt« (Butler 1995: 22). Ein performativer Akt ist somit weder als voluntaristischer noch als absichtsvoller Akt zu verstehen, sondern kann nur gelingen, wenn in ihm kulturelle Normen aufgerufen (zitiert) werden. Die Norm ist somit einerseits Voraussetzung des performativen Aktes und kann andererseits erst durch diesen wirksam werden. In Butlers Konzeption ist diese Norm die kulturell akzeptierte Vorstellung von Geschlechtlichkeit, in ihren Worten: die heterosexuelle Matrix. Die Subjekte sind gezwungen, diese Norm permanent zu wiederholen, denn erst die Unterwerfung unter diese gesellschaftlich vorgegebene Norm ermöglicht die Artikulation als Subjekt. Dieses Verständnis von Performativität verbindet Butler nun mit einem Begriff von Materie, die sie als (zeitlichen) Prozess versteht, d.h. Materie als eine Begrenzung, die im Laufe der Zeit entsteht. Die ständige und zwanghafte Wiederholung der Norm bewirkt mit der Zeit eine Materialisierung, d.h. eine Vorstellung oder ein Gefühl von Körpergrenzen. Insofern ist der Prozess der Aneignung der Norm immer auch ein Prozess der Materialisierung. Anders formuliert: die Materialisierung (von Körpern) ist selbst ein Ergebnis der zwanghaften Aneignung von gesellschaftlichen Normen, d.h. die Materialisierung wird von regulierenden Normen bestimmt. Mit Rückgriff auf die Psychoanalyse versteht Butler diese Aneignung als Identifizierung. Sie schreibt, »die Materialisierung von Normen erfordert jene Identifizierungsprozesse, in denen Normen angenommen oder angeeignet werden, und diese Identifizierungen gehen der Bildung eines Subjekts voraus und ermöglichen sie« (ebd.: 39). Dieser Prozess der Subjektkonstitution, d.h. die zwanghafte Identifizierung mit den machtvollen kulturellen Normen, ist jedoch prekär, denn die Normen setzen immer auch den Bereich des von der Norm Ausgeschlossenen mit und drohen von diesem her erschüttert zu werden. Für die Körper bedeutet dies, dass die Materialisierung von Normen somit auch reguliert, was intelligible und damit lebbare Körper sind. In der Kritik dieses machtvollen Prozesses, der normale und anormale Körper hervorbringt, gilt Butlers Fokus dem Bereich der verworfenen und entlegitimierten Körper. Sie fragt danach, wie die Materialisierung der Norm mit der körperlichen Formierung einen Bereich der verworfenen Körper herstellt, deren Scheitern die regulierenden Normen verstärkt. Die Identifizierung mit der Norm geht also einher mit der Verwerfung dessen, was von dieser Norm ausgeschlossen ist und was für das Subjekt eine, wie Butler schreibt, »Zone der Unbewohnbarkeit« bzw. einen »Ort gefürchteter Identifizierung« (ebd.: 239) darstellt. Dieser Ort liegt aber im Subjekt selbst und stellt dessen permanente Bedrohung dar: »In diesem Sinne ist also das Subjekt durch die Kraft des Ausschlusses und Verwerflichmachens konstituiert, durch etwas, was dem Subjekt ein konstitutives Außen verschafft, ein verwerfliches Außen, das im Grunde genommen ›innerhalb‹ des Subjekts liegt, als dessen eigene fundierende Zurückweisung.« (Ebd.: 23)

Mit dieser Perspektive auf die Materialisierung von intelligiblen und verworfenen Körpern ließe sich auch die Frage danach, wie Prozesse gesellschaftlicher Marginalisierung und Normalisierung verkörpert werden, genauer analysieren.

In ihrer Theorie der Materialisierung zeigt Butler, dass und wie diese als Ergebnis einer Kette von performativen Akten verstanden werden kann.[12] Sie

12 In ihrem Buch *Hass spricht* arbeitet sie dann unter anderem heraus, dass und wie performative Akte immer auch als körperliche verstanden werden müssen, bzw. dass die performative Kraft einer (politischen) Äußerung sich aus ihrer Verwobenheit mit dem Körperlichen speist (vgl. Butler 2006).

betont damit aber auch, dass es sich hierbei um ein Zwangsverhältnis handelt und dass die gesellschaftliche Norm den Körpern keineswegs äußerlich ist. Diese Erkenntnisse lassen sich gewinnbringend für die Frage danach nutzen, wie soziale Ungleichheit in den Körpern verankert wird. Allerdings bedarf die hier vorgestellte Konzeption dafür einer Erweiterung, denn Butler fokussiert zum einen als Norm ›nur‹ die Geschlechtsidentität und verfolgt zum anderen einen sprach- und subjekttheoretischen Zugang. Die Frage danach, wie sich Gesellschaft in den Körpern verankert und warum welche Normen wirkmächtig sind, ließe sich möglicherweise besser mit soziologischen Zugängen zum Thema beantworten. Von daher ist es sinnvoll, den hier vorgestellten performativen Körperansatz mit stärker gesellschaftstheoretisch argumentierenden zu verbinden. Dabei gilt es auch zu fragen, wie die Körper als Produkte von Gesellschaft für die Stabilität einer gesellschaftlichen Ordnung produktiv gemacht werden.

Es lässt sich an dieser Stelle festhalten, dass ein praxeologischer Ansatz, insbesondere ein performatives Verständnis von Geschlecht, sinnvolle Ansatzpunkte dafür bietet, zu erforschen, *wie* soziale Ungleichheit körperlich abgesichert wird. Wie und warum gesellschaftliche Spaltungen entstehen, lässt sich mit diesem Ansatz nicht ausreichend erklären. Denn dieser gibt vor allem Hinweise für eine körperbasierte Erkenntnistheorie sowie eine Mikroanalyse körperlicher Praktiken. Für den makrotheoretischen Fokus dieser Arbeit, die Analyse des Sozialen, gerade auch hinsichtlich der herrschaftsstabilisierenden Funktion von Körperlichkeit, der Teilungen und Hierarchien, der Ein- und Ausschlüsse, wird daher eine Erweiterung der praxeologischen Perspektive durch ein gesellschaftstheoretisches Verständnis des Körpers als sozialer Praxis notwendig sein. Denn wie weiter oben bereits deutlich gemacht wurde, ist ein wichtiges Element in der Körperkonzeption dieser Arbeit die These, dass die soziale Ordnung (auch) durch körperliche Praktiken stabilisiert wird. Oder mit den Worten von Hahn/Meuser: »Am Körper dokumentiert sich die soziale Ordnung, an deren Herstellung er beteiligt ist.« (Hahn/Meuser 2002: 8) Auf diese Weise kommt der Körper sowohl als Produkt wie auch als Produzent von Gesellschaft in den Blick.

4.3 Körper gesellschaftstheoretisch

Eine gesellschaftstheoretisch fundierte Körpertheorie liegt bisher noch nicht vor; Bausteine hierfür lassen sich hingegen auf diversen ›Theoriebaustellen‹ finden. Im Folgenden soll es weniger um die Formulierung einer konsistenten Theorie, als vielmehr um das Zusammentragen dieser Bausteine gehen.

Eine gesellschaftstheoretisch ausgerichtete Körpertheorie fokussiert nicht so sehr den individuellen Körper, sondern die Bedeutung *der* Körper für die Gesellschaft. Sie begreift darüber hinaus die Ebene der Körperlichkeit als mit der Gesellschaft verschränkt, d.h. die vergesellschafteten Körper sind integraler Bestandteil gesellschaftlicher Strukturen. Marcel Mauss und Erving Goffman haben als eine der ersten in ihren Beobachtungen von Körper und Gesellschaft die Verschränktheit beider thematisiert.

Bei seinen ethnologischen Studien entdeckte Mauss, dass Körperbewegungen erlernt werden und jeweils kulturell variieren.[13] In einem 1934 gehaltenen Vortrag führt er aus, dass sich die *Techniken des Körpers* durch Erziehung und Nachahmung, als »Habitus«, als Gewohnheiten in die Körper einschleifen und dabei auch soziale Hierarchien inkorporiert und tradiert werden. »Diese ›Gewohnheiten‹«, so Mauss,

> »variieren nicht nur mit den Individuen und ihren Nachahmungen, sie variieren vor allem mit den Gesellschaften, den Erziehungsweisen, den Schicklichkeiten und den Moden, dem Prestige. Man hat darin Techniken und das Werk der individuellen und kollektiven praktischen Vernunft zu sehen, da, wo man gemeinhin nur die Seele und ihre Fähigkeiten der Wiederholung sieht.« (Mauss 1997: 202f.)

Mauss hat diese Beobachtungen allerdings nicht weiter vertieft und auf soziale Ordnungen bezogen bzw. zu einer Körpertheorie verdichtet. Erving Goffman hingegen hat systematisch die Bedeutung der alltäglichen körperlichen Interaktion für die Aufrechterhaltung der sozialen Ordnung untersucht. In seinen Beobachtungen der ›eigenen‹ Gesellschaft stellt er fest, dass die alltägliche Interaktion vor allem körperbasiert ist:

> »Die Information, die ein Mensch liefert, ganz gleich ob er sie nun einfach gibt oder ausstrahlt, kann *im Körper konkretisiert* oder *vom Körper abgelöst* sein. Ein Stirnrunzeln, ein gesprochenes Wort, ein Knuffen, all dies sind Mitteilungen, die ein Sender ausstrahlt mittels seiner eigenen *aktuellen* körperlichen Aktivität; die Übermittlung hat nur statt in der Zeit, in der sein Körper anwesend ist, der diese Aktivität trägt.« (Goffman 1971: 25)

Goffman folgert, dass die Körper-Sprache konventionalisiert und normativ ist. Nicht alle Menschen verfügten über das komplette körperliche Vokabular, aber alle hätten davon einige Kenntnis. »Und in der Tat ist die Kenntnis und

---

13 Er stellte beispielsweise fest, dass die Polynesier anders schwimmen als die Franzosen, dass aber auch seine Generation andere Schwimmtechniken benutzt als die nachfolgende Generation. War es in seiner Generation noch üblich, beim Schwimmen Wasser zu schlucken und es wieder auszuspucken, so verzichten nachfolgende Schwimmgenerationen auf diese Prozedur. Auch fiel ihm während des Ersten Weltkriegs auf, dass die englische Armee eine ganz andere Technik des Marschierens beherrschte als die französische Armee. In den USA konnte er beobachteten, dass die Frauen dort einen bestimmten Gang hatten, der sich über das Kino schließlich auch in Frankreich verbreitete (vgl. Mauss 1997: 200ff.).

das Verständnis einer gemeinsamen Körpersprache ein Grund dafür, eine Ansammlung von Individuen als Gesellschaft zu bezeichnen.« (Goffman 1971: 43) Für eine gesellschaftstheoretisch fundierte Körpertheorie ist Goffmans Ansatz jedoch nur begrenzt anschlussfähig, weil er Gesellschaft primär als normengeleitete Interaktionsordnung versteht und damit einen mikrosoziologischen Gesellschaftsbegriff zugrundelegt. So eignet sich Goffman zwar hervorragend für einen mikrotheoretischen Blick auf alltägliches Körperhandeln, Strukturen der Marginalisierung und Normalisierung entlang des Körperlichen lassen sich mit ihm hingegen schwieriger theoretisieren. Hier sind Ansätze weiterführend, die stärker Prozesse gesellschaftlicher Ein- und Ausschlüsse sowie Teilungsprinzipien fokussieren. Einen ersten Hinweis in diese Richtung bieten historische Studien, die darüber hinaus das jeweilige Verhältnis von Körper und Gesellschaft als ein historisch spezifisches analysieren. Dies werde ich im Folgenden mit Verweis auf die Arbeiten von Philipp Sarasin und Planert zeigen, da diese, ohne selbst gesellschaftstheoretisch zu argumentieren, am historischen Gegenstand verdeutlichen, dass Körper der Gesellschaft nicht äußerlich sind, ja mehr noch, dass die Verschränkung von Wissen, Macht und Körper konstitutiv für die Entwicklung der modernen Gesellschaft war. Denn sie zeigen in ihren Untersuchungen, wie sich gesellschaftliche Differenzen als körperliche Differenzen materialisieren, d.h. wie Körper diskursiv zur Grundlage für gesellschaftliche Marginalisierungsprozesse werden – entlang der Differenzen und der Norm.

4.3.1 Differenz und Norm – historische Rekonstruktionen

Am Hygienediskurs im 19. Jahrhundert zeichnet Philipp Sarasin nach, dass und wie sich die Bildung moderner (bürgerlicher) Subjektivität konstitutiv mit der ›Sorge‹ um die Körper und deren Verwissenschaftlichung verschränkte. Die Diskursivierung des modernen Körpers ging, so zeigen seine Ausführungen, mit der Konstruktion ›anderer‹, ›fremder‹ Körper einher. Mit Foucault geht er davon aus, dass »gerade die härtesten Differenzdiskurse in der Moderne ihren Ausgangspunkt immer beim Körper« (Sarasin 2001: 16) nähmen. Diesen Gedanken verbindet er mit Jacques Lacans psychoanalytischer Theorie des Subjekts und deutet die Entstehung moderner Subjektivität als Ergebnis symbolisierender Praktiken, für deren Körperbild der andere Körper konstitutiv ist. Die Identifizierung des eigenen Körpers kann nur mit Blick auf den Körper der anderen gelingen und ist damit immer auch Produkt von (internalisierten) Klassifikations- und Ordnungsmustern. Im 19. Jahrhundert, mit der Herausbildung des bürgerlichen Individuums, so weist Sarasin nach, werden die kontingenten Differenzen des Hygienediskurses, an denen sich zuvor der eigene Körper bestimmen ließ, zu starken Differenzen der sozialen Antagonismen Klasse, Geschlecht und ›Race‹. Die Konstruktion dieser Differenzen taucht nicht zufällig im Zusammenhang mit der Nationenbildung auf. Die Körper der Frauen, Proletarier, Schwarzen etc. bilden das notwendige Außen dieses erst zu homogenisierenden Subjekts Nation. In dieser Perspektive wird deutlich,

»wie sehr das Projekt der hygienischen Konstruktion des Körpers des Subjekts auf ›starken‹ Differenzen beruhte, auf den Antagonismen gegenüber Schwarzen und Proletariern einerseits und zwischen Männern und Frauen andererseits – Antagonismen, die allesamt auf ein biologistisches Argumentationsfundament gestellt wurden und die dazu dienten, den ›Goldstandard‹ des weißen männlichen Körpers zu schaffen. Weil die ›starken‹ Differenzen konstitutiv waren für jene modernen Identitätskonstruktionen, die die eigene Nichtidentität und Fremdheit kaschierten, tauchten inmitten dieses Projektes der Moderne die Fratzen der monströsen Anderen auf.« (Ebd.: 251)

Aber nicht nur die erwähnten starken Differenzen konstituieren den Körperdiskurs und seine gesellschaftspolitische Relevanz. Seit den 1870er Jahren taucht erstmalig die Norm in den Hygiene-Texten und mit ihr der Normalisierungsdiskurs auf. Nach Sarasin kündigt sich hierin eine Transformation moderner Subjektivität an. Stand bis zur Mitte des 19. Jahrhunderts das (bürgerliche) Individuum im Zentrum der hygienetechnischen Praktiken, so findet gegen Ende des 19. Jahrhunderts eine stärkere Normalisierung des Subjekts statt, die schließlich in einer Verschiebung vom individuellen zum ›Volkskörper‹ mündet. Dieser ist nun bevorzugtes Ziel gesundheitspolitischer Interventionen, seine Optimierung entlang der Differenz normal – anormal sowie die ›Ausmerzung‹ seiner ›Feinde‹ werden zum Gegenstand einer eugenisch ausgerichteten Bevölkerungspolitik. In einem an dieser Differenz ausgerichteten Begriff von Gesundheit tendierten alle Formen von Differenz und Individualität auf eine einzige reduziert zu werden, »auf die Differenz zwischen dem Normalen und dem Nichtnormalen, dem Pathologischen oder Devianten« (ebd.: 258).

Auch Ute Planert arbeitet heraus, wie die Moderne Differenzdiskurse produziert und wie diese Differenzen im Körper verankert werden. In der Analyse des Zusammenhangs von Wissenschaftsgeschichte, diskursiver Konstruktion von Körperbildern und gesellschaftlicher Bio-Politik mit Blick auf die Geschlechterdifferenz entwickelt sie die These, »daß die Produktion von gesellschaftlicher Differenz am wissenschaftlich definierten und damit in spezifischer Weise markierten Körper ansetzte« (Planert 2000: 546). Theoretischer Bezugspunkt ihrer körperhistorischen Betrachtung sind die Ansätze Foucaults und Mary Douglas'. Planert zeigt, wie der Körper seit dem 18. Jahrhundert zum Ausgangspunkt wissenschaftlicher Lehren von der menschlichen Differenz wurde, wie die sich konstituierenden Biowissenschaften Differenzen am

Körper, in der Anatomie, der Muskel- oder Nervenbeschaffenheit aufspürten und mit sozialen Differenzen kurzschlossen. Sie fasst zusammen:

»Die Wissenschaft vom Menschen drang seit dem ausgehenden 18. Jahrhundert von der Betrachtung der Körperoberfläche immer mehr ins Innere des Körpers vor und schrieb jene soziokulturellen Hierarchien zwischen ›Männern‹ und ›Frauen‹, ›Gesunden‹ und ›Irren‹, ›Normalen‹ und devianten ›Kriminellen‹, ›Zivilisierten‹ und ›Wilden‹, ›Schwarzen‹, ›Juden‹ und ›Nicht-Juden‹ in die Strukturen des Körpers ein, die sie dann dort zu ›entdecken‹ glaubte.« (Ebd.: 551)

Die Wissenschaften leisteten somit einen großen Beitrag in der Konstruktion körperlicher Differenzen und nicht zuletzt in der Konstruktion differenter Geschlechtskörper. Die körperliche Ungleichheit von Frauen diente als Legitimationsgrundlage für soziale und politische Ungleichbehandlung. Ähnlich wie Sarasin macht Planert jedoch gegen Ende des 19. Jahrhunderts signifikante Verschiebungen in der gesellschaftlichen Konstruktion von Differenz aus. Vor dem Hintergrund von Großmachtpolitik, Rassenhygiene und Erbbiologie wird nun stärker die Bedrohung der Gesellschaft durch mögliche Krankheiten und andere ›äußere‹ Feinde problematisiert. Nun steht weniger das einzelne Individuum oder der Geschlechtskörper als vielmehr der kollektive Gattungskörper im Mittelpunkt wissenschaftlicher Diskurse und politischer Maßnahmen. Planert schließt: »Über das Konzept der ›Volksgesundheit‹ wurden individueller, politisch-sozialer und Gattungskörper miteinander verschmolzen. Der Verschränkung von Körper- und Biopolitik unterlagen damit beide Geschlechter, wenn auch auf unterschiedliche Weise.« (Ebd.: 576)

Die Exklusion sozialer Gruppen erfolgte nun entlang der Differenz von Norm und Abweichung und legitimierte sich wissenschaftlich mittels Rassenhygiene und Eugenik.

In den historischen Analysen Sarasins und Planerts wird deutlich, dass und wie körperliche Differenzen wissenschaftlich legitimiert und für politische Zwecke nutzbar gemacht werden. In den bevölkerungspolitischen Programmen wurde durch den Zugriff auf den individuellen Körper der Zugriff auf die Bevölkerung gesichert. Darüber hinaus zeigen diese Studien, wie die politische Ausrichtung auf einen gesellschaftlichen Kollektivkörper mit härtesten Exklusionen anderer Körper einherging. Als zentrale gesellschaftsstiftende Prinzipien können die *Differenz* und die *Norm* gelten. Die wichtige theoretische Bezugsfolie für die den Analysen zugrundeliegende diskurstheoretische Perspektive auf Körpergeschichte bilden die Texte Foucaults. Da sich aus dessen Arbeiten entscheidende Bausteine für eine gesellschaftstheoretische Fundierung der Körper extrahieren lassen, sollen diese im Folgenden dargestellt werden.

4.3.2 Foucault und die politische Ökonomie der Körper

Wissen – Macht - Körper

Foucault beschäftigte sich in seinen Arbeiten mit der Frage, wie Sinn, wie Wahrheit erzeugt werden. Aber erst in der Einbeziehung sozio-ökonomischer Kontexte der Wissensproduktion, der Praktiken und Materialitäten – und damit vor allem der menschlichen Körper – wurden seine historischen Analysen gesellschaftstheoretisch. Ich werde im Folgenden diese These in einer (werkgeschichtlichen) Rekonstruktion von Foucaults Arbeiten unter den Aspekten Körper und Gesellschaft darlegen. Insofern spielen die stärker subjekttheoretisch ausgerichteten Texte aus dem Spätwerk eine weniger wichtige Rolle. Foucaults zentraler Fokus auf die Verschränkung von Wissen, Macht und Subjektivität lässt ihn in der Analyse der körperlich-materiellen Ebene von Gesellschaft verschiedene Gesellschaftstypen erkennen: die *Disziplinargesellschaft*, die *Normalisierungsgesellschaft* und die *Sicherheitsgesellschaft*. Er entwickelt diese Typen sowohl historisch wie systematisch, sie gehen ineinander über und existieren nebeneinander. Sie zeichnen sich durch ein jeweils spezifisches Verhältnis von individuellen und kollektiven Körpern, von Individuum und Gesellschaft aus, das durch folgende Scharniere vermittelt wird: die *Norm*, den *Sex* und die *Gouvernementalität*. Anhand dieser drei Gesellschaftstypen werde ich im Folgenden seine Arbeiten systematisieren.

Mit seiner Methode der archäologischen und genealogischen Historiographie zielt Foucault darauf, »die Geschichte der Gegenwart zu schreiben« (Foucault 1994: 43). Insofern ist sein Vorgehen sowohl historisch wie analytisch: Er ›gräbt‹ zum einen in der Geschichte liegende, von der traditionellen Geschichtsschreibung vernachlässigte Phänomene aus, bzw. die Bedingungen der Erkenntnis dieser Gegenstände, und entwickelt damit zum anderen Analyseraster zum Begreifen der Wirklichkeit. Sein erkenntnistheoretisches Ziel besteht darin, aufzuzeigen, wie Wissen und Wahrheit durch Strukturen ›legitimer‹ Aussagen erst hervorgebracht werden. In der Verbindung von Wissen mit Macht werden seine Analysen schließlich politisch, weil er an unterschiedlichen empirischen Gegenständen aufzeigt, wie sich Wissen und Macht gegenseitig bedingen und wie sich das Subjekt als Effekt dieses Zusammenspiels bildet. Insofern er sich dagegen verwahrt, eine geschlossene Theorie zu formulieren, und jeglichen Bezug auf Transzendenz, sei es als die Macht begründendes Gesetz oder diese erkennendes Subjekt, ablehnt, nötigt ihn sein Zugang dazu, das eigene methodische Vorgehen immer wieder offen zu legen und zu reformulieren. Foucault geht induktiv vor, indem er von Praktiken ausgehend analysiert, wie sich diese mit Politiken der Wahrheit verkoppeln und damit reflektieren und rationalisieren. Auf diese Weise kann er zeigen, dass Universalien und Institutionen als Effekte und nicht als Ursprünge einer historisch spezifischen Macht-Wissens-Konstellation hervortreten. Dabei wird vor allem deutlich, dass das erkennende Subjekt selbst als Effekt der Verschränkung von Wissen und Macht zu begreifen ist, ja mehr noch, dass dieses letztlich, wie Foucault in *Überwachen und Strafen* ausführt, ein Effekt der politischen Besetzung des Körpers ist.

Sarasin streicht in seiner Einführung in Foucaults Denken heraus, dass es diesem erst in seiner Analyse der Transformation des Strafsystems gelingt, die in seinen vorherigen Werken bereits thematisierte Modernitätsschwelle, d.h. den Bruch vom 18. zum 19. Jahrhundert, zu begreifen. Wie Foucault in einem Interview mitteilt, liefere *Überwachen und Strafen* die genealogische Erklärung für die Modernitätsschwelle, denn diese müsse als Effekt der Veränderungen der Machttechnologien und Machtverhältnisse in der zweiten Hälfte des 18. Jahrhunderts begriffen werden (vgl. Sarasin 2005: 127).[14] Während mit Marx die Modernitätsschwelle als politische Ökonomie der bürgerlichen Gesellschaft beschrieben werden kann, legt Foucault mit *Überwachen und Strafen* eine politische Ökonomie des *Körpers* vor. Er definiert diese selbst als ein Produktivmachen der Körper, nicht nur für ökonomische, sondern auch für wissenschaftliche und für politische Zwecke:

»Aber der Körper steht auch unmittelbar im Feld des Politischen; die Machtverhältnisse legen ihre Hand auf ihn; sie umkleiden ihn, markieren ihn, dressieren ihn, martern ihn, zwingen ihn zu Arbeiten, verpflichten ihn zu Zeremonien, verlangen von ihm Zeichen. Diese politische Besetzung des Körpers ist mittels komplexer und wechselseitiger Beziehungen an seine ökonomische Nutzung gebunden; zu einem Gutteil ist der Körper als Produktionskraft von Macht- und Herrschaftsbeziehungen besetzt; auf der anderen Seite ist seine Konstituierung als Arbeitskraft nur innerhalb eines Unterwerfungssystems möglich (in welchem das Bedürfnis auch ein sorgfältig gepflegtes, kalkuliertes und ausgenutztes politisches Instrument ist); zu einer ausnutzbaren Kraft wird der Körper nur, wenn er sowohl produktiver wie unterworfener Körper ist. [...] Es kann also ein ›Wissen‹ vom Körper geben, das nicht mit der Wissenschaft von seinen Funktionen identisch ist, sowie eine Meisterung seiner Kräfte, die mehr ist als die Fähigkeit zu ihrer Besiegung: dieses Wissen und diese Meisterung stellen die politische Ökonomie des Körpers dar.« (Foucault 1994: 37)

14 Man müsste jedoch diese Beobachtung Sarasins um das in *Wille zum Wissen* entwickelte Theorem der Bio-Macht bzw. Bio-Politik ergänzen. Foucault selbst behauptet hierin das entsprechende Gegenstück zur politischen Anatomie und den Disziplinartechniken gefunden und damit die Analyse moderner Gesellschaft entsprechend erweitert zu haben: »Aber die ›biologische Modernitätsschwelle‹ einer Gesellschaft liegt dort, wo es in ihren politischen Strategien um die Existenz der Gattung selber geht.« (Foucault 1983: 170f.)

Disziplinargesellschaft

Als politische Ökonomie bezeichnet Foucault die Art und Weise, in der sich Macht und Wissen am Körper durchdringen, diesen, wie im obigen Zitat beschrieben, unterwerfen, zu einem Objekt des Wissens machen und *gleichzeitig* seine Fähigkeiten steigern. Dieser Zusammenhang basiert allerdings auf einem positiven Begriff von Macht: Diese ist nicht nur rein negativ oder repressiv zu verstehen, sondern auch in ihren positiven und produktiven Effekten zu analysieren. Macht ist in Taktiken, Manövern, Dispositionen und Strategien zu denken, diese wiederum ›docken‹ sich an die menschlichen Körper an und realisieren sich dort. Die spezifische Verschaltung von Macht und Wissen an den individuellen Körpern untersucht Foucault in *Überwachen und Strafen* als *politische Anatomie* (vgl. ebd.: 40). Damit spielt er auf Marx an, der die »Anatomie der bürgerlichen Gesellschaft in der politischen Ökonomie« (Marx 1971: 8) und nicht, wie Hegel, allein in den Rechtsverhältnissen entdeckte. Die Analyse der Transformation der Strafsysteme und der Entstehung der Humanwissenschaften lässt sich als Ergänzung der Marxschen Kapitalismusanalyse um die Perspektive der Körper und Praktiken lesen.

Foucault rekonstruiert anhand der Transformation der Strafpraktiken von der Marter zum Gefängnis, dass zwar der Körper als direkte Zielscheibe souveräner Macht verschwindet, dass er jedoch auf eine neuartige Weise in der Strafpraxis des 18./19. Jahrhunderts zum Gegenstand der Erkenntnis und der Macht wird. Im Übergang von der Marter zum ›humanen‹ Strafvollzug werden die Körper unterworfen *und* gelehrig, nutzbar gemacht. In dieser Doppelstrategie erkennt Foucault den für die moderne Gesellschaft konstitutiven neuen Machttyp – die Disziplinarmacht. Diese vollzieht sich in drei großen Techniken der politischen Besetzung des Körpers. Die erste Technik besteht in der Dressur und Formierung der Körper durch Übungen, durch ein detailliertes Einpassen in Zeit und Raum, durch Klassifikation und Hierarchisierung im und am Körper. Die gesellschaftlichen Bereiche, in denen diese Technik entwickelt und angewendet wird, sind das Militär und die Erziehungsinstitutionen. In den Prozeduren der Ordnung, Teilung, Zergliederung und Hierarchisierung über Abstände, Ränge und Positionen erkennt Foucault eine zweite Technik der Macht: die *Norm* (vgl. Foucault 1994: 238). Die Norm realisiert sich nicht nur in der Standardisierung von Verhalten, Arbeitsabläufen und Produkten als Rationalisierung von Arbeitsprozessen, sondern sie ist darüber hinaus konstitutiv für die Entstehung des Individuums als durch Normen hervorgebrachtem Objekt der neuen Wissenschaften. Die dritte große Technik bilden nach Foucault Überwachung und Kontrolle. Paradigmatisch steht hierfür das Panopticon[15], denn dieses verbindet Isolierung und Kontrolle mit der

15 Das von Jeremy Bentham konzipierte Panopticon ist eine Anlage, in der die in Zellen sitzenden Gefangenen durch einen in der Mitte der Anlage aufgestellten Wachturm überwacht werden, den sie aber nicht einsehen können. Foucault be-

Entfaltung der Kräfte. Gleichzeitig realisiert sich in diesem Modell ein neuer Typus der Macht, eine unpersönliche, nicht sichtbare Macht, die jedoch Menschen als Individuen sichtbar macht. Während auf der einen Seite die individuellen Körper diszipliniert, d.h. gelehrig und produktiv gemacht werden, entsteht auf der anderen Seite, als Gegenstück zum unterworfenen Körper, die Seele und damit ein neuer Subjektivierungsmodus, den Foucault später mit dem Konzept der Regierung weiterentwickeln wird.

Der neue Gesellschaftstyp »Disziplinargesellschaft« (ebd.: 269) entsteht somit vor allem durch den gesellschaftlichen Zugriff auf die individuellen Körper. Diese werden in den drei Machttechniken auf eine neue Weise vergesellschaftet. Allerdings beobachtet Foucault, dass sich dieser Gesellschaftstyp, dessen zentrales Instrument das Gefängnis ist, im Laufe der Geschichte ausweitet, perfektioniert und damit schließlich transformiert: zur Normalisierungsgesellschaft.

Normalisierungsgesellschaft

Den am Schluss von *Überwachen und Strafen* erwähnten Begriff der Normalisierungsgesellschaft nimmt Foucault in seinen Vorlesungen *Die Anormalen* von 1975 wieder auf und erarbeitet die Bedeutung der Normalisierung für die Konstitution der modernen Gesellschaft. In dieser Vorlesung steht nicht der Körper im Mittelpunkt, sondern das Individuum als Produkt der Normalisierungswissenschaft Psychiatrie und deren »Technologie der Anomalie« (Foucault 2003a: 214). Gegenstand seiner Analyse ist das psychiatrische Gutachten, welches sowohl den Grenzbereich wie auch das Bindeglied zwischen Recht und Medizin bildet. Foucault versucht nachzuweisen, wie sich im psychiatrischen Gutachten die Normalisierungswissenschaften selbst und zugleich das anormale Individuum hervorbringen. Das Gutachten stellt in den Strafprozessen die zentrale Instanz dar, die über die Schuldfähigkeit und über die Möglichkeit zur Besserung und letztlich Normalisierung des betreffenden Individuums entscheidet. Er rekonstruiert die im Angesicht einer neuen Normalisierungsmacht stattfindende Transformation des Individuums in einer Analyse der historischen ›Vorläufer‹ des anormalen Individuums. Diese waren das Menschenmonster, der Delinquent und das masturbierende Kind (vgl. ebd.: 78ff.). In dieser Abfolge wird deutlich, dass sich mit der Veränderung der Strafmacht auch ihr Gegenstand verändert hat. Während das Menschenmonster außerhalb der sozialen Ordnung steht, werden im Delinquenten und im masturbierenden Kind bereits die Elemente deutlich, mittels derer sich Normalisierungswissenschaft und Anomalie entwickeln: die Norm und die

schreibt diesen Mechanismus als »Maschine zur Scheidung des Paares Sehen/Gesehenwerden: im Außenring wird man vollständig gesehen, ohne jemals zu sehen; im Zentrum sieht man alles, ohne je gesehen zu werden« (Foucault 1994: 259).

Sexualität. Die Psychiatrie wird zur entscheidenden Instanz, die darüber befindet, welche Verhaltensweisen normal oder anormal sind. Die Norm fungiert hier als Verhaltensmaßregel, informelles Gesetz und Prinzip der Konformität. Foucault behauptet, die ›Problematik‹ der Norm bzw. der Anomalie sei von Beginn an mit dem ›Problem‹ der Sexualität verbunden gewesen (vgl. ebd.: 215). Mit der Verschränkung von Norm und Sexualität im Konzept des Triebs als Ursache kriminellen Verhaltens beginnen die Normalisierungswissenschaften gegen Ende des 19. Jahrhunderts zunehmend, das anormale Individuum auch biologisch zu begründen. Die Anomalie wird im Erbgut verankert, damit aber auch das Individuum als unheilbar und nicht ›normalisierbar‹ begriffen. Erst jetzt, so Foucault, wird die Psychiatrie »zur Wissenschaft der Verteidigung der Gesellschaft, zur Wissenschaft vom biologischen Schutz der Gattung« (ebd.: 417). In der Konstruktion von Gefahr durch das anormale Individuum auf der einen und der Notwendigkeit der Verteidigung der Gesellschaft auf der anderen Seite ist bereits der Grundstein für den die Gesellschaft des 19. Jahrhunderts prägenden internen Rassismus gelegt, dem Foucault dann im darauffolgenden Jahr in seiner Vorlesung *In Verteidigung der Gesellschaft* genauer nachgeht.

In dieser Vorlesung steht nicht mehr das Individuum, sondern die Gesellschaft im Mittelpunkt. Während er nun die Normalisierung der Gesellschaft analysiert, tritt die Perspektive der Körper wieder in den Vordergrund, und zwar in Gestalt der Bevölkerung, die er als ideellen Gesellschaftskörper versteht und deren Reproduktion es zu regulieren gilt. Die neue Macht, die die Regulation der Bevölkerung organisiert, nennt er Bio-Macht bzw. Bio-Politik.[16] Dieses Konzept ist auch Gegenstand seines Buchs *Der Wille zum Wissen*, dem zeitgleich mit den Vorlesungen erschienenen ersten Band von *Sexualität und Wahrheit*. Er beschreibt nun die Normalisierungsgesellschaft nicht mehr als Ausweitung der Disziplinarinstitutionen oder hinsichtlich der Anomalie, sondern als *Regulation* der Bevölkerung über die Norm, als biopo-

16 Der Begriff der Bio-Politik steht in enger Verbindung zu dem Konzept der politischen Anatomie. So stellt Foucault fest: »Nach der Anatomie-Politik des menschlichen Körpers, die sich im Laufe des 18. Jahrhunderts ausbreitete, sehen wir am Ende dieses Jahrhunderts etwas auftreten, das keine Anatomie-Politik des menschlichen Körpers mehr ist, sondern etwas, das ich als ›Bio-Politik‹ der menschlichen Gattung bezeichnen würde« (Foucault 2001: 286). Foucault benutzt in *In Verteidigung der Gesellschaft* die beiden Begriffe mehr oder weniger synonym. Während Foucault hier und auch in *Der Wille zum Wissen* die Bio-Politik als Zugriff der Macht auf das Leben beschreibt, definiert er in der Zusammenfassung der zwei bzw. drei Jahre späteren Vorlesungen das Konzept als eine »Weise, in der man seit dem 18. Jahrhundert versuchte, die Probleme zu rationalisieren, die der Regierungspraxis durch die Phänomene gestellt wurden, die eine Gesamtheit von als Population konstituierten Lebewesen charakterisieren: Gesundheit, Hygiene, Geburtenziffer, Lebensdauer, Rassen« (Foucault 2004b: 435).

litischen Effekt. Den disziplinären Machttechniken, die sich auf die individuellen Körper richten, diese im Raum verteilen, organisieren, rationalisieren, gelehrig und nützlich machen, stellen sich Machttechniken zur Seite, die sich auf den Gattungs-Menschen und auf die Bevölkerung beziehen. Es handelt sich hierbei um die Techniken der Bio-Politik, die in dem Zugriff auf das Leben, auf den Gesellschaftskörper, auf die Regulation von Natalität und Mortalität, von Krankheiten, Reproduktion und Demographie bestehen. Es geht um das Produktivmachen des Bevolkerungskörpers, seine Nutzbarmachung und die Entfaltung seiner Kräfte, also die politische Besetzung dieses Körpers. Während sich die Disziplinartechnik auf die einzelnen Körper richtet, diese individualisiert und produktiv macht, reguliert die Bio-Politik die Masse der Körper als Bevölkerung, eine gesellschaftliche Größe, die als politisches Konzept erst in dieser Zeit entsteht, und kontrolliert bzw. manipuliert deren Effekte. Beide sind Technologien des Körpers. Allerdings handelt es sich in dem einen Fall um eine Technologie, »in der der Körper als mit Fähigkeiten ausgestatteter Organismus individualisiert wird, und im anderen um eine Technologie, in der die Körper durch die biologischen Gesamtprozesse ersetzt werden« (Foucault 2001: 294). Beide etablieren sich in einem gewissen zeitlichen Abstand und überlagern sich. Die Wirkungen der Macht auf die individuellen und auf die kollektiven Körper sind miteinander verzahnt. Die Zahnräder, oder auch Scharniere, die diese beiden Ebenen miteinander vermitteln, sind die *Sexualität* auf der einen und die *Norm* auf der anderen Seite. In *Der Wille zum Wissen* stellt Foucault die Bedeutung der Sexualität bzw. des Sexualitätsdispositivs in Hinblick auf sein Konzept der Bio-Macht heraus. Für diese Macht gilt: »Die Disziplinen des Körpers und die Regulierungen der Bevölkerungen bilden die beiden Pole, um die herum sich die Macht zum Leben organisiert hat« (Foucault 1983: 166). Diese beiden Formen sind wesentlich für das Entstehen der modernen Gesellschaft.[17] Die Bio-Macht richtet sich auf den Gattungskörper und verschafft sich nun über das Leben Zugang zu den Körpern, vor allem aber über die Regulation des Sex. Foucault schreibt:

17 Foucault betont die Relevanz von Disziplinarmacht und Bio-Macht für die Entwicklung des Kapitalismus, für den sowohl die Einschaltung der Körper in die Produktionsapparate und die Anpassung der Bevölkerungsphänomene an die ökonomischen Prozesse konstitutiv sind wie auch das Wachsen der Körper und Bevölkerungen, ihre Nutzbarkeit und Gelehrigkeit. Auch die Machtinstitutionen zur Sicherung der Produktionsverhältnisse waren auf diese Machttechniken angewiesen: »Die Abstimmung der Menschenakkumulation mit der Kapitalakkumulation, die Anpassung des Bevölkerungswachstums an die Expansion der Produktivkräfte und die Verteilung des Profits wurden auch durch die Ausübung der Bio-Macht in ihren vielfältigen Formen und Verfahren ermöglicht. Die Besetzung und Bewertung des lebenden Körpers, die Verwaltung und Verteilung seiner Kräfte waren unentbehrliche Voraussetzungen.« (Foucault 1983: 168)

»[Der Sex] bildet das Scharnier zwischen den beiden Entwicklungsachsen der politischen Technologie des Lebens. Einerseits gehört er zu den Disziplinen des Körpers: Dressur, Intensivierung und Verteilung der Kräfte, Abstimmung und Ökonomie der Energien. Anderseits hängt er aufgrund seiner Globalwirkungen mit den Bevölkerungsregulierungen zusammen. Er fügt sich gleichzeitig in beide Register ein: er gibt Anlaß zu unendlich kleinlichen Überwachungen, zu Kontrollen aller Augenblicke, zu äußerst gewissenhaften Raumordnungen, zu endlosen medizinischen oder psychologischen Prüfungen: zu einer ganzen Mikro-Macht über den Körper.« (Ebd.: 173)

Die Regulierung der Sexualität auf der Ebene von Erziehung und Familie wird beispielsweise als Geburtenkontrolle auf die Ebene der Bevölkerung verlängert. Aber auch die Norm ist ein Instrument sowohl zur Dressur der Individualkörper wie zur Kontrolle und Regulation des Bevölkerungskörpers: »Die Norm, das ist das, was sich auf einen Körper, den man disziplinieren will, ebenso gut anwenden läßt wie auf eine Bevölkerung, die man regulieren will.« (Foucault 2001: 298) Foucault führt an dieser Stelle den Begriff der Normalisierungsgesellschaft ein. Anders als in den Schlussbemerkungen von *Überwachen und Strafen* beinhaltet dieser Begriff jetzt mehr als eine bloße Ausweitung der Disziplin. Foucault weist darauf hin, dass die Normalisierungsgesellschaft in der »orthogonalen Verknüpfung« (ebd.: 299) von Norm und Regulation entstehe.

Sicherheitsgesellschaft

In den Vorlesungen zur *Geschichte der Gouvernementalität* (2004a, b) entwickelt Foucault die Konzeption der Bio-Macht weiter, allerdings ergeben sich auch hier im Ausgang wie im Verlauf entscheidende Verschiebungen. Erneut bezieht er sich zunächst auf die Gesellschaft, die er dann als Bevölkerung analysiert, allerdings liegt der Schwerpunkt nicht mehr auf dem Sexualitätsdispositiv, sondern auf der Regierung und dem Sicherheitsdispositiv. Nicht mehr die Normalisierungsgesellschaft, sondern die *Sicherheitsgesellschaft* – vor dem Horizont der Bio-Macht – ist Ausgangspunkt seiner Vorlesungen, deren Hauptthemen die Genealogie des modernen Staats (Band 1) und die Genealogie der politischen Ökonomie und des Liberalismus (Band 2) sind. Zentral für seine Analysen insbesondere der Staatlichkeit ist hier der Begriff der Regierung, den er dann zum Konzept der Gouvernementalität ausbaut. Gouvernementalität bezeichnet die Gesamtheit der Techniken und Praktiken, die das Regieren als Führen von Menschen perfektionieren. Wie Michel Senelart in seiner *Situierung* der beiden Vorlesungsreihen herausstreicht, ist der Begriff der *Regierung* als Ergänzung zur Disziplinierung der Körper zu verstehen und rundet somit Foucaults Konzeption der Normalisierungsgesellschaft ab: »Disziplin der Körper und Führung der Seelen erschienen derart als die beiden komplementären Seiten eines gleichen Normalisierungsvorgangs« (Sennelart 2004: 562).

Mit Regierung und Gouvernementalität entwickelt Foucault eine weitere analytische Konzeption als Scharnier, das die Vermittlung von Individuum und Gesellschaft, hier konkreter von Subjektivierung und (staatlicher) Herrschaft, zu denken ermöglicht. Seine Perspektive verschiebt sich in diesen Vorlesungen auf den Staat und die Sicherheitsdispositive.[18] Foucault untersucht hier, wie der Bevölkerungskörper als Masse aller individuellen Körper durch Techniken der Berechnung und Statistik, der Wahrscheinlichkeitskalküle und Messungen reguliert wird. Diese Techniken bezeichnet er als Machtstrategien, die vor allem auf Sicherheit orientiert sind. Sicherheit ist durch den Ausschluss von Zufällen oder Unregelmäßigkeiten herzustellen (vgl. Foucault 2001: 294). Neben den Machttypen Souveränität und Disziplin wird nun ein weiteres neues Ensemble von Machttechniken relevant: das Sicherheitsdispositiv. Während das Gesetz verbietet und die Disziplin vorschreibt, ist grundlegend für die Sicherheitsdispositive, dass sie im Element der Realität steuern, d.h. beispielsweise mit den Mitteln einer statistischen Norm, an der sich Bevölkerungsgruppen auszurichten haben (vgl. Foucault 2004a: 76). Zielscheibe dieser Steuerung ist die Bevölkerung, die als neue politische Figur im 18. Jahrhundert die Reflexion der Regierung notwendig gemacht habe. Der Begriff der Regierung wird für Foucault zum »Leitfaden« (ebd.: 520), anhand dessen er seine Machtanalyse auf die Genese moderner Staatlichkeit richtet.[19]

18 Diese Perspektivenverschiebung ist schon in der Vorlesung *In Verteidigung der Gesellschaft* angelegt, in der er erstmals Überlegungen zum Konzept der Bio-Macht vorstellt. Dort bezeichnet er den Zugriff auf das Leben durch die Bio-Macht auch als »Verstaatlichung des Biologischen« (Foucault 2001: 282), d.h. der Staat ist die Ebene, auf der diese Macht ihre Wirksamkeit entfaltet, dieser organisiert und reguliert den Gesellschaftskörper als Bevölkerung. Anders hingegen die Disziplinarmacht: sie arbeitet am individuellen Körper und wird von den Institutionen (Gefängnis, Fabrik, Schule, Krankenhaus) ›eingesetzt‹. Foucault spricht deswegen von zwei Serien: »die Serie Körper – Organismus – Disziplin – Institutionen; und die Serie Bevölkerung – biologische Prozesse – Regulierungsmechanismen – Staat« (ebd.: 295).

19 Das ›Problem‹ der Regierung stellt sich erstmals im 16. Jahrhunderts als Reflexion der Kunst des Regierens. Regierung leitet Foucault aus der Pastoralmacht her, dort meint sie zunächst die Kunst der Menschen- bzw. Seelenführung. Die dem christlichen Dogma und seinen Praktiken eingeschriebenen Subjektivierungsformen ›verlagern‹ die Idee der Führung ins Innere des Menschen. Diese Kunst der Menschenführung wird mit der Herausbildung des modernen Staats politische Praxis. Die Regierung als Führung von Menschen durch Menschen findet jetzt im Staat und vor allem in der Staatsräson eine neue Drehscheibe. Erst jetzt kann sich die Gouvernementalität herausbilden. Diese wird sich im 18. Jahrhundert, im Zusammenhang mit dem Auftauchen der Bevölkerung auf der einen, dem Entstehen der Politischen Ökonomie auf der anderen Seite, transformieren und die Form annehmen, in der sie auch für die zeitgenössische Gesellschaft charakteristisch ist.

Er bezeichnet die Sicherheitsdispositive als »Kennzeichen moderner Gesellschaften« (ebd.: 59) und will der Frage nachgehen, ob die Gesamtökonomie der Macht in »unseren Gesellschaften dabei ist, zur Sicherheitsordnung zu werden« und ob man folglich von einer »Sicherheitsgesellschaft« (ebd.: 26) ausgehen müsse. Letztlich wird Foucault diese Frage jedoch nicht beantworten, sondern die Vorgeschichte der Sicherheitsgesellschaft rekonstruieren. Schließlich geht es ihm in der *Geschichte der Gouvernementalität* vor allem um eine Fortschreibung der Machtanalyse, hier bezogen auf Herrschaft und Staat[20], ohne diese jedoch als Entitäten zum Ausgang der Analyse zu machen, sondern sie in ihrer Genese als Strategien, Techniken etc. aufzufassen, kurz: als *Praxis* von Menschen. Er fasst dieses Ergebnis seines »methodischen Experiments« am Ende seiner Vorlesung zusammen: Er habe zeigen wollen, wie man von einer Mikroanalyse der Pastoralmacht zu einer Makroperspektive auf den Staat gelangt, indem man diesen eben »nicht zu einer transzendenten Wirklichkeit erhebt, deren Geschichte man allein mit Bezug auf sie selbst schreiben könnte. Die Geschichte des Staates soll auf der Grundlage der Praxis der Menschen geschrieben werden können, auf der Grundlage ihres Tuns und der Art und Weise ihres Denkens.« (Ebd.: 513)

Mit diesem methodischen Fokus schreibt Foucault die *Geschichte der Gouvernementalität* in einer weiteren, 1978/79 gehaltenen Vorlesungsreihe fort, deren Inhalte jedoch für den hier in Frage stehenden Zusammenhang zu Körper und Gesellschaft nicht weiter von Belang sind.[21]

20 Foucault macht insbesondere im zweiten Band der Vorlesungen zur *Geschichte der Gouvernementalität* deutlich, dass es ihm immer um eine kritische Betrachtung der Rolle und Funktion des Staates gegangen sei: »Das Problem der Staatsbildung liegt im Zentrum der Fragen, die ich zu stellen versuchte.« (Foucault 2004b: 114) Er betont zwar nachdrücklich, dass er auf keinen Fall eine Staatstheorie schreiben wolle, letztlich bezieht sich dieser Einwand jedoch vor allem auf sein methodisches Vorgehen, das sich gerade dadurch auszeichnet, dass die Analyse nicht vom Staat als Universalie ausgeht, sondern diesen als Effekt von gouvernementalen Praktiken beschreibt. Politisch ist diese Art der Analyse motiviert von einer »kritischen Moralität« (ebd.: 262), womit eine Kritik der gängigen (linken) Staatskritik gemeint ist. Diese kritisiere eine Expansion des Staats mit dem Hinweis auf den Faschismus, ohne dabei zu reflektieren, dass die aktuellen Gefahren in einer neoliberalen gouvernementalen Vernunft liegen, die den Rückzug des Staates proklamiert: »Ich sage, daß man sich nicht darüber täuschen soll, daß dem Staat ein Prozeß der Entwicklung zum Faschismus eigentümlich ist, der ihm äußerlich ist und der viel eher auf der Abnahme und der Verschiebung des Staats beruht.« (Ebd.: 269)

21 Foucaults Ausgangspunkt hier ist die moderne gouvernementale Vernunft, die als Prinzipien ihrer Selbstbegrenzung die Politische Ökonomie und den Liberalismus einsetzt. Das Prinzip dieser Begrenzung, d.h. der Sicherstellung von Freiheit, ist zugleich das Prinzip der Wahrheitsbildung oder Veridiktion. Foucault identifiziert dieses mit dem Markt als dem Ort der Veridiktion der Regierungspraxis. Im weiteren fügt er den Praktiken der Gouvernementalität neue Fa-

Foucaults Ausführungen zu Körper und Gesellschaft, am explizitesten in *Überwachen und Strafen* und impliziter in den weiteren behandelten Arbeiten, sind in zweifacher Hinsicht für diese Arbeit wichtig: Zum einen, weil er die kollektiven Körper, den Gesellschaftskörper und seine politische Nutzbarmachung vor allem hinsichtlich biopolitischer Strategien ins Licht der wissenschaftlichen Aufmerksamkeit gerückt hat. Zum anderen, weil er in der Beschreibung von Scharnieren, die zwischen den individuellen und kollektiven Körpern, zwischen Individuum und Gesellschaft oder Subjekt und Staat vermitteln, namentlich der Norm, dem Sex und der Regierung gleichzeitig gesellschaftstheoretisch relevante Prinzipien der Konstitution des Sozialen erfasst hat, die alle in spezifischer Weise ›verkörpert‹ sind. Besonders interessant für die dieser Arbeit zugrundeliegende Fragestellung ist das Prinzip der Norm.

Die Norm durchzieht alle genannten Gesellschaftstypen bzw. ist konstitutiv für die seit der Moderne sich entwickelnden Formen sozialer Ordnung. Allerdings haben sich dabei auch der Begriff der Norm und ihre soziale Funktion historisch verändert. Deutlich wurde dies bereits an Foucaults Ausführungen zur Sicherheitsgesellschaft, in der sich ein Transformationswandel der Herrschaft vollzogen hat. Diese bzw. die ihr implizite Rationalität organisiert sich mittels der Steuerung von Risiken, der Berechnung von Wahrscheinlichkeiten. Das Entstehen der Norm und ihre Transformation verdeutlicht Foucault beispielhaft an dem Umgang der Städte mit den Epidemien Lepra, Pest und Pocken, weil er hierin paradigmatisch den Übergang von unterschiedlichen Gesellschaftsmodellen sieht.[22]

Der Übergang von einem repressiven zu einem mit der Norm operierenden gesellschaftlichen Handeln zeigt sich vor allem im Vergleich Lepra – Pest. Dabei geht es zum einen um ein Modell gesellschaftlicher Kontrolle durch Ausschluss und zum anderen um ein Modell der Einschließung und Erfassung. Während die Städte die Lepra im Mittelalter dadurch bekämpften, dass sie die von Lepra Befallenen aus der Stadt ausschlossen, bzw. sie an den Rand der Stadt verbannten, hatte die Reaktion auf die Pest im 18. Jahrhundert einen einschließenden Charakter. In städtischen Verordnungen wurde der urbane Raum parzelliert, alle Häuser und deren Bewohner/innen wurden erfasst und überwacht, die ›kranken‹ Haushalte unter Quarantäne gestellt und regelmäßig kontrolliert. In den Vorlesungen *Die Anormalen* bezieht sich Foucault auf dieses Modell, um zu verdeutlichen, wie sich im Umgang mit der Krankheit eine neue Macht, die Normalisierungsmacht, in den Techniken der Disziplin durchsetzt und damit tendenziell das alte Modell der Ausschließung

cetten hinzu, indem er diese vor allem von ihrer Krise her analysiert und auf neoliberale Ideologien bezieht.

22 Foucault bezieht sich in diversen Texten auf dieses Beispiel, vgl. Foucault (1994: 251-256, 2003a: 65-71, 2004a: 24-26 und 90-98).

bzw. die Macht des Gesetzes/der Souveränität ablöst. In *Überwachen und Strafen* zeigt er hingegen, dass sich letztlich eine Kombination aus beiden Modellen realisiert habe: Die Ausgeschlossenen waren im 18. Jahrhundert in der Regel Bettler, Landstreicher, ›Irre‹, die zwar einerseits ausgeschlossen waren, andererseits jedoch wiederum als ›Ausgeschlossene‹ durch die Machttechniken der parzellierenden Disziplin individualisiert und als Anormale stigmatisiert wurden. Foucault hält fest:

»Auf der einen Seite ›verpestet‹ man die Aussätzigen, indem man auf die Ausgeschlossenen die Taktik der individualisierenden Disziplinen anwendet, und auf der anderen Seite dient die Vielfalt und Allgegenwart der disziplinierenden Kontrollen dazu, den ›Aussätzigen‹ zu stigmatisieren und die dualistischen Ausschließungsmechanismen gegen ihn einzusetzen. Die hartnäckige Grenzziehung zwischen dem Normalen und dem Anormalen, der jedes Individuum unterworfen ist, verewigt und verallgemeinert die zweiteilende Stigmatisierung und die Aussetzung des Aussätzigen. [...] Alle Machtmechanismen, die heute das Anormale umstellen, um es zu identifizieren und modifizieren, setzen sich aus jenen beiden Formen zusammen, von denen sie sich herleiten.« (Foucault 1994: 256)

In der Kombination dieser beiden Modelle zeigt sich letztlich auch das Doppelgesicht der Normalisierungsstrategie, die zum einen alle gleichermaßen einer Norm unterwirft, zum anderen aber eine Trennung in Normale und Anormale herstellt. Foucault unterscheidet zwei unterschiedliche Techniken der Normalisierung. Die Normalisierung des Disziplinardispositivs besteht darin, dass (wissenschaftlich) eine Norm festgelegt wird, beispielsweise ein bestimmter Arbeitstakt oder ein körperliches Maß. Dieser werden dann die Menschen unterworfen und erst dann findet eine Spaltung in normal und anormal stattfindet. Diesen Vorgang bezeichnet Foucault daher als »Normation«. Die andere Technik, für die er die Bezeichnung »Normalisierung« reserviert, illustriert er in der Vorlesung Sicherheit, Territorium, Bevölkerung an der städtischen Reaktion auf die Pocken. In der Impfung als Mittel zur Bekämpfung von Epidemien setzen sich die Praktiken der Wahrscheinlichkeits- bzw. Risikokalkulation durch. Foucault erkennt in der Impfung eine Technik des Sicherheitsdispositivs. Hier findet zunächst eine Ortung des Normalen bzw. Anormalen statt – in seinem Beispiel die Sterberaten verschiedener, nach Alter und anderen Kriterien differenzierter Bevölkerungsgruppen –, um dann durch entsprechende optimierende Interventionen eine Norm herzustellen. Für diese gilt: »Die Norm ist ein Spiel im Inneren der Differential-Normalitäten. Das Normale kommt als erstes, und die Norm leitet sich daraus ab, oder die Norm setzt sich ausgehend von dieser Untersuchung der Normalitäten fest und spielt ihre operative Rolle.« (Foucault 2004a: 98)

Jürgen Link hat in seiner historischen Rekonstruktion des *Normalismus* diese zwei Strategien als protonormalistisch und flexibel-normalistisch bezeichnet (vgl. Link 1999: 75ff.). Die historisch ältere Strategie ist der Protonormalismus. Er definiert sich über eine starke Unterscheidung zwischen dem (präskriptiven) Normalen und dem davon kategorial abweichenden Pathologischen, während der sich historisch später entwickelnde flexible Normalismus auf einem Durchschnittswert oder einer ›Normalverteilung‹ beruht, in der Norm und Abweichung zwei Enden eines Kontinuums bilden, das sich ständig verändern kann. Beide Strategien überlappen sich, aber im 20. bzw. 21. Jahrhundert sei der flexible Normalismus zentraler geworden.

Beide Strategien der Normalisierung, die protonormalistische und der flexible Normalismus bezeichnen einen Modus des Sozialen, denn die Norm macht (ähnlich wie der Wert) alles qualitativ Verschiedene vergleichbar – sie entsteht erst aus dieser Vergleichbarkeit – und wirkt dann normativ auf die Individuen zurück. Die Individuen werden also durch die Norm aufeinander, auf Gesellschaft, bezogen. Entscheidend ist aber, dass diese Normen immer auch verkörpert und dass die Körper, wie Foucault dargestellt hat, an der Norm ausgerichtet werden.

Wie sich die Norm äußerlich mittels der Körper durchsetzt und wie sie im Körper und jenseits der Kognition und des Bewusstseins verankert ist, lässt sich genauer mit den theoretischen Werkzeugen begreifen, die Bourdieu bereitstellt.[23]

4.3.3 Bourdieu und die Inkorporation der sozialen Ordnung

Es gibt wenig direkte Bezugnahmen Bourdieus auf die Werke Foucaults. An einer Stelle in den *Meditationen* allerdings heißt es mit explizitem Verweis auf Foucault:

»Wir lernen durch den Körper. Durch diese permanente, mehr oder weniger dramatische, aber der Affektivität, genauer gesagt dem affektiven Austausch mit der gesellschaftlichen Umgebung viel Platz einräumende Konfrontation dringt die Gesellschaftsordnung in die Körper ein. Dies erinnert, zumal nach den Arbeiten Michel Foucaults, an den von der Disziplin der Institutionen ausgehenden Normierungsdruck. Man hat sich jedoch davor zu hüten, den Druck oder die Unterdrückung zu unterschätzen, die kontinuierlich und oft unmerklich von der gewöhnlichen Ordnung der Dinge ausgehen, die Konditionierungen, die von den materiellen Lebensbedingungen, von den stummen Befehlen und von der (um mit Sartre zu sprechen) ›trägen

23 Vgl. zum Konzept der Normalität auch den Sammelband von Link/Loer/Neuendorff (2003), darin vor allem die Aufsätze von Jurt (2003) und Balke (2003), die das Konzept der Normalität hinsichtlich seiner Nähe bzw. Distanz zum Konzept des Habitus diskutieren.

Gewalt‹ der ökonomischen und sozialen Strukturen und der ihrer Reproduktion dienenden Mechanismen auferlegt werden.« (Bourdieu 2001: 181)

Mit Bourdieu gesprochen geht es in dieser Arbeit um die Frage, wie »die Gesellschaftsordnung in die Körper« eindringt. Sein analytisches Konzept hierfür ist der Begriff des *Habitus*. Bevor ich auf dieses Konzept und seine Relevanz für eine gesellschaftstheoretisch fundierte Körpersoziologie eingehe, sowie im Anschluss daran auf *Naturalisierung* und *Inkorporierung* als Aspekte verkörperter Herrschaft, sei vorweg der Kontext dieser Konzepte, das Denken Bourdieus, kurz umrissen.

Relationen

In der Vorrede zu dem Aufsatzband *Praktische Vernunft. Theorie des Handelns* legt Bourdieu selbst dar, was er als den Kern seiner Arbeit verstanden wissen will: eine relationale Wissenschaftsphilosophie und eine Philosophie des Handelns, die im Körper und der Struktur der Situation gründe (vgl. Bourdieu 1998: 7). Das Kernstück dieser Philosophie, so Bourdieu weiter, sei »die doppelsinnige Relation zwischen den objektiven Strukturen (den Strukturen der sozialen Felder) und den inkorporierten Strukturen (den Strukturen des Habitus)« (ebd.). Eine relationale Theorie geht davon aus, dass sich das ›Wesen‹ einer Sache nur in Relation zu anderen Dingen, nur in der Differenz oder als Distinktion bestimmen lässt. Dieses Denken fokussiert vor allem Relationen als Korrespondenzbeziehungen. Die zentrale Korrespondenzbeziehung in Bourdieus Arbeit ist die bereits erwähnte zwischen der Struktur und dem Habitus, oder auch zwischen der objektiven Dingwelt und den subjektiven Schemata. Die objektiven Bedingungen, d.h. die Strukturen und Regeln des Feldes[24], werden inkorporiert im Habitus. Körper und Praxis werden nicht nachrangig zur Welt der Dinge oder Strukturen gedacht, ja mehr noch, Bourdieu betont immer wieder die ganz eigene Logik der Praxis, die dem soziologischen Auge bisher entgangen sei. Deshalb lässt sich seine Theorie auch als »Soziologie der Praxis« (Krais/Gebauer 2002: 5) oder als »soziale Praxeologie« (Bourdieu/Wacquant 1996: 29) bezeichnen. Diese beiden Aspekte – Denken in Relationen und eine vom Körper ausgehende Theorie des Handelns – sind auch als Ausdruck dessen zu begreifen, was Bourdieu häufig als weiteres Ziel seines Denkens benennt: die Überwindung dualistischen Denkens und damit verbunden die Vermittlung von Subjektivismus und Objektivismus, von Strukturalismus und Phänomenologie bzw. Existenzialphilosophie. Als weiterer wichtiger Aspekt seines Denkens ist die Selbstreflexivität der Theorie als Bestandteil der Theoriebildung zu erwähnen. Gemeint ist damit das Wissen

24 Bourdieu verwendet weniger den Begriff »Gesellschaft« als vielmehr »sozialer Raum«, der seinerseits wiederum aus unterschiedlichen autonomen Feldern besteht. Vgl. zum Feld-Begriff auch Bourdieu (1997b).

darum, dass jede Theorie ihren Gegenstand im Beschreiben auch konstruiert und dass sie selbst Teil hat an den Kämpfen um die legitime Sicht der Welt und somit sich selbst immer wieder zu reflektieren und objektivieren habe.

»[D]er Habitus als das Körper gewordene Soziale«[25]

Der Begriff des Habitus lässt sich werkgeschichtlich einmal als Reaktion auf ein methodisches, und einmal als Reaktion auf ein inhaltliches Problem rekonstruieren.[26] In seinen empirischen Studien zur Kabylei und dem Versuch, die gesammelten Daten nach der strukturalistischen Methode auszuwerten, stieß Bourdieu an die Grenzen dieser Systematik und entdeckte, dass sich das strukturalistische Paradigma an der Frage der Praxis brach. Er stellte fest, dass die Praxis einer eigenen Logik folgte, ein Handeln ins Werk setzte, das jenseits von Bewusstsein, Strategie und Intention zum einen und behavioristisch oder biologisch begründeter Reflexhaftigkeit zum anderen funktionierte.[27] Als analytischen ›Motor‹ für diese Praxis bestimmte Bourdieu den Habitus, der sowohl die individuelle als auch zugleich die allgemeine inkorporierte Struktur darstellt und Praxis generiert. Neben diesen methodischen Überlegungen waren Bourdieus Arbeiten inhaltlich von der Frage nach den Auswirkungen der symbolischen Gewalt, der Macht der Klassifikationssysteme geleitet. Diese Frage zieht sich wie ein roter Faden durch seine diversen empirischen Projekte und stellt nach Wacquant auch die politische Stoßrichtung seiner Soziologie dar. Wacquant interpretiert Bourdieus Werk als »materialistische Anthropologie«, die den Beitrag, »den die verschiedenen Formen der symbolischen Gewalt zur Reproduktion und Transformation der Herrschaftsstrukturen« (ebd.: 34) leisten würden, zum Thema mache. Um die Wirkung der symbolischen Gewalt[28], die die Deutungsmacht über die soziale Welt wie auch das perfide Einverständnis der Beherrschten mit der herrschenden Deutungsmacht meint, zu verstehen, war Bourdieu wiederum darauf angewiesen, eine Instanz im Individuum selbst zu finden. Und auch hier zeigt sich das Konzept des Habitus als geeignetes Instrument, um den Zusammenhang zwischen objektiven Strukturen und kognitiven Schemata aufzuzeigen und in den kognitiven Strukturen die Inkorporation der objektiven Strukturen zu sehen.[29] Das Habi-

25 Bourdieu/Wacquant (1996: 161).

26 Zur begriffsgeschichtlichen Rekonstruktion vgl. Krais/Gebauer (2002: 26-30).

27 Vgl. hierzu ausführlich Bourdieus Ausführungen im Vorwort zu seinem Buch *Sozialer Sinn* (1999: 7-45) sowie in den *Meditationen* (2001: 204f.).

28 Bourdieu definiert »symbolische Gewalt« folgendermaßen: »Die symbolische Gewalt ist [...] jene Form der Gewalt, die über einen sozialen Akteur unter Mittäterschaft dieses Akteurs ausgeübt wird« (Bourdieu/Wacquant 1996: 205).

29 Die von Bourdieu manchmal benutzte Formulierung ›kognitive Schemata‹ ist insofern missverständlich, als der Habitus gerade vor- bzw. unbewusste, routinierte, nicht-reflektierte und insofern auch nicht-kognitive Vorgänge beschreibt. Bourdieu räumt aber selbst in einem späteren Buch ein, dass er da, wo er von

tus-Konzept stellt sich somit sowohl in methodisch-theoretischer wie inhaltlich-politischer Hinsicht als konzeptuelle ›Lösung‹ dar, um Grundzusammenhänge der sozialen Welt, das Verhältnis von Struktur und Handlung, von Individuum und Gesellschaft als miteinander verschränkt zu betrachten. Der Habitus ist vor allem Körper – diesem Aspekt soll im Folgenden nachgegangen werden.

In gewisser Hinsicht entspricht der Habitus dem transzendentalen Subjekt Kants. Bourdieu hat dieses soziologisiert und ihm einen Körper gegeben.[30] Denn gemeint sind mit diesem Konzept vor allem Schemata, die das Denken, Fühlen, Urteilen, Wahrnehmen, Bewerten, Klassifizieren und Handeln strukturieren und ermöglichen. Wenn also von kognitiven Schemata die Rede ist, ist damit nicht der ›Geist‹, die Reflexion oder das Bewusstsein gemeint, sondern diesen vorgelagerte und im Körper verankerte Prinzipien der Wahrnehmung und Klassifikation. Bourdieu verwendet neben dem Begriff des Schemas auch die Begriffe Disposition, Set oder Matrix. Wenn man die verstreuten Äußerungen Bourdieus zur Körperlichkeit des Habitus zusammenträgt, zeigt sich, dass sich dieses Verhältnis in dreifacher Hinsicht und unterschiedlichen Materialitätsgraden bestimmen lässt: Zum einen spricht Bourdieu von »kognitiven Strukturen« (Bourdieu 1998: 41), gemeint ist hiermit beispielsweise das Wahrnehmen und Klassifizieren. Hier könnte man aus anderen theoretischen Traditionen heraus auch von der Verankerung im Bewusstsein oder der Psyche sprechen. Zum anderen bezeichnet er den Habitus auch als ein »Präferenzsystem«, das die Einheitlichkeit des Stils gewährleiste. In seiner groß angelegten Studie *Die feinen Unterschiede* wird der Habitus in »Geschmack« übersetzt (bzw. vice versa). Stil oder Geschmack sind insofern stärker als materiell-körperliche Ebenen des Habitus zu verstehen. Wie in der erwähnten Studie beziehen sich diese auf die gesamte Existenzweise, d.h. auf die Sinne (Musik hören, Eßgewohnheiten, Vorlieben für Kunst und Film), auf

kognitiven Strukturen oder Kategorien spricht, eigentlich praktische Schemata und Dispositionen meint (vgl. Bourdieu 2005: 20).

30 Auf die Differenz in dieser Verwandtschaft geht auch Bourdieu ein. So schreibt er, der Habitus »gibt dem Akteur eine generierende und einigende, konstruierende und einteilende Macht zurück und erinnert zugleich daran, daß diese sozial geschaffene Fähigkeit, die soziale Wirklichkeit zu schaffen, nicht die eines transzendentalen Subjekts ist, sondern die eines sozial geschaffenen Körpers, der sozial geschaffene und im Verlauf einer räumlich und zeitlich situierten Erfahrung erworbene Gestaltungsprinzipien in die Praxis umsetzt« (Bourdieu 2001: 175). Aber auch die verwandtschaftliche Nähe ist ihm wohl bewusst: »Der Habitus erfüllt eine Funktion, die in einer anderen Philosophie dem transzendentalen Bewußtsein überlassen wird: Er ist ein sozialisierter Körper, ein strukturierter Körper, ein Körper, der sich die immanenten Strukturen einer Welt oder eines bestimmten Sektors dieser Welt, eines Felds, einverleibt hat und die Wahrnehmung dieser Welt und auch das Handeln in dieser Welt strukturiert.« (Bourdieu 1998: 145)

körperliche Tätigkeiten (Feste feiern, Sport treiben) oder auch die Pflege und Stilisierung des Körpers (durch Kleidung, Kosmetika etc.). Und zum dritten spricht Bourdieu stellenweise auch von Körperhaltungen und Körperbewegungen, in denen sich der Habitus ausdrücke. Er verwendet für die Körper*gestalt* auch den Begriff der *hexis* (Bourdieu 1996: 739, 1999: 129, 2001: 181). Dies wäre dann die ganz unmittelbare und gleichzeitig äußerliche Ebene des Körpers.

Das Innovative der Habitus-Konzeption ist also, dass auf diese Weise selbst kleine körperliche Gesten wie das Halten einer Teetasse als Ausdruck eines spezifischen Habitus und damit eigentlich als spezifische Inkorporation der Regeln und Zwänge eines spezifischen sozialen Feldes (oder auch der objektiven Existenzbedingungen, wie Bourdieu in früheren Texten schreibt) decodiert werden können. Für eine gesellschaftstheoretische Analyse des Körpers ist daher der Habitus als Scharnier zwischen Individuellem und Allgemeinen eine interessante gedankliche Konstruktion.

Der Habitus ist das Resultat einer Einverleibung oder Inkorporierung der sozialen Welt und ihrer Ordnungs- und Klassifikationsmuster, wie er auch gleichzeitig das Erzeugungsprinzip dieser Praxis ist. Diese Doppelfunktion des Habitus fasst Bourdieu in der Formulierung von der »strukturierten und strukturierenden Struktur«[31]. Ich möchte im Weiteren diese Doppelfunktion mit der weiter oben entwickelten sozialwissenschaftlichen Konzeption vom Körper als sozialer Praxis, d.h. vom Körper als Produkt *und* Produzent von Gesellschaft, analogisieren. Als strukturierte Struktur ist der Habitus das Produkt der Bedingungen und Erfordernisse des Feldes. So bildet sich beispielsweise ein Klassenhabitus als Ergebnis des Aufwachsens in einem bestimmten sozialen Milieu. Der Klassenhabitus drückt sich aus in der äußerlich sichtbaren Form des Körpers, in den geschmacklichen Vorlieben und Neigungen, aber auch ganz grundsätzlich in den übernommenen Klassifizierungs- und Teilungsprinzipien. Zum Habitus als *strukturierter* Struktur merkt Bourdieu in *Die feinen Unterschiede* an, »das Prinzip der Teilung in soziale Klassen, das der Wahrnehmung der sozialen Welt zugrunde liegt, ist seinerseits Produkt der Verinnerlichung der Teilung in soziale Klassen« (Bourdieu 1996: 279).

Als *strukturierende* Struktur ist er ein Prinzip der Praxis, das soziale Wirklichkeit konstituiert und das eine eigene ›Logik‹ und Erfahrungsdimension jenseits von Bewusstsein und Intention beinhaltet. Auf die Erkenntnisdimension des Körpers geht Bourdieu insbesondere in den *Meditationen* ein. Dass der Körper als Erkenntnisdimension, somit als Produzent sozialer Praxis, sehr wohl auch gesellschaftlichen Prägungen unterliegt, wird insbesonde-

31 Genauer heißt es hierzu: »Habitusformen als Systeme dauerhafter und übertragbarer Dispositionen, als strukturierte Strukturen, die wie geschaffen sind, als strukturierende Strukturen zu fungieren […]« (Bourdieu 1999: 98).

re in folgendem Zitat sehr anschaulich: Gegen sowohl mechanistische wie finalistische Handlungstheorien räumt Bourdieu ein,

»daß die sozialen Akteure über einen Habitus verfügen, den vergangene Erfahrungen ihren Körpern einprägten: Diese Systeme von Wahrnehmungs-, Bewertungs- und Handlungsschemata ermöglichen es, praktische Erkenntnisakte zu vollziehen, die auf dem Ermitteln und Wiedererkennen bedingter und üblicher Reize beruhen, auf die zu reagieren sie disponiert sind, und ohne explizite Zwecksetzung noch rationale Mittelberechnung Strategien hervorzubringen [...].« (Bourdieu 2001: 177)

Bourdieu arbeitet hier aber vor allem die Fähigkeit des Körpers (als Inkorporation sozialer Prinzipien) heraus, die soziale Welt zu erkennen und in ihr agieren zu können. Die Instanz, die das praktische Verstehen und Handeln dirigiert, ist der *sens pratique*, der praktische Sinn oder auch Spiel-Sinn, den Bourdieu manchmal mit Habitus gleichsetzt, ein anderes Mal diesem zur Seite stellt. Er gewährleistet die Übereinstimmung von Habitus und Feld, die eine »ontologische Komplizität« (Bourdieu 1989: 397) miteinander verbindet – wenn es gut läuft. Stimmen Habitus und Feld nicht überein, ergeben sich Dissonanzen, die sich nur über die Aneignung der adäquaten Habitusformen oder den Ausschluss aus dem Feld auflösen. Die prinzipielle Bereitschaft, das jeweilige Spiel des jeweiligen Feldes spielen zu wollen, wird von Bourdieu mit Glaube oder Illusio beschrieben und meint eine stillschweigende Anerkennung, die primär durch den Körper vermittelt wird:

»Der praktische Glaube ist [...] ein *Zustand des Leibes*. Die ursprüngliche *doxa* ist jenes unmittelbare Verhältnis der Anerkennung, das in der Praxis zwischen einem Habitus und dem Feld hergestellt wird, auf das dieser abgestimmt ist, also jene stumme Erfahrung der Welt als einer selbstverständlichen, zu welcher der praktische Sinn verhilft.« (Bourdieu 1999: 126)

Neben den praktischen Erkenntnisakten und der Eintrittskarte ins Feld erfüllt der Körper noch eine weitere erkenntnisleitende Funktion. Er ist Speicher von Geschichte, in ihm sedimentiert sich Geschichte jenseits von Bewusstsein und kann entsprechend durch körperliche Bewegung tradiert und wachgerufen werden: »Als einverleibte, zur Natur gewordene und damit als solche vergessene Geschichte ist der Habitus wirkende Präsenz der gesamten Vergangenheit, die ihn erzeugt hat.« (Ebd.: 105)

Der Körper erfüllt nach Bourdieu noch eine weitere gesellschaftliche Funktion: Er fungiert als Kapital und somit als Investitions- und Tauschmittel. Das körperliche Kapital kann je nach Feld und Spielregel entweder direkt geltend gemacht oder konvertiert werden in eine andere Kapitalform. Er ist als Kapital ein Mittel zur Positionierung im sozialen Raum.[32]

Der Körper als Habitus ist somit das zentrale »Prinzip der *Vergesellschaftung*« (Bourdieu 2001: 172); wobei er aufgrund seiner relativen Eigenständigkeit gegenüber dem Bewusstsein oder der Vernunft mehr ist als das Medium; über den Habitus verankert sich die Struktur oder die Gesellschaft direkt im einzelnen Körper, in seinen kognitiven Dispositionen, seiner Motorik, seinen Körperschemata. Um zu rekonstruieren, wie diese Verankerung oder auch Inkorporation verläuft, muss man wieder Einzelaussagen Bourdieus zusammentragen. Mal spricht er von »Konditionierung« (Bourdieu 1999: 98, 108), mal von »Erziehung« (Bourdieu 2001: 178), dann wieder von »Lernen«. Gemeint ist der Erwerb von Dispositionen im Verlauf der Sozialisation, der sich nicht nur durch pädagogische Imperative (»Sitz gerade«), sondern vor allem auch durch mimetisches Lernen, also Nachahmung, ein körperliches Orientieren an Körperpraktiken (der Erziehungs- oder anderer Autoritätspersonen beispielsweise) vollzieht.

Zur »Somatisierung der gesellschaftlichen Herrschaftsverhältnisse«[33]

Welchen analytischen Gewinn wirft Bourdieus Körpertheorie für die Frage nach der Herstellung und Reproduktion sozialer Ungleichheit ab?

Indem er im Habitus ein zentrales Prinzip der Vergesellschaftung ausmacht, öffnet Bourdieu den Blick für die Verankerung sozialer Strukturen (und damit einer von Ein- und Ausschluss und Herrschaft durchzogenen sozialen Ordnung) im Körper. Das zentrale Konzept hierfür ist das der *Inkorporierung* (vgl. Bourdieu 1998: 41, 1996: 730).[34] Gleichzeitig erklärt der Verweis auf die Inkorporation sozialer Teilungsprinzipien und Hierarchien – und damit letztlich deren *Naturalisierung* – die Persistenz dieser Strukturen, da sie nicht nur täglich und durch kleinste körperliche Gesten von den Akteuren reproduziert werden, sondern durch den Nimbus des Natürlichen als unveränderlich erscheinen. Der Habitus ist »die zur zweiten Natur gewordene, in motorische Schemata und körperliche Automatismen verwandelte gesellschaftliche Notwendigkeit« (Bourdieu 1996: 739).

---

32 Vgl. zu seiner Kapital-Theorie auch Bourdieu (1985) sowie zu Körper als Kapital im Kontext des Sports Bourdieu (1986).

33 Bourdieu (2005: 45).

34 Ulle Jäger kritisiert blinde Stellen und Inkonsistenzen in diesem Konzept. Den Grund hierfür sieht sie darin, dass bei Bourdieu die Körperebenen (Körper und Leib) unklar blieben und deswegen der Vorgang selbst – die Körperlichwerdung sozialer Gegenstände – etwas vage. Sie schlägt daher vor, das Konzept der Inkorporierung mit dem von ihr entwickelten Konzept der Verschränkung von Körper und Leib zu erweitern (vgl. Jäger 2004: 169-207).

In seinen Arbeiten stellt Bourdieu besonders heraus, wie sich die gesellschaftlichen Strukturkategorien Klasse und Geschlecht über die Dimension des Körperlichen reproduzieren. Dieser Zusammenhang soll im Folgenden rekonstruiert werden, um dann Schwachstellen dieser Konzeption und mögliche Anschlussmöglichkeiten für die der Arbeit zugrundeliegende Fragestellung zu diskutieren.

Klasse

Bourdieu stellt zunächst Korrespondenzen fest zwischen der Position im sozialen Raum (die wiederum von den zur Verfügung stehenden Kapitalsorten abhängig ist) und den Habitusformen, d.h. den äußerlichen Körpermerkmalen, dem Geschmack, dem Stil, den Wahrnehmungs- und Bewertungskriterien, und interpretiert diese dann als Produkt der inkorporierten Position. Der individuelle Habitus ist immer nur eine Variation eines kollektiven, beispielsweise Klassenhabitus. D.h. die Existenzbedingungen, die jeweilige Position im Feld bedingen auch die Ausbildung der entsprechenden kognitiven Strukturen, mittels derer das Agieren im Feld strukturiert wird. Neben dieser direkten Prägung durch den jeweiligen Klassenhintergrund werden darüber hinaus aber auch die Teilungsprinzipien der sozialen Welt – als einer Welt sozialer Gruppen und Klassen – inkorporiert und leiten die individuelle Wahrnehmung der Welt, die sich dann wieder als eine geteilte präsentiert. Das Unbewusste dieser Vermittlung und ihr Niederschlag im Körperlichen, d.h. in der Statur, der Art sich zu bewegen oder zu sprechen, lässt so die soziale Klassenteilung als Naturgegebenheit erscheinen.

»Der Geschmack: als Natur gewordene, d.h. inkorporierte Kultur, Körper gewordene Klasse, trägt er bei zur Erstellung des ›Klassenkörpers‹, als inkorporiertes, jedwede Form der Inkorporation bestimmendes Klassifikationsprinzip wählt er aus und modifiziert er, was der Körper physiologisch wie psychologisch aufnimmt, verdaut und assimiliert, woraus folgt, daß der Körper die unwiderlegbarste Objektivierung des Klassengeschmacks darstellt, diesen vielfältig zum Ausdruck bringt: zunächst einmal in seinen scheinbar natürlichsten Momenten – seinen Dimensionen (Umfang, Größe, Gewicht etc.) und Formen (rundlich oder vierschrötig, steif oder geschmeidig, aufrecht oder gebeugt, etc.), seinem sichtbaren Muskelbau, worin sich auf tausenderlei Art ein ganzes Verhältnis zum Körper niederschlägt, mit anderen Worten, eine ganz bestimmte, die tiefsitzenden Dispositionen und Einstellungen des Habitus offenbarende Weise, mit dem Körper umzugehen, ihn zu pflegen und zu ernähren.« (Ebd.: 307)

In *Die feinen Unterschiede* weist Bourdieu vor allem nach, dass die soziale Hierarchie unter den Klassen sich *als Distinktion* durch den Geschmack und damit in den Lebensstilen, Konsumgewohnheiten etc. materialisiert. Denn Geschmack ist immer schon sozial differenziert. In seiner Studie unterscheidet Bourdieu einen legitimen, einen mittleren und einen populären Geschmack. Diese Hierarchie wird von den Individuen in ihrer Alltagspraxis, in ihren Vorlieben und Gewohnheiten beständig reproduziert und abgesichert, und daher eignet sie sich so hervorragend »zur Erfüllung einer gesellschaftlichen Funktion der Legitimierung sozialer Unterschiede« (ebd.: 27).

Geschlecht

Die für die Herausbildung eines Klassenhabitus und Klassenkörpers beschriebene Zirkularität, die sich aus dem Verhältnis von Feld und Habitus ergibt, gilt in ähnlicher Weise für die Bildung eines geschlechtsspezifischen Habitus. Bourdieu setzt voraus, dass das Geschlecht als zentrales Teilungsprinzip die soziale Ordnung durchzieht. In seinen empirischen Untersuchungen der kabylischen Gesellschaft entdeckt er Korrespondenzbeziehungen zwischen der geschlechtlichen Arbeitsteilung, der Anordnung des physischen Raums, d.h. den Aufteilungen der Häuser und den Klassifikationsschemata, die alle Gegensatzpaare (hell – dunkel, trocken – feucht etc.) als geschlechtlich codierte wahrnehmen ließen, um dann ihren praktischen Niederschlag in den jeweils Männern bzw. Frauen vorbehaltenen Tätigkeiten und Riten zu finden. Von diesen Entdeckungen aus analysiert er die »männliche Herrschaft« als Paradebeispiel für die Wirkungen der symbolischen Gewalt. Denn die männliche Herrschaft stabilisiert sich vor allem durch zwei Operationen. Zum einen legitimiert sie ein Herrschaftsverhältnis, »indem sie es einer biologischen Natur einprägt, die selbst eine naturalisierte gesellschaftliche Konstruktion ist« (Bourdieu 2005: 44f.). Zum anderen nimmt dieses Herrschaftsverhältnis als somatisiertes die Gestalt eines Naturgesetzes an. Mit anderen Worten: Die Geschlechterdifferenz wird zunächst als biologischer Unterschied konstruiert, der dann seinerseits zur Legitimierung gesellschaftlicher Unterschiede in Hinblick auf Geschlecht dient. D.h., der biologische Unterschied muss selbst als Produkt gesellschaftlicher Einschreibungen in den Körper interpretiert und analysiert werden. Die Geschlechterdifferenz ist auf eine doppelte Weise gesellschaftlich verankert: zum einen in objektiviertem Zustand, also in den Dingen und der sozialen Arbeitsteilung, zum anderen in inkorporiertem Zustand. Die Geschlechterdifferenz verankert sich über den Habitus in den individuellen Körpern, d.h. in den Schemata der Wahrnehmung, des Denkens, Fühlens und Handelns. Diese Schemata sind auch Teil der eigenen Körperwahrnehmung. Bourdieu schreibt dazu:

> »Die soziale Welt konstruiert den Körper als geschlechtliche Tatsache und als Depositorium von vergeschlechtlichten Interpretations- und Einteilungsprinzipien. Dieses inkorporierte soziale Programm einer verkörperten Wahrnehmung wird auf alle Dinge in der Welt und in erster Linie auf den *Körper selbst* in seiner biologischen Wirklichkeit angewandt.« (Ebd.: 22)

Die Geschlechterdifferenz prägt sich als Habitus in die Körper ein durch die geschlechtlich differenzierte soziale Ordnung, d.h. durch Dinge, durch Orte, durch Routinen der Arbeitsteilung und kollektive und private Rituale. Sie strukturiert die Art sich zu bewegen, die Körperhaltung und das Verhalten. Auf diese Weise entstehen zwei geschlechtsspezifische Habitus, wie Bourdieu feststellt:

»Die für die gesellschaftliche Ordnung konstitutiven Einteilungen und, genauer, die zwischen den Geschlechtern instituierten sozialen Herrschafts- und Ausbeutungsverhältnisse prägen sich allmählich in zwei verschiedene Klassen von Habitus ein. Und zwar in Gestalt gegensätzlicher und komplementärer körperlicher *hexis* und in Form von Auffassungs- und Einteilungsprinzipien – mit dem Effekt, daß alle Gegenstände der Welt und alle Praktiken nach Unterscheidungen klassifiziert werden, die sich auf den Gegensatz von männlich und weiblich zurückführen lassen.« (Ebd.: 56f.)

Die Verankerung in den Körpern und den Dingen erklärt, warum dieses Herrschaftsverhältnis so ausdauernd ist und sich so schwierig nur verändern lässt. Denn die symbolische Gewalt bewirkt, dass die Beherrschten sich mit den Werten und Prinzipien der Herrschenden identifizieren. Und diese Identifikation ist nach Bourdieu kein kognitiver Vorgang, sondern als habitualisierter vor allem ein körperlicher. Hinsichtlich der Abschaffung dieser Herrschaft resümiert er:

»Eine subversive politische Bewegung muß wirklich alle Herrschaftseffekte berücksichtigen, die über die objektive Komplizenschaft zwischen den (in den Männern wie den Frauen) inkorporierten Strukturen und den Strukturen der großen Institutionen ausgeübt werden, wo nicht nur die männliche Ordnung, sondern die gesamte gesellschaftliche Ordnung vollendet und reproduziert wird.« (Ebd.: 199).

4.4 Diskussion

Mit Bourdieus Konzeption des Habitus ist es möglich, der Verkörperung von sozialen Differenzen und Teilungen Rechnung zu tragen und damit zu begreifen, dass gesellschaftliche Herrschaft nicht nur über die Körper ausgeübt, sondern auch in den Körpern verankert und von diesen reproduziert wird. Dies gilt insbesondere für die zentralen Strukturkategorien Klasse und Geschlecht. Die Verkörperung bewirkt eine Naturalisierung sozialer Differenzen. Diese schreiben sich als »verborgene Imperative« in die Körper ein, in Körperhaltungen und Verhaltensweisen, die die Klassen- und Geschlechterdifferenzen als hierarchische Verhältnisse stabilisieren. Hierzu heißt es bei Bourdieu: »Die körperliche Hexis ist die realisierte, *einverleibte*, zur dauerhaften Disposition, zur stabilen Art und Weise der Körperhaltung, des Redens, Gehens und damit des *Fühlens* und *Denkens* gewordene politische Mythologie.« (Bourdieu 1999: 129)

Die soziale Ordnung in dieser Hinsicht zu entmythologisieren, wäre die Aufgabe einer gesellschaftstheoretischen Körpertheorie. Das Habitus-Konzept bietet hierfür Anschlussmöglichkeiten. Allerdings wäre Bourdieus theoretisches Modell zu erweitern bzw. zu verfeinern, denn es gibt hier ein grundsätzliches Problem: So einleuchtend die Konzeption des Habitus auch ist, sie bleibt letztlich die Kombination eines zirkulären Erklärungsmodells mit einem dualen. Der Verweisungszusammenhang von Handlung und Struktur im Habitus ist zirkulär und lässt insofern Fragen danach offen, wie er entstehen konnte und wie er zu verändern wäre. Dual ist seine Konzeption insofern, als Bourdieu davon ausgeht, dass die soziale Ordnung von Gegensätzen durchzogen ist, die sich, wie dargestellt, im Klassen- und im Geschlechterverhältnis ausdrücken. In diesen letztlich strukturalistisch begriffenen Verhältnissen bleibt die Tatsache unbeachtet, dass selbst ein Gegensatzpaar immer aufeinander verwiesen ist und dritte Instanzen generiert. Das davon Ausgeschlossene oder konkret die ›nicht-legitimen Körper‹ tauchen bei Bourdieu nicht auf. Was bei Foucault und Butler als das konstitutive Außen konzipiert ist, über das sich die Norm stabilisiert, kann in Bourdieus Konzeption nicht erfasst werden. Diese strukturalistischen Sackgassen ließen sich öffnen, wenn man versuchte, die Begriffe Marginalisierung und Normalisierung mit Bourdieus Habitus-Konzeption zu verbinden. Es wäre in diesem Zusammenhang von Foucault kommend die Herrschaft der Norm mit dem Konzept des Habitus zu analysieren, denn diese ist ja der Klassenstruktur sowohl immanent wie ihr äußerlich. Aber auch Foucaults Ansatz einer gesellschaftstheoretisch fundierten Körpertheorie weist für die dieser Arbeit zugrundegelegte Forschungsfrage Probleme auf. Während Foucault mit seinem analytischen Blick von den Rändern der Gesellschaft ausgeht, für die paradigmatisch der Kranke, der Kriminelle und der Irre stehen, und so die Verschränkungen von Macht und Wissen und deren zentrales Instrument, die Norm, offenlegt, Normalisierung und Marginalisierung somit als gesellschaftliche Strategien dechiffriert, findet in seinen Machtkonzeptionen doch wieder eine Homogenisierung statt. Alle Körper werden gleichermaßen der Disziplin, der Norm und der Bio-Macht unterworfen, und doch treten empirisch differente Körper, die in unterschiedlicher Weise normal oder marginal sind, in Erscheinung. Hier müsste man in der Analyse weitergehen und genauer fragen, wie sich die Norm in die Körper einschreibt und sich dort naturalisiert, wie Körper normalisiert *und* marginalisiert werden. Butlers körpertheoretischer Ansatz geht sowohl über Bourdieu wie auch Foucault hinaus, indem sie einerseits ähnlich wie ersterer regulierende Schemata für die Produktion bestimmter Körper verantwortlich macht, andererseits jedoch wie letzterer in diesen Schemata die Verkörperung einer Norm erkennt. Allerdings sind diese regulierenden Schemata keine zeitlosen

Strukturen, »sondern historisch revidierbare Kriterien der Intelligibilität – Kriterien, die Körper produzieren und unterwerfen, die von Gewicht sind« (Butler 1995: 37). Erst die Einsicht in die Performativität dieser Schemata, oder auch: des Habitus, eröffnet eine Möglichkeit, den marginalisierten oder verworfenen Körpern einen Raum zu geben. Unklar bleibt in diesem Ansatz hingegen, wie sich mit einer performativen Körpertheorie die Frage danach, welche Körper historisch normalisiert oder marginalisiert werden, oder anders, welche Gesellschaftstypen welche Körper hervorbringen, beantworten ließe.

Die Auseinandersetzung mit den Arbeiten Foucaults in diesem Kapitel konnte deutlich machen, dass sich in der Art und Weise, wie Körper produktiv gemacht werden, neue gesellschaftliche Konstellationen herausbilden. Auf gegenwärtige gesellschaftliche Verhältnisse bezogen, müsste man also ähnlich wie Foucault das Ineinandergreifen der beiden normalistischen Strategien am Körper analysieren, somit von zwei unterschiedlichen Formen gesellschaftlicher Herrschaft ausgehen, wie sie im vorangegangenen Kapitel bereits für die neuen Formen sozialer Kontrolle dargestellt wurden. Die eine ist eine allgemeine, die im Zusammenspiel von Vermassung und Individualisierung alle gleichermaßen auf die Norm hin ausrichtet (Standardisierung von Arbeitsabläufen, von Verhalten, Schönheitsideale etc.). Die andere ist die, die qua Norm eine binäre Struktur konstituiert bzw. die soziale Ordnung vor allem in der Spaltung begründet (körperlich Stigmatisierte, Freaks etc.). Beide Formen sind insofern aufeinander verwiesen, als erst die Spaltung und der Ausschluss bzw. die Existenz am Rand der Gesellschaft als permanente Drohung die Unterwerfung unter die Norm stabilisieren und gleichzeitig die Ausgeschlossenen, Anormalen als Negativfolie für das Versichern der eigenen Normalität herhalten müssen.

Wie in diesem Kapitel dargestellt, müsste eine gesellschaftstheoretische Körpertheorie den Körper als Produkt *und* Produzent von Gesellschaft begreifen und in der Differenz und der Norm Prinzipien erkennen, in denen Körper für gesellschaftliche Prozesse produktiv gemacht werden. Mit einem performativen Blick lassen sich die Einschreibungen sozialer Prinzipien als Habitualisierungen analysieren, die jedoch im Vollzug immer wieder aktualisiert werden. Gleichzeitig werden damit im körperlichen Handeln Normen stabilisiert und reproduziert. Beide Ansätze, der eher gesellschaftstheoretische wie der performative, verstehen den Körper als Produkt und Produzent und legen trotz der unterschiedlichen Gewichtung in ihrer Perspektive auf Körper eine Konzeption der Doppelperspektive vor. Insbesondere die Kombination dieser Ansätze liefert wichtige Bausteine für ein theoretisches Verständnis der hier zugrunde gelegten Forschungsfrage. Von diesen Bausteinen ausgehend, könnten Prozesse der Marginalisierung und Normalisierung von Körpern im öffentlichen Raum sowohl als Resultat inkorporierter sozialer Teilungsprinzipien wie auch als Ausdruck für eine an spezifischen Normen und Differenzen ausgerichtete gesellschaftliche Ordnung begriffen werden. Inwiefern sich mit diesem theoretischen Blick auf die Körper die soziale Wirklichkeit angemessen begreifen lässt, soll mit der folgenden empirischen Studie untersucht werden.

5. Zwischenresümee Theorie

Die vorangegangene Auseinandersetzung mit vier unterschiedlichen thematischen und theoretischen Zugängen, deren immanenten Leerstellen und Verzahnungen sollte der theoretischen Präzisierung der Forschungsfrage dienen. Zum einen war das Ziel, zentrale Begriffe zu erarbeiten, um den konzeptuellen Rahmen der Forschungsfrage zu erweitern und damit der empirischen Studie das Feld zu bereiten. Zum anderen ging es dabei darum, Anschlussmöglichkeiten für die Frage nach der Bedeutung der Körper aufzuspüren. Diese Frage zog sich als roter Faden durch die ersten drei Kapitel und wurde im vierten theoretisch vertieft. Im Folgenden sollen die Ergebnisse dieser Auseinandersetzung hinsichtlich der erarbeiteten Begriffe und der Bedeutung der Körper rekapituliert und systematisiert werden.

Im ersten Kapitel wurden verschiedene Konzepte diskutiert, die versuchen, die soziale Spaltung begrifflich zu fassen. In der Betrachtung des Begriffs der Randgruppe, die einmal sozialstrukturell und einmal über Normen und Konventionen definiert wird, wurde ein grundsätzliches Problem der Debatten zur sozialen Spaltung offenbar: die begriffliche Trennung der Gesellschaft in eine Mitte und einen Rand. Nicht allein, dass dabei der Gegenstand, die soziale Spaltung, in Festschreibungen wissenschaftlich verdoppelt zu werden droht, ist das Problem. Die Definition eines Rands, der tendenziell von einer gesellschaftlichen Mehrheit ausgefüllt wird, macht die Trennung logisch unplausibel und verweist darauf, dass ein Rand immer von einer Mitte aus definiert ist, wie diese sich auch selbst in Abgrenzung zu jenem definiert. Der Exklusionsbegriff in Kronauers Konzeption stellt den Versuch einer Antwort auf dieses Problem dar, denn mit ihm wird Ausgrenzung in den Dimensionen von Partizipation und Interdependenz erfasst und damit als Problem erkannt, das gesellschaftlich produziert ist und nicht bei den Exkludierten seinen Ausgang nimmt. Auf diese Weise kann Exklusion, als gesellschaftliches Verhältnis verstanden, zu einem Begriff der Gesellschaftsanalyse werden. Um den prozesshaften Charakter der Ausgrenzung zu betonen, habe ich den Begriff der Marginalisierung eingeführt. Er ist darüber hinaus für die Analyse hilfreich, weil er auf den Begriff der Randgruppe bezogen darauf aufmerksam macht, dass Rand und Mitte oder Abweichung und Norm in einem Verweisungszusammenhang stehen. Die Gruppe der Marginalisierten kann so als Produkt gesellschaftlicher Normalisierung analysiert werden, während gleichzeitig deutlich wird, dass die gesellschaftliche Normalität konstitutiv auf den Rand angewiesen ist. Die Gruppen, die außerhalb der sozialen Ordnung und ihrer Normen stehen und daher in der Vergangenheit als Randgruppen bezeichnet wurden, werden heute vor allem als ›gefährliche Klassen‹ problematisiert.

Die Stadt als Ort, an dem soziale Spaltungen sichtbar werden, war Gegenstand des sich anschließenden Kapitels. Hier wurde deutlich, dass die Vorstellung des Raums als eines Behälters oder Containers, *in* dem soziale Prozesse stattfinden, für eine sozialwissenschaftliche Theoretisierung von Raum unzureichend ist. Für die Analyse von Ausgrenzungsprozessen ist daher ein Verständnis von Raum unerlässlich, das diesen als gesellschaftlich produziert und als soziale Praxis begreift. Mit der Raumtheorie Bourdieus konnte gezeigt werden, dass Raum eine wichtige Dimension sozialer Ungleichheit ist, weil sich in ihm soziale Positionierungen materialisieren und er eine wichtige Ressource in gesellschaftlichen Verteilungs- und Positionierungskämpfen darstellt. Löws Raumtheorie konnte insbesondere die Seite der Produktion von Raum erhellen, indem sie ihn als (An)Ordnung von Körpern und Gütern vorstellte, als Ergebnis von Praktiken des Spacings und von Syntheseleistungen. Räume werden in diesen Theorien analysierbar als Medium, Ressource und Ausdruck gesellschaftlicher Herrschaft. Die Diskussion der Theorien zeigte aber auch, dass Raum aus zwei Perspektiven betrachtet werden muss, dass die Container-Perspektive nicht einseitig zugunsten der Perspektive auf die Konstitution des Raums fallengelassen werden darf. Die Analyse muss sowohl die Konstitution von Raum im Handeln als auch die Wirkung verfestigter, institutionalisierter Räume auf das Handeln reflektieren und als aufeinander bezogen untersuchen.

Das dritte Kapitel sollte zu einer Präzisierung der Ausgrenzungsprozesse im urbanen Raum insofern beitragen, als es herausstellt, dass dieser in besonderer Weise von Sicherheitsaspekten durchzogen und damit Gegenstand neuer Formen sozialer Kontrolle ist. Diese konnten in Techniken der Selbstführung und der Exklusion differenziert werden, die sich vor allem räumlich artikulieren. Die Darstellung der Akteure der Sicherheitsproduktion, der Techniken zur Überwachung und Zonierung des öffentlichen Raums und der Bildung neuer Raumtypen veranschaulichte diesen Wandel der sozialen Kontrolle. Gleichzeitig wurde aber an den neuen Raumstrategien auch deutlich, wie sich die soziale Ordnung zunehmend über die Herstellung von Sicherheit konstituiert, indem bestimmte Normen und Konventionen im öffentlichen Raum durchgesetzt werden. Sicherheit und Gefahr werden verstärkt zu realitätsstrukturierenden Prinzipien. In der Konzeption der Sicherheitsgesellschaft wurden diese Verschiebungen innerhalb des sozialen Gefüges begrifflich gefasst. In den Räumen der Sicherheitsgesellschaft treten die ›gefährlichen Klassen‹ als Bedrohung der sozialen Ordnung in Erscheinung.

Im Folgenden soll rekonstruiert werden, in welcher Weise der Körper in den behandelten drei thematischen und theoretischen Feldern auftauchte.

Exklusion, verstanden als Ausschluss aus gesellschaftlichen Bezügen der Teilhabe und der Interdependenz, umfasst, wie gezeigt wurde, auch die subjektive Dimension, das Gefühl, aus der Gesellschaft ausgegrenzt zu sein oder die Angst vor dem drohenden ›sozialen Abstieg‹. Als Ergebnis von Stigmatisierungen und anderen Zuschreibungsprozessen manifestiert sie sich in zweifacher Weise körperlich: einmal als Sichtbarkeit und einmal als eigene Wahrnehmung und Gefühl. Impliziter kommt die Perspektive auf die Körper in der Diskussion um den Begriff der Randgruppe zum Ausdruck. In der an Normen und Konventionen orientierten Definition der Randgruppe steckt jedoch auch die Vorstellung von auf Körper bezogene Normen, die sich im Verhalten, der Bewegung und im Aussehen materialisieren. Im zweiten Kapitel wurde mit Bourdieu und Löw die Relevanz körperlicher Prozesse für die Konstitution von Raum herausgearbeitet. Nach Bourdieu ist der Körper, genauer: die Körperbewegung, das zentrale Medium, in dem Raum angeeignet wird. In der Aneignung von Raum lagern sich aber auch die diesem immanenten sozialen Strukturen in den Körpern ein. Löw weist darauf hin, dass die Habitusformen konstitutiv für die Handlungen des Spacings und der Syntheseleistungen sind. Körper wirken somit an der Herstellung von Raum mit, sie sind aber auch die Instanz, über die räumliche Arrangements erfahrbar werden, insbesondere wenn sie begrenzend oder exkludierend wirken. Dieser Zusammenhang konnte insbesondere an den Beispielen zu den neuen, vor allem räumlichen Formen sozialer Kontrolle illustriert werden. Die Techniken der Exklusion richten sich in besonderer Weise auf Körperpraktiken. Die Sichtbarkeit von ›störenden‹ oder ›gefährlichen Körpern‹ ist Voraussetzung für deren Exklusion. Aber auch in den Techniken der Selbstführung wie in den Responsabilisierungsstrategien oder den ›criminologies of everyday life‹ wird Körperlichkeit relevant, handelt es sich hierbei doch um Inkorporierungen sozialer Kontrolle und gesellschaftlicher Imperative. Die Subjekte der Selbstführungstechniken wurden mit Blick auf situationspräventive Ansätze zur sozialen Kontrolle differenziert in ökonomisch handelnde Akteure, wie sie in *rational choice*-Theorien und kriminalpräventiven Techniken vorausgesetzt werden, und verantwortlich zu machende Subjekte wie in den Ansätzen zu Partizipation und den Strategien der Responsabilisierung. Beide Ansätze gehen aber von einer verinnerlichten, und damit inkorporierten individualistischen Logik der Nutzenmaximierung aus.

Ungeachtet seiner Präsenz in den damit befassten Feldern, hat der Körper jedoch kaum einen systematischen Stellenwert, er wird dort nicht theoretisch entfaltet. Deshalb sollen nun die hier zusammengetragenen Körperaspekte der drei Felder mit Rückgriff auf die in Kapitel 4 erarbeiteten Begriffe und Perspektiven körpertheoretisch eingeordnet werden. Insbesondere der Doppelaspekt des Körpers, Produkt und Produzent von Gesellschaft zu sein, oder, mit den Worten Bourdieus, als Habitus und damit strukturierte und strukturierende Struktur, kann für die Analyse der in diesem Resümee herausgearbeiteten Körperthematik neue Erkenntnisse ermöglichen. Bourdieu liefert mit dem Konzept des Habitus ein wichtiges analytisches Instrument zur Analyse der Verankerung gesellschaftlicher Prinzipien im Körper, der Stabilisierung dieser Prinzipien in körperlichen Praktiken und damit letztlich der Prozesse von Marginalisierung und Normalisierung. Mit dieser Perspektive kann die Bestimmung von Randgruppen als Ergebnis der Inkorporierung bestimmter Klassifikations- und Teilungsprinzipien gedeutet werden. In körperlichen Routinen werde diese als Normen reproduziert und stabilisiert. Körper sind somit ein Resultat von Marginalisierungsprozessen aufgrund gesellschaftlicher Zuschreibungen und von Inkorporierung ihrer Klassenlage und der Geschlechterdifferenz. Sie haben darüber hinaus insofern teil an den Prozessen der In- und Exklusion, als sie diese in den Klassifikations- und Bewertungsschemata und in körperlichen Praktiken (re)produzieren. Mit dem von Butler entwickelten performativen Ansatz lassen sich die Körper auch als Produkte von Materialisierungsprozessen verstehen, in welchen kulturelle Normen performativ durch und in körperlichen Praktiken verankert werden. Für die Konstitution von Raum wurde bereits in den beiden Modellen von Container-Raum und Raum als Konstitutionsprozess auf diesen Doppelaspekt hingewiesen. Soziale Teilungsprinzipien werden also nicht nur verkörpert, sie werden auch verräumlicht und in beiden Formen naturalisiert. Dadurch verschwindet in ihnen der gesellschaftliche Prozess und sie sind nicht mehr als Ergebnis gesellschaftlicher Teilungen und Kämpfe erkennbar. Auch für das Feld der Sicherheit und Kontrolle lässt sich zeigen, dass der Körper einerseits Gegenstand räumlicher Kontrollstrategien ist und durch diese ›geprägt‹ wird. Andererseits wird mit dem Habitus-Konzept deutlich, dass die Wahrnehmung der sozialen Welt durch das Raster Sicherheit und Gefahr ebenfalls verkörpert wird und damit das eigene Handeln wie auch die Wahrnehmung der ›anderen Körper‹ strukturiert. Hier ist ein Wandel gesellschaftlicher Normen zu beobachten.

Während sich mit der Körpertheorie von Bourdieu vor allem zeigen lässt, *wie* sich die Norm im Körper verankert und in körperlichen Praktiken reproduziert wird, lässt sich mit einem an Foucault orientierten Blick darüber hinaus analysieren, inwiefern sich in den je spezifischen körperlichen Normen und den davon abweichenden Körpern auch ein gesellschaftlicher Zusammenhang entfaltet, so wie Foucault ihn für das 18./19. Jahrhundert als politische Ökonomie der Körper und später im Konzept der Biopolitik analysiert hat. Foucaults Arbeiten sind für eine körpertheoretische Fundierung deswegen hilfreich, weil er aufgezeigt hat, dass Körper und spezifische Wissens- und Machtkonstellationen konstitutiv füreinander sind, d.h. dass der Körper der ihn untersuchenden Wissenschaft nicht vorgängig ist, sondern im wissenschaftlichen Blick genauso hervorgebracht wird, wie sich die Wissenschaft über ihren Gegenstand konstituiert. Dieser Blick auf die Körper als Teil eines wechselseitigen Konstituierungsprozesses, und damit der Fokus auf das Produktivmachen von Körpern für Wissenschaft, Politik und Macht, ist im Grunde eine weitere Variation der weiter oben als Doppelaspekt gefassten Besonderheit der hier vorgestellten körpertheoretischen Perspektive. Foucault bietet außerdem Anschlussmöglichkeiten, weil er nicht nur die individuellen, sondern auch die kollektiven Körper, d.h. die Masse der individuellen Körper als Bevölkerung in den Blick nimmt und nachweist, wie in Körperpolitik, bzw. Biopolitik, Gesellschaft produktiv gemacht wird. Die Vermittlung des gesellschaftlichen Zugriffs auf die individuellen und den Bevölkerungskörper zugleich leistet die Norm, die, wie mit Verweis auf Link gezeigt werden konnte, historisch in zwei Formen aufgetreten ist: als protonormalistische Strategie und als flexibler Normalismus. Die Norm erweiest sich in der vorliegenden Thematik als dasjenige, was die Marginalisierung vorantreibt. Die Norm, so hat Foucault verdeutlichen können, wird vor allem auch verkörpert. Im Schluss dieser Arbeit wird zu zeigen sein, inwiefern die Norm ›gefährliche Körper‹ hervorbringt. Zunächst bilden jedoch die hier zusammengetragenen Ergebnisse den Hintergrund für die sich anschließende empirische Untersuchung von körperlichen Marginalisierungsprozessen. Wie sich Marginalisierung und Normalisierung im Verhältnis zu einem konkreten öffentlichen Raum herstellen und wie sie sich in den Körpern verankern, wird in der folgenden Studie zum Hansaplatz empirisch untersucht und vertieft. Am konkreten Gegenstand kann die Forschungsfrage nicht nur überprüft, sondern auch gewinnbringend durch neue Einsichten erweitert werden. Und nicht zuletzt wird sie durch den Perspektivenwechsel auf die empirische Welt anschaulich und greifbar.

6. Gegenstand und Methode

6.1 Beschreibung des Gegenstands: Hansaplatz gestern und heute

Zu Beginn dieses Buchs stand eine erste Beschreibung des Hansaplatzes. Im folgenden Abschnitt soll es darum gehen, diesen einerseits geografisch, andererseits historisch zu verorten.

Der Hansaplatz liegt im Hamburger Stadtteil St. Georg. Dieser ist vergleichsweise klein, er umfasst ein 1.8 km² großes Areal, das südlich an die Alster, östlich an den Hauptbahnhof grenzt und zu den restlichen Seiten von Schnellstraßen eingefasst ist.[1] »Dies innerstädtische Viertel zeigt sich sehr kontrastreich«, mit diesen Worten eröffnet die Selbstbeschreibung des Stadtteils auf der offiziellen Internetseite der Stadt Hamburg: »Auf der einen Seite die Exklusivität an der Alster mit Prachthotels sowie teuren Wohnungen und als absoluter Gegensatz dazu die Drogenszene an Steindamm, Hansaplatz und Hauptbahnhof.« (hamburg.de 2006)

Außerdem werden als Attribute des Stadtteils genannt: das bunte Treiben in der Langen Reihe (Cafés, Kneipen, Geschäfte), die Schwulen- und Lesbenszene, strukturelle Veränderungen der Bewohner/innen/schaft durch Eigentumswohnungen, Ausländeranteil, Kultur, Hotels, Weltfirmen, Krankenhaus, Verkehr. Kurz: St. Georg zeichne sich vor allem durch große Heterogenität auf kleinem Raum aus. In einem historischen Rückblick im Editorial einer

1 2005 lebten 10245 Einwohner/innen im Stadtteil, die Quote der Kinder und Jugendlichen lag mit 9 % deutlich unter dem Hamburger Durchschnitt von 15.9 %. Der Anteil an Ausländer/inne/n lag bei 34% und damit um einiges niedriger als noch 10 Jahre zuvor (damals um die 50%), er ist doppelt so hoch wie der Hamburger Durchschnitt (14.9%). In etwa ähnlich dem Hamburger Durchschnitt ist der Anteil der arbeitslosen und Sozialhilfe beziehenden Bevölkerungsgruppen; der Quadratmeterpreis für eine Eigentumswohnung liegt mittlerweile etwas über dem Hamburger Schnitt (Statistikamt Nord 2006).

Broschüre zur 800-Jahr-Feier des Stadtteils heißt es: »Wie ein roter Faden zieht sich durch die Geschichte des Stadtteils die enge Verbindung mit den Problemen und Problemgruppen, die die jeweilige (Stadt-) Gesellschaft hervorbrachte und -bringt.« (Geschichtswerkstatt St. Georg 1994: 2)

St. Georg geht zurück auf ein Ende des 12. Jahrhunderts gegründetes Pest-Hospital, das nach dem Schutzheiligen der Kreuzfahrer, aber auch der Leprakranken und Siechen, benannt wurde.[2] Weit vor den Toren der Stadt Hamburg wurden die Aussätzigen isoliert untergebracht. Andere der Stadt lästige Einrichtungen wurden ebenfalls dorthin ausgegliedert wie die Pulvermühle, die Schweinezüchterei und Abdeckerei und ab 1609 der Hamburger Galgen. Später siedelten sich Bauern und Handwerker an. Als St. Georg 1830 offiziell den Status der Vorstadt erhielt, verlegten auch betuchtere Bürger/innen ihr Domizil vor die Stadttore. 1868 wurde St. Georg schließlich Teil der Stadt Hamburg. Die Eröffnung des »Zentralbahnhofs« in St. Georg 1906 veränderte das Gesicht des Stadtteils grundlegend.[3] Mit dem Hauptbahnhof entstanden in unmittelbarer Nähe Hotels, Pensionen, Gaststätten, Theater und Varietés. Auch die Prostitution, schon vorher vereinzelt in St. Georg verbreitet, expandierte in Folge der Umwandlung zum Bahnhofs- und Vergnügungsviertel. Klaus Stürmann fasst zusammen:

»Die heutige Problemballung in St. Georg, einem Stadtteil mit Großstadthektik, Drogen, Durchgangsverkehr, Zuhälterei, ›Lustgewerbe‹ und Wohnungsspekulation, hat ihren Ursprung in der Zeit um die Jahrhundertwende. Das, was einige Zeitzeugen als Wechsel vom ländlich-sittlichen St. Georg hin zum leichtlebigen, von Fremden geprägten Stadtteil beklagen, war nichts anderes als die Folge kapitalistischer Industrialisierung und Urbanisierung.« (Stürmann 1990: 41)

St. Georg war in sozialstruktureller Hinsicht immer ein heterogener Stadtteil. Während sich im Norden vor allem Kleinbürger/innen ansiedelten, war der südliche Teil, das heutige Hammerbrook, ein reiner Arbeiter/innenstadtteil. Entsprechend geteilt war Anfang der 1930er Jahre auch die Begeisterung für den Nationalsozialismus. Während die NSDAP in St. Georg-Nord im Stadtvergleich recht früh schnell und überproportional an Unterstützung gewann, bekam sie im ›roten‹ proletarischen St. Georg-Süd deutlich weniger Stimmen. Am Steindamm, dem Prachtboulevard St. Georgs, wurden ab 1933 jüdische Geschäfte ›arisiert‹, eine Synagoge zerstört und die jüdische Bevölkerung vertrieben und ermordet.

2 Zur Geschichte St. Georgs vgl. Ausstellungswerkstatt St. Georg (1978), Joho (1990), Arbeitskreis 800-Jahr-Feier St. Georg (1994) und Geschichtswerkstatt St. Georg (1994).

3 Zur Geschichte des Hauptbahnhofs vgl. Ausstellungswerkstatt St. Georg und Museum für Kunst und Gewerbe (1978) sowie Stürmann (1990).

Am Ende des Zweiten Weltkriegs war St. Georg insbesondere im südlichen Teil und am Steindamm völlig zerstört, wohingegen der nördliche Teil von den Bombardierungen weitestgehend verschont geblieben war. Nach 1945 wurden etliche Straßenzüge wieder aufgebaut.[4] Während in den 1960er Jahren für St. Georg ein Flächensanierungsprogramm vorgesehen war, um auf diesem Gebiet das »Alster-Manhattan«, einen gigantischen Hochhauskomplex mit 30 bis 63 Geschossen zu errichten, wurde aufgrund der Proteste von Anwohner/inne/n schließlich statt dessen die Idee einer ›behutsamen Sanierung‹ realisiert.[5] Diese beinhaltete die Erhaltung und Modernisierung von Wohnraum, hatte aber auch zur Folge, dass die Wohnlage insgesamt aufgewertet wurde und damit Grundstückspreise und Mieten sich verteuerten. Der ehemals als Sanierungsgebiet festgelegte Bereich um die Lange Reihe ist mittlerweile eine florierende Einkaufs- und Ausgehmeile geworden. Viele alteingesessene Bewohner/innen beklagen den Wegzug von Familien oder Kleingewerbe, die sich die dortigen Mieten inzwischen nicht mehr leisten könnten. Neben den vor allem in den 1990er Jahren offenbar werdenden Auswirkungen der Aufwertung auf die Sozial- und Infrastruktur des Stadtteils hat in jenem Jahrzehnt ein anderes Problem den Stadtteil mobilisiert: Seit Ende der 1980er Jahren sollte zunehmend die am Hauptbahnhof und im Viertel sich aufhaltende offene Drogenszene zum Problem für die Anwohner/innen werden.

Als ein besonderer Ort innerhalb St. Georgs, an dem sich diese Probleme verdichteten, gilt der Hansaplatz.[6] Schon seine Gründung war symptomatisch für Interessen- und Machtkämpfe verschiedener gesellschaftlicher Gruppen und deren Durchsetzungsstrategien. Seit dem 14. Jahrhundert war die Gegend der »Borgesch«, der Gemeindeacker, und wurde ab dem 18. Jahrhundert vertraglich an Zimmerleute verpachtet, die dort zunächst Holz und Geräte lagerten und später kleine Behausungen auf dem »Zimmerborgesch« errichteten. Im Zuge der Urbanisierung St. Georgs im 19. Jahrhundert gewann die Gegend als Wohn- und Geschäftsquartier immer mehr an Attraktivität, und der Borgesch und die »partielle Anarchie« (Bericht des Bürgerschaftsausschuss‹, zitiert in Ausstellungswerkstatt St. Georg 1978: 81) erschien als ›Schandfleck‹ im zunehmend bürgerlichen St. Georg. So kündigte die Stadt den Zimmerleuten schließlich die Pacht und verkaufte 1873 das Areal zu einem extrem niedrigen Preis an die Hanseatische Baugesellschaft, die auf hohe Rendite spekulierte.

4 Dass dies nicht immer zum Gewinn der Stadtteils war, zeigt sich am Steindamm: »Entstanden ist in den 1950er/60er Jahren eine triste, vom Autoverkehr gezeichnete Büromeile« (Geschichtswerkstatt 1994: 10).

5 Vgl. hierzu Engelhard/Reinig (1990).

6 Die Geschichte des Hansaplatzes findet sich beschrieben in folgenden Publikationen: Ausstellungswerkstatt St. Georg (1978: 84, 107-112), Ross (1978: 2-4), Schneekloth (1995) und Geschichtswerkstatt St. Georg (2003).

Im Gegenzug erklärte diese sich bereit, die Gegend infrastrukturell zu erschließen, d.h. Straßen, Siele und Gasleitungen zu legen. 1875 waren die neuen Straßen um den Platz fertiggestellt und die Baugrundstücke wurden an Privatbesitzer verkauft, die darauf fünfstöckige Mietshäuser im Renaissance-Stil errichteten. Als Spende ließ die Hanseatische Baugesellschaft 1878 schließlich auf der Mitte des Hansaplatzes einen Brunnen errichten, den Hansabrunnen, den man daher auch als »Spekulationsbrunnen« (Ausstellungswerkstatt St. Georg 1978: 82) bezeichnete. Genutzt wurde der Platz Ende des 19. Jahrhunderts als Marktplatz und Straßenbahnhaltestelle, im Cholerajahr 1892 wurde hier die Garküche aufgestellt, 1945 fungierte er als Schwarzmarkt und seit den 1950ern als Autoparkplatz. Erst in den 1970er Jahren fiel die Entscheidung, zwei im Zweiten Weltkrieg zerstörte Häuserzeilen wieder aufzubauen, diese für Wohnzwecke nutzbar zu machen und damit letztlich auch den Platz wieder für die Anwohner/innen zu erschließen. 1978 konnte der umgestaltete Platz, der nun vom Verkehr abgeschnitten, begrünt und mit Bänken versehen war, eingeweiht werden. Die Planung für den Hansaplatz stand im Zusammenhang mit der in den 1970er Jahren anvisierten Stadtteilaufwertung. Zwar war im Sinne der Bewohner/innen der Gedanke der Cityerweiterung und Ansiedelung von Büros und Geschäften zugunsten von Wohnraumerhalt und -ausbau fallen gelassen worden. Jedoch sah die Sozialkonzeptplanung der Stadt von 1977 als zukünftige Mieter/innen vor allem junge deutsche Familien vor sowie das »Fernhalten von ›Negativgruppen‹« (zitiert in: Ausstellungswerkstatt St. Georg 1978: 108), gemeint waren »sozial schwache Gruppen, Kinderreiche, Fürsorgefälle, Behinderte und Bewohner von Obdachlosenheimen« sowie »Ausländer, Alte und Milieu« (ebd.: 110). Dieses Konzept konnte nicht durchgesetzt werden.

Ende der 1980er Jahre kam der Hansaplatz vor allem als ›Treffpunkt der Drogenszene‹ in die Schlagzeilen. Diese Phase und die mit ihr verbundenen Konflikte und Probleme stellen den mehr oder weniger unmittelbaren Hintergrund der Studie dar. Zu einem ›Problem‹ wurde aus Sicht der Anwohner/innen die Anwesenheit der Drogenszene, aus Sicht von Angehörigen der Drogenszene und der Drogenhilfeeinrichtungen die verstärkten polizeilichen Kontrollen und aus wieder anderen Perspektiven die Verknüpfung von Drogen und Prostitution. Die Entstehung dieses ›Problems‹ wurde aber noch durch weitere Faktoren determiniert wie den Funktionswandel des Hauptbahnhofes und die Vertreibung der dort ansässigen ›Szenen‹ sowie stadtplanerische Konzepte zur Aufwertung der Innenstadt. In St. Georg konzentrierte sich somit eine »Überlagerung vielfältiger sozialer und funktionaler Probleme« (Diesener et al. 1994: 24), wie ein von der Stadt in Auftrag gegebener Bericht zu Problemen und Lösungsansätzen, das *Integrierte Handlungs- und Maßnahmenkonzept für den Stadtteil St. Georg*, konstatiert und wie folgt ausführt:

»Dazu gehören das Drogenproblem und die damit verbundenen Beschaffungsprostitution und -kriminalität, die Konzentration und Ausdehnung des Rotlichtmilieus, die (inzwischen reduzierte) Unterbringung von Flüchtlingen und Obdachlosen in Hotels und Pensionen, die allgemeine Zunahme von Armut und Langzeitarbeitslosigkeit, die Defizite in der sozialen Infrastruktur, trading-down effekte und Standortprobleme des Gewerbes, Planungsdefizite bzw. der Mangel an einem Leitbild für die künftige Entwicklung und die Belastung durch den Verkehr.« (Ebd.: 24)

Diese Problembeschreibung vermischt ihrerseits unterschiedliche ›Problemfelder‹ mehr als sie diese aufschlüsseln würde, auch klärt sie nicht, warum Drogen und andere Aspekte zum Problem wurden. Für die Situation am Hansaplatz bleibt jedoch festzuhalten, dass sich hier seit Ende der 1980er, aber, wie dargestellt, nicht erstmalig in der Geschichte des Stadtteils, ein Konflikt entwickelt hatte, der mit unterschiedlichen Interessen und Strategien verbunden war.

So machten unterschiedliche Bürgerinitiativen immer wieder mit Demonstrationen und anderen Aktionen auf die Situation aufmerksam. 1990 kontrollierten Polizeieinheiten den Platz, und die ›Szene‹ wurde wieder in andere Gegenden der Stadt vertrieben. Im Sommer 1992 spitzte sich die Situation ein weiteres Mal zu, wieder skandalisierten verschiedene Initiativen die Situation im Stadtteil und forderten den Senat auf, drogenpolitisch aktiv zu werden. Denn einig war man sich, dass Vertreibung und Kontrolle allein keine Lösung sein konnten, dass es neben diversen sozialen Maßnahmen für die unterschiedlichen Gruppen im Viertel einer Legalisierung illegalisierter Drogen und eines Ausbaus der Drogenhilfeeinrichtungen bedurfte. Der Senat erließ daraufhin ein Maßnahmenpaket für St. Georg, das sowohl die Etablierung von Drogenhilfeeinrichtungen wie auch die Intensivierung der polizeilichen Kontrollen vorsah. Aber auch in den folgenden Jahren blieb die Präsenz der offenen Drogenszene ein zentrales Thema im Stadtteil. Die Situation in St. Georg und insbesondere am Hansaplatz war ganz unmittelbar davon beeinflusst, ob die vor allem am Hauptbahnhof sich sammelnde ›Szene‹ dort von ordnungspolitischen Maßnahmen betroffen war oder nicht. Eine ›Gesamtlösung‹, deren Grundlage die Akzeptanz unterschiedlicher Gruppen und ihres Rechts auf den jeweiligen Ort gewesen wäre, konnte sich nicht durchsetzen. Stattdessen wurde in den 1990er Jahren immer wieder und ab den 2000ern verstärkt mit repressiven Mitteln die ›Szene‹ durch den Stadtteil und mittlerweile durch die gesamte Stadt getrieben.

Im Rahmen der ›Problematisierung‹ des Hansaplatzes durch die Drogenszene wurden immer wieder auch die Gestaltung des Platzes und die Möglichkeiten seiner ›Revitalisierung‹ diskutiert. Die Ende der 1970er Jahre realisierte Umgestaltung des Platzes hatte sich aus Sicht einiger Bürger/innen als unvorteilhaft erwiesen, der Platz sei durch das Mäuerchen, die dunklen Büsche und Bäume zu abgeschirmt gewesen. Mittlerweile gibt es seit der erfolgreichen Auslobung eines Ideenwettbewerbs 1997 einen neuen Gestaltungsentwurf für den Platz, der allerdings nach wie vor seiner Umsetzung harrt, da die dafür vorgesehenen Gelder erst im Rahmen einer Stadtentwicklungsmaßnahme freigesetzt werden können. Immerhin hat es auf Initiative von Anwohner/inne/n in den letzten Jahren von Seiten der Stadt einige gestalterische Veränderungen gegeben. 2000 wurden die Bänke und Büsche entfernt und seit 2003 ist ein Pissoir auf dem Platz installiert. Erst nach Abschluss dieser Studie ergaben sich weitere Neuerungen: der Platz wird jetzt vollständig videoüberwacht und das den Platz einfassende Mäuerchen ist entfernt worden. Doch auch diese Neuerungen haben bisher keine ›Belebung‹ des Platzes bewirkt.

6.2 Methode

> »Ethnography involves risk, uncertainty, and discomfort...Not only do researchers have to go into unknown territory, they must go unarmed, with no questionnaires, interview schedules, or observation protocols to stand between them and the cold winds of the raw real. They stand alone with their individual selves. They themselves are the primary research tool with which they must find, identify, and collect the data.«
> (S. J. Ball, zitiert in: Lüders 1995: 320)

Die empirische Untersuchung zum Hansaplatz versteht sich als ethnographische Studie. Ein ethnographischer Zugang bietet sich aus zwei Gründen an: Zum einen soll der Blick in die Empirie zwar die theoretische Fragestellung illustrieren, er soll sie darüber hinaus jedoch auch erweitern. Die Studie soll Aufschluss darüber geben, wie sich der Zusammenhang von Marginalisierung, Raum, Körper und sozialer Ordnung begreifen lässt. Von daher bieten sich offene, wenig standardisierte Verfahren aus der qualitativen Sozialforschung zur Erhebung der Daten sowie ihrer Auswertung an. Zum anderen nötigt aber auch der Gegenstand selbst zu einem eher heuristischen Zugang und zu Methodenoffenheit: Weder ist die Sozialität des Körperlichen noch die Dimension des Räumlichen als kognitives Wissen, d.h. mit entsprechend kognitiven Methoden zu erhebendes abrufbares Wissen zu verstehen und somit auch nicht in standardisierten Verfahren in Erfahrung zu bringen.

Das Grundprinzip der Ethnographie besteht in dem ›Fremdmachen‹ bekannter Interaktionen, Situationen, Gruppen und Milieus, mittels dessen sich neue Erkenntnisse über die Funktionsweisen und Regeln der sozialen Welt erschließen lassen. Amann/Hirschauer bezeichnen den Erkenntnisstil der Ethnographie als »Heuristik der Entdeckung des Unbekannten« (Amann/Hirschauer 1997: 9). Eine ethnographische Soziologie nimmt nicht unhinterfragt an, dass soziale und kulturelle Phänomene einfach gegeben sind, sondern begreift diese als zu entdeckende. Dies gilt insofern eben nicht nur für fremde Kulturen oder der Alltagserfahrung entzogene fremde Bereiche der vertrauten Kultur, sondern auch für alltägliche und scheinbar vertraute Bereiche des Alltagshandelns:

> »Darüber hinaus lassen sich aber auch allgemein zugängliche Bereiche der Alltagserfahrung, z.B. städtische Öffentlichkeiten, unter der Prämisse des zu entdeckenden Unbekannten betrachten. Das weitgehend Vertraute wird dann betrachtet *als sei es* fremd, es wird nicht nachvollziehend verstanden, sondern methodisch *›befremdet‹*: es wird auf Distanz zum Beobachter gebracht.« (Ebd.: 12)

Während hierzulande unter Ethnographie zunächst nur teilnehmende Beobachtung gefasst wurde, gilt in der englischsprachigen Forschung Ethnographie gar als Synonym für qualitative Sozialforschung allgemein (vgl. Denzin/Lincoln 1994).[7]

Ethnographie ist sowohl *Methode* (als teilnehmende Beobachtung bzw. Fieldwork) wie auch *Methodologie* und damit eine »flexible, methodenplurale kontextbezogene [Forschungs-] Strategie« (Lüders 2003: 389). Amann/Hirschauer sprechen in diesem Zusammenhang von einem »theoretischen und methodischen Kulturalismus« (Amann/Hirschauer 1997: 11). Kennzeichen des ethnographischen Verfahrens sind die offene und selbstreflexive Forschungsperspektive sowie die Methodenkombination. Auch wenn die teilnehmende Beobachtung immer wieder als Kernmethode der Ethnographie bezeichnet wird, so ist es doch wichtig zu betonen, dass sich die Ethnographie durch den Einsatz einer Vielfalt von Methoden auszeichnet. Diese können neben der Beobachtung Interviews, Dokumentenanalyse oder die Verbindung qualitativer und statistischer Daten umfassen und dienen in ihrer Zusammenschau einer genaueren Erfassung des Gegenstands sowie der Kontrolle der

---

7 Hervorgegangen ist die Ethnographie vor allem aus der modernen Anthropologie/Ethnologie und der Soziologie, genauer aus den ethnographischen Studien Bronislaw Malinowskis von 1914/15 und 1917/18 bzw. seinem diese systematisierenden Methodenmanifest von 1926 (vgl. hierzu Amann/Hirschauer 1997: 10) und den soziologischen Arbeiten der Chicago School um Robert E. Park aus den 1920er und 1930er Jahren, in welchen erstmals die ›eigene‹ Kultur (in diesem Fall die Großstadtkultur) als zu erforschende begriffen wurde (vgl. Friebertshäuser 1997: 506f.). Weiterentwickelt wurde dieser Forschungsansatz u.a. in den einflussreichen Arbeiten von Erving Goffman und Howard Garfinkel, die den Gedanken des Ver- oder Be-Fremdens vertrauter Situationen und Gegenstände aufgriffen und zum integralen Bestandteil ihrer soziologischen Verfahren machten.

jeweils erfassten Daten und ihrer Auswertung. Das Prinzip der Methodenkombination wird auch *Triangulation* genannt.[8]

Ich habe mich entsprechend für meine empirische Untersuchung für eine Triangulation aus den folgenden drei Herangehensweisen entschieden: einer diskursanalytischen Auswertung ausgewählter Texte zum Hansaplatz, der Beobachtung von Geschehnissen auf dem Platz selbst und, als Kernelement der Studie, Leitfadeninterviews mit Personen, die in unterschiedlicher Weise mit dem Platz verbunden sind. Dieser Methodenauswahl liegt die Annahme zugrunde, dass erst ein sorgsames ›Umstellen‹ des Gegenstands allgemeinere Strukturen zu Tage fördern und ihn damit als exemplarischen begreifen lassen können. Oder mit den Worten Hirschauers: Die Beschreibung soll im Resultat »eine exemplarische Darstellung von allgemeinen Bedeutungsstrukturen an spezifischen Situationen sein, d.h. weniger Abbild als Schaubild« (Hirschauer 2001: 437).

Diskursanalyse

Da der Hansaplatz nicht nur ein umkämpfter und vielzitierter, sondern wesentlich auch ein diskursiv produzierter Ort ist, soll zunächst mittels einer diskursanalytischen Auswertung relevanter Textsorten diese diskursive Konstruktion aufgeschlüsselt werden.

Mit Schlagzeilen wie »St. Georg in Hamburg – Deutschlands schlimmster Drogenstadtteil« und »Nichts wie weg hier!« (Titelschlagzeile, BamS, 24.9.89)[9] werden der Stadtteil allgemein und der Hansaplatz im Besonderen zu Orten des Grauens stilisiert. Die mediale Berichterstattung mit den entsprechenden Fotos, den Bildunterschriften und Schilderungen hat somit nicht unwesentlich Teil an der Thematisierung, Skandalisierung und nicht zuletzt Diskursivierung von Gegenständen wie in diesem Fall dem Hansaplatz. Diskursivierung meint, dass der Hansaplatz seine spezifische Bedeutung darüber gewinnt, in welche Diskurse er einbezogen ist, in welcher Weise er wie zum Gegenstand gemacht, symbolisch aufgeladen und mit anderen Sinnzusammenhängen verknüpft wird. Diskurse haben an der Konstitution von Wirklichkeit teil, sie »produzieren und prozessieren Deutungszusammenhänge, die Wirklichkeit in spezifischer Weise konstituieren« (Keller 2004: 68). Die Verwendung des Begriffs Diskurs »richtet sich immer auf die Analyse von Sprachgebrauch bzw. von mündlichen oder schriftlichen Texten und un-

8 Der Begriff Triangulation stammt ursprünglich aus der Landvermessung und meint in der sozialwissenschaftlichen Forschung, dass ein Gegenstand von mindestens zwei Punkten aus betrachtet werden sollte. Vgl. ausführlicher hierzu Flick (2003: 309ff.).

9 Die in der Diskursanalyse zitierten Zeitungsartikel werden mit dem Kürzel ›Kurztitel der Zeitung, Datum‹ angegeben. Die ausführlichen Nachweise finden sich in einem gesonderten Teil des Literaturverzeichnisses.

tersucht diese im Hinblick auf (formale) Regelstrukturen oder inhaltliche Strukturierungen« (Keller et al. 2001: 9). Und hinsichtlich, so müsste ergänzt werden, der jeweiligen Macht-Effekte, die jede Positionierung innerhalb des Diskurses bzw. dessen Gestaltung nach sich zieht. Die Analyse von Diskursen versucht, die Prozesse zu rekonstruieren, die einen Gegenstand als Effekt des Diskurses konstituieren und damit die im Resultat verschwundene Genese der Bedeutungsherstellung, die keinesfalls außerhalb des Sozialen stattfinden.

Ausgangspunkt der Analyse ist dabei weniger ein streng anzuwendendes Schema als vielmehr eine bestimmte Blickrichtung auf das Material, »keine spezifische Methode, sondern eher eine *Forschungsperspektive* auf besondere, eben als Diskurse begriffene Forschungsgegenstände« (Keller 2004: 8).

D.h., es wird im Folgenden die Frage im Vordergrund stehen: Wie wird der Hansaplatz als (gefährlicher) Ort diskursiv hergestellt? Welche diskursiven Regeln und Strukturen konstituieren die soziale Wirklichkeit Hansaplatz? Wie wird der Ort beschrieben und in welchen argumentativen und thematischen Bezügen taucht er jeweils auf? Da der Hansaplatz in bestimmten Phasen ein medial stark verbreiteter Topos war, bot es sich an, die in den Printmedien erschienenen Texte diskursanalytisch zu untersuchen.[10] Es zeigte sich jedoch sehr bald, dass weitere Stimmen bzw. Textsorten für eine solche Analyse hinzugezogen werden mussten, um vor allem die Dramaturgie dieser unterschiedlichen Texte als Teil der Diskursivierung erfassen zu können. Mit Dramaturgie soll die Dynamik zwischen medialer Aufbereitung, Maßnahmen des Hamburger Senats und Aktionen und Reaktionen der Anwohner/innen bezeichnet werden, die in noch zu untersuchenden konjunkturellen Zyklen den Hansaplatz in Szene gesetzt haben. Entsprechend besteht die Korpusauswahl, das zu analysierende Material, in: 1. Zeitungsartikeln, 2. Senatsdrucksachen und 3. den Mitteilungsblättern des Bürgervereins zu St. Georg bzw. des Einwohnervereins.

Beobachtungsprotokolle

Von September 2003 bis September 2006 habe ich den Hansaplatz regelmäßig aufgesucht und Beobachtungen angestellt, die ich in Protokollen verschriftlicht habe.[11] Von unterschiedlichen Orten am Platz aus habe ich versucht, die Körper- und Bewegungspraktiken, die Nutzungsweisen, das räumliche Arrangement und das soziale Miteinander der Menschen auf dem Platz zu erfassen und zu systematisieren. Die Protokolle sind in einem subjektiven

10 Neben den Printmedien haben vor allem auch Fernsehbeiträge zur medialen Verbreitung des Themas Hansaplatz als ›Drogenumschlagplatz‹ beigetragen wie beispielsweise diverse SPIEGEL-TV Berichte. Diese werden jedoch nicht in die Auswertung mit einbezogen.

11 Vgl. zum Schreiben als zentraler Methode der ethnographischen Beobachtung auch Hirschauer (2001) und Lüders (2003).

Stil geschrieben, d.h. es geht in der Darstellung zunächst um das ethnographische Beschreiben von ›Szenen‹, um die Perspektive der Beobachterin und das Beobachtete. In der Auswertung werden die Protokolle teils zitiert und vor allem verdichtet und systematisiert. Während die Diskursanalyse eine noch sehr distanzierte Auseinandersetzung mit dem Gegenstand bedeutet, vollzieht sich in den Beobachtungsprotokollen eine erste praktische Annäherung an den Ort. Erst in den Interviews wird der Gegenstand jedoch aus Sicht der dort Lebenden und Arbeitenden begreifbar, hier beginnt das Eintauchen in das Material und die gleichzeitige Distanzierung, die es möglich macht, die allgemeinen, die Forschungsfrage betreffenden Strukturen ausfindig zu machen.

Interviews

Für die Interviews bot sich die Methode des leitfadengestützten Interviews an, um einerseits eine gewisse Offenheit gegenüber den ›Erzählungen‹ der Interviewpartner/innen zu gewährleisten und andererseits sicherzustellen, dass die mein Forschungsinteresse leitenden Eckpunkte im Gespräch angesprochen wurden. Dadurch ist eine mittlere Strukturierungsqualität sowohl auf Seiten der Interviewpartner/innen wie auf Seiten der Interviewerin möglich (vgl. Bohnsack/Marotzki/Meuser 2003: 114). Entscheidend hierbei ist, den Leitfaden so zu gestalten, dass die relevanten Inhalte angesprochen werden, ohne dabei die subjektiven Perspektiven der Befragten zu sehr einzuengen.[12] Der Leitfaden bestand in einer offenen Eingangsfrage zum Hansaplatz sowie in Fragen nach der Bedeutung von Kontrolle, Raum und Körper. Da es primär darum ging, die Interviewpartner/innen als Expert/inn/en anzusprechen und ihre Wahrnehmungen, Erfahrungen und Akzentsetzungen zu erfassen, habe ich ein kleines Sample von acht sehr umfangreichen Interviews gewählt. Bei dem Sample handelt es sich um Menschen, die entweder am Hansaplatz arbeiten, wohnen, ihn zum Verweilen nutzen oder aus kommunalpolitischen Interessen eine langjährige Erfahrung mit der Geschichte des Platzes vorweisen können. Die Interviews wurden aufgezeichnet und dann ausführlich transkribiert.

Für die Auswertung habe ich verschiedene Methoden miteinander kombiniert. Da dem Grundgedankens qualitativer Sozialforschung entsprechend dem Material ein theorieinspirierendes Potenzial zuerkannt wird, konnte in der Auswertung kein fertiges Kategoriensystem angewendet, sondern dieses musste aus dem Material selbst entwickelt werden. Bekanntlich hat die *Grounded Theory* das Verfahren einer empiriebasierten Theorieentwicklung am konsistentesten entwickelt und umgesetzt. Wie ihre Begründer Barney Glaser und Anselm Strauss formulieren, handelt es sich hierbei um »die Entdeckung von Theorie aus – in der Sozialforschung systematisch gewonnenen

12 Vgl. zu dieser Problematik von Steuerung und Offenheit auch Hopf (2003).

und analysierten – Daten« (Glaser/Strauss 1998: 11). Wenn in der vorliegenden Untersuchung auch nicht orthodox nach den Verfahren der *Grounded Theory* gearbeitet worden ist, so ist die Auswertung doch orientiert an deren Prämissen und Techniken. Ziel war es, mittels eines ständigen Austauschs zwischen empirischem Material und theoretischem Vorwissen, sowohl die die Studie leitenden Fragen bearbeiten wie auch neue Erkenntnisse hinsichtlich des eingangs formulierten Gegenstands gewinnen zu können. Dabei sind in das Auswertungsverfahren auch Techniken der von Philipp Mayring entwickelten qualitativen Inhaltsanalyse eingeflossen. Nach diesem besteht der Grundgedanke einer qualitativen Inhaltsanalyse – im Gegensatz zu einer quantitativen – darin, »die Systematik (strenge Regelgeleitetheit, Kommunikationseinbettung, Gütekriterien […]) der Inhaltsanalyse für qualitative Analyseschritte beizubehalten, ohne vorschnelle Quantifizierungen vorzunehmen« (Mayring 2003b: 469).

Diese Auswertungstechnik bezeichnet sich im Gegensatz zur *Grounded Theory* als theoriegeleitet und als regelgeleitet, d.h. die Interpretation ist meist an einer theoretischen Fragestellung orientiert (vgl. Mayring 2003a: 52). Für die konkrete Auswertung habe ich mich an der in fünf Schritten vorgehenden Auswertungsstrategie von Christiane Schmidt orientiert, diese modifiziert und um einige Aspekte von Mayring und Glaser/Strauss erweitert (vgl. Schmidt 2003: 448ff.). Auf diese Weise ist ein Auswertungsmodell entstanden, das einen ständigen Austausch zwischen den Aussagen des empirischen Materials und meinem theoretischen Vorverständnis ermöglichte. Dieses sieht im ersten Schritt die Materiallektüre unter Aspekten des theoretischen Vorverständnisses, aber auch auf Grundlage des Materials und den von diesem aufgeworfenen Themen vor. In der Lektüre wird ein erstes Set an Kategorien gebildet, mit dem das Material paraphrasiert und zusammengefasst wird. Im zweiten Schritt werden die Codes verdichtet und aus diesen ein Codierleitfaden gewonnen, mit dem im dritten Schritt das gesamte Material unter Zuhilfenahme des Programms ATLAS.ti computergestützt codiert wird. Damit werden die aus dem Material entwickelten Kategorien aufs Material selbst angewendet. Im vierten Schritt werden die Codes miteinander in Beziehung gesetzt und Kernkategorien ausgemacht. Mit Hilfe von Netzwerkansichten des Computerprogramms können Code-Familien gebildet und auf diese Weise die Struktur des Kategoriensystems ermittelt werden. Im abschließenden fünften Schritt geht es darum, diese Zusammenhänge aufzuschlüsseln und aus ihnen theoretische Aussagen zu generieren.

Die Materiallektüre ergab zunächst ein Set von 120 Codes, das ich nach nochmaliger Lektüre auf 24 Codes verdichtet habe. Mit diesen Codes habe ich das Material einige weitere Male bearbeitet, bis alle Interviewpassagen entsprechend codiert waren und ich davon ausgehen konnte, die relevanten Inhalte in diesem Codierleitfaden erfasst zu haben. Im nächsten Schritt wurden dann, gemäß dem axialen Codieren, Kernkategorien und Beziehungen zwischen einzelnen Kategorien ausgemacht, um daran anschließend die Analyse und ihre Ergebnisse zu verschriftlichen. In der Darstellung wird deutlich, dass ich zwei unterschiedliche Zugänge zur Aufbereitung des Materials gewählt habe. Manche Aspekte werden sehr nah am Material entwickelt, andere hingegen mit einem in der Auswertung des Materials gewonnenen analytischen Raster bearbeitet. Je nach Thema und Struktur der Ergebnisse habe ich eine entsprechende Herangehensweise gewählt. Die Auswertung besteht aus drei Abschnitten, deren Aufbau von den Kategorien, die entweder aus Zitaten aus den Interviews selbst oder aus von mir gewählten Codes bestehen, strukturiert wird.

7. Diskursanalyse: Der Hansaplatz als gefährlicher Ort

Korpusauswahl

Wichtig bei der Auswahl der Zeitungsartikel war es, zum einen die Bandbreite der Hamburger Printmedien bzw. in ausgewählten Fällen auch über Hamburg hinaus zu berücksichtigen und zum anderen vor allem die einschlägigen Artikel zum Hansaplatz auszuwählen, die wirkmächtige Effekte hinterlassen haben. Ausgewertet wurden primär die Hamburger Tageszeitungen bzw. Zeitungen mit Hamburger Lokalteil wie *Hamburger Abendblatt* (HA), *die tageszeitung* (taz), die *Welt*, einzelne Artikel in der *Bild*-Zeitung und in der *Hamburger Morgenpost* (Mopo) sowie ausgewählte Artikel aus den überregionalen Tages- bzw. Wochenpublikationen *Süddeutsche Zeitung* (SZ), *Spiegel* und *Zeit*. Außerdem wurden vereinzelte Artikel aus anderen Publikationen hinzugezogen wie der *Nordelbischen Kirchenzeitung*, dem Hamburger Veranstaltungsmagazin *Szene* und dem Hamburger Straßenmagazin *Hinz&Kunzt*.

Bei den ausgewählten Senatsdrucksachen handelt es sich um jene Mitteilungen, die für die Entwicklung in St. Georg relevant sind und auf die in unterschiedlichen Texten auch immer wieder Bezug genommen wird: zwei auf St. Georg bezogene Mitteilungen des Senats, *Jugend-, sozial-, drogen- und stadtteilentwicklungspolitische Sofortmaßnahmen für St. Georg* (Drucksache 14/2852, 24.11.1992) und *Darstellung stadtteilentwicklungspolitischer Maßnahmen für St. Georg* (Drucksache 15/3622, 4.7.1995), und außerdem die auf den Hauptbahnhof bezogene Mitteilung *Koordiniertes Handlungskonzept am Hauptbahnhof* (Drucksache 17/769, 28.4.1998).

Ein verhältnismäßig breites Spektrum der Anwohner/innenschaft wird durch die Analyse der Mitteilungsblätter abgedeckt. St. Georg hat die Besonderheit, gleich durch zwei Vereine und deren Publikationsorgane vertreten zu werden, zum einen den auf eine lange Tradition zurückblickenden Bürgerverein zu St. Georg von 1880 RV und den eher alternativen Einwohnerverein St. Georg von 1987 e.V.

Die Auswertung des Textkorpus wurde von drei Fragen strukturiert: *Was* wird in den Artikeln und Dokumenten zum Hansaplatz gesagt? *Wie* werden die Themen und Bezüge diskursiv umgesetzt, d.h. welche diskursiven Strategien lassen sich auffinden? *Wer* macht sich hier wie zum/r legitimen Sprecher/in, und wer wird strukturell vom Diskurs ausgeschlossen? In der Feinanalyse galt der Fokus dann, neben dem Identifizieren von Themen und Kategorien sowie den interdiskursiven Beziehungen, den in den Texten eingesetzten sprachlich-rhetorischen Mitteln, d.h. den Bildern, Argumentationen, deren Logik und Komposition, den Häufungen bzw. Auslassungen.

7.1 Zeitungsartikel

»Morgens, halb acht am Hansaplatz. Das Elend der ganzen Stadt scheint hier zu Hause zu sein« (Welt, 13.8.99), so beginnt ein Artikel in der *Welt*, der die ›neue‹ Droge Crack und ihre Folgen für den Stadtteil thematisiert. Im Fortgang werden ein Mann und eine Frau beschrieben, die auf den Stufen des Brunnens am Hansaplatz Drogen konsumieren. Die Behauptung, dass dort das Elend »zu Hause« sei, muss offenbar nicht genauer begründet werden. Als Schlaglicht reicht die Szene von den beiden konsumierenden Menschen, um die Verbindung von Elend und Hansaplatz auszuleuchten, vorhandene Bilder und Informationen zum Platz und seiner Geschichte werden hier vorausgesetzt und in der Anrufung aktualisiert.

Die Sichtung der ca. 100 Artikel aus den Jahren 1989-2006 ergab für eine thematische Verortung des Hansaplatzes zunächst, dass dieser signifikant häufig in Verbindung mit dem Hauptbahnhof genannt und vor allem überproportional häufig mit dem Thema Prostitution oder Drogen bzw. beidem verknüpft wurde (jeweils über 50 Nennungen). In vielfach benutzten Formulierungen wie »Rotlichtviertel Hansaplatz« (SZ, 16.6.01) und »Hansaplatz [...] wichtigster Treffpunkt der Fixer und Dealer« (SZ, 4.9.91) werden diese Verknüpfungen als gegeben vorausgesetzt. Darüber hinaus tauchte der Hansaplatz auf in Zusammenhang mit Ankündigungen von Terminen oder Festivitäten auf dem Platz, Kurzmeldungen zu Messerstechereien oder Drogenfunden, »Revitalisierungsmaßnahmen« und Immobiliennachrichten sowie in den vergangenen zwei Jahren häufig im Kontext der geplanten Beleuchtung und der Videoüberwachung des Platzes. Für die ausgewerteten 17 Jahre sind die Beschreibungen der Situation im Stadtviertel und am Hansaplatz letztlich wenig variantenreich, wenn man die Grundfiguren, die den Diskurs konstituieren, herausgeschält hat.

Im Folgenden soll zunächst exemplarisch eine frühe Artikelserie aus der *Hamburger Morgenpost* analysiert werden, um hier typische Bilder und Argumentationsmuster herauszuarbeiten. Anschließend erfolgt eine vergleichende Analyse von vier unterschiedlichen Artikeln zum selben Ereignis – dem Bürgermeisterbesuch auf dem Hansaplatz. Am Schluss werden die zentralen Aspekte der diskursanalytischen Auswertung systematisiert und zusammengefasst.

Man erkennt das Grundmuster des Hansaplatz-Diskurses bereits in einer im Sommer 1991 in der *Hamburger Morgenpost* erschienenen vierteiligen Serie, die sich »St. Georg Report« nennt und sich als Reportage zum »Hauptbahnhofsviertel« versteht. Die Themen der aufeinander folgenden Ausgaben sind: die Polizei und die Dealer, der Hauptbahnhof und die Drogen, Prostitution und Drogen, der Stadtteil St. Georg. Jeder Artikel ist mit großformatigen Fotos bebildert, die letztlich mehr Platz einnehmen als der jeweilige Text und – bis auf zwei Bilder von fröhlichen, auf der Bank sitzenden Menschen aus dem Stadtteil – Polizisten und vermeintliche Dealer, Drogenkonsument/inn/en und Prostituierte zeigen sollen. Der kurze, jedem »Report« vorangestellte identische Einführungstext fasst knapp die zentralen Themen zusammen:

»Mehr als 500 Dealer, die tagsüber ungeniert die Todesdroge Heroin verkaufen, ungezählte Junkies, die in Parks oder Hauseingängen verelenden und verrecken, 16jährige süchtige Mädchen, die am Hansaplatz ihren Körper für 50 Mark anbieten und zwölfjährige Stricher, die für noch weniger Geld Männern zu Diensten sind – der Alltag in St. Georg.« (Mopo, 30.7.91)

Bis auf die hier noch nicht genannte Polizei, die im ersten Report ausführlich zu Wort kommen wird, ist in dieser Zusammenfassung das relevante Personal bereits kurz charakterisiert: Da sind zum einen die Dealer, die den Tod bringen und sich nicht darum scheren (»ungeniert«), zum anderen gibt es Drogenkonsument/inn/en, die wie kaum eine andere Gruppe für das »Elend« stehen mit ihren der Öffentlichkeit preisgegebenen verelendenden Körpern. Und zum dritten die Gruppe der jungen sich prostituierenden drogenabhängigen Frauen und Männer, wobei erstere fast durchgängig in allen Berichten zu »Mädchen« gemacht werden – vielleicht, um damit das Grauen noch zu steigern (›unschuldige Mädchen‹ im Kontext von Gewalt, Drogen und Sex) und damit die Befriedigung eines voyeuristischen Begehrens zu maximieren. Auch der Hansaplatz taucht als Stichwort in diesem Resümee bereits auf: Er ist die Bühne für das Grauen. Ein letzter zentraler Punkt, der an späterer Stelle noch ausführlicher diskutiert werden soll, wird hier ebenfalls kurz erwähnt: Der Körper ist eine relevante Ware im illegalisierten Tauschverkehr von Drogen und Geld. Dieses Personal mit eben jenen Charakterisierungen taucht in vielen weiteren Artikeln unterschiedlicher Zeitungen auf, in denen jeweils von der ›Problematik Hansaplatz‹ bzw. ›Problematik St. Georg‹ die Rede sein wird.

»Zwölf Mann gegen ein Heer von Dealern. Frust auf Wache 11 – ›Du kämpfst gegen Windmühlen‹« (Mopo, 30.7.91), mit diesen Zeilen beginnt der erste Teil des »St. Georg Report«. Beschrieben wird der frustrierende Alltag der Polizisten im Kampf gegen das Dealen. Zwei Motive, die in späteren Artikeln ebenfalls immer wieder auftauchen, werden an dieser Stelle eingeführt: Zum einen die Identifizierung von Dealern mit (Schwarz-)Afrikanern, zum zweiten die Vorstellung, dass jeder Dealer ›ungeschoren‹ davonkäme. Fortgesetzt wird der Text mit der Beschreibung des Arbeitsalltags zweier Zivilfahnder. Der Hansaplatz wird zwei Mal erwähnt, einmal im Zusammenhang mit Diebesbeute und einmal mit Prostitution. Jeden Tag würden die Beamten durch dieses Elend laufen, die den Reporter dabei bewegende Frage lautet: »[W]ie werden sie damit fertig?« Der Revierchef bringt ein paar Verbesserungsvorschläge ein, aber auch er schließt seine Ausführungen mit der Einsicht, »besenrein kriegen wir das Viertel nie.« Der zweite Report titelt nicht weniger reißerisch: »Der Boulevard des Elends liegt vor dem Hauptbahnhof.« (Mopo, 31.7.91)[1] Hier kommen nun nicht mehr die Ordnungshüter, sondern der »Junkie« »Holger J.« und seine Freundin »Monika« zu Wort und berichten von der Sucht und wie sie diese finanzieren. Eigentliches Thema des Artikels aber sind die Dealer, »Kokain-Dealer aus Gambia und Ghana sowie kurdische Heroin-Händler«, die nun nicht mehr am Hansaplatz, dafür aber am Hauptbahnhof »schneeweiße tödliche Träume« feilböten. Diese Metapher wird später wieder aufgenommen bzw. modifiziert, dann ist nämlich von den »perlweißen Zahnreihen« die Rede, hinter denen »die Afrikaner« die »heiße Ware« verbergen. Die Botschaft ist so klar wie einfach: Schwarze Männer bringen den Weißen Tod.

So wie »Monika« finanzieren auch etliche andere drogenabhängige Frauen ihre Sucht: sie prostituieren sich. Dieses Thema wird im dritten Teil der Serie vorgestellt unter der Schlagzeile »Das Heroin treibt Marlis vier Tage nach der Entbindung auf den Strich« (Mopo, 1.8.91). Die Schilderungen der drogenabhängigen Prostituierten »Verena« und »Marlis« ist symptomatisch für fast alle Beschreibungen dieser Gruppe in den ausgewerteten Artikeln. Zum einen werden diese, wie schon erwähnt, häufig als »Mädchen« tituliert, »Verena«, so heißt es in dem Artikel, habe eine »Kinderhandschrift«, oder aber sie haben, wie »Marlis«, selbst schon Kinder bzw. sind schwanger. Wenig später ist von »Junkie-Mädchen« die Rede, ein Begriff, der in leichten Abwandlungen (z.B. »Crack-Mädchen«) in diversen Artikeln verwendet wird. Zum anderen ist auffällig, dass die Körper der Frauen zentraler Gegenstand

1 Die Formulierung »Boulevard des Elends« war bereits 1989 in einem Artikel in der Bild am Sonntag aufgetaucht, bezog sich in dort aber auf die Lange Reihe (BamS, 24.9.89).

der Beschreibungen sind. Nicht nur, dass standardmäßig der Satz fällt, dass sie ihre Körper verkauften zur Finanzierung der Sucht oder dass der Körper ihr einziges Kapital sei, sondern darüber hinaus wird an ihnen die Verelendung der Körper unter den Bedingungen von Sucht und Prostitution detailliert beschrieben: »Verena« ist »bis zum Skelett abgemagert, hat sich bei epileptischen Anfällen alle Vorderzähne ausgeschlagen« und besitzt einen »ausgemergelten, vom Rauschgift, der Prostitution und vom Leben auf der Straße zerschundenen Körper«. Von anderen heißt es in demselben Artikel, dass sie wie »ein Haufen Müll aus Haut und Knochen« ins »Abseits« gestoßen würden, dass »[u]ntertassengroße Blutergüsse, eingeschlagene Nasen- und Jochbeine, Messerschnitte quer durchs Gesicht« zum Alltag in St. Georg gehörten. Subtext dieser Beschreibungen ist das Thema ›Gewalt gegen Frauen‹, die, so könnte man angesichts der ausführlichen martialischen Bilder vermuten, im Schreiben noch einmal nachvollzogen wird. Die detailreiche Beschreibung dieser Gewalt gegen die Körper ist auffällig und wirft Fragen auf nach dem Begehren, das durch diese Schilderungen bedient werden soll.

Der vierte und letzte Teil des Reports zeigt die ›andere‹ Seite des Stadtteils auf, die aber gerade in der ihm eigentümlichen Widersprüchlichkeit liege: »Stadtteil zwischen Slums und Snobs« (Mopo, 2.8.91). Eine insbesondere in der jüngsten Zeit viel thematisierte Tendenz wird hier, schon 1991, angesprochen: Nicht nur die Drogenszene ist problematisch für die Entwicklung des Stadtteils, sondern auch seine ›Aufschickung‹ (»Schickeria«, »Versnobbung«), die mit der Sanierung der Langen Reihe losgetreten sei und das Mietniveau über kurz oder lang entsprechend anheben würde. Zwischen »Verslummung« und »Versnobbung« oder auch Pest und Cholera verliefe die Entwicklung eines Stadtteils, der sich doch gerade durch eine besondere Integrationskraft auszeichne, der nach wie vor ein »Schmelztiegel« sei. Dieses Kurzportrait gibt im wesentlichen wieder, mit welchen Charakteristika der Stadtteil in vielen Beiträgen regelmäßig in Verbindung gebracht wird. So wird St. Georg in den gesichteten Artikeln primär als ein Stadtteil voller Kontraste, Gegensätze, gar als »stadtgewordener Widerspruch« (SZ, 8.6.94) beschrieben, als vielfältiges liebevolles Viertel, als »lebendige, bunte Mischung« (taz, 28.5.94). Gelobt wird nicht nur die soziale und multikulturelle Vielfalt, sondern auch die große Toleranz und vor allem das Engagement der Bürger/innen, das sich in der Vielzahl von im Stadtteil ansässigen Initiativen ausdrücke. Die Art des Zusammenlebens wird allerdings häufig weniger als ›Miteinander‹ denn als »friedliches Nebeneinanderherleben« (Szene 9/05) qualifiziert. Die andere Seite, das »andere Gesicht« St. Georgs, wird vor allem als »Elend« beschrieben bzw. als »Schmuddeligkeit« oder auch »Tristesse«. St. Georg sei ein Stadtteil »zwischen Luxus, Normalität und tiefem Elend« (HA, 4.8.03). Während in den 1990er Jahren die meisten Artikel die immer wieder auftretende Konzentration der Drogenszene im Viertel skandalisieren, hat sich das Bild in den 2000er Jahren verändert, weil die Szene »zersplitterter« und damit das Problem, wenn auch nicht verschwunden, so doch »weniger sichtbar« (Mopo, 8.7.04) sei. Es erscheinen vermehrt Artikel, die den »Wandel« oder »Umbruch«, den das Viertel gerade erlebe, herausstreichen. So taucht der Hansaplatz nun auch in der Rubrik Immobilien auf. Wird dort in einem Artikel aus dem Jahre 2003 allerdings noch ein Wohnimmobilien-Experte mit den Worten zitiert, »[d]ie Aufwertung schwappt immer weiter in Richtung Steindamm, am Hansaplatz hängt sie bisher jedoch fest« (HA, 13.12.03), so kann in einem ein halbes Jahr später erscheinenden Bericht für private und institutionelle Anleger schon verkündet werden, es würden »bereits Objekte im Bereich des Hansaplatzes gehandelt – zum 14- bis 15-Fachen der Jahresmiete« (Welt, 22.5.04).

Die Dramaturgie der Beiträge zur Situation im Stadtteil, hier im Sinne der Dominanz eher positiver oder negativer Schilderungen, ist von mehreren Faktoren abhängig: Zum einen findet jeweils eine *Auswahl* der Ereignisse statt, *über* die in den Zeitungsartikeln berichtet wird (und implizit natürlich damit auch über die, die keine Erwähnung finden). Dann ist aber auch die Art und Weise der Darstellung, das *Wie* für die Konturierung des Gegenstands entscheidend. Und letztlich ist auch die jeweilige politische Ausrichtung der Zeitung, die Nähe bzw. Ferne zur jeweiligen Senatspolitik, nicht unerheblich für die Präsenz bestimmter Themen. So haben vor allem die Organe der Springer-Presse, das *Hamburger Abendblatt*, die *Welt* und die *Bild-Zeitung*, die Drogen-Politik des rot-grünen Senats eher kritisch bewertet (»Wenn das so weitergeht, wird dieser Stadtteil im Elend des Drogensumpfs versinken, und die Politik wird schuld daran sein« (Welt, 14.9.99)), zu Wahlkampfzeiten das Thema durch entsprechende Artikel ins Zentrum medialer Öffentlichkeit gerückt und immer wieder (repressive) Maßnahmen eingefordert.[2] Vergleichsweise milde wird die aktuelle Politik des CDU-Senats begleitet, wenngleich aber auch hier immer mal selbst nachrecherchiert wird, um festzustellen: »Die Szene ist keineswegs zerschlagen, sie ist nur zersplittert.« (HA, 17.10.03)

2 Die Zeitungen *Welt* und *Hamburger Abendblatt* haben in nicht unerheblichem Maße durch entsprechende Publikationen und Forderungen dazu beigetragen, dass der rot-grüne Senat sich kurz vor seiner Ablösung dann doch verstärkt des Themas »Innere Sicherheit« annahm und als Beweis seiner Glaubwürdigkeit durch Innensenator Scholz die zwangsweise Vergabe von Brechmitteln gegen vermeintliche Drogendealer einführte. So titelt das Hamburger Abendblatt im Juli 2001, also in der heißen Wahlkampfphase, mit der Schlagzeile »Drogenhauptstadt Hamburg«, um dann in dem sich anschließenden Artikel das neue Sicherheitskonzept des Senats kritisch zu prüfen. Hierbei steht vor allem die Frage im Zentrum, ob denn der Einsatz von Brechmitteln wirklich und ernsthaft »energisch vorangetrieben« werde oder ob es sich dabei »nur« um »Wahlgetöse« handele (HA, 21.7.01).

Ein beliebtes und wiederholt verwendetes Stilmittel ist die Herz-Metaphorik. Sie wird auffallend häufig im Zusammenhang mit St. Georg, dem Hansaplatz und der Drogenthematik bemüht: Der Hauptbahnhof sei das »Herzstück von St. Georg« (Mopo, 31.7.91), St. Georg selbst ein »Metropolenherzstück« (SZ, 8.6.94) und der Hansaplatz sei das »Herzstück St. Georgs« (taz, 22.7.02). In dieser Metaphorik wird zum einen die geografisch zentrale Lage des Viertels in Bezug auf die Stadt, des Platzes in Bezug auf das Viertel charakterisiert. Es klingt hierin zum anderen jedoch auch eine existenzielle Dramatik an, schließlich ist das Herz das zentrale Organ, von dessen Schlagen Leben und Tod abhängen. Gleichzeitig wird mittels der Metaphorik ein impliziter Kontrast aufgemacht zwischen den positiven Assoziationen rund um das »Herz« (Liebe, Wärme, Geborgenheit) und dem »Elend«, dessen Schilderung Hauptanliegen der jeweiligen Artikel ist. Durch die Kontrastierung wird der Effekt des Grauens verstärkt. Die Assoziation der Situation im Stadtteil mit Krankheit macht ein Artikel in der *Welt* auf, der folgende Beschreibung liefert:

»Die Hölle ist manchmal seltsam ausgeschildert. Dort, wo der Schriftzug ›Eden Hotel‹ hinter dem Deutschen Schauspielhaus zu Hamburg prangt, beginnt ein Terrain, das wie ein Geschwür im Körper der reichsten Stadt Europas eitert. Auf 10 000 Quadratmetern rund um den Hansaplatz ist im Laufe der Jahre ein Mikrokosmos entstanden, in dem der Überlebenskampf einer Suchtgemeinde ganz eigene Gesetze schreibt.« (Welt, 4.8.02)

Mit drastischen Metaphern wie »Hölle« und »Geschwür« wird der Hansaplatz hier als Ort des absoluten Grauens eingeführt, Ort der Sünde und der Zerstörung.

Am 7. Juli 2004 fand sich der Bürgermeister Ole von Beust auf Einladung des Bürgervereins und der Interessengemeinschaft Steindamm für eine kurze Stippvisite in St. Georg ein.[3] Seine Ortsbegehung hatte er publizistisch entsprechend vorbereitet, indem er in seiner zwei Tage zuvor in der *Welt* erschienenen montäglichen Kolumne dem Stadtteil »eine viel versprechende Zukunft« (Welt, 5.7.04) vorhersagte. Dieser habe sich in bemerkenswerter Weise zum Positiven gewandelt. Galt er früher als »schmuddelig« und gehörte zu den »verrufensten Gegenden Hamburgs«, so sei »die Tristesse« heute »verschwunden«. Dank des politischen und bürgerlichen Engagements sei St.

3 Die Einladungen des Bürgervereins haben Tradition. Schon 1988 berichtet das *Hamburger Abendblatt* von dem Besuch des damaligen Bürgermeisters Henning Voscherau im Stadtteil, allerdings nur in einer kurzen Meldung ohne Photos. Jedoch wird auch hier schon mit Bezug auf die Aussagen des Bürgervereinsvorsitzenden festgestellt: »Der 1978 umgestaltete Hansaplatz werde heute fast nur noch von Drogenhändlern und Prostituierten benutzt.« (HA, 22./23.10.88)

Georg zu einem »lebendigen, bunten und internationalen Viertel geworden«. Zwar seien Drogen und Prostitution nicht verschwunden: »Bedrückendes und menschliches Elend [!] erlebt man auch heute noch in St. Georg«, aber mit einer entsprechenden Verantwortung für das und Identifizierung mit dem Viertel könne Verwahrlosung und Kriminalität Einhalt geboten werden. *Welt*, *Hamburger Abendblatt*, *tageszeitung* und *Morgenpost* berichten über den Besuch des Bürgermeisters. Alle Artikel erwähnen die Stationen der Begehung des »einstigen Problem-Viertel[s]« (Welt, 8.7.04), zu der auch ein Stopp am Hansaplatz gehört. *Morgenpost* und *Hamburger Abendblatt* illustrieren ihren Bericht mit identischen Bildern einer fast inszeniert anmutenden Szene am Hansabrunnen: Während sich im Hintergrund der Bürgermeister von seiner Entourage die Lage und vor allem das Beleuchtungskonzept des »Lichtkünstlers« erklären lässt, sieht man im Vordergrund einen Polizeibeamten, der eine junge Frau anspricht, die mit im Schoß verborgenen Kopf auf den Brunnenstufen am Hansaplatz sitzt. Die Bildunterschrift in der *Morgenpost*: »St. Georg wird sauberer. Auch weil Polizisten massiv Junkies kontrollieren. Wie beim Beust-Besuch am Hansaplatz« (Mopo, 8.7.04). Im *Hamburger Abendblatt* heißt es: »Ein Bild, das in St. Georg selten geworden ist: Ein Polizist spricht mit einer abhängigen Frau. Im Hintergrund: der Tross um den Bürgermeister« (HA, 8.7.04). Weder ist klar, warum die Frau dort sitzt, noch warum der Polizeibeamte sie anspricht. Es genügen aber die drei Stichworte Hansaplatz, junge abhängige Frau und Polizeibeamte, um die in anderen Artikeln breit dargelegten »Szenen« assoziativ wachzurufen und damit die Geschichte des Orts Hansaplatzes. Beusts Mission, den Wandel des Stadtteils einmal mehr qua Präsenz und Wort – St. Georg sei eine »Perle«, zitieren ihn die Artikel – zu beglaubigen, scheint erfüllt. Im Dienstwagen, so die *tageszeitung*, verlässt der Bürgermeister nach 90 Minuten schnell wieder den Stadtteil, allerdings mit der Erkenntnis: »Wir tun soviel Gutes, das wusste ich gar nicht.« (taz, 8.7.04)

Drei Aspekte sollen nun zusammenfassend noch einmal herausgestellt werden: die Subjekt/Objektposition, der Körperaspekt und die Konstruktion gefährlicher Orte.

In der Beschreibung der ›Szenerie‹, die mit dem Hansaplatz assoziiert wird, hat sich ein deutliches Strukturierungsmuster gezeigt: Die immer wieder auftauchenden Akteure sind Prostituierte, Junkies und Drogendealer. Während die ersten beiden Gruppen als bemitleidenswerte Opfer ihrer eigenen Sucht charakterisiert werden, werden die Drogenverkäufer als ›böse‹ und ›ausländische‹ Täter dargestellt. Alle drei Gruppen werden also extrem schematisch, wenig differenziert und vor allem nie auf Augenhöhe inszeniert. Aber selbst die Prostituierten und Drogenkonsument/inn/en, deren Perspektive in einigen Artikeln in Form von Erzählungen der jeweiligen Lebensgeschichten repräsentiert werden soll, werden immer nur mit Vornamen vorgestellt, und damit deutlich anders eingeführt als alle anderen in dem Zusammenhang zur Sprache kommenden Personen wie die Anwohner/innen, Polizist/inn/en etc. Sie sind vor allem Objekte der Darstellung, sowohl in den Texten wie in der Bebilderung, eine Subjektivität, d.h. eine Stimme in der Diskursivierung des Hansaplatzes kommt ihnen nicht zu.

Genau so wenig, wie ihnen ein Subjekt-Status in der Darstellung eingeraumt wird, genau so sehr werden die Gruppen Dealer, Drogenabhängige und Prostituierte über ihre Körper charakterisiert. Dealer werden offenbar qua Hautfarbe identifiziert, schwarze Hautfarbe oder vielmehr nicht-weiße Hautfarbe gilt als Indikator für den Status ›Ausländer‹. Prostituierte und Junkies werden vor allem über ihre »zerschundenen«, »bleichen«, »ausgemergelten« und von Wunden gezeichneten Körper beschrieben. Ihr Elend wird primär als körperliches sichtbar. Ausführlich wird in den Artikeln dargestellt, wie Drogenabhängige auf öffentlichen Plätzen und Straßen Drogen konsumieren. Dabei gilt das Augenmerk offenbar immer der körperlichen Verfasstheit, den zerstochenen Venen und anderen Körpermerkmalen, die jede/r Leser/in sofort mit illegalisierten Drogen assoziiert. So titelt beispielsweise ein Artikel mit der Zeile: »Sie gleichen Gespenstern, jeder Tag könnte ihr letzter sein: Hamburgs Crack-Junkies verkaufen Körper und Seele für ihre Sucht.« (Welt, 4.8.02) Im Fortgang wird der Gespenster-Vergleich durch die metaphernreiche Beschreibung der körperlichen Merkmale der Drogenkonsument/inn/en ein weiteres Mal aufgerufen. Es ist von »flackernden Augen in jungen Pergamentgesichtern« die Rede, von »menschlichen Schemen [...], die in aberwitzigen Verrenkungen akustischen Müll absondern«. Anders als »Säufer« sähen Junkies nicht aufgedunsen aus, »sondern bleich, blaustichig und extrem dürr, als würde ein innerer Staubsauger ihre Haut auf die Knochen spannen«. Die Beschreibung des Körperlichen verbindet die Prostitutions- mit der Drogenthematik, da beide Gruppen in den Darstellungen häufig als »körperlich und seelisch verwahrlost« (Welt, 5.11.00) portraitiert werden. Beide Gruppen treten in der Wahrnehmung mit ihrem Körper in die Öffentlichkeit, allerdings wird der Körper hier vor allem als ›geschädigter‹ relevant. In der Charakterisierung wird dabei häufig zu drastischen Vokabeln und Bildern gegriffen: die abhängigen Prostituierten würden »ihre Körper oder das, was davon übrig ist, verkaufen« (Welt, 5.11.00), sie sind »Mädchen, die ein Überbleibsel an Körper verkaufen« (Zeit, 37/01), sie »verkaufen ihre kaputten Körper für eine Hand voll Euro« (HA, 17.10.03). Mehrfach ›gezeichnete‹ Körper – »kaputte Körper« – stehen immer wieder im Zentrum der medialen Darstellung. Die häufige Erwähnung von »Elend« in Verbindung mit St. Georg bzw. dem Hansaplatz hat in der »körperlichen Verelendung« der Konsument/inn/en illegalisierter Drogen und der Prostituierten ihre materielle Grundlage. Das soziale

Elend wird hier einzig sichtbar an der Verelendung von (individuellen) Körpern.

Das »Elend« wird aber nicht nur auf die Körper, sondern auch auf den Raum, konkret: den Ort Hansaplatz projiziert. Durch die häufige Nennung des Hansaplatzes als lokale ›Adresse‹ für Prostitution und Drogen sowie entsprechende Aufnahmen stellt sich eine Bedeutungsverschiebung her: Der Name steht auf diese Weise nicht mehr für einen Platz in einem Hamburger Viertel, sondern er wird zu einem Synonym für Drogen, Prostitution und Verelendung. Durch die stete Anrufung als Kriminalitätsschwerpunkt findet auf diese Weise eine Kriminalisierung des Orts statt, so dass schließlich nicht mehr das soziale Handeln vor Ort den Ort stigmatisiert, sondern der Ort selbst stigmatisierende Wirkung auf die sich an ihm aufhaltenden Menschen hat. Interessant ist in diesem Zusammenhang, dass insbesondere die Artikel aus den letzten zwei Jahren sich bemühen, eine ›Verbesserung‹ der Situation am Hansaplatz herbeizuschreiben und einer Aufwertung und Revitalisierung das Wort reden. Tatsächlich taucht er aber vor allem in Artikeln auf, die die Beleuchtung sowie die Videoüberwachung des Platzes thematisieren und damit immer wieder das Bild des ›gefährlichen Orts‹ wachrufen – denn genau diese Charaktereigenschaft, d.h. seine Gefährlichkeit, ist für beide Projekte (Beleuchtung und Videoüberwachung) die entscheidende legitimatorische Grundlage. Aber es erscheinen in derselben Zeitung auch Artikel, die die Einführung von Videoüberwachung kritisch diskutieren, wie das Interview mit dem Sozialwissenschaftler Nils Zurawski, der gegen den Einsatz von Videoüberwachung folgende Argumente ins Feld führt: »Zum einen fühlen sich die Menschen in St. Georg nicht besonders unsicher. Zum anderen sind die Bürger dort eher an einer Revitalisierung ihres Viertels, besonders um den Hansaplatz herum, interessiert. Durch das Installieren von Kameras wird ein Ort kriminalisiert.« (HA, 11.7.06)

Zusammenfassend lässt sich also feststellen, dass in den Beschreibungen des Hansaplatzes zwar Veränderungen der Situation thematisiert, dass aber gleichzeitig immer wieder ›alte‹ Bilder und Formulierungen aktualisiert werden. Damit wird der Hansaplatzes nach wie vor als gefährlicher Ort konstruiert.

7.2 Senatsdrucksachen

Alle Drucksachen bestehen im wesentlichen aus zwei Teilen: einer kurzen *Problembeschreibung* zu Anfang und längeren Abschnitten zu entsprechenden *Maßnahmen*, die zu ergreifen oder gar schon umgesetzt seien. Im Folgenden soll anhand der Rekonstruktion dieser Struktur die jeweilige besondere Akzentsetzung der einzelnen Drucksachen dargelegt werden.

Die am 24.11.1992 veröffentlichte *Drucksache 14/2852* des Senats *Jugend-, sozial-, drogen- und stadtteilentwicklungspolitische Sofortmaßnahmen für St. Georg* besteht aus sechs Abschnitten, von denen allerdings die ersten beiden, »I. Ausgangslage und Handlungsnotwendigkeiten« und »II. Maßnahmen«, den weitaus größten Teil der Darstellung beanspruchen.[4] Die Problembeschreibung stellt die vier »sozialen Problematiken« vor, die das »vielschichtige Gesicht« des Stadtteils prägten: 1. Ansammlung von Drogenkonsumenten, 2. Vergnügungs- und Prostitutionsviertel, 3. Szenetreff am Hauptbahnhof, 4. konzentrierte Unterbringung von Asylbewerbern und Obdachlosen in den umliegenden Hotels und Pensionen. Im Weiteren wird allerdings auf die drei letztgenannten Problembereiche kaum weiter eingegangen, sondern das Problem Drogenszene (und dessen negative Auswirkungen auf St. Georg) stehen im Zentrum des Berichts. Auffallend ist, dass sich das Thema »Drogen« tatsächlich wie ein roter Faden durch alle Abschnitte zieht, unabhängig davon, welche Maßnahmen (beispielsweise Kinder und Jugendliche oder Obdachlosigkeit betreffend) sie gerade behandeln. Wie bei der Sichtung der Zeitungsartikel bereits herausgearbeitet, zeigt sich auch in der Analyse der Drucksache, dass in der »Anwesenheit von teilweise stark verelendeten Drogenabhängigen« (1)[5] ein wesentliches Problem der Drogenthematik gesehen wird. Weniger die Zahlen der polizeilichen Kriminalstatistik als vielmehr die »Massierung von Drogenabhängigen und -händlern« würde das Sicherheitsgefühl der Bürger beeinträchtigen. Eingeräumt wird jedoch an dieser Stelle, teilweise würden »allerdings Verwahrlosungserscheinungen dem illegalen Drogenkonsum und -handel zugerechnet, die auf andere Faktoren (Heimat- und Obdachlosigkeit, exzessiver Alkoholmissbrauch, sogenannte Bahnhofskinder u.ä.) zurückgehen« (2). Resümierend heißt es im Anschluss: »Insgesamt ist […] das Terrain rund um den Hauptbahnhof ein Treffpunkt unterschiedlichster Randgruppen, die das Gesamterscheinungsbild prägen und von vielen Bürgern als bedrohlich empfunden werden« (2). Offenbar ist vor allem das »Erscheinungsbild« ein Problem, mit dem der Senat sich im vorliegenden Maßnahmenpapier zu beschäftigen beabsichtigt.

Die Maßnahmen gliedern sich in zwei Bündel: Zum einen folgt die Drucksache nachdrücklich der bisherigen und zum damaligen Zeitpunkt vergleichsweise progressiven Hamburger drogenpolitischen Linie »Hilfe statt Strafe« und verspricht die Einrichtung dezentraler »Fixerräume«, deren voll-

4 Im Abschnitt »III. Weiteres Verfahren« wird darauf hingewiesen, dass die Sofortmaßnahmen in die Arbeit des Senats für Sozial-Regionale Schwerpunkte einbezogen werden und in »IV. Kosten und Deckung« werden die Kosten für die Einzelpläne dargelegt. In Abschnitt »V. Dringlichkeit« wird die Bürgerschaft gebeten, die Mitteilung als dringlich zu behandeln und in »VI. Petitum« diese zu beschließen.

5 Die einfachen Zahlen in Klammern beziehen sich immer auf die Seiten in den jeweils vorher genannten Drucksachen.

ständige Realisierung jedoch bisher an den bundespolitischen Drogenrichtlinien scheiterte. Zum anderen kündigt die Drucksache eine Verschärfung der repressiven Maßnahmen gegen beispielsweise »afrikanische Tätergruppierungen« an, d.h. vor allem gegen die Drogenhändler, die, wie in den Zeitungsartikeln, mit ethnischer bzw. nationaler Herkunft identifiziert werden.

In der *Drucksache 15/3622* vom 4.7.1995 geht es um die *Darstellung stadtteilentwicklungspolitischer Maßnahmen für St. Georg*, konkreter um die Umsetzung der in Drucksache 14/2852 entwickelten Maßnahmen. Das Papier besteht aus insgesamt sechs Abschnitten, den größten Anteil der Darstellung nehmen dabei die Abschnitte »II. Umsetzung der Maßnahmen von 1992« und »V. Weitere Handlungsschritte zur Verbesserung der Lebenssituation in St. Georg« ein.[6] Die Ausgangslage ist ähnlich der von 1992: Der Stadtteil sei trotz des »massiven Ausbaues des Drogenhilfesystems« (1) nach wie vor durch eine Reihe sozialer Probleme belastet, eine »Entzerrung« (1) der Drogenszene sei nicht eingetreten. Der Stadtteil leide weiterhin unter der Ansammlung von Drogenabhängigen und -händlern und den mit ihnen verbundenen Phänomenen Verelendung, offener Drogenhandel und -konsum. In der Bestandsaufnahme wird der Status St. Georgs als kriminalitätsbelasteter Ort hervorgehoben und doch spielt in der Problembeschreibung wiederum vor allem die Sichtbarkeit und das Erscheinungsbild der Drogenszene die Hauptrolle. Diese habe sich als »sichtbarer Bestandteil in St. Georg etabliert« (2), sei aber auch am Hauptbahnhof sehr präsent. Darüber hinaus sei der Bahnhofsbereich bevorzugter Aufenthaltsort für Alkoholiker und Obdachlose: »Für den Bürger stellt sich hier ein Bild zunehmenden menschlichen Elends dar, zumal wegen optischer Ähnlichkeiten in den Erscheinungsformen ein Auseinanderhalten der Gruppierungen nicht ohne weiteres möglich ist.« (2f.)

Interessant ist an diesen Zitaten, dass Erscheinungsbild, Optik und Sichtbarkeit als die für ›den Bürger‹ zentralen Probleme der Drogenthematik benannt werden und weniger eine unmittelbare Bedrohung durch Straftaten. Nicht klar wird, warum ein Auseinanderhalten der Personengruppen die Situation für ›den Bürger‹ erträglicher machen sollte, da der Text doch an anderer Stelle selbst unterschiedliche Gruppen in den einen Topf »Randgruppe« wirft. Im Rahmen des »Gesamtbetreuungskonzepts Hauptbahnhof« würden »auffällige Personen/Personengruppen« (3) über das Hausrecht vom Bahnhofsgelände verwiesen. Dies führe aber zu einer Verdrängung der Personengruppen an andere Bereiche um und am Hauptbahnhof. Dort würde sich die Szene konzentrieren, zumal die »zahlenmäßig auffällige Dealerszene (minderjährige Schwarzafrikaner und Kurden)« eine Sogwirkung auf die Konsumenten ausübe: »Beide Seiten, sowohl die ausländischen Dealer als auch die stark

6 Bei den übrigen Abschnitten handelt es sich um »I. Anlass«, »III. Handlungskonzept St.Georg«, »IV. Armutsbekämpfung« und »VI. Petitum«.

verelendeten Konsumenten, wie auch deren szenetypisches Verhalten [...] sind für die Öffentlichkeit erkennbar« (3). Nach dieser Situationsbeschreibung, zu der auch »ausländerrechtliche Probleme« (bezogen auf die ausländischen Dealer) und auch die Provokation der Polizei durch die Dealer zählen, werden die polizeilichen Maßnahmen geschildert.

Grundlegend für die hier vorgestellten Maßnahmen ist wie auch schon in der obigen Drucksache der doppelte »Hamburger Ansatz«, der eine präventive mit einer repressiven Seite verbindet. Anders als noch in dem Maßnahmenentwurf von 1992 bildet die Darstellung der »sicherheits- und ordnungspolitischen Maßnahmen« zumindest in quantitativer Hinsicht einen Schwerpunkt.[7] Das polizeiliche Handlungspotenzial gliedert sich dann in Präsenz, die entsprechend gesteigert worden sei, und Instrumentarien (Ingewahrsamnahmen, Platzverweise, vorläufige Festnahmen, Identitätsfeststellungen, Razzien). Neben diesen repressiven Mitteln wird als präventive Maßnahme das Pilotprojekt »Sicherheitspartnerschaft Bürger/Polizei« vorgestellt. Hier träfe sich die Polizei mit unterschiedlichen Gruppen aus dem Stadtteil, um gemeinsam präventive Projekte zu entwickeln und durchzusetzen. Die »Grenzen polizeilicher Möglichkeiten« lägen, heißt es dann im nächsten Absatz, in der Sichtbarkeit des Drogenproblems:

> »Was die Polizei nicht bzw. nicht allein verhindern kann, ist weiterhin die Sichtbarkeit als Tatsache, daß es ein Drogenproblem gibt, und zwar mit allen Anzeichen der zunehmenden sozialen Verelendung einer Minderheit von Abhängigen in ihrem zunehmend unkontrollierten Verhalten und ihrem Willen, sich vorzugsweise in der Nähe des Hauptbahnhofs aufzuhalten.« (4)

Manche Menschen, gegen die sich die Maßnahmen richteten, seien nicht mehr ansprechbar. Neben diesem stellte sich für die Polizei auch ein räumliches Problem: Sei die Szene am Hansaplatz noch relativ einfach aufzulösen gewesen, so ergäbe sich aus ihrer Verlagerung an den Hauptbahnhof das Problem, dass die polizeilichen Maßnahmen nun nur noch sehr viel ausgesuchter eingesetzt werden könnten. Außerdem mische sich die Drogenszene mit »Obdachlosen und Alkoholikern und anders sozial Randständigen, denen gegenüber die Polizei keine Handhabe« habe (5). Und so endet dieser Abschnitt mit der Feststellung, dass das Problem von Drogenabhängigkeit und Drogenhandel »nicht unsichtbar gemacht werden« könne. Die sicherheits- und ordnungspolitischen Maßnahmen sollen jedoch weiter ausgebaut werden, wie unter V. 2.

7 Das tendenzielle Übergewicht der Darstellung sicherheitspolitischer Maßnahmen ist darauf zurückzuführen, dass in diese Drucksache das bereits am 1. Juni 1995 der Öffentlichkeit vorgestellte »Handlungskonzept für die Polizei im Stadtteil St. Georg« integriert wurde, wie wiederum aus der Drucksache 16/769 hervorgeht (4).

beschrieben wird. Seit dem 18. Mai laufe bereits ein Schwerpunktprogramm zur Eindämmung der offenen Drogenszene. Gemeint ist hier das »Handlungskonzept für die Polizei im Stadtteil St. Georg«, das neben den bekannten Instrumenten die neue Maßnahme des Aufenthaltsverbots legitimiert und implementiert. Auch die drogenpolitischen Maßnahmen sollen erweitert und bestehende Drogenhilfe- und Beratungseinrichtungen ausgebaut werden. Da die Situation am Hauptbahnhof »erheblich zugespitzt« sei, sollen dort verstärkt Straßensozialarbeiter/innen eingesetzt werden. Weitere Maßnahmen »zur Verbesserung der Lebenssituation in St. Georg« beziehen sich auf die Aspekte Reinigung und Sauberkeit, Kinder, Jugendliche, Eltern, Alte und Frauen, Unterstützung der lokalen Wirtschaft, Verkehr, Stadterneuerung (Sanierung bestimmter Gebiete), Erneuerung des Beherbergungsgewerbes und die Grünanlagen.

Auf die beiden bisher vorgestellten Drucksachen bezieht sich die *Drucksache 17/769* vom 28.4.1998 *Koordiniertes Handlungskonzept am Hauptbahnhof* explizit. Sie befasst sich mit dem Stand der am 26. November 1997 in der Bürgerschaft beschlossenen stadtteilentwicklungspolitischen Maßnahmen für St. Georg, legt den Schwerpunkt der Darstellung nach eigener Aussage jedoch auf die Situation und den Handlungsbedarf am Hauptbahnhof sowie auf die Struktur der Bürgerbeteiligung.[8] Ausgangspunkt ist der Stadtteil St. Georg mit seinen vielfältigen Problemen, die jedoch auch von der Nähe zum Hauptbahnhof induziert seien: »Viele dieser Probleme gehen auf die Sogwirkung zurück, die der Hauptbahnhof auf sozial labile und sozial benachteiligte Gruppen der gesamten Metropolregion ausübt.« (1) Der Begriff »Sogwirkung« tauchte bereits in den zuvor ausgewerteten Drucksachen auf, mit ihm wird die Ansammlung bestimmter Szenen am Hauptbahnhof als etwas fast Naturwüchsiges beschrieben. Warum sich aber ausgerechnet »sozial labile und sozial benachteiligte Gruppen« vom Hauptbahnhof angezogen fühlten, lässt der Bericht offen. Der »Problemkonzentration« an einzelnen Orten könne nur schwer und nur mit gezielten dezentralen Angeboten entgegengewirkt werden: »Dadurch soll verhindert werden, daß die Nutzung des öffentlichen Raumes durch Bürgerinnen und Bürger z.B. aufgrund dauerhaften Lagerns, von Verschmutzung oder von Drogenkonsum und -handel (auch mit Medikamenten) in unzumutbarer Weise beeinträchtigt wird.« (1)

Interessant ist an diesem Absatz, dass offenbar das eigentliche Problem in der jeweiligen Inanspruchnahme des öffentlichen Raums liegt. Auch im späteren evaluativen Teil zur Wirksamkeit bisheriger Maßnahmen heißt es, dass eine »beschränkte Nutzbarkeit des öffentlichen Raums« im Frühjahr 1995 dadurch entstanden sei, »daß sowohl Dealer als auch Konsumenten bestimmte

8 Die Mitteilung besteht aus den Abschnitten »I. Anlaß«, »II. Stellungnahme des Senats«, »III. Zum Ersuchen« und »IV. Petitum«.

Straßen, Wege und Plätze für ihre Zwecke in Anspruch nahmen« (4). Diese Beschränkung wie auch »das damals drohende ›Kippen‹ des Stadtteils« habe unter anderem mit polizeilichen Maßnahmen verhindert werden können. Ziel der polizeilichen Maßnahmen sind, wie auch in den bereits behandelten früheren Drucksachen, die Drogenhandler, wohingegen »der Konsument« dabei nur insofern Ziel polizeilicher Maßnahmen sei, »wie er durch sein Verhalten zur Verstärkung der offenen Drogenszene beiträgt oder Maßnahmen gegen ihn getroffen werden müssen, um einen Handel nachzuweisen« (4). Die repressiven Maßnahmen umfassen die in den obigen Drucksachen bereits angekündigten Schritte (Verstärkung der Polizeibeamten vor Ort, den kombinierten Einsatz von uniformierten und zivilen Beamten sowie einer Ermittlungsgruppe der Rauschgiftabteilung, Platzverweise, Festnahmen und Ingewahrsamnahmen von Angehörigen der Drogenszene sowie Aufenthaltsverbote gegen »Intensivdealer«) wie auch eine enge Zusammenarbeit mit der Ausländerbehörde, um eine beschleunigte Abschiebung ausländischer Dealer zu ermöglichen. Eine entsprechende Statistik zur Umsetzung der Maßnahmen belegt dann beispielsweise allein für die ersten beiden Monate des Jahres 1998 12 548 ausgesprochene Platzverweise. Durch eine Novellierung des Gesetzes zum Schutz der öffentlichen Sicherheit und Ordnung vom Juni 1996 sei es inzwischen auch möglich, bisherige Auffälligkeiten von Personen zur Prognose über ihr künftiges Verhalten heranzuziehen. Auch das Konzept der Sicherheitspartnerschaften zwischen Bürger und Polizei werde weiter realisiert, es diene vor allem der »Verbesserung der subjektiven und objektiven Sicherheit im Stadtteil« (5). Neu sind Maßnahmen zur »Verbesserung des Erscheinungsbildes des Umfeldes des Hauptbahnhofes«. Mit letzterem sind Aktionen wie das Aufstellen eines Zauns vor einer sonst zum Sitzen genutzten Mauer zur »Verhinderung der missbräuchlichen Nutzung öffentlicher und privater Flächen« gemeint, die Aufstellung zweier Pissoirs und die Schließung eines Tunnels. Einen weiteren wichtigen Beitrag leiste die von der Deutsche Bahn AG im Frühjahr 1998 eingerichtete 3-S-Zentrale.

Zusammenfassend lassen sich für die Analyse der Drucksachen drei Ergebnisse herausstellen: In der Sprache und in der Sache sind die Drucksachen weitaus pragmatischer als die Zeitungsartikel, d.h. es werden keine Bedrohungs- oder Zerfallszenarien heraufbeschworen, keine dramatisierenden Metaphern und assoziativen Verknüpfungen verwendet. Auch transportieren die Drucksachen ein weniger dichotomes Weltbild, und doch liegt auch hier eine dichotome Perspektive zugrunde: ›Randgruppen‹ (vor allem Drogenszene) sind das Problem, der Stadtteil bzw. die Bürger müssen von diesem Problem entlastet werden. Als zweites Ergebnis lässt sich festhalten, dass die Drucksachen inhaltlich vor allem für die Hamburger Doppelstrategie von Hilfe und Prävention auf der einen, Repression auf der anderen Seite argumentieren. In der Tendenz zeigt sich, dass in den letzten Jahren vor allem die letztere Strategie ausgebaut wurde. (Hier gibt es eine Korrespondenz zur medialen Berichterstattung.)

Auffällig ist jedoch als weiteres Ergebnis der Drucksachenanalyse, dass es ein entscheidendes, mit ordnungspolitischen Maßnahmen aber offenbar nur mäßig in den Griff zu bekommendes Problem gibt: die »Sichtbarkeit« von »menschlichem Elend«.[9]

7.3 Stimmen der Stadtteilbewohner/innen

Blätter aus St. Georg

Die *Blätter aus St. Georg*, das Mitteilungsblatt des Bürgervereins zu St. Georg von 1880 RV, erscheinen monatlich und informieren zum einen über die Vereinstätigkeit, zum anderen über Termine und Themen aus dem Stadtteil.[10] Die folgende Analyse der *Blätter* bezieht sich auf die Jahrgänge 1989-2000.

Die kleinformatige, 12 Seiten starke Publikation besteht zu einem guten Drittel aus Anzeigen der Gewerbetreibenden vor Ort. Das Layout ist sehr schlicht und in den gesichteten 12 Jahrgängen kaum verändert worden. Den Titel ziert meist eine historische Aufnahme aus dem Stadtteil, manchmal auch ein aktuelleres und themenbezogeneres Photo. Im Fokus der folgenden Auswertung standen die Berichte zum Thema Hansaplatz. Insbesondere seit Ende der 1980er Jahre wendet sich der Bürgerverein verstärkt sozialpolitischen Themen zu.

Schon Ende der 1970er Jahre, als das Thema Drogen noch mit keiner Zeile in den *Blättern* erwähnt wurde, äußerte ein Bürgervereinsvertreter anlässlich der Feier zur Umgestaltung des Hansaplatzes im September 1978 die

9 Die Sichtbarkeit von Bettler/inne/n in der Innenstadt wurde 1996 in dem als »Bettlerpapier« bekannt gewordenen Drucksachenentwurf »Maßnahmen gegen die drohende Unwirtlichkeit der Stadt« explizit zum Thema gemacht. Dieser Entwurf musste jedoch aufgrund der öffentlichen Kritik zurückgezogen werden. Die Leitlinie des Entwurfs wurde jedoch fortgeschrieben, da sich, wie Pia Peddinghaus und Dirk Hauer formulieren, »alle Politikbereiche, insbesondere auch die Sozialpolitik, dem Ziel der ›Bettler-Drucksache‹, nämlich der Unsichtbarmachung von Armut und Verelendung durchaus verpflichtet haben« (Peddinghaus/Hauer 1998: 108).

10 Der Bürgerverein existiert seit über 125 Jahren. Stellten bis 1918 die Bürgervereine die Abgeordneten der Hamburger Bürgerschaft, so verschob sich ihr Ziel mit der Ablösung durch Parteien dahingehend, dass sie in klarer Frontstellung zur Arbeiterbewegung der Zersplitterung des Bürgertums entgegen arbeiten und vor allem die Interessen des Mittelstands und Kleingewerbes vertreten wollten. Von seinem Selbstverständnis her begreift sich der Bürgerverein zu St. Georg heute allerdings als überparteilich und um das Wohl des Stadtteils und aller dort lebenden »Bürger« kommunalpolitisch bemüht: »Wir verstehen uns als Anwalt der Bürger dieses Stadtteils.« (Bürgerverein zu St. Georg RV 2006)

Sorge, »daß der Hansaplatz zu dieser Zeit wieder zum Tummelplatz jener würde, die aus gutem Grund das grelle Licht scheuen« (10/78).[11] Gut zehn Jahre später, im Sommer 1989, setzt der Bürgerverein mit der Kampagne »Rettet den Hansaplatz« das Thema »Drogen« offensiv auf die Tagesordnung, geht es ihm doch, wie er selbst sagt, generell darum, Themen zu besetzen und sich zum Meinungsführer zu machen (3/90). Den Anfang der unterschiedlichen Berichte zum Thema Drogen bildet ein im Februar 1989 an den damaligen Bürgermeister Voscherau gesandter Brief, in welchem diesem mitgeteilt wird, dass ein »Absacken des Stadtteiles in Resignation, Lethargie oder gar in eine aktiv negative Sonderentwicklung« (3/89) zu befürchten sei. Das Thema »Drogen«, so heißt es weiter, habe sich als das drängendste und bedrohlichste erwiesen, wenn es auch eingebunden in andere »Problemkreise« sei wie Prostitution, Beschaffungskriminalität, Arbeitslosigkeit und die Massierung von Asylbewerbern. Der vom Bürgerverein vorgebrachte Problemlösungsansatz umfasst drei Aspekte, die mit unterschiedlicher Schwerpunktsetzung in den kommenden Jahren immer wieder auf die Tagesordnung gebracht werden: zum einen soziale Hilfsmaßnahmen für Drogenabhängige bzw. weitere soziale Einrichtungen im Stadtteil, zum anderen ordnungspolitische, repressive Maßnahmen, um die Dealer aus dem Stadtteil zu vertreiben, und zum dritten Revitalisierungsmaßnahmen für den Hansaplatz wie beispielsweise die Einrichtung eines Wochenmarktes. Das Argument hierfür lautet: »Diese Nutzung durch Bürger und Gewerbetreibende sowie die damit verbundene gründliche Reinigung kann diesen von Stadtstreichern, Großhunden und Dealern okkupierten kostbaren Platz für die Anwohner zurückgewinnen.« (3/89)

Unter der programmatischen Überschrift »Rettet den Hansaplatz!« erscheinen in den kommenden Jahren Informationen und Aufrufe zur Situation am Hansaplatz. Das Problem aus Sicht der *Blätter*: der Platz sei zum Zentrum der Dealer und Fixer, Treffpunkt für Hehler und Zuhälter geworden, »Hamburgs schönster innenstädtischer Platz ist kein Platz für Bürger« (6/89). In der Thematisierung dieses Problems in den *Blättern* der kommenden Jahrgänge lassen sich vier unterschiedliche (diskursive) Strategien erkennen: die Skandalisierung der dortigen Situation, die Darstellung von Protestaktionen und deren mediale Platzierung, die Einbindung von Kommentaren und Verweisen zur Senatspolitik sowie die Berichterstattung über Maßnahmen zur Revitalisierung des Platzes.

Die Skandalisierung erfolgt sowohl über redaktionelle Beiträge wie über den Abdruck entsprechender Medienberichte. So wurde der in der *Bild am Sonntag* erschienene Artikel (mit Schlagzeilen wie »Deutschlands schlimmster Drogenstadtteil?« und »Nichts wie weg hier!« (BamS, 24.9.89)) in den

11 Die Nachweise der Zitate aus den Stadtteilpublikationen werden abgekürzt in Heftnummer/Jahrgang.

Blättern (10/89) zum Aufmacher und Auftakt der Thematisierung des Hansaplatzes gemacht. Medienberichte werden entweder zitiert, um die Dramatik der Situation zu verstärken oder aber um an ihnen zu zeigen, dass die Situation unterschätzt wird, dass sie entgegen anders lautenden Berichten nach wie vor sehr schlimm sei. Hierfür werden dann ›authentische Sprecher/innen‹ zitiert, Anwohner/innen, die in Artikeln und Leserbriefen in den *Blättern* ein Forum für ihre Beschwerden finden. So beschreibt ein Anwohner die ›hoffnungslose Lage‹ in mehreren Punkten, im einzelnen das Anwachsen von Drogenszene, Beschaffungskriminalität, Alkoholismus, Prostitution, Lärm, Müll und Vandalismus. Die dort lebenden Menschen hätten die Hoffnung verloren, dass die »Verelendung doch gestoppt wird« (2/97). Eine Leserbriefschreiberin betont die Notwendigkeit, den Platz »für die Bürger St. Georgs zurückzugewinnen« (11/97). Früher habe der Platz ein »Pariser Flair« gehabt, wenn er auch damals bereits ein »Nachtjackenviertel« gewesen sei. Das damalige »Miljöh« sei jedoch nicht dramatisch gewesen im Gegensatz zu heute: »Hier grinst eine Fratze menschlichen Elends, droht Abgrund und Vernichtung« (11/97). Das »giftige Milieu«, so fordert sie, müsse verändert und es müsse wieder eine »kultivierte Lebensqualität« geschaffen werden.

Insgesamt auffälligstes Merkmal der Strategie der Skandalisierung ist die drastische und dramatisierende Sprache, d.h. die Auswahl der Vokabeln und die Bedeutungsverknüpfungen. So berichtet ein Artikel: »Der Hansaplatz ist zum ›Marktplatz‹ des Todes geworden, wie ihn die dpa bereits vor Monaten benannte.« (6/90) Oder unter der Schlagzeile »Heißer Sommer« heißt es beispielsweise, es sei nur noch eine Frage der Zeit, wann der soziale Brennpunkt St. Georg überkoche, der Stadtteil drohe umzukippen (5/92). Und schließlich: »Nicht nur die Drogenszene, sondern auch die Alk-Szene ist an den Hansaplatz zurückgekehrt. Das Herz von St. Georg ist wieder infarktgefährdet.« (9/99) Wie schon für die Zeitungsartikel analysiert, lässt sich auch für die Sprache der *Blätter* eine Vorliebe für die Herz-Metaphorik als stilistisches Mittel ausmachen. Dies wird an folgenden Formulierungen deutlich: der Hansaplatz solle »wieder zum Herz des Stadtteils« (12/89) werden, der Hansaplatz, »dieses kranke Herz St. Georgs« (9/90), es gehe darum, »das Herz St. Georgs für den Stadtteil zurückzugewinnen« (9/93). Der Hansaplatz ist offenbar erst dann wieder ein gesundes Herz, wenn er von ›den Bürgern‹ genutzt werde. Die Assoziationsmöglichkeiten, die sich mit dieser Metaphorik verbinden, wurden bereits weiter oben erwähnt. Eine ähnliche Dramatik findet sich in den Slogans des Bürgervereins wie »St. Georg muss leben« und »Rettet den Hansaplatz«, in allen diesen Formulierungen geht es scheinbar um existenzielle Fragen, es geht um Leben oder Tod. Das Ziel des Bürgervereins ist nach eigenen Verlautbarungen die »Rückgewinnung« oder »Rückeroberung« des Hansaplatzes, wie sich in den folgenden Formulierungen zeigt: »Der Platz wäre für St. Georg zurückgewonnen« (6/89), »Rückgewinnung des

Hansaplatzes für die Bewohner und Gewerbetreibenden« (11/89) und »den Hansaplatz wieder für den Stadtteil zurückgewinnen« (12/89). In dieser programmatischen Wortwahl drückt sich die Wahrnehmung der Situation als Stellungs- bzw. Besetzungskrieg aus. Gleichzeitig suggeriert das »wieder«, dass der Platz einmal einer des Bürgertums war und er diesem somit qua Gewohnheitsrecht auch zustehe.

Die Protestaktionen, für die die *Blätter* ein Forum sind, beziehen sich fast immer auf die Situation am Hansaplatz und zielen auf eine entsprechende Öffentlichkeitsarbeit. Zu den Aktionen gehört das Aufstellen von Holzkreuzen auf dem Platz, die Gründung von Anwohner/innen-Initiativen, Unterschriftenlisten, Briefe an den Bürgermeister und andere Politiker/innen, Podiumsdiskussionen, Pressekonferenzen aber auch beispielsweise die Gründung der »Interessengemeinschaft Steindamm« durch einige Gewerbetreibende, die mit der privaten Anstellung »Schwarzer Sheriffs« am Steindamm Schlagzeilen und sich selbst damit zur Vorreiterin einer »public-private-partnership«[12] machte.

Die Blätter berichten regelmäßig von städtischen Maßnahmen und aus Polizeiberichten und kommentieren diese. So titelt beispielsweise ein Artikel »Bürgerverein beeinflusst Politik« (10/90) und referiert die Beschlüsse der Bezirksversammlung, die sich mit den Forderungen des Bürgervereins weitgehend decken würden. Im August 1998 wird der Polizeibericht des Vorjahres in Auszügen zitiert und kommentiert. Während dieser vor allem positive Veränderungen betone, heißt es im Kommentar, die Lage sei nach wie vor dramatisch, auch wenn das Handlungskonzept und die »gefahrenabwehrenden und strafverfolgenden Maßnahmen – neben der Verstärkung der Straßensozialarbeit« (8/98) positiv bewertet werden.

Als zentrales Projekt der in den *Blättern* thematisierten Revitalisierungsmaßnahmen gilt die Auslobung eines Ideenwettbewerbs »Revitalisierung Hansaplatz« durch den Bürgerverein. Begründet wird der 1997 publizierte Aufruf zu Umgestaltungsentwürfen für den Platz mit dessen »symbolische[r] und bewusstseinsprägende[r] Bedeutung für St. Georg« (9/97). Diese Bedeutung sei derzeit jedoch eher negativ: »Der Platz kann seine Funktion als ›gute Stube‹ in St. Georg nicht erfüllen«, weil er seit Anfang der 1980er Jahre von der Drogenszene und dem Rotlichtmilieu beherrscht werde und allgemein verwahrlose. All dies habe bewirkt, »daß der Hansaplatz den Bürgern und Bewohnern St. Georgs als städtischer Lebensraum praktisch verloren gegangen ist« (ebd.). Ziel des Wettbewerbs sei es, »den Hansaplatz als Freiraum zum Bummeln, Verweilen, Spielen […] zu reaktivieren« (ebd.).

12 In den *Blättern* von April 1998 rühmt sich der Bürgerverein damit, dass St. Georg der erste und einzige Stadtteil in Hamburg sei, in dem Erfahrungen gesammelt wurden mit einem »Entwicklungsmanagement als ›public-private-partnership‹ für den Steindamm« (4/98, S.7).

Abschließend lässt sich festhalten, dass die in den *Blättern* analysierte diskursive Strategie vor allem darin besteht, den Hansaplatz symbolisch aufs engste mit der Drogenthematik und der eigenen Politik zu verknüpfen. Wenn es in den *Blättern* heißt, »[d]er Platz wurde nicht zuletzt auch durch die Medienpolitik unseres Vereins zum Symbol für die Drogenszene in Hamburg – und darüber hinaus« (9/90), dann muss man diese Aussage tatsächlich in zweierlei Hinsicht verstehen: Der Bürgerverein hat nicht nur auf eine Situation hingewiesen und diese öffentlich gemacht, sondern er hat auch selbst dazu beigetragen, die symbolische Verknüpfung von Hansaplatz und Drogenproblem in die Welt zu setzen und diskursiv zu verankern.

Der lachende Drache

Der lachende Drache ist das monatlich erscheinende Mitteilungsorgan des Einwohnervereins von 1987 e.V.[13] Die großformatige, 10 Seiten umfassende Broschüre erscheint regelmäßig seit 1987 und berichtet vor allem von Aktivitäten und Veranstaltungen aus dem Stadtteil. Das Layout ist relativ schlicht und hat sich im Laufe des Erscheinens mehrmals verändert. Anzeigen von kleineren Geschäften oder Gastronomie begleiten die Texte. Mit einem Artikel auf der ersten Seite wird jeweils ein stadtteilpolitisches aktuelles Thema behandelt. Die folgende Auswertung bezieht sich auf die Jahrgänge 1987 bis 2006, der Fokus liegt dabei auf der Drogenthematik und dem Hansaplatz.

In der Darstellung der ›Problemlage‹ lassen sich im *Lachenden Drachen* unterschiedliche diskursive Strategien ausmachen: die Kontroverse, der Schwerpunkt Drogenhilfe und die Aktionen der Stadtteilbewohner/innen.

Die Situation im Viertel, d.h. die Existenz der Drogenszene und die Reaktionen der Anwohner/innen darauf, werden im *Lachenden Drachen* kontrovers eingeschätzt. Während im Großen und Ganzen ein pragmatischer Zug die Berichterstattung dominiert, entsprechend der Schwerpunkt auf der Situation der Drogenhilfeeinrichtungen liegt, erscheinen auch hin und wieder Artikel von Anwohner/inne/n, die auf die Beeinträchtigungen durch die Drogenszene aufmerksam machen. Offenbar bietet der *Lachende Drache* eine Plattform für unterschiedliche Positionen, für Auseinandersetzung und Kontroverse. Unter dem Titel der Augustausgabe 1988, »Kippt St. Georg?«, findet sich eine ausführliche Beschreibung der derzeitigen Situation im Viertel und last not least am Hansaplatz, mit der der Artikel beginnt: »Auf dem schönen alten Hansa-Platz mit seinem malerisch kitschigen Brunnen lauert Gefahr. Beherrschten

13 Dieser wurde als »erster alternativer Bürgerverein Hamburgs« 1987 gegründet, weil sich viele Stadtteilbewohner/innen vom Bürgerverein zu St. Georg nicht vertreten sahen. Erklärte Ziele des Vereins sind der Erhalt eines »gut durchmischten Viertels« und die Förderung einer Stadtteilkultur, die ein lebendiges Zusammenleben der Einwohner/innen des Stadtteils durch kulturelle und soziale Aktivitäten sichert (Einwohnerverein St. Georg von 1987 e.V. 2006).

früher zwielichtige Gestalten und dunkle Geschäfte die Nächte, so ist der Platz heute schon bei Tage ein riskantes Pflaster. Der Platz gilt unter Milieu-Kennern als einer der größten Drogenumschlagplätze Europas.« (8/88)

Prostitution und Drogenkriminalität würden die Anwohner/innen stark belasten, Lösungskonzepte müssten her. In der Oktoberausgabe wird der Artikel allerdings sehr kontrovers diskutiert, er repräsentiert offenbar nicht die einhellige Meinung des Einwohnervereins.

Ein vieldiskutiertes Thema ist die Einrichtung von Drogenhilfeeinrichtungen im Stadtteil. Die Thematisierung des ›Drogenproblems‹ wird sehr häufig verbunden mit drogenpolitischen Forderungen wie der Schaffung von Therapieplätzen und niedrigschwelligen Angeboten, kostenloser Methadonvergabe, der Aufstellung von Spritzencontainern und der Säuberung der Spielplätze (vgl. 10/88). Der Einwohnerverein macht sich für eine progressive Drogenpolitik stark und ruft 1992, als sich die Konflikte vor Ort zuspitzen, unter dem Slogan »Macht endlich Drogenpolitik!« zu regelmäßigen Demonstrationen auf. Der Schwerpunkt auf Drogen*hilfe* drückt sich auch darin aus, dass die Perspektive der sozialen Einrichtungen in der Publikation thematisiert wird. Sozialarbeiter/innen kommen hier zu Wort wie auch in einer Ausgabe ein Drogenkonsument, im »Brief eines Junkies« (3/92). Die repressiven Reaktionen auf das ›Drogenproblem‹ werden in der Stadtteilzeitung nicht befürwortet, und auch der sogenannte Polizeiskandal auf der Revierwache 11, bei dem Polizisten vermeintliche Dealer misshandelt hatten, sowie das sogenannte ›Bettlerpapier‹ werden im *Lachenden Drachen* kritisch diskutiert.

Eine weitere Strategie ist die Darstellung von Aktionen des Einwohnervereins oder des »Arbeitskreises Hansaplatz«. Hierbei handelt es sich um Spritzensammelaktionen auf Spielplätzen, Stadtteilfeste auf dem Hansaplatz und Diskussionsveranstaltungen. Wie auch der Bürgerverein unterstützt der Einwohnerverein die Revitalisierung des Hansaplatzes. Die konkrete Situation am Hansaplatz ist im *Lachenden Drachen* regelmäßig Thema, wenn auch weniger ausgeprägt als in den *Blättern*. Außerdem ist die Berichterstattung auch in dieser Hinsicht gespalten, d.h. mal überwiegen kritische Stimmen, die die Unerträglichkeit der Situation beklagen, dann wieder die Versuche, Lösungen zu finden, die für alle dort lebenden Gruppen befriedigend sind. So heißt es beispielsweise auch in einem Aufruf zum Straßenfest: »Der Hansaplatz als Herzstück St. Georgs vereint bekanntlich alle Probleme unseres Hauptbahnhofviertels. Daher gibt es kaum einen besseren Ort, als genau hier das gewollte Mit- und Nebeneinander sehr unterschiedlicher Bevölkerungsgruppen zu betonen.« (4/98) Toleranz und ihre Grenzen sind offenbar Themen, um die im *Lachenden Drachen* gerungen wird. Ähnliches gilt für die Situation am Hansaplatz. Etwa 2000 taucht dann in den Ausgaben der Zeitung ein neues Thema auf, das nach und nach für die Politik des Einwohnervereins bedeutender sein wird als das Thema Drogen: der Kampf gegen die sogenannte Aufschickung St. Georgs (vgl. 1/2000).

Fazit

Die beiden Stadtteilorgane verwenden unterschiedliche diskursive Strategien, in denen sich die Liaison aus Drogenthematik und deren Verräumlichung, d.h. der Stadtteilbezug, der sich vor allem am Hansaplatz konkretisiert, zu einem ›Problem‹ verdichtet, für das unterschiedliche Lösungen anvisiert werden. In den *Blättern* wurde das ›Problem‹ sehr strategisch mit dem Hansaplatz verknüpft, dieser wurde als ›gefährdeter‹ und ›bedrohlicher‹ Ort durch die Verwendung dramatisierender und skandalisierender rhetorischer und stilistischer Mittel konstruiert. Die Artikel in den *Blättern* favorisieren zur Lösung des Drogenproblems stärker repressive Maßnahmen, auch wenn deren Grenzen offen thematisiert und entsprechend ebenso soziale Hilfsmaßnahmen eingefordert werden. Die Artikel im *Lachenden Drachen* hingegen vertreten offensiv, dass den Drogenabhängigen vor Ort ›geholfen‹ werden müsse, das bedeutet im Stadtteil und am Hauptbahnhof. Das ›Problem‹ wird in dieser Stadtteilzeitung stärker mit der Situation und den Möglichkeiten von Drogenhilfeeinrichtungen verknüpft. Der Hansaplatz spielt in diesem Zusammenhang nur insofern eine Rolle, als sich an diesem die unterschiedlichen Wahrnehmungen zum und Umgangsweisen mit dem ›Problem‹ entzünden. Die beiden Slogans, mit denen die beiden Stadtteilvereine in ihren Organen (und nicht nur dort) das ›Problem‹ thematisieren, bringen die hier herausgearbeitete Differenz ganz gut auf den Punkt: »Rettet den Hansaplatz«/»St. Georg muss leben« fordern die *Blätter* und »Macht endlich Drogenpolitik« der *Lachende Drache*. Deutlich wird hier nicht nur die unterschiedliche Akzentsetzung im Umgang mit der Drogen-Thematik im Stadtteil, sondern auch ein Unterschied in der Rhetorik. Während sich die Artikel in den *Blättern* eher durch eine dramatisierende Wortwahl auszeichnen, sind die Berichte im *Lachenden Drachen* manchmal genervt oder wütend, in der Sache aber sehr pragmatisch.

Gemeinsam ist beiden Zeitungen der Anspruch, die ›authentische‹ Stimme des Stadtteils zu repräsentieren. Sie tun dies durch die Publikation von Leserbriefen oder Berichten von Anwohner/inne/n und redaktionellen Artikeln. Während die *Blätter* sich stärker noch auf Zeitungsartikel in anderen Hamburger Medien und Senatsveröffentlichungen beziehen und insgesamt eher die Interessen der Gewerbetreibenden im Blick haben, lässt der *Lachende Drache* vermehrt soziale Einrichtungen und Initiativen zum Thema zu Wort kommen. Es gibt hier den Versuch, auch die Perspektive der ›Szene‹ ein Stück weit zu repräsentieren und damit differenzierter darzustellen. In ersterer Publikation wird die Thematik durch einen dichotomen Filter (böse Dealer, arme Junkies) präsentiert, die letztere hingegen bemüht sich um eine differenzierte Sichtweise und fordert statt der »Ausweisung« aller Dealer eher die staatlich kontrollierte Heroinabgabe (die im übrigen auch der Bürgerverein unterstützt). Beide Zeitungen verstehen sich zunächst als Sprachrohre der jeweiligen Vereine. Durch die unterschiedlichen in den Zeitungen repräsentierten Texte und Stimmen entsteht ein intertextuelles Verweissystem, das jeweils diskursiv nicht nur den Gegenstand – Hansaplatz und ›Drogenproblem‹ – mit hervorbringt, sondern auch das Subjekt »Stadtteilbevölkerung«, deren Stimme vervielfacht, synchronisiert und verstärkt wird. Dieses Subjekt stellt sich im *Lachenden Drachen* vor allem als ein heterogenes dar, während es in den *Blättern* ›der Bürger‹ ist.

7.4 Dramaturgie

Die diskursanalytische Auswertung unterschiedlicher Textsorten zum Hansaplatz hat gezeigt, dass der Hansaplatz in diverse semantische Felder eingebunden ist und dass sein Bild von diesen geprägt wird. Dies geschieht durch entsprechende rhetorische Figuren, aber letztlich auch durch die Bezugnahmen der unterschiedlichen Texte aufeinander. Dramaturgisch interessant ist das Verweissystem, das intertextuelle Netz, das sich rund um den Hansaplatz gebildet und ihn als besonderen Ort gestiftet hat. Durch das gegenseitige Zitieren von Zeitungsartikeln, Stadtteilblättern und Senatspapieren entsteht ein Bezugssystem, das die Bedeutung und letztlich dann die Wahrnehmung der Situation in St. Georg wesentlich beeinflusst. Über die Publikationen konstituieren sich darüber hinaus legitime Sprecher/innen, die die Deutungsmacht über die Situation haben. Andere Stimmen hingegen wie die der Angehörigen der Drogenszene tauchen als eigenständige Subjekte nicht auf, abgesehen von dem »Brief eines Junkies« im *Lachenden Drachen*. Sie erhalten nicht den Status der legitimen Sprecher/innen und damit auch keine Subjektpositionen im Diskurs.

Die für den Verlauf der Ereignisse typische Dramaturgie sieht folgendermaßen aus: Presse – Aktionen der Anwohner/innen – politisches Handeln des Senats, bzw. Aktionen der Anwohner/innen – Presse – politisches Handeln des Senats. Presseberichte zur Situation im Stadtteil (»St. Georg in Hamburg: Deutschlands schlimmster Drogenstadtteil« (BamS, 24.9.89)) werden von den Vereinen aufgenommen, initiiert oder verstärkt. Es entsteht ein Handlungsdruck, auf den der Senat reagieren muss.

Während sich in der Auswertung der Zeitungsartikel gezeigt hat, dass diese hinsichtlich der ›Problemlage‹ vor allem die Gefährlichkeit von Körpern und Raum betonen und diskursiv herstellen, ist für die Drucksachen deutlich geworden, dass diese eher den Zusammenhang von Sicherheitsgefühl und Ordnung thematisieren. In den Reaktionen des Senats auf die ›Problemlage‹ lassen sich die in Kapitel 3 herausgearbeiteten Strategien als Kombination einer pragmatischen und repressiven Reaktion auf die Situation erkennen. Deutlich wird auch hier, dass soziale Ordnung vor allem in den Kategorien von Sicherheit und Gefahr begriffen wird. Auch die Organe der beiden Anwohner/innen-Vereine realisieren in ihren Thematisierungen der ›Problemlage‹ diese beiden Strategien, wenn auch mit unterschiedlicher Akzentsetzung und in unterschiedlichen diskursiven Strategien. Während jedoch die Zeitungsartikel die ›Sichtbarkeit‹ dessen, was gleichzeitig als Problem dargestellt wird, in ihren Beschreibungen erst mit herstellen, wird in den Drucksachen deutlich, dass die Politik einen ordnungspolitischen Umgang mit der Sichtbarkeit anstrebt, dieses Ziel jedoch verfehlt. Erst in den Perspektiven der Stadtteilzeitungen kommt der Stadtteil selbst zur Sprache. Die diskursiven Strategien der Vereinszeitungen, die teilweise denen der Zeitungsartikel und Drucksachen ähneln, sind jedoch sehr unterschiedlich, das Subjekt ›Stadtteil‹ offenbar sehr vielstimmig, wenn auch einige Stimmen lauter und damit machtvoller als andere sind.

Trotz aller Unterschiede in den sprachlichen Mitteln und thematischen Bezügen zeigt sich in allen Publikationen, dass der Ort Hansaplatz immer auch diskursiv produziert wird. Die diskursiven Verknüpfungen stellen ihn vor allem in den Bedeutungskontext von »sozialem Elend«, das als Körperliches wahrgenommen wird und sich im Raum konkretisiert. Durch seine Lokalisierung an den Hansaplatz bekommt es offenbar auch eine Adresse.

8. Beobachtungsprotokolle

> »Die Technik besteht meines Erachtens darin, Daten zu erheben, indem man sich selbst, *seinen eigenen Körper*, seine eigene Persönlichkeit und seine eigene soziale Situation den unvorhersehbaren Einflüssen aussetzt, die sich ergeben, wenn man sich unter eine Reihe von Leuten begibt, ihre Kreise betritt, in denen sie auf ihre soziale Lage, ihre Arbeitssituation, ihre ethnische Stellung oder was auch immer reagieren.« (Goffman, zitiert nach Lüders 2003: 393, Hervorhebung I.S.)

Über einen Zeitraum von drei Jahren habe ich mich regelmäßig auf dem Hansaplatz aufgehalten und meine Beobachtungen in Protokollen fixiert. Grundlage der folgenden Auswertung sind diese Beobachtungsprotokolle.

Nur in eingeschränktem Sinne lässt sich dabei von teilnehmender Beobachtung sprechen, da ich zumeist primär Beobachterin des sozialen Settings war und nur bedingt aktive Teilnehmerin an den jeweiligen sozialen Situationen. Manchmal allerdings ergaben sich Gespräche mit Leuten, die wie ich auf dem Platz oder in einem der Cafés saßen. Als Besucherin von Cafés und Imbiss war ich selbstverständlich auch Teil der Szene, die ich gleichzeitig beobachtete. Für die Wahrnehmung anderer und das Wahrgenommenwerden durch deren Augen ist der eigene Körper sehr bedeutsam gewesen. Zum einen fungierte er als Zeichenträger des jeweiligen sozialen Backgrounds. Mein Körper bzw. Habitus unterschied sich äußerlich von denen der anderen Platznutzer/innen, außerdem nutzte ich den Platz ja anders als sie und war dort immer nur zu ›Besuch‹, insofern wurde ich einerseits als Fremdkörper wahrgenommen, andererseits *fühlte* ich mich manchmal selbst als solcher. Dieses Gefühl markierte gewisse Grenzen für die Forscher/innen-Perspektive. Auch gab es ein, zwei Situationen, in denen ich am eigenen Leib erfuhr, dass es sich aufgrund der dort stattfindenden Prostitution um einen geschlechtlich in besonderer Weise codierten Raum handelt. Dies machte sich bemerkbar an Situationen mit Männern, die ungenierter als an anderen Orten der Stadt meinten mich ansprechen, einladen oder anmachen zu können.

Bevor ich meine Beobachtungen in systematisierter Form darstelle, sei eine Besonderheit vorweg benannt: Die den Platz über Jahre und im kollektiven Gedächtnis offenbar immer noch bestimmende Thematik ›Drogen – Drogenszene‹ kommt in meinen Protokollen nur am Rande vor, da sie auf der Phänomen-Ebene kaum sichtbar war. Sie markiert somit in den Aufzeichnungen eine besondere Leerstelle, die mit den Aussagen der Interviewpartner/innen im Kontrast steht. Die ›Szene‹ ist offenbar weiträumig vertrieben bzw. es kehren immer nur vereinzelte der Szene zugehörige Leute an den Platz zurück, zumindest tagsüber.

Von vier unterschiedlichen Aufenthaltsorten aus habe ich das Geschehen auf dem Platz beobachtet: auf unterschiedlichen Seiten der den Platz an drei Seiten einfassenden Mauer (die es inzwischen jedoch nicht mehr gibt), auf den Stufen des Brunnens, im Asia-Grill und im Café Milch&Honig. Von diesen Orten aus ließen sich nach und nach soziale Orte am Platz erkennen, d.h. bestimmte Orte, an denen sich Leute aufhielten oder trafen. Im Laufe der drei Jahre hat der Platz sich äußerlich nicht sehr verändert, das Pissoir und das Café Milch&Honig sind neu hinzugekommen. Eine Wäscherei und eine Bierkneipe sind verschwunden und statt ihrer gibt es dort nun einen persischen Imbiss und ein persisches Restaurant. Für die Beobachtungen relevant und von der jeweiligen sozialen Situation unberührt waren das Wetter, die Jahreszeit und die Möblierung des Platzes. Bei kaltem Wetter haben sich wenige Leute auf dem Platz aufgehalten, war es hingegen sonnig und warm, tummelten sich viele Menschen sowohl auf dem Platz wie in den Cafés. Insbesondere an den Bäumen machte sich der Wechsel der Jahreszeiten bemerkbar und trug merklich zur jeweiligen Stimmung oder Atmosphäre auf dem Platz bei: Waren die Bäume kahl, wirkte er leer und unlebendig, waren die Bäume hingegen begrünt, saß man im Schatten und der Platz wirkte eng und dunkel. Bei Sonnenschein konnten jedoch auch das frische Grün der Linden und das Plätschern im Brunnen einen recht idyllischen Gesamteindruck erzeugen. Alle drei, Wetter, Jahreszeit und Möblierung, sind wichtige Determinanten dafür, wie und von wem der Platz genutzt wurde. Die folgende Beschreibung orientiert sich an den beobachteten sozialen Orten:

Das *Mäuerchen*: Auf dem sehr kalten und immer auch etwas feuchten Betonmäuerchen sitzen zu fast jeder Tageszeit Personen. Viele sitzen allein, eine große Anzahl aber auch zu zweit, zu dritt oder zu mehreren. Die meisten der dort sitzenden Menschen konsumieren Alkohol, andere nutzen die Mauer für eine kurze Rast, um dort etwas zu essen und sich auszuruhen. Während bei den Gruppen offenbar der soziale Aspekt neben dem des Konsumierens im Vordergrund steht (Leute zu treffen, sich etwas zu erzählen), scheinen die Einzelpersonen entweder eine Pause einlegen und/oder qua Beobachtung am sozialen Setting Hansaplatz teil haben zu wollen:

»Links von mir sitzt ein älterer Mann, der eine mitgebrachte Plastiktüte ordentlich auseinanderfaltet und auf das Mäuerchen legt, um sich dann draufzusetzen und in Ruhe sein Dosenbier zu trinken. Zu meiner Rechten sitzt eine Frau und raucht eine Drogenpfeife.« (Juni 2004)[1]

Auffällig ist, dass sich auf dem Mäuerchen sehr viel mehr Männer als Frauen aufhalten bzw. sich dort in Gruppen treffen. Ab und zu sah ich auch Frauen entweder einzeln, zu zweit oder als Teil einer Gruppe, aber ganze Gruppen von Frauen habe ich dort nie gesehen. Häufig gesellen sich zu den dort Sitzenden weitere Männer oder bleiben bei einer Gruppe stehen. Man kennt sich offenbar. Vom Alter her sind die Nutzer/innen der Mauer sehr gemischt. An den Sprachen hört man, dass sich hier Gruppen mit unterschiedlichem migrantischem Hintergrund treffen, viele scheinen aus osteuropäischen Ländern zu kommen. Die Stufen des Brunnens werden weit weniger zum Verweilen genutzt, was mitunter auch daran liegen mag, dass man dort sehr viel exponierter sitzt. Ab und zu beobachte ich, dass sich dort Leute niederlassen, Kinder auf den Stufen herumklettern oder einmal auch, dass jemand sich mit dem Wasser aus dem Brunnen den Oberkörper wusch. Allerdings wurde dieser daraufhin sofort von zwei Polizisten angesprochen. Häufiger beobachtete ich, dass auf den Stufen des Brunnens sitzende Leute von den regelmäßig den Platz bestreifenden Polizeibeamten angesprochen und kontrolliert wurden: »Ein älterer Mann mit grauem Bart sitzt auf den Stufen des Brunnens. Jetzt steht er auf und deklamiert im Stehen irgendwelche Dinge; nach Beendigung seiner kleinen Rede setzt er sich wieder hin« (April 2005).

An der *nord-westlichen Ecke*, gegenüber einer Kneipe und in unmittelbarer Nähe der Altpapier- und Altglascontainer sowie des Pissoirs und des Hundeklos halten sich häufig Leute auf, mindestens zu zweit, manchmal auch zu mehreren. Sie stehen, meist mit Plastiktüten ausgerüstet, dort und trinken Alkohol. Bei schlechtem Wetter stehen sie 10 Meter weiter nördlich unter dem überdachten Hauseingang am Hansaplatz Nr. 8. Diese Gruppe ist häufig in Bewegung, bzw. wechselt zwischen den beiden genannten Standorten. An derselben Ecke, aber auf der gegenüberliegenden Straßenseite, *Anfang Ellmenreichstraße* stehen häufig Frauen, die sich dort prostituieren. Erkennbar sind sie daran, dass sie einfach ›nur‹ stehen und zu warten scheinen, sowie an der Kleidung und Accessoires wie Handtaschen und Regenschirmen. (Jeden-

1 Dieses sowie die folgenden Zitate entstammen alle meinen Beobachtungsprotokollen.

falls sind sie die einzigen Menschen, die bei Regen dort *stehen*, entsprechend tragen sie dann Regenschirme.) An der *Südseite des Platzes*, vor einer Bar und einem Hotel, stehen ebenfalls regelmäßig Frauen, die auf der Straße arbeiten. Manchmal unterhalten sich einige von ihnen miteinander, meistens stehen sie aber herum und warten auf potenzielle Kunden. Im *Asia-Grill*, einer direkt am Platz ansässigen Imbissbude, sitze ich häufig. Der Name ist offenbar Programm: Die Einrichtung bildet eine Mischung aus Imbissbude und asiatischer Nudelküche, neben Pommes Frites und Currywurst werden auch diverse Reis- und Nudelgerichte von einem sehr freundlichen asiatisch aussehenden Mann zubereitet. Der Imbiss scheint ein kleiner Mikrokosmos für sich zu sein. Hier treffen sich offenbar unterschiedliche Leute aus der Nachbarschaft, Prostituierte, die eine Mittagspause einlegen, ältere chinesische Frauen, afrikanische Familien, alte Männer und Halbstarke.

»Außer mir sitzen momentan im Asia-Grill ein einzelner Mann mit seinen zwei Dosenbier, der mich anfangs fragte, ob ich auch ein Bier wolle; eine jüngere Frau mit männlichem Begleiter; ein mitgenommen aussehender älterer Mann mit weißem Haar, der sich sein Fläschchen Jägermeister gönnt und wenig später Besuch von einem Bekannten, einem ebenfalls weißhaarigen Mann bekommt – dieser wirft ihm vor, er habe ihn versetzt; eine mittelalte Frau in Pumps und Minirock, die offensichtlich ihr Mittagessen hier verspeist (Nudelteller und Salat, sowie ein Glas Tee), später setzt sich ein jüngerer Mann zu ihr, sie reden türkisch; die Umbauarbeiten der Imbissbude scheinen abgeschlossen, die Küchenzeile ist jetzt etwas größer und stärker vom übrigen Raum getrennt durch halbhohe gekachelte Wände, außerdem ist der Tresen stärker auf Laufkundschaft ausgerichtet (jetzt frontal zur Tür), was auch rege in Anspruch genommen wird, hauptsächlich, so mein bisheriger Eindruck, um den Alkohol-Vorrat wieder aufzufüllen; die Wände sind jetzt weiß, der Gesamteindruck aber ähnlich trostlos und schäbig wie zuvor: Pseudo-Holz-Bänke, schmutzige Aschenbecher, Neonlicht, das Geschirr billig wie auch das Plastiktablett, auf dem es serviert wird.« (Juni 2004)

Die Mischung an Besucher/inne/n ist recht bunt, die Stimmung untereinander meist sehr freundlich. Ganz offensichtlich kommen hier immer dieselben Leute aus der Nachbarschaft hin, um sich mit anderen zu treffen. Ich sehe dort fast immer bekannte Gesichter. Die meisten Besucher/innen konsumieren Alkohol, dies gilt für Frauen wie für Männer. Während allerdings Frauen offenbar eher Pikkolo-Sektflaschen favorisieren, konsumieren die Männer in der überwiegenden Mehrzahl Bier.

»Mir am Tisch gegenüber sitzen vier polnisch sprechende junge Männer, die ihre Biere aus Gläsern trinken, damit sie diese mit mitgebrachtem Bier nachfüllen können, wie sich später zeigt; sie legen typisches Halbstarkengebahren an den Tag: breitbeiniges sehr raumgreifendes Sitzen, cooles Gezichte, ›typische‹ raumgreifende

Gesten, meist mit Zigarette in der Hand, zwischendurch wird ein Joint geraucht; einer holt dann mal einen Laptop raus und hackt spaßig drauf rum, alle lachen.« (Juli 2004)

Seit Frühjahr 2004 hat der Imbiss Konkurrenz von einem 20 Meter entfernt in ähnlicher Lage zum Platz sich befindenden Café bekommen, dem *Milch&Honig*. Hier wurde anfänglich kein Alkohol verkauft, mittlerweile gibt es auch dort Alkohol, wobei viele Besucher/innen auch Kaffee trinken. Das Café wirkt nach wie vor sehr neu, ist in hellen Farben gestrichen und die Bedienung ist bemüht freundlich. An den Tischen des Cafés sitzen mittlerweile auch dieselben Leute wie im Asia-Imbiss, jedoch ›verirren‹ sich hierhin auch eher Tourist/inn/en oder aber Menschen aus dem Stadtteil, die ich habituell eher der Mittelklasse zuordnen würde und die man im Asia-Grill nicht antrifft.

»Ich sitze auf dem Mäuerchen/Ostseite, es ist warm aber bedeckt. Vorhin (um 17 Uhr) saßen viele Leute vor dem Asia-Grill und dem Milch&Honig, allerdings zwei total unterschiedliche Szenen: migrantisch gemischt vor dem Asia-Grill, weiß/hell gekleidete weißhäutige Menschen vor Milch&Honig.« (Juni 2004)

Der Platz selbst wird nur bei sehr schönem Wetter zum Verweilen genutzt, dann sieht man Ball spielende Kinder, Leute, die sich stehend unterhalten, und andere, die mit ihrem Handy telefonieren. Immer ist der Platz vor allem Transitort. Die Menschen, die den Platz mal zügig, mal schlendernd (was auch sehr vom Wetter abhängt) überqueren, sind sehr heterogen, sie tragen Einkaufstüten, Aktentaschen, Rucksäcke, sind mit Fahrrädern, Hunden oder Kinderwagen unterwegs, haben unterschiedliche Hautfarben, Alter, Geschlechter und Habitus.

»Junge Leute (Studierende?), Mütter mit Kopftüchern und 2 Kindern, junge Leute auf Fahrrädern.« (Oktober 2003)
»Leute durchqueren den Platz, eine Nonne, alle schlendern eher, Leute mit Einkaufstüten, auf Fahrrädern, mit Kinderwagen.« (April 2004)

Die in den Beobachtungen zusammengefassten unterschiedlichen ›Szenen‹ bilden alle zusammen die soziale Situation Hansaplatz. Und doch ist wichtigstes Ergebnis der Auswertung der Beobachtungsprotokolle, dass der Hansplatz als *ein* Raum gar nicht existiert, sondern vielmehr aus ganz vielen unterschiedlichen Welten, die jeweils eigene, voneinander unabhängige, sich manchmal überschneidende Räume bilden. Neben den von mir beobachteten Räumen wie den oben aufgeführten (Treffen und Alkoholkonsumieren am Mäuerchen, Prostitution Ellmenreichstraße und Südseite, sozialer Raum Asia-Grill und Milch&Honig), die sich vor allem über die Interaktion und Kommunikation zwischen Menschen an bestimmten Orten konstituieren, über eine bestimmte Innen- und Außenwirkung, gibt es am Platz weitere in sich abgeschlossene Räume, die sich meinen Beobachtungen entzogen haben. Die Bewohner/innen der umstehenden Miet- und Eigentumswohnungen bilden eigene Räume, die Halbwelt-Szenerie der Nachtclubs und diverser anderer Einrichtungen bildet auch tagsüber Räume, zu denen ich keinen Zugang habe, so wie ich die Räume der unterschiedlichen ethnischen Communities nur aufgrund der Läden am Platz (vom indischen Videoladen über den türkischen Teetreff bis zum pakistanischen Lebensmittelhändler) erahnen, aber nicht beobachten kann. Auch die ethnisch differenzierte Stricher-Szene, von der mir ein Bekannter berichtet, ist meinen bisherigen Beobachtungen entgangen. Auf den Platz bezogen bilden sich die Räume jedoch nicht nur durch Interaktion und Kommunikation, sondern auch durch *körperliche Besetzung* von Raum, vor allem durch Sitzen und Trinken/Essen. Außerhalb des Platzes vor allem durch Stehen der sich prostituierenden Frauen.

Jenseits dieser phänomenologischen Betrachtung lässt sich jedoch darüber hinaus festhalten, dass die Bildung und Besetzung von Räumen am Hansaplatz auch strukturiert ist von gesellschaftlichen Ordnungsmustern, von Ein- und Ausschlüssen, von Normalisierung und Marginalisierung. Diese These soll an vier Aspekten verdeutlicht werden. Die fehlenden Bänke machen die Mauer zur einzigen Aufenthaltsmöglichkeit am Platz; gleichzeitig ist sie in keiner Weise ein Ort, der zum Verweilen einlädt. Wie beschrieben ist sie kalt, ungemütlich und schattenreich. Deshalb verleiht der Ort den dort Sitzenden im mehrfachen Sinne den Eindruck von Schattengestalten, von am Rand Kauernden (marginalisiert im buchstäblichen Sinn). Für die Gruppe der Platznutzer/innen ist somit nur dieser Nischenplatz vorgesehen, oder anders: der Aufenthalt auf dem Platz soll nicht zu gemütlich sein. Trotzdem wird die Mauer genutzt, was aber eher auf fehlende bessere Alternativen für gemeinsame öffentliche Treffpunkte verweist.

Ein weiterer Aspekt in der sozialen Strukturierung des Platzes ist die Präsenz der Polizei. Sie bestreift den Platz regelmäßig und spricht bestimmte Leute, die auf den Brunnenstufen oder am Rand sitzen, an, kontrolliert ihre Personalien und verweist sie gegebenenfalls des Platzes. Sie tritt hier also im mehrfachen Sinne als Ordnungsmacht auf. Die stete Präsenz von Polizeibeamten verstärkt das Gefühl, dass an diesem Ort kriminelle Handlungen oder Personen zu erwarten sind. Die von der Polizei Angesprochenen erscheinen einmal mehr ›verdächtig‹. Ihr Outfit, ihre Gesichter und ihr Verhalten fallen offenbar in das Raster der Beamten, und spätestens nach der Kontrolle auch in das der Beobachter/in.

Ein drittes Strukturmoment für die Raumkonstitution am Hansaplatz ist die Geschlechterdifferenz. Ganz offensichtlich ist der Raum in unterschiedlicher Hinsicht geschlechtlich codiert. Der Platz selbst, und häufig, wenn auch nicht immer, die Tische vor dem Asia-Grill und dem Milch&Honig erscheinen wie homogene Männerräume, weil vor allem Männer diese Öffentlichkeiten nutzen und besetzen. Während Männer auf dem Platz *sitzen*, sich die Zeit vertreiben, Bier trinken und sich unterhalten, *stehen* außerhalb des Platzes Frauen und arbeiten. Die Erwerbsarbeit der Frauen unterstreicht das hierarchische Geschlechterverhältnis einmal mehr, besteht sie doch darin, gegen Geld Männer sexuell zu befriedigen. Die Szenen erscheinen einerseits stark getrennt, zum anderen stehen sie aber auch in einem merkwürdigen Verweisungszusammenhang. Jedenfalls bewirkt die geschlechtliche Codierung des Raums, dass man/frau auf sein/ihr Geschlecht in wie auch immer indirekter Weise hingewiesen wird, dass es ein Teil der räumlichen Praktiken ist.

Der vierte Aspekt bezieht sich auf die körperliche Erscheinung und die körperlichen Praktiken der den Platz nutzenden Menschen und die soziale Ordnung, die sich daran festmacht. Die meisten von ihnen verfügen offenbar über ein sehr geringes Einkommen, was sich aus Kleidung und Accessoires wie Penny-Einkaufstüten und anderen Konsumartikeln schließen lässt. Viele der im Asia-Grill regelmäßig verkehrenden Gäste sehen gezeichnet aus, man sieht ihren Gesichtern an, dass das Leben es nicht immer leicht mit ihnen gemeint hat. Alkohol ist der Konsumartikel Nr. 1, der vereinzelte oder kollektive Rausch offenbar das Tagesziel vieler Besucher/innen. Die jeweils spezifische Klassenlage, die Verfügungsmöglichkeit über Ressourcen oder Kapitalien, objektiviert sich in den Gewohnheiten, der Kleidung, der Körperhaltung und nicht zuletzt in den Gesichtern.

9. Interviews

9.1 Sample und Einzelbeschreibungen der Interviews

Bevor ich die Ergebnisse der Interviewauswertung präsentiere, seien einige einleitende Bemerkungen zur Erhebung, zur Zusammenstellung des Samples und eine Typisierung der einzelnen Interviews vorausgeschickt.

Aufgrund der Vorentscheidung für die Methode des qualitativen Interviews konnte mein Interview-Sample nur eine sehr begrenzte Größe haben. Umso bedeutsamer war es daher, dass das Sample ein breites Spektrum an unterschiedlichen sozialen Merkmalen (Alter, Geschlecht, sozial-kultureller Hintergrund) sowie Positionen und Perspektiven zum Hansaplatz repräsentierte. Die Kontakte zu den Interview-Partner/inne/n stellte ich zunächst über die Institutionen direkt vor Ort her, die Geschichtswerkstatt, die Grauen Panther und die Beratungsstelle Café Sperrgebiet. Dort bekam ich Hinweise auf weitere mögliche Interviewpartner/innen. So setzte ich ein Sample aus Interviewpartner/inne/n zusammen, die am Hansaplatz arbeiten, dort wohnen (bzw. gewohnt haben), die stadtteilpolitisch aktiv sind, die sich um die Gestaltung des Platzes bemühen oder ihn als Polizeibeamte bestreifen. Das Sample weist jedoch eine Leerstelle auf: Mir war es nicht möglich, Vertreter/innen des am Platz angesiedelten Gewerbes für ein Interview zu gewinnen. Sowohl beim Leihhaus (»Wir geben keine Interviews«) wie auch bei der Betreiberin des ortsansässigen Waschsalons stieß meine Anfrage auf deutliche Ablehnung. Diese schien mit (schlechten) Erfahrungen mit Journalist/inn/en zusammenzuhängen zu Zeiten, als der Platz noch stärker im Interesse der medialen Öffentlichkeit stand. In dem kurzen Gespräch war offenbar nicht vermittelbar, dass mein Interesse an einem Interview aus wissenschaftlichem und nicht aus journalistischem Interesse resultierte. Mit der Betreiberin des Waschsalons kam ich dennoch ins Gespräch. Während sie weiße Rüschennachthemden zusammenfaltete, erklärte sie mir, dass der Platz und vor allem die Leute, die sich dort aufhielten, Alkohol konsumierten und dort urinierten, sie nicht mehr interessieren würden, dass es zu viele Ausländer im Stadtteil gebe und dass sich ja sowieso nichts ändern würde. Dann jedoch erwähnte sie, dass es zu einigen Drogenkonsument/inn/en auch freundliche Kontakte gebe, dass insgesamt und vor allem nachts immer viel los sei, man oder eben auch frau jedoch an diesem Ort keine Angst zu haben bräuchte. Sie erzählte von einer 80jährigen Bekannten, die regelmäßig nachts mit ihrem Hund am Hansaplatz spazieren geht. Mit einem pakistanischen Lebensmittelhändler kam ich ebenfalls ins Gespräch. Anders als die Betreiber/innen von Leihhaus und Waschsalon begegnete er mir nicht mit Misstrauen, sondern war meiner Anfrage gegenüber sehr aufgeschlossen. Im Verlaufe des Gesprächs zeigte er sich jedoch in seinen Antworten und Erzählungen äußerst eingleisig. Er betonte in Bezug auf den Platz, die Leute und die Atmosphäre unentwegt, dass alles ganz ›normal‹ sei, wie überall anders auch. Dieser an sich sehr interessanten Aussage zum Trotz habe ich mich dagegen entschieden, das Interview in mein Sample mit aufzunehmen, weil es mir insgesamt nicht genug Material für die Auswertung zu bieten schien.

Die signifikanteste Leerstelle in meinem Sample stellt die Gruppe der Sex-Arbeiter/innen und anderer in den Zeitungsartikeln und Interviews als ›problematisch‹ beschriebenen Gruppen. Meine Versuche, mit den Frauen, die im Prostitutionsgewerbe arbeiten, ein Interview zu führen, schlugen fehl, auch hier traf ich auf Ablehnung und Misstrauen. Diese dem Sample fehlenden Perspektiven sollen insofern in Annäherungen eingeholt werden, als es darum gehen wird herauszuarbeiten, wie diese Gruppen in Beschreibungen und Wahrnehmungen anderer zu einem Objekt respektive Problem gemacht werden und damit vor allem, was die Aussagen über die Beschreibenden selbst verraten.

Von den insgesamt acht Interviews führte ich zwei mit Frauen und sechs bzw. sieben mit Männern (ein Interview fand mit zwei Interviewpartnern statt). Ein Drittel des Samples ist zwischen 35 und 45 Jahren alt, ein weiteres Drittel zwischen 45 und 55 und das restliche Drittel ist älter als 60 Jahre. Sechs der Interviews führte ich in St. Georg, davon vier am und auf dem Hansaplatz, und zwei in anderen Hamburger Stadtteilen. Insgesamt fanden drei Interviews in privaten Räumen (Wohnungen der Interviewpartner/innen) und fünf in öffentlichen Räumen bzw. den jeweiligen Arbeitsumfeldern der Interviewpartner/innen statt, soweit diese mit dem Hansaplatz zu tun hatten. Mit dieser Ortswahl verdeutlichen die meisten Interviewpartner/innen schon, dass sie sich als professionelle oder, zumindest in Hinblick auf den Hansaplatz, als ›öffentliche‹ Personen interviewt sahen und im Gespräch eine entsprechende Perspektive zum Ausdruck bringen. Dass sich diese jedoch auch manchmal mit der ›privaten‹ Perspektive brach, wird sich in der Auswertung zeigen, die diese Brüche in der Kategorie *Widersprüche* eingehender untersucht. Im Kern resultiert die Widersprüchlichkeit zum einen aus einem Rollenkonflikt bzw. der Identifizierung mit unterschiedlichen Gruppen/Interessen und zum anderen aus einem dem öffentlichen Raum selbst innewohnenden Widerspruch. Ich habe diese Widersprüchlichkeit für jeden Typus herausgearbeitet und bereits in der folgenden Kurzvorstellung der einzelnen Interviews zusammengefasst.

Da primär allgemeine Strukturen in meinem Analysefokus stehen, tritt in der Auswertung die individuelle Perspektive der einzelnen Aussagen stark in den Hintergrund. Um die individuelle Note partiell zu erhalten und auch die Heterogenität der Interviews hervorzuheben, habe ich mich dafür entschieden, der Auswertung komprimierte und typisierende Einzelbeschreibungen voranzustellen. So ist es möglich, bei Bedarf aufgrund der Nummern die individuellen Kontexte der Zitate zu rekonstruieren. Auf diese Weise verschwindet die Individualität jedes einzelnen Interviews nicht vollständig in der entpersonalisierten Kategorienauswertung. Die Typen-Bezeichnungen gehen teilweise auf Aussagen der Interviewpartner/innen selbst zurück, sie sind vor allem als Selbst-Beschreibungen zu verstehen, d.h. als Selbstbilder, Selbstinszenierungen, und nicht zuletzt Perspektiven, aus denen heraus die Interviewpartner/innen auf meine Fragen reagiert und sehr unterschiedliche Themen eingebracht haben.

Einzelbeschreibungen der Interviews

Nr. 1 Vera Rose[1] – die Anwältin für eine ausgewogene Mischung

Frau Rose arbeitet seit vielen Jahren in einer Einrichtung, die altersgemischtes Wohnen organisiert und betreut. Sie selbst wohnt nicht, aber arbeitet in einem Projekt am Hansaplatz. Das Interview fand in ihren Arbeitsräumen statt, so dass wir während des ganzen Gesprächs einen Blick auf den Platz hatten und diesen in unsere Unterhaltung miteinbeziehen konnten. Frau Rose beschreibt und bewertet den Hansaplatz aus drei unterschiedlichen Perspektiven: zum einen aus der Perspektive der Mitarbeiterin des Wohnprojekts, das mit Vorlaufzeit schon seit über 10 Jahren mit dem Platz ›zu tun hat‹, zum anderen, neben dieser professionellen Perspektive, aus den Augen derjenigen, die in dem von ihr betreuten Projekt wohnen, und als drittes aus ihrer eigenen Perspektive unabhängig von der professionellen oder anderweitigen Involviertheit. Diese drei Perspektiven vermischen sich immer wieder, was sicher auch daran liegt, dass Frau Rose mit viel Engagement das Projekt betrieben hat. Entsprechend frustriert und müde schildert sie den Verlauf und das ›Problem‹ Hansaplatz, denn die vielen Bemühungen in den vergangenen Jahren hätten den Platz nicht lebendiger machen können. Neben einer gewissen Verbitterung, die sie vor allem aus der Sicht der Anwohner/innen empfindet, hat

1 Die Namen sind anonymisiert.

sie nach wie vor die Hoffnung, dass der in ihren Augen sehr schöne Platz irgendwann auch wieder breiter »bespielt« werde. Hier seien weniger Konzepte, sondern vielmehr eine gemeinsame Praxis gefordert, um den unterschiedlichen Interessen und Bedürfnissen Raum zu geben. Erst nach unserem Gespräch, nachdem ich das Aufnahmegerät ausgeschaltet habe, betont sie sehr nachdrücklich, dass der Platz eine »Seele« habe. Früher habe er sie, vor allem an regennassen Tagen, an Paris erinnert, allerdings habe ein Blick in die Augen der sich dort prostituierenden Mädchen und Frauen diese leuchtende Assoziation mit einem Schlag verdunkelt. Das Elend dieser Frauen ist in den Augen der Interviewpartnerin das wirklich Belastende des Platzes.

In Frau Roses Aussagen wird der folgende Widerspruch offensichtlich: Zum einen moniert sie als zentrales Problem, dass der Platz unbelebt sei, zum anderen erwähnt sie, dort tobe das Leben. Neben einer persönlichen Identifizierung mit unterschiedlichen Gruppen, die notwendigerweise Widerspruch erzeugt, weil, wie sie selbst sagt, unterschiedliche und offenbar nicht in Einklang zu bringende Nutzungsinteressen nebeneinander stehen, geht aber der zentrale Widerspruch hinsichtlich der (Un)Lebendigkeit des Platzes auf den Raum selbst zurück: Wie im Verlaufe der Auswertung deutlich werden wird, birgt er als von unterschiedlichen Gruppen genutzter öffentlicher Raum einen (nicht auflösbaren) Widerspruch.

Nr. 2: Norbert Tieck – der Vertreter des bürgerlichen Lebens

Herr Tieck bringt vor allem zwei Verbindungen zum Hansaplatz mit in das Gespräch. Er ist zum einen Architekt und hat in dieser Eigenschaft an den Plänen zur Umgestaltung des Platzes mitgewirkt. Unser Gespräch findet in seinen Büroräumen in St. Georg statt, die räumliche Atmosphäre bestimmt den Gesprächsverlauf sowohl durch den Charakter Architekturbüro als auch durch dessen Situierung in St. Georg, worauf auch Bezug genommen wird. Zum anderen verknüpft er als ›eingeborener‹ St. Georger und Mitglied im Bürgerverein auch politische Interessen mit dem Hansaplatz. Er vertritt die Position einer Klientel aus Gewerbetreibenden und Bürgern und engagiert sich dafür, dass auf dem Platz wieder »bürgerliches Leben«, so Herr Tieck, stattfinden kann. Gleichzeitig argumentiert er aus einer stadtplanerischen Perspektive und hat langfristige Entwicklungsverläufe im Blick, die sowohl mit politischen Maßnahmen wie auch gestalterischen Mitteln zu beeinflussen seien. Die Widersprüche in Herrn Tiecks Aussagen beziehen sich ebenfalls auf den Charakter des Platzes und implizit auf die Frage, wer ihn nutzen darf oder sollte. Der Platz sei vormals als intimer Raum für die Bürger/innen konzipiert, im Resultat seien diese von einer Nutzung ausgeschlossen worden. Um das zu ändern, müsse der Platz gestalterisch *geöffnet*, die ihn bisher besetzenden Szenen *ausgeschlossen* werden. Im Widerspruch zueinander stehen hier positive Vorstellungen einer zukünftigen gestalterischen ›Öffnung‹ des Platzes hin zu den Häusern, damit er wieder »gute Stube« werde, und die in der Vergangenheit realisierten Schließungen durch vergitterte Eingänge oder Zäune als Reaktion einiger Anwohner/innen gegenüber der Drogenszene. Hierbei handelt es sich um einen allgemeinen Widerspruch, der dem Charakter eines öffentlichen Orts innewohnt.

Nr. 3: Nils Klang – der Stadtteilhistoriker und Aktivist

Auch Nils Klang vertritt eine bestimmte Klientel, auch er betreibt, wie er selbst sagt, »Bewohnerpolitik«, allerdings stärker für ein alternatives bzw. sozial weniger abgesicherteres Milieu. Wir führen das Interview in der am Platz ansässigen Geschichtswerkstatt, bei mehr oder weniger offener Tür. In Herrn Klangs Ausführungen werden ebenfalls zwei Perspektiven deutlich, die sich manchmal auch in die Quere kommen: Zum einen argumentiert er aus der Sicht der Einwohner/innen, deren Politik er im Einwohnerverein von Anbeginn an mitbestimmt hat. Auch als Mitbegründer der Geschichtswerkstatt hat er sich seit Jahren sehr für den Stadtteil und seine Bewohner/innen eingesetzt. Aus dieser Perspektive versteht er den Ärger der Anwohner/innen am Hansaplatz, die die Drogensituation als Belastung empfinden. Zum anderen sieht er die Situation aus einer »sozialpädagogischen Brille«, wie er selbst sagt, und ist der Meinung, die ›Szene‹ habe auch das Recht, im Stadtteil zu sein. Das jahrelange Engagement und die fehlenden Erfolge sowie die ausbleibende Unterstützung haben ihn jedoch etwas resignieren lassen. In seinen Augen hat sich aber auch die potenzielle Trägerschaft dieser Stadtteilpolitik verändert. In jüngster Zeit sei weniger die Drogenthematik als vielmehr die Umstrukturierung und »Aufschickung« des Viertels und damit der Zuzug stärker auf sich bedachter Einwohner/innen zum Problem geworden und bestimme die zukünftige Entwicklung.

Herr Klang macht den Widerspruch von sich aus transparent: Je nach Perspektive, so sagt er selbst, fällt die Einschätzung zur Situation am Hansaplatz unterschiedlich aus. Er ›löst‹ die Widersprüche insofern auf, als er die Situation am Hansaplatz in einen größeren Kontext einordnet, d.h. die Gründe nicht nur ›vor Ort‹ sucht, sondern mit Blick auf größere städtische Prozesse und Entwicklungen. Folglich spricht er sich auch für »Gesamtlösungen« aus, die die unterschiedlichen Interessen und Bedürfnisse unter einen Hut bringen könnten.

Nr. 4: Beate Hansen – die Lobbyistin

Beate Hansen wird von mir vor allem in ihrer professionellen Eigenschaft als Mitarbeiterin in einem Projekt angesprochen, das junge drogenabhängige sich prostituierende Frauen betreut. Wir führen das Gespräch bei ihr zu Hause in einem anderen Stadtteil. Frau Hansen identifiziert sich stärker als andere Interviewpartner/innen mit ihren Klientinnen, bzw. wird von mir auch stellvertretend für diese befragt. Sie schildert, wie die jungen Frauen die polizeilichen Kontrollen als negativen Verstärker ihrer ohnehin schon schwierigen Situation erleben. Letztlich zeigt sich jedoch auch bei Frau Hansen, dass es in der Betrachtung der Situation nicht nur die professionelle, sich identifizierende Perspektive, die der »Lobbyistin«, wie sie selbst sagt, gibt, sondern auch ihre persönliche, die sich wie auch ihre Lebenssituation von der ihrer Klientinnen sehr unterscheidet. Diese unterschiedlichen Perspektiven stehen mitunter auch im Widerspruch zueinander. So stellt Frau Hansen zum einen fest, der Platz sei ein Treffpunkt marginalisierter Gruppen, die unter den Kontrollen der Polizei zu leiden hätten. An späterer Stelle macht sie aber deutlich, dass sie selbst sich nicht auf dem Platz aufhalten, geschweige denn ihn insbesondere nachts überqueren würde. Hier wird schon deutlich, dass die Widersprüchlichkeit des öffentlichen Orts viel mit Projektionen und Bildern, aber auch mit realen Ein- und Ausschlussprozessen zu tun hat.

Nr. 5: Herr Ingolf und Herr Nack – die Stadtteil-Sheriffs

Eigentlich hatte ich mich mit dem für den Bereich Hansaplatz zuständigen bürgernahen Polizisten Herrn Ingolf verabredet. Als ich zum Treffpunkt komme, stellt er mir seinen Kollegen Herrn Nack vor, der jahrelang das Gebiet betreut habe und daher ein wertvoller zusätzlicher Interviewpartner sei. Wir führen das Interview direkt auf dem Platz und werden dabei mehrfach von Passant/inn/en unterbrochen, die den beiden ihre Anliegen vortragen. Auch der Revierleiter schaut kurz persönlich vorbei. Die beiden Interviewpartner, Herr Ingolf und Herr Nack, argumentieren im Gespräch nicht nur stark aus ihrer professionellen Perspektive, der des bürgernahen Polizisten, sondern beschreiben vor allem ihren Arbeitsbereich, ihre Aufgaben und ihren Arbeitsalltag. Aus dieser Perspektive geht es zwar primär um die Interessen und Bedürfnisse »des Bürgers«, die durchgesetzt werden sollen. Es wird darüber hinaus aber auch deutlich, dass die Hauptaufgabe der beiden bürgernahen Beamten neben der Herstellung von Ordnung, im »Interessenausgleich« besteht, sei es in der Vermittlung zwischen »Bürgern« und »Randständigen« oder zwischen Polizeiführung und Prostituierten oder einfach zwischen zankenden Nachbarn. Letztlich sei aber ihre Akzeptanz im Viertel sehr hoch, was beide in dem mehrfach wiederholten Titel »Sheriff« zum Ausdruck bringen – wahlweise werden sie auch von den Stadtteilbewohner/inne/n als »Schnack-Sheriff« oder »Latsch-Sheriff« bezeichnet. Das Gespräch gewinnt über Strecken den Charakter einer Werbeveranstaltung für den Stadtteil und mehr noch für das Amt des bürgernahen Beamten. In Bezug auf die Problematik am Hansaplatz verstehen sich Herr Ingolf und Herr Nack primär als ausführende Organe der jeweiligen Politik und identifizieren sich auch mit der neuen Stoßrichtung, die eine stärkere Umwandlung der Wohnungen und Kommerzialisierung der Nutzung bedeutet. Auffällig ist, dass beide in der Bezeichnung der

Gruppen eine sehr schematische Ausdrucksweise haben: So sprechen sie durchgängig von »Randständigen« und von der »Normalbevölkerung«. Widersprüchlich wird ihre Erzählung an drei Punkten: Die »Randständigen« müssten weg, und doch seien sie, die bürgernahen Polizisten, für alle da, die »Randständigen« eingeschlossen, die sich hin und wieder auch an sie wenden würden. Außerdem kommen sie selbst immer wieder ›in die Bredouille‹ mit ihrem Selbstbild »der Guten«, die doch hin und wieder Schlechtes durchsetzen müssten. So beispielsweise in der Bekämpfung der Prostitution, die als Maßgabe von ›oben‹ angeordnet wurde. Geht es einerseits darum, Vertrauen aufzubauen und für alle ansprechbar zu sein, so kommt es zu einem Rollenkonflikt, wenn solche Vorgaben durchgesetzt werden müssen. Insgesamt begrüßen beide Beamte die Tatsache sehr, dass St. Georg »schöner« und »schicker« geworden sei und sein Schmuddelimage verliere. Gleichzeitig berichten sie mir aber auch, dass die Mieten steigen und alles teurer werde. Die Widersprüche haben offensichtlich zum einen mit dem in ihrem Amt selbst angelegten Widerspruch zu tun – einerseits Vertrauen schaffen, andererseits (staatliche) Ordnung durchzusetzen. Sie gehen darüber hinaus auch auf die heterogene Zusammensetzung der Menschen, die am Hansaplatz wohnen und die sich dort aufhalten, zurück.

Nr. 6: Herbert Zotzky – der ehrenamtliche Rabattenpfleger

Herr Zotzky ist Rentner und kümmert sich schon seit Jahren ehrenamtlich um die Grünanlagen am Hansaplatz und in den umliegenden Straßen, er säubert und pflegt die Bepflanzungen. Außerdem ist er Mitglied im Bürgerverein und propagiert dessen Politik, d.h. er spricht sich prinzipiell auch für eine Aufwertung des Viertels durch Umwandlung und eine stärkere ›Entmischung‹ aus. Das Interview, das in seiner Wohnung stattfand, unterscheidet sich von den anderen durch die besondere Kommunikationssituation mit Herrn Zotzky. Er neigt zu einem weitschweifigen Erzählstil, was es nicht immer leicht macht, die Aspekte des Leitfadens einzubringen. Selten antwortet er direkt auf meine Fragen, sondern immer mit einer weit ausholenden Geschichte, in der er sich manchmal auch verliert und den Bogen nicht wiederfindet, dafür jedoch einen neuen spinnt. In seinen Aussagen werden einige Widersprüche deutlich. So berichtet er zu Anfang, wie er selbst Opfer der Umwandlung von Miet- in Eigentumswohnungen geworden sei und äußert sich sehr negativ über die »Spekulanten«. Gleichzeitig spricht er jedoch mit Hochachtung und Bewunderung von der neuen, sozial und kulturell besser gestellten Klientel rund um den Hansaplatz, die dort Eigentum erworben habe. Er beklagt sich über die »Randständigen«, durch die der Platz eine starke »Soziallastigkeit« bekommen habe, weil diese ihn als ihr »Wohnzimmer« nutzten. Zugleich berichtet er, dass er sich abends selbst gerne auf den Platz setze und die Geschehnisse beobachte, und damit implizit, dass auch er den Raum als verlängertes Wohnzimmer nutzt. Als Engagement in Initiativen nennt er in einem Atemzug die Winternothilfe für Obdachlose und Kaffeekochen für die Polizist/inn/en, die zeitweise auf dem Platz stationiert waren, um den Aufenthalt bestimmter Gruppen zu unterbinden. Herr Zotzky wirkt insgesamt in seinem Engagement für den Platz sehr ambivalent.

Nr. 7: Otto – der Bierkonsument im Ruhestand

Otto ist ein älterer Herr im Ruhestand, der früher Fernfahrer war und nun täglich zumindest einige Stunden seines Lebensabends mit einem Döschen Bier auf dem Hansaplatz verbringt. In unserem Gespräch zeigt er sich mehr oder weniger ausweichend bis widersprüchlich und inkonsistent, was offenbar mit der Situation auf dem Platz und der Angst vor Platzverweisen zu tun hat und dem Bedürfnis geschuldet sein mag, sich möglichst konform verhalten zu wollen. So behauptet er, eigentlich immer allein auf dem Platz zu sitzen, wo er vor allem seine Ruhe haben wolle. Aber während unseres Gesprächs, das wir auf dem Mäuerchen am Platz führen, werden wir von vier guten Bekannten des Interviewten angesprochen. Ein weiterer Widerspruch besteht darin, dass er sich für den Einsatz von Polizei vor Ort ausspricht, sie andererseits ganz praktisch als Problem erlebt, als permanente Drohung, des Platzes verwiesen zu werden. Dieser Widerspruch geht auf den bereits angesprochenen Konformitätsdruck zurück. Auch bleibt widersprüchlich, was ihn an den Hansaplatz zieht. Zum einen behauptet er, er wolle nichts mit Kriminalität zu tun haben und wolle vor allem in Ruhe für sich sein, zum anderen sucht er offenbar täglich die Innenstadt und den Hansaplatz auf, wo sich seiner Meinung nach viele »Strolche« aufhalten und wo immer etwas los sei. Die widersprüchliche Anziehung, die »das Leben« auf dem Platz offensichtlich ausübt, taucht in vielen der Interviews auf.

Nr. 8: Phillip Unger – der Student

Das Gespräch mit Phillip Unger findet in seiner Wohnung in einem nördlichen Hamburger Stadtteil statt. Für ihn fällt die Zeit, in der er am Hansaplatz gewohnt hat, mit einer wichtigen biographische Phase in seinem Leben zusammen und wird von dieser aus bewertet. In den 1990er Jahren hat er dort in einer Wohngemeinschaft gewohnt und assoziiert diese Phase mit »Freiheit«, »Erwachsenwerden« und »studentischem Lifestyle«. Diese Assoziationen haben viel mit dem Bild von der Großstadt zu tun, das sich symbolisch in den Akteuren und Konflikten am Hansaplatz verdichtet. Der Hansaplatz fungiert hier also zum einen positiv als Ausdruck metropolitaner Lebensweise, er wird zum anderen aber auch als negativer Kontrast zu der heimeligen Wohngemeinschaft thematisiert (»Insel in der Brandung«). Er repräsentiert Freiheit, Toleranz und Offenheit, aber auch Bedrohung, Schutzlosigkeit, das raue Leben. Erst vor diesem Hintergrund wird die Wohngemeinschaft zum Ort des

»himmlischen Friedens«. Das Leben draußen ist zum einen anonym und gewöhnungsbedürftig, zum andern äußert Herr Unger auch ein Heimat- und Dazugehörigkeitsgefühl, das er damals empfunden habe. Dieser Widerspruch ist typisch für Urbanität, er wird im Laufe der Auswertung bezogen auf den Platz noch häufiger auftauchen.

9.2 Auswertung der Interviews

Interviewerin: Was ist denn Ihrer Meinung nach das Charakteristische des Platzes?
Vera Rose: Oh, Licht und Schatten.

Wie ich im Abschnitt zu meinem methodischen Vorgehen bereits deutlich gemacht habe, erfolgt die Darstellung der Auswertungsergebnisse entlang der aus den Interviews gewonnen Kategorien, die sich sowohl aus direkten Zitaten wie auch aus die Aussagen zusammenfassenden Kategorien und Begriffen ergeben haben. Dabei lehnt sich die Analyse in einigen Abschnitten dichter ans Material an, in anderen wird das Material anhand bereits gewonnener Kategorien und Analyseraster zusammengefasst.

Aus der Analyse hat sich für die folgende Darstellung ein dreiteiliger Aufbau ergeben: Im ersten Teil steht die räumliche Konstitution des Orts Hansaplatz im Vordergrund. Dieser Perspektive liegt die in Kapitel 2.3 mit Löw vorgestellte Konzeption von Raum als (An)Ordnung von Lebewesen und Gütern zugrunde, die durch Spacing und Syntheseleistung konstituiert wird. Dabei werden zunächst die Beschreibungen und Eindrücke der Interviewpartner/innen zum Hansaplatz selbst, zu seiner jeweiligen Bedeutung und zu den mit ihm verbundenen Problemfeldern anhand zentraler Zitate aus den Interviews systematisiert dargestellt. Im Anschluss daran werden die relevanten konstitutiven Dimensionen beschrieben. Diese, so hat die Auswertung ergeben, teilen sich in folgende Kategorien: *andere Orte*, *Politik*, *Ordnung*, *Eigentumsverhältnisse*, *Gestaltung* und *Gruppen* bzw. *soziale Akteure*.

Die Perspektive auf den Körper als soziale Praxis ist das zentrale Thema des zweiten Teils. Die Bedeutung des Körpers für Prozesse der Raumkonstitution, aber auch der Stabilisierung einer sozialen Ordnung sowie ihrer Ein- und Ausschlüsse wird hier anhand der Kategorien *Körperzeichen*, *Körperwahrnehmung* und *Körperpraxis* herausgearbeitet. Ein Abschnitt zur Frage der *Ausgrenzung* sowie ein Exkurs zu *Körper und Drogen* leiten zum dritten Teil über.

In diesem liegt der Schwerpunkt auf dem Verhältnis von Raum und Körper, genauer dem Zusammenwirken von Raumkonstitution und körperlicher Praxis in der Herstellung einer (sozialen) Ordnung am Hansaplatz. Hier geht es an Beispielen aus den Interviews, einerseits dem Wegerecht und den Platzverweisen, andererseits der Kategorie *Berührungspunkte*, um die Frage danach, wie im Kontext der Problematiken um und am Hansaplatz *Raumaspekte* und *Körpereffekte* zusammenspielen. Diese Frage soll hieran anschließend unter der Kategorie *widersprüchlicher Ort* diskutiert und beantwortet werden.

9.2.1 Der Ort Hansaplatz

Jetzt hängt es einem in der Wäsche

Der Hansaplatz sei vor allem bekannt geworden als »Drogenumschlagplatz«, wie zwei Interviewpartner zunächst erläutern. Dass die (Print)Medien nicht unmaßgeblichen Anteil an der medialen Verbreitung dieses Bildes hatten, wurde in der Diskursanalyse in Kapitel 7 dieser Studie bereits deutlich. Offenbar hat die Verbindung des Platzes mit dem Thema Drogen auch in der Erinnerung der im Stadtteil Lebenden nachhaltige Spuren hinterlassen, sie ist mit der Wahrnehmung des Platzes und seiner Geschichte untrennbar verknüpft. Eine Interviewpartnerin indes bemängelt auch die Gefahr einer Verselbständigung dieses Bildes vom Hansaplatz als gefährlichem Ort, die dessen weitere Stigmatisierung nach sich ziehe. Auf die Frage, was sie mit dem Platz verbinde, antwortet sie:

»Schlechter Ruf, schlechter Ruf des Hansaplatzes. Bedrohliche Atmosphäre, Drogen, Prostitution, Dealer, Polizei, das ist die Realität in den ersten Jahren, die wir auch so erlebt haben, und dann sozusagen jetzt hängt es einem in der Wäsche wahrscheinlich noch jahrelang, dass der Hansaplatz darunter gelitten hat, dass der so einseitig bespielt wurde.« [1/5/31][2]

Die diskursive Aufladung des Hansaplatzes als »gefährlicher Ort« strukturiert auch heute noch dessen Wahrnehmung.

Mittelpunkt

Viele der Interviewten beschreiben den Hansaplatz als »Mittelpunkt St. Georgs« [3/1/3], wobei diese Bezeichnung eine doppelte Bedeutung hat: Ist damit zum einen die geografische Position im Verhältnis zum Stadtteil gemeint, schwingt in anderen Aussagen eher eine soziale, manchmal auch normative Bedeutungsebene mit. So beschreibt ein Interviewpartner seine Perspektive für die Entwicklung des Platzes mit den folgenden Worten:

»Und er könnte dann wieder, wenn das Sanierungsgebiet Böckmannstraße sich weiterentwickelt, und man vielleicht auch noch mehr Wohnungen wieder an den Han-

2 Die Zitate aus den Interviews werden im Folgenden nachgewiesen durch die Abkürzung Interviewnummer/Seite/Zeile.

saplatz kriegt, der Mittelpunkt wieder sein, der er mal sein sollte, und der er in gewissem Umfang auch war, auch in meiner Wahrnehmung.« [2/3/49]

Der Platz befindet sich also mehr oder weniger in der Mitte des Viertels, er liegt darüber hinaus an der strategisch entscheidenden Grenze zwischen dem bereits aufgewerteten ehemaligen Sanierungsgebiet um die Lange Reihe und dem neu als Sanierungsgebiet festgesetzten Gebiet Böckmannstraße. Er ist nach Aussagen der Sozialarbeiterin wegen seiner geografischen Nähe zum Hauptbahnhof und zum Milieu sozialer Mittelpunkt für die sich dort prostituierenden drogenabhängigen Frauen. Und er soll offenbar für eine bestimmte Klientel oder Öffentlichkeit wieder der Mittelpunkt werden, der er einmal gewesen sei, wie im obigen Zitat angesprochen. Hier meint Mittelpunkt vor allem Treffpunkt, Bezugs- und Repräsentationsort, und zwar nicht derjenigen, die ihn in den letzten Jahren als solchen nutzten, der Drogen-, Prostitutions- und Alkoholszenen. Deutlich wird an den unterschiedlichen Aufladungen des Platzes als (Lebens-)Mittelpunkt, dass offenbar unterschiedliche soziale Gruppen diese Mitte für sich beanspruchen. Deutlich wird darüber hinaus, dass in unterschiedlichen Zeiten der Platz für unterschiedliche soziale Klassen Bezugspunkt und als solcher umkämpft war. Diese historische Kontinuität betont ein Interviewpartner:

»[D]as war ein bürgerliches oder kleinbürgerliches Viertel hier, das in Hauptbahnhofnähe gebaut worden ist, und war im Grunde der Versuch, an dieser Stelle, bis dahin haben hier Proletarier, Handwerker gelebt, im Grunde zu verdrängen, also zumindest von dieser Ecke hier in Hauptbahnhofnähe zu verdrängen, um hier ein etwas bürgerlicheres Viertel hinzubekommen, so wie es eigentlich immer wieder in den letzten Jahren und Jahrzehnten der Fall war, dass St. Georg eigentlich ein bürgerliches Viertel sein sollte. Wenn man aus dem Hauptbahnhof rausfällt, Visitenkarte, das haben eigentlich alle Senats- oder Bürgermeister vertreten, was immer nicht ganz einfach war durchzusetzen. Also ein bürgerliches St. Georg hinzukriegen, hatte immer auch an der sozialen Problematik sozusagen seine Grenzen gefunden.« [3/1/50]

In diesem Zitat finden die für den Platz zentralen Konfliktdimensionen Erwähnung: einerseits die Interessen der Bürger/innen, andererseits die der Proletarier/innen (oder auf heute bezogen: die der ›Szene‹), die strategische Nähe zum Hauptbahnhof und die soziale Problematik, kurz: der Kampf darum, wer in welcher Weise den Platz für sich nutzen darf/soll und welche Formen der Exklusion sich hier durchsetzen.

Zwiespältigkeit

Alle Interviewpartner/innen heben die Schönheit des Platzes hervor, seine Symmetrie, sein innerstädtisches Flair, das jedoch zugleich auch so problematisch sei. Diese Ambivalenz in der Wahrnehmung des Platzes formuliert eine Interviewpartnerin folgendermaßen:

»Wenn sie dann mal da waren und hier sitzen: wunderschön, dann empfinden sie diesen Platz als wunderschön, wenn sie hier so sitzen und gucken und sagen, Mensch, das ist ja eigentlich ein toller Platz, eigentlich, aber, oh je, Hansaplatz und Bahnhofsmilieu und so weiter, das ist diese Zwiespältigkeit. Ich glaube, dass dieses ganze Quartier auch immer weiter auch in Zukunft so damit irgendwie leben muss und sich arrangieren muss.« [1/4/34]

So sehr die Zwiespältigkeit von allen Interviewpartner/inne/n mehr oder weniger explizit artikuliert wird, so sehr wird aber auch deutlich, dass die genauere Problembeschreibung von der jeweiligen Perspektive abhängt: Für die einen ist die Drogenszene das zentrale Problem, für andere die ›Aufschickung‹ und Umwandlung, d.h. höhere Mieten, für wieder andere sind es die polizeilichen Kontrollen, die soziale Zusammenkünfte, den Drogenhandel oder eben das Gewerbe (Prostitution) erschweren. Die im Zusammenhang mit der Drogenthematik geäußerten problematischen Aspekte lassen sich in drei Ebenen auffächern. Es handelt sich dabei um:

- 1. die mit der Anwesenheit der Drogenszene verbundenen Ärgernisse für die Anwohner/innen, vor allem die »Lautstärke«, nächtliche Beeinträchtigung durch Auseinandersetzungen auf dem Platz, Müll, Urinieren auf dem Platz, Zerstören der Grünanlagen, Kriminalität und das Gefühl der Bedrohung,
- 2. die Verdrängung – sie betrifft zum einen die Bürger/innen, zum anderen die Szene. So argumentieren die einen, der Platz sei einseitig von bestimmten Gruppen, »Randständigen«, in Beschlag genommen worden und diese hätten damit die Nutzung durch andere Gruppen verhindert. Für andere wiederum besteht die Vertreibung in den ständigen polizeilichen Kontrollen und vor allem Platzverweisen und Aufenthaltsverboten gegenüber der Drogenszene oder den Prostituierten,
- 3. der Anblick sozialer Verelendung. Einige Interviewpartner/innen äußern, dass der Anblick der vor allem auch körperlich sehr elend aussehenden Drogenkonsument/inn/en und Prostituierten nur schwer zu ertragen, dass dies sehr belastend sei.

Diese drei Ebenen werden am Schluss der Ausführung noch einmal eingehender daraufhin betrachtet werden, inwiefern sie Ausdruck auch für eine spezifische Raum-Körper-Konstellation sind.

Bei Betrachtung der unterschiedlichen Aussagen zum Hansaplatz deutet sich also schon an, dass seine ›Problematik‹ nicht auf das Schlagwort ›Drogenumschlagplatz‹ reduziert werden kann, bzw. dass auf einer allgemeineren Ebene das Problem sich wie folgt darstellt:

»Schöner Platz, der sehr darunter leidet, dass irgendwie verschiedene Nutzungsgruppierungen nicht miteinander in Einklang zu bringen sind, sag ich mal so. In Tüddelchen normales Wohnen von Menschen, die sozusagen jetzt nicht zu irgendeinem speziellen Milieu hier gehören – hier gibt es ja verschiedene Milieus – die die kommen einfach nicht hierher und nutzen den Platz nicht, also ist der Platz sozusagen frei und wird von Gruppen genutzt, die sehr einseitig sozusagen ihre Interessen verfolgen, ich sach das mal so neutral, weil ich meine, natürlich sollen alle Gruppen ihre Möglichkeit haben, diesen Platz zu nutzen, aber das ist unheimlich schwierig in Einklang zu bringen, unheimlich schwierig.« [1/3/50]

Auf der Kippe

Nutzungsgruppierungen sind nicht in Einklang miteinander zu bringen. Dies führt dazu, dass der Platz als umkämpfter oder einseitig genutzter, je nach Perspektive, als unvollkommen oder problematisch wahrgenommen wird. Für die Betreuerin der jungen Prostituierten stellt die Polizeipräsenz ein Problem dar, weil die Frauen am Zugang zur Beratungsstelle gehindert werden und massiven Kontrollen ausgesetzt sind, die ihren Alltag noch schwieriger machen. Der Mann auf dem Platz beschreibt die permanente Androhung des Platzverweises als einschränkend. Dementsprechend muss er sein Verhalten regulieren, was vor allem heißt, sich nicht in Gruppen auf dem Platz aufzuhalten, unauffällig zu sein. In den letzten Jahren ist aufgrund der polizeilichen Kontrollen die Drogenszene mehr oder weniger vom Platz vertrieben worden, trotzdem wird er jetzt nicht vermehrt von einer anderen Klientel in Beschlag genommen, weil, so alle Interviewpartner/innen, Anreize fehlten, die zum Verweilen auf dem Platz einlüden. Der Platz selbst wird von vielen als unlebendig, ungemütlich und unattraktiv geschildert. Insbesondere der Verweis auf »Leben«, »lebendig«, »unlebendig« in Bezug auf den Platz findet sich in allen Interviews, immer jedoch als eine sehr widersprüchliche Feststellung. Zum einen fehle dem Platz »Leben«, zum anderen wird festgestellt, dass der Platz voller Leben sei, dass dort etwas passiere. So stellt ein Interviewpartner im Rückblick fest:

»Na, da tobte einfach das Leben. Ich kannte das halt, man guckte aus'm Fenster und sieht 'n paar Autos vorbeifahren und vielleicht noch 'ne Frau mit 'nem Hackenporsche. Und da waren plötzlich urbane Menschen, Drogenhändler und Konsumenten, Polizisten, Zivilfahnder, Leute, die öffentlich uriniert haben, all sowas, und Prostituierte, die Freierschleife, all das, was man sonst eigentlich nur aus'm Fernsehen kannte. Und das direkt vor meiner Tür.« [8/1/31]

Die aktuelle Situation wird von einem Interviewpartner so beschrieben: »Und jetzt ist er so auf der Kippe.« [2/1/24]

Er bringt damit zum Ausdruck, dass der Platz sich eventuell von seinem Drogenimage befreien und stärker von bürgerlichem Publikum frequentiert werden könnte.

Andere Orte – *kommunizierende Röhren*

Wie der Hansaplatz genutzt wird, welche Pläne mit ihm verbunden werden und welches äußere Bild er dann jeweils annimmt, hängt stark von anderen Orten ab, mit denen er in einem Verhältnis »kommunizierende[r] Röhren« steht – um die Formulierung eines Interviewpartners aufzunehmen:

»Da kann ich den Hansaplatz gar nicht sozusagen als Platz sozusagen gesondert oder reduziert betrachten. Weil der Platz immer in einem direkten, wie kommunizierende Röhren, in einem direkten Verhältnis zu dem stand und steht, wie's am Hauptbahnhof aussieht.« [3/10/3]

Der Hauptbahnhof und mit ihm die Innenstadt sind wichtige Bezugsgrößen für das soziale Setting am Hansaplatz. Einerseits erfüllt der Bahnhof nach wie vor eine wichtige Funktion als Aufenthalts-, Treff- und Kommunikationsort. Andererseits aber unterliegt er gerade in den letzten Jahren einem Bedeutungs- und Funktionswandel und wird parallel zur Aufwertung der Innenstadt stärker zu einem Ort des Konsums umgebaut.[3] Seine Umstrukturierung beeinflusst, welche Klientel am Bahnhof erwünscht ist bzw. dort stört. Die Verdrängung der dortigen Szenen durch entsprechende polizeiliche Kontrollen, Sicherheitsdienste, Hausordnung oder Razzien etc. hat regelmäßig zu einer Verlagerung dieser Szenen nach St. Georg und vor allem an den Hansaplatz geführt. Von daher folgert auch ein Interviewpartner:

»Also insofern könnte ich nicht sagen, das ist der Hansaplatz allein, sondern es hat etwas mit dem sozialpolitischen Umgang oder insbesondere auch sozusagen der Betrachtung des Hauptbahnhofs als Visitenkarte der Stadt zu tun. Und man würde und man wird eine Veränderung, so man sie denn überhaupt will, in welche Richtung auch immer, man wird eine Veränderung des Hansaplatzes nur hinbekommen, wenn man vor allem den Hauptbahnhof oder die Innenstadtpolitik sozusagen gleichermaßen mit berücksichtigt oder betrachtet.« [3/10/30]

Das Viertel St. Georg stellt einen weiteren häufig genannten örtlichen Bezugspunkt dar. Als seine Merkmale werden genannt, dass es zum einen den Hinterhof des Hauptbahnhofs bildet (und wie der Hansaplatz seit Jahren ge-

3 Vgl. zum Bahnhof als neuem Raumtyp Kapitel 3.2.1 in diesem Buch.

gen sein ›Schmuddelimage‹ kämpft) und zum anderen von der räumlichen Struktur sehr eingegrenzt und damit fast dörflich ist:

»St. Georg ist so dreigeteilt, von der Langen Reihe rüber bis zur Alster, das ist so die alteingebürgerte Szene, viele kleine Läden, auch die Schwulenszene, hier mitten drin so das Schmuddelviertel, da war die Drogenszene in den 80er, 90ern, und da drüben dann so der islamische Bereich.« [5/7/27]

Dem Hansaplatz komme dabei, wie bereits am Anfang dieses Kapitels erwähnt, eine strategische Funktion zu, weil seine Aufwertung – in Fortsetzung der Aufwertung der Langen Reihe vor ein paar Jahren – »ausstrahlen« könne auf den zum Sanierungsgebiet erklärten nördlichen Teil Böckmannstraße. Der Hansaplatz steht also nicht nur für das Schmuddelimage des Viertels, sondern er ist auch ein Bindeglied, das St. Georg Süd und Nord verbinden könnte. Je nachdem, wie stark die Sanierungsfortschritte in dem einen Teil vorangehen, verändert sich auch die Struktur am Hansaplatz. Er steht daher auch mit den unterschiedlich ›aufgewerteten‹ Teilen des Stadtteils in einem Verhältnis kommunizierender Röhren.

Der Hansaplatz wird darüber hinaus zu anderen Plätzen im Viertel wie dem St. Georg Kirchhof in Beziehung gesetzt, der aufgrund der Drogenproblematik zu einem geschützten Spielplatz gemacht wurde und damit aber, wie sich ein Interviewpartner äußert, anders als der Hansaplatz dem öffentlichen Leben entzogen bleibt. Ein weiterer öffentlicher Platz, der häufiger auftaucht, ist der Lohmühlenpark, der ebenfalls in der Vergangenheit Treffpunkt verschiedener ›Szenen‹ war, nach seiner Umgestaltung jedoch stärker dem bürgerlichen Publikum zur Verfügung stehen soll. Als Park hat er mehr Ecken, die Schutz bieten, ist aber insgesamt auch mehr dem (kontrollierenden und manchmal schützenden) Blick einer größeren Öffentlichkeit entzogen. So stellte eine Interviewpartnerin fest, dass die jungen drogenabhängigen sich prostituierenden Frauen am ehesten im Lohmühlenpark auch übernachten, nicht jedoch am Hansaplatz.

Der Platz steht in einem Verhältnis kommunizierender Röhren zu anderen wichtigen Orten im Stadtteil, d.h. Veränderungen an einem dieser Orte haben mittelbare (Aufwertung der Langen Reihe) oder auch unmittelbare Auswirkungen (Hauptbahnhof) auf die Situation am Hansaplatz – und umgekehrt. Seinen Charakter erhält er auch in Abgrenzung zu anderen Orten und Plätzen, die jeweils unterschiedliche Funktionen in stadtplanerischer und sozialer Hinsicht erfüllen.

Politik – *Kräfteverhältnisse*

Eine weitere Dimension in der Konstitution des Hansaplatzes sind stadtentwicklungs- und damit vor allem politische Entscheidungen und Maßnahmen.

Mit dem vorangegangenen Abschnitt wurde diese Dimension bereits angeschnitten: Die politisch gewollte funktionale Umgestaltung von Hauptbahnhof und Innenstadt wurde von einem repressiveren Umgang mit der Drogenszene begleitet, der zunächst zu einer Verlagerung der Szene nach St. Georg und bei Ausweitung der repressiven Politik auf diesen Stadtteil zu einer Verstreuung und weiteren Verlagerung der Szene führte:

»Ja, das ist ja jetzt nicht mehr so offen, seit, also der Olaf Scholz hat ja vor der Wahl, der letzten Wahl, bevor die CDU dran kam, das schon gemacht, hat ja schon, ich sach mal, den Bahnhof da aufgeräumt, das ist ja dann von der Schill-Partei noch stärker gemacht worden.« [2/8/3]

Konkrete städtische auf den Hansaplatz bezogene Maßnahmen werden meist im Zusammenhang mit einem größeren Gesamtkonzept durchgeführt, seien es Pläne zur Anbindung der Innenstadt, die Deklarierung als Sanierungsgebiet oder, wie jüngst die Entscheidung des Senats vom August 2006, St. Georg in das Programm »Aktive Stadtentwicklung« aufzunehmen. Die Umsetzung politischer Maßnahmen und damit auch die Vergabe von Geldern für beispielsweise Umgestaltungspläne am Hansaplatz hängen stark von Stadtentwicklungsplänen ab, aber auch von den jeweiligen Parteien und der entsprechenden Stimmungslage. Von den Interviewpartner/inne/n werden die Behörde, der Senat und der Bezirksamtsleiter als Akteure dieser städtischen Politik ›von oben‹ benannt. Letztlich findet die in den Interviews erwähnte Politik aber nicht nur ›von oben‹, sondern nach Aussagen der Interviewpartner/innen auch viel ›von unten‹ statt: »Aber ich fand, dass dieser Stadtteil irgendwo ein persönliches Engagement erfordert.« [6/3/24]

Das politische Engagement ›von unten‹ nimmt unterschiedliche Formen an: Zu nennen wären hier die selbständige ehrenamtliche Pflege der Grünanlagen, Arbeitsgruppen, die Vorschläge zur Belebung des Platzes erarbeiten oder Ereignisse wie Stadtteilfeste organisieren, um die unterschiedlichen Gruppen zusammenzubringen, Diskussionsrunden und Veranstaltungen oder Initiativen zur Verkehrsberuhigung. Und nicht zuletzt findet diese Politik eine institutionalisierte Form in den beiden Bürger- bzw. Einwohnervereinen, wie im vorangegangenen Kapitel zur Diskursanalyse der Mitteilungsblätter dieser Vereine deutlich geworden ist. Der Erfolg der jeweiligen Aktionen hing nicht unmaßgeblich davon ab, inwiefern sie von der Stadt zum einen und von genügend Leuten im Stadtteil zum anderen getragen wurden. Wie ein Interviewpartner betont, sei es ihm immer darum gegangen, »Gesamtlösungen« zu diskutieren, bzw. »Integrationskonzepte« zu erarbeiten, die das Ziel hatten, den unterschiedlichen Bedürfnissen aller Gruppen im Stadtteil gerecht zu werden und gemeinsame Lösungen anzuvisieren. In seinen Augen ist diese Politik aber mehr oder weniger gescheitert. Dies habe daran gelegen, dass der

Senat bzw. Bezirk die aus dem Stadtteil heraus entwickelten Konzepte nur begrenzt mitgetragen habe, sowie daran, dass letztlich auch die Interessen im Stadtteil selbst viel zu heterogen gewesen seien und so schwierig in gemeinsamen Kampagnen zu bündeln. Darüber hinaus stellen zwei Interviewpartner/innen fest, dass mittlerweile eine gewisse Ermüdung eingetreten sei, die hohe Bereitschaft, sich mit den anstehenden Problemen auseinanderzusetzen, habe in den letzten Jahren sehr nachgelassen. Dies liege einerseits daran, dass die Anwohner/innen durch die Dauerbelastung von Lärm und Unruhe ausgehöhlt seien, und andererseits daran, dass sich das Kräfteverhältnis innerhalb der Bewohner/innen/schaft selbst verändert habe. So resümiert ein Interviewpartner:

»Also da gibt es vermehrt auch das bürgerliche Spektrum, das die ganze Szene nicht haben will. Also dieses Miteinander, was ich hier favorisiere, also mal rausgehen, mit denen mal reden und so, man muss ja nicht gleich umarmen und küssen. Dieses Spektrum will mit denen nichts zu tun haben. Und da merke ich, dass hier die Kräfteverhältnisse sich verändern.« [3/9/26]

Die auf den Hansaplatz bezogene Politik findet also auf unterschiedlichen Ebenen statt, wobei das politische Handeln ›von unten‹ seine Grenze an zwei Kräfteverhältnissen hat: zum einen an den jeweiligen Machtgefügen und Interessen im Bezirk und Senat, zum anderen an der Heterogenität der Bewohner/innen/schaft.[4]

Ordnung – *Cleanliness*

Wenn weiter oben im Zitat die Rede davon war, dass Herr Scholz den Hauptbahnhof »aufgeräumt« habe, deutet sich bereits an, dass Aufräumen häufig auch metaphorisch verwendet wird und offensichtlich in dieser Bedeutung im Zusammenhang mit der Herstellung von Ordnung auftaucht. In Verbindung mit dem Hansaplatz spielt der Begriff der Ordnung, gerade in seiner Mehrschichtigkeit, eine große Rolle.

Beim Stichwort Ordnung eröffnen sich in den Antworten der Interviewpartner/innen drei semantische Ebenen: Sauberkeit, staatliche Kontrolle und soziale Ordnung. Diese Ebenen gehen ineinander über. Ein häufig gebrauchtes Wort in diesem Zusammenhang ist »clean«, das selbst schon mehrdeutig ist: »Das ging in die Richtung, dass man den Platz eigentlich, ja entrümpeln

4 Kaum explizit erwähnt wurde in den Interviews die Politik der mittleren Ebene, d.h. ein politisches Handeln ›von oben‹ und ›von unten‹ in Form Runder Tische oder sogenannter Sicherheitspartnerschaften, die sich insbesondere im Rahmen der Thematik Hauptbahnhöfe und Drogenszene gebildet haben. Diese wurden in Kapitel 3 als neue Formen sozialer Kontrolle thematisiert.

möchte, öffnen möchte, größer machen will, cleaner machen möchte« [2/2/32].

Clean ist das englische Wort für »rein« oder »sauber«, im Jargon bedeutet es außerdem »nicht mehr von Drogen abhängig«. Es bleibt in dieser Aussage offen, was mit »entrümpeln« gemeint ist, da Gerümpel auf dem täglich von der Stadtreinigung gesäuberten Platz nicht herumliegt. Hinsichtlich der Sauberkeit wird von einigen Interviewpartner/inne/n vor allem der achtlos zurückgelassene Müll beklagt, der Hundekot sowie das Urinieren auf den Platz bzw. in die Hauseingänge. Zwei Interviewpartner beziehen sich in diesem Zusammenhang vor allem auf Bierdosen bzw. Pappdeckel der auf dem Platz sitzenden Alkoholkonsument/inn/en:

»Ja, das sehen Sie ja hier, diese Pappen dienen zum Sitzen, sonst kriegt man 'n kalten Hintern. Das Problem ist: dieser Müll bleibt liegen. Wenn die das wegräumen würden, gäbe es ja nie Stress und Theater. Wenn die einfach sauberer mit ihrem Umfeld wären, gäbe es nie Anlass, sich irgendwo einzumischen.« [5/4/29]

Dieser Müll-Problematik kommt mittlerweile aber die Stadtreinigung nach. Der Problematik, dass auch die Szene selbst als die (Rechts- bzw. soziale) Ordnung störend empfunden wird, nimmt sich seit einigen Jahren verstärkt die Polizei an. Im Verständnis der Bürger, aber auch im Selbstverständnis des bürgernahen Beamten sei es so, wie dieser sich ausdrückt, »dass die Polizei für Ordnung sorgt. Und dazu gehört auch ein bürgernaher Beamter. Der ist auch dazu da zu helfen, aber der ist auch dazu da, um Ordnung herbeizuführen« [5/21/34].

Die Polizei sorgt vor allem mittels Personalienkontrollen, Platz- bzw. Gebietsverweisen oder Razzien für ›Ordnung‹ auf dem Platz. Diese Form der Kontrolle wird von vielen Anwohner/inne/n begrüßt, die meisten Interviewpartner/innen betonen jedoch, dass langfristig eine soziale Kontrolle für die Aufrechterhaltung einer bestimmten Ordnung sinnvoller sei: »Das ist ja auch 'ne Möglichkeit, so'n Platz wieder durch die Benutzer zu kontrollieren und nicht durch die Polizei.« [2/12/29]

Durch eine stärkere Identifikation mit dem Platz und eine entsprechende Nutzung durch diese Klientel würden dann die Gruppen, die nach dem bürgerlichen Ordnungsempfinden den Platz zu Unrecht bevölkern, verdrängt werden können. Hinter den Wünschen nach *cleanliness* verbergen sich auch Vorstellungen davon, wie der Platz *sozial* besetzt werden soll, wie ein Interviewpartner hervorhebt: »Aber es sind vor allem diese Vorstellungen, der Platz soll ordentlich, clean sein, sauber soll er sein und von der Szene bereinigt werden, das ist immer der Dreh- und Angelpunkt.« [3/16/40]

Ordnung, so ist in diesem Abschnitt deutlich geworden, hat zum einen einen räumlichen, zum anderen einen sozialen Aspekt. Der räumliche Aspekt bezieht sich auf Dinge, die die Ordnung des Raums stören wie Müll etc., der soziale Aspekt eher auf Menschen, Verhaltensweisen und nicht zuletzt Körper(praktiken). Beiden gemeinsam ist eine bestimmte Vorstellung von System und Hierarchien, sei es von Anordnung im Raum oder innerhalb der Gesellschaft bzw. einem regelkonformen normierten Verhalten. Die ›Verwahrlosung‹ des Raums erscheint ebenso als Bedrohung der herrschenden Ordnung wie die Verwahrlosung von Körpern. Der Zusammenhang einer sozialen Ordnung, die sich unter den Imperativen von Sicherheit und Gefahr vor allem als saubere, normativen Kriterien entsprechende Ordnung definiert, ist in Kapitel 3 bereits ausführlich diskutiert worden. Dass man jedoch auch das Soziale unter ›Ordnungs‹-Gesichtspunkten betrachten und dabei zu ganz anderen Ergebnisse kommen kann, macht die folgende Beobachtung eines Interviewpartners deutlich:

»Also die entsprechenden gesellschaftlichen Gruppen, die da unterwegs waren, die lebten in ihren durchaus geordneten Systemen. So nach dem Motto, hier steh ich und da drüben stehst du, um auf Freier zu warten. Oder hier kauf ich meine Drogen, weil meine Stammkunden wissen, dass ich hier stehe. Oder das ist die Bank, auf die ich mich immer setze, wenn ich irgendwie stockbesoffen bin, keine Ahnung. Das war schon irgendwie geordnet.« [8/7/30]

Eigentumsverhältnisse und Sozialstruktur – *Aufwertung*

Die Situation am Platz wird, so stellen die Interviewpartner/innen heraus, auch stark von den Eigentumsverhältnissen determiniert, die wiederum eine besondere Sozialstruktur der Bewohner/innen/schaft nach sich ziehen und dadurch das Gesicht des Platzes prägen. Entscheidend ist in dieser Hinsicht zum einen das Eigentum an Grund und Boden, zum anderen der politische Wille, d.h. die Entscheidung, sozialen Wohnungsbau oder höherpreisige bzw. Eigentumswohnungen zu unterstützen. Eine Interviewpartnerin fasst den Zusammenhang so: »Was nützen uns die vielen netten kleinen Inis, wenn einfach Grund und Boden ganz anders vermarktet wird, als es vielleicht dem Platz guttäte.« [1/3/14]

In den 1980er Jahren war die ›soziale Mischung‹ der den Platz nutzenden Menschen nicht unmaßgeblich davon geprägt, dass die Stadt in den umliegenden Hotels und Pensionen Sozialhilfeempfänger/innen und Asylbewerber/innen unter sehr beengten Bedingungen untergebracht hatte. Einige Interviewpartner/innen sehen hierin auch den Grund für das Entstehen der charakteristischen Drogen-Problematik am Hansaplatz. Die Stadt hat sich im Zuge der Probleme rund um den Hauptbahnhof und den Hansaplatz von dieser Unterbringungspolitik verabschiedet. Mittlerweile sind einige ehemalige Pensionen zu Eigentumswohnungen umgewandelt. Insbesondere die beiden gründerzeitlichen Altbauten werden nach und nach komplett in Eigentumswohnungen umgewandelt. Symbolisch für diese letztlich politische und für den Stadtteil folgenreiche Entscheidung ist die von allen Interviewpartner/inne/n erwähnte Tatsache, dass der Erste Bürgermeister der Stadt just am Hansaplatz eine Eigentumswohnung erworben und dem mit ihm befreundeten und mittlerweile entlassenen *law and order*-Justizsenator vermietet hat. Die Umwandlungen haben nach Aussagen der Interviewpartner/innen vor allem in zweierlei Hinsicht Auswirkungen auf die Sozialstruktur: Zum einen würden die Mieten insgesamt teurer und die Wohnungen für weniger wohlhabende Mieter/innen, häufig auch für Familien mit Kindern, nicht mehr bezahlbar, zum anderen habe die in den Eigentumswohnungen lebende Klientel auch besondere Ansprüche an den Stadtteil, weil sie ja in ihn investiert habe. Der neue Bürger, der hierher ziehe, so ein Interviewpartner,

> »will eine Wohnqualität haben, die man ihm auch versprochen hat, und da sind wir natürlich als Polizei und überhaupt die ganzen Ämter gefordert, dem auch so'n bisschen den Standard zu heben. Der Standard heißt weniger Müll, und die Alk-Szene, sag ich mal so, im Rahmen unserer Möglichkeiten ja in Griff zu kriegen.« [5/5/10]

Die hier angesprochene Haltung einiger Wohnungseigentümer wird von anderen Interviewpartner/inne/n kritisiert, weil bei diesen kein politisches Engagement vorhanden sei, bzw. diese kein Interesse an sozialen Lösungen hätten. Nach Meinung eines anderen Interviewpartners sind aber weniger die Eigentumswohnungen als vielmehr die Genossenschaftswohnungen auf den anderen Seiten des Platzes in sozialstruktureller Hinsicht problematisch: »Also es ist ja 'n Problem, also dass man diese Ghetto-Situation hier irgendwie schafft, meinetwegen nur mit diesen sozial gebundenen Wohnungen.« [6/9/48]

Während sich für die einen der Hansaplatz zum ›Hip-Viertel‹ entwickelt, sehen andere ihn als Ghetto.

Mit Blick auf die Aufwertung der Gegend und eine Erhöhung des Mietniveaus bekommt auch die den Platz für sich noch teilweise nutzende ›Szene‹ einen anderen Charakter. Stellt sie in den meisten Aussagen für die Anwohner/innen ein Störungspotenzial dar, so wird doch in anderen deutlich, dass allein die Existenz der Szene am Platz die bisherigen Aufwertungsprozesse wenn nicht gestoppt, so zumindest eine Zeit lang blockiert oder verlangsamt habe. Erst mit ihrem (partiellen) Verschwinden können sich auch die Umwandlungsprozesse reibungsloser durchsetzen. Ein Interviewpartner dazu:

> »Und das war nur möglich, weil die Szene da unten war, die das Ganze so unattraktiv machte, dass die Miete erschwinglich war. Und was möglicherweise oder sehr wahrscheinlich passiert, was im Moment gerade passiert, ist, glaube ich, dass die Szene da verschwindet oder 'n bisschen weggeschoben wird. Und die Immobilienpreise tierisch in die Höhe gehen. Die Lange Reihe tierisch aufgeschickt wird und

man einfach diese Wohnungen jetzt schon einfach überhaupt nicht mehr bezahlen kann. Also so gesehen, würde es mir überhaupt nichts nutzen, wenn die Szenen da verschwinden würden.« [8/9/36]

Die ›Szene‹ war somit in der Vergangenheit auch ein Garant dafür, dass sich der Gentrifizierungsprozess von der Langen Reihe bisher nur bedingt am Hansaplatz durchsetzen konnte. Deutlich geworden ist in diesem Abschnitt, dass eine Nutzung des Platzes, bzw. zunächst vor allem die soziale Zusammensetzung seiner potenziellen Nutzer/innen auch von den Eigentumsverhältnissen bezogen auf die Grundstücke und Wohnungen abhängen. Ganz offensichtlich haben die Eigentumsverhältnisse einen starken Einfluss auf die sozialstrukturelle Zusammensetzung in einem Gebiet. Jedoch, auch wenn die soziale Raumstruktur vor allem über eine entsprechende auf Wohnungsbau und Stadtplanung bezogene Politik[5] gesteuert wird, zeigt das Beispiel Hansaplatz, dass die Steuerbarkeit immer wieder auch an ihre Grenzen stößt.

Gestaltung – *Platz ohne Bänke*

Eine der wichtigsten Dimensionen in Hinblick auf die Konstitution des Hansaplatzes, so wird in den Aussagen der Interviewpartner/innen deutlich, liegt in der Gestaltung und den mit dieser verbundenen Nutzungsmöglichkeiten. Mit Löw kann man diese als Spacing und Syntheseleistungen beschreiben. Ich habe jedoch vor dem Hintergrund des Materials ein etwas konkreteres Raster für die Analyse gebildet, mit dem sich die städtische Architektur und die räumliche Gestaltung unter drei Gesichtspunkten bewerten lässt: So gibt es eine *ästhetische* Zielbestimmung, eine *funktionale* und eine *soziale*. In der genaueren Betrachtung der einzelnen Gestaltungselemente rund um den Hansaplatz zeigt sich, dass diese Zielbestimmungen sich häufig überschneiden und mitunter auch gegenteilige Effekte hervorrufen. Der Zusammenhang zwischen Gestaltung und Nutzung soll zunächst an zwei konkreten Themen – der Einrichtung eines Pissoirs auf dem Platz und dem Thema Verkehrsberuhigung/Freierkreisel – und dann allgemeiner in Bezug auf die Ausgestaltung des Platzes in der Vergangenheit und seine Neugestaltung in der Zukunft herausgearbeitet werden.

Das Pissoir

Seit Dezember 2003 gibt es ein »umstrittenes Pinkelatorium« [2/3/16] auf dem Hansaplatz. Dieses ähnelt einer kleinen überdachten Bushaltestelle. Es besteht aus einer etwa 2x2.50 Meter großen dunklen Wand, an der sich die

5 Hiermit sind nicht nur Entscheidungen und Programme des Senats gemeint, sondern die allgemeine machtpolitische Gemengelage aus Senatspolitik, Interessen von Gewerbetreibenden und Investor/inn/en und der allgemeinen Situation auf dem Wohnungsmarkt.

Zielrinne befindet, in die uriniert wird. Etwa einen Meter von dieser entfernt befindet sich eine Milchglaswand, die die Silhouetten der pinkelnden Männer unscharf macht, ihre Gestalt und jede Bewegung jedoch eindeutig erkennen lässt. Insofern findet hier im wahrsten Sinne des Wortes ein (halb-)öffentliches Urinieren statt. Das Pissoir selbst wird häufig und von Männern unterschiedlichster sozialer Herkunft frequentiert.

Die Interviewpartner/innen erwähnen, dass ein großer Nachteil dieser Einrichtung in ihrer ›Durchsichtigkeit‹ besteht; insbesondere für Frauen sei der permanente Anblick urinierender Männer unangenehm. Ziel war es, aus planerischer Sicht jedoch zu verhindern, dass ein nicht einsehbarer Raum geschaffen wird, an dem kriminelle Handlungen stattfinden könnten. Die jetzige Lösung ist in funktionaler Hinsicht optimal: geruchsneutral und einsehbar. Sie ist aber sowohl in ästhetischer wie auch in sozialer Hinsicht unzureichend. Ganz offensichtlich drückt sich in dieser Gestaltung ein *Kompromiss* zwischen unterschiedlichen Nutzungsbestimmungen aus. Das formuliert auch ein Interviewpartner so:

»Nur trotzdem wird das immer 'n Kompromiss bleiben zwischen Einsicht und Geschütztsein. Weil wenn wir hier ein Urinal schaffen, das wirklich rundrum zu ist und geschützt ist, dann haben wir nämlich Folgendes, dass man sich nämlich wieder so wohl fühlt, dass man wieder dealt.« [5/11/3]

Der Verkehr

Das Urinal ist unter anderem auf Drängen der Anwohner/innenschaft bzw., nach Angaben einiger Interviewpartner/innen, des Bürgervereins oder des damaligen Justizsenators eingerichtet worden. Eine weitere Maßnahme, die vor allem die Anwohner/innen, entsprechende Initiativen und der Bürgerverein in den letzten Jahren durchgesetzt haben, ist die Verkehrsberuhigung des Hansaplatzes und d.h. vor allem eine verkehrstechnische Unterbrechung des sogenannten Freierkreisels. Die Anwohner/innen fühlten sich durch den Autoverkehr, den die um den Hansaplatz fahrenden Freier produzierten, belästigt und initiierten diverse Aktionen, bis schließlich eine durch Einbahnstraßen und Poller eingeschränkte und somit teilverkehrsberuhigte Situation am Hansaplatz erreicht wurde. Anders als im Umgang mit der Drogenproblematik entstand an dieser Thematik ein größeres Bündnis. Diese Initiative schien die größte gemeinsame Plattform für ein gemeinsames Agieren unterschiedlicher Gruppen zu bieten. Die Forderungen, den Autoverkehr einzuschränken und die Prostitution einzudämmen, waren somit geeignete Themen, eine größtmögliche Schnittmenge der unterschiedlichen Interessen, Bedürfnisse und politischen Ziele zu erreichen. Ein Interviewpartner merkt dazu an: »Also die eher auf Verkehrsberuhigung, Autos raus, Individualverkehr raus setzen, da treffen die sich mit den Ordnungsliebhabern.« [3/16/12]

Letztlich ist jedoch durch die entsprechenden verkehrstechnischen Veränderungen das Problem nicht gelöst, sondern nur verschoben worden: »Also wenn hier der sogenannte Freierkreisel geschlossen wird an dieser Stelle, hat das immer zur Folge gehabt, dass eine Straße weiter der Freierkreisel wieder neu aufmachte. Und das ist für mich 'ne sehr kurzsichtige Politik.« [3/1/37]

Denn solange es im Stadtteil Prostitution gibt, solange wird es auch Freier geben, die mit ihren Autos durch die Wohnstraßen fahren. Aus der Perspektive der Prostituierten wäre es sicher eher problematisch, so eine Interviewpartnerin, wenn der Freierverkehr in gänzlich abseits gelegene Ecken der Stadt verlagert würde, da sie dort weniger Schutz hätten. Die Abschaffung des Freierkreisels ist in funktionaler, räumlicher und ästhetischer Hinsicht nur eine sehr begrenzt erfolgreiche gestalterische Veränderung, vor allem aber ist sie symptomatisch für eine *räumliche Verlagerung* von sozialen Problemen.

Der Platz

»Da wurden die Bänke dann weggemacht, damit das so'n bisschen cleaner wird. Hat sich auch ausgewirkt.« [2/1/42]

»[E]s ist nicht unbedingt sinnvoll, eine Bank hinzustellen und zu glauben, dass dann schon Kommunikation und Austausch zustande kommen.« [3/1/20]

»Das ist das Problem, wir haben ja nun die Bänke weggenommen. Denn das Problem war ja, wir wollten die Randständigen nicht haben. Wenn Sie die Bänke haben, haben Sie die Randständigen wieder.« [5/9/15]

»Und ich muss ganz ehrlich sagen, dass ich finde, dass ein Platz ohne Bänke irgendwo sinnlos ist.« [6/5/14]

»Wenn du behindert bist, du hast keine Sitzmöglichkeiten, nicht mal am Hauptbahnhof und so weiter.« [7/1/25]

Wie an diesen Aussagen dazu, ob der Platz mit Bänken ausgestattet werden soll oder nicht, deutlich wird, führt das Verhältnis von Gestaltung und (erwünschter bzw. zu unterbindender) Nutzung mitunter zu paradoxen Situationen. Es zeigt sich darüber hinaus, dass in die gestalterisch vorgegebenen Nutzungspotenziale soziale Kriterien eingeschrieben sind, die vor allem über *Zugang* und *Aneignung* von Raum reguliert werden.

Ende der 1970er Jahre wurde der als Parkplatz genutzte Platz so umgestaltet, dass er stärker den Bewohner/inne/n des Viertels zur Verfügung stehen sollte: Der Verkehr wurde durch ein kleines Mäuerchen vom Platz getrennt, denn man

»wollte den Platz für Kinder zum Spielen haben und für Erwachsene zum Verweilen, und wollte, da der Verkehr ja nicht weg war, der war ja an drei Seiten immer noch vorhanden, den abschirmen. Vor den Mauern waren ja auch Beete, mit Büschen und Pflanzungen und Sträuchern, so dass man innen so'n intimeren Bereich hatte, um den Brunnen rum, das war die Idee davon.« [2/4/15]

Hier sollte also architektonisch und gestalterisch ein öffentlicher geschützter Aufenthaltsraum geschaffen werden. In den Augen einiger Interviewpartner/innen hat aber gerade diese Ausgestaltung den Platz für die Drogenszene attraktiv gemacht, weil diese im Schutz der Bäume und Büsche, die sie für Drogendepots verwendete, ihren (illegalisierten) Tätigkeiten nachgehen konnte: »Dieses Innere ist ja dann eigentlich von den Drogendealern und den Usern und den Säufern sozusagen als ihr Bereich okkupiert worden, und es hat genau das Gegenteil bewirkt von dem, was er [der Architekt, I.S.] wollte« [2/4/39].

Nachdem also der Platz Ende der 1980er Jahre von den ›Szenen‹ in Beschlag genommen worden sei, versuchte man abermals (neben verstärktem Einsatz von Polizei) mittels räumlicher Gestaltung die soziale Nutzung zu beeinflussen: Zum einen berichten die Interviewpartner/innen, dass die Anwohner/innen Zäune und Gitter errichtet hätten, damit Drogenkonsument/inn/en ihrem Konsum nicht mehr in den Hauseingängen nachgingen: »Und die Fixerräume waren viel zu klein und haben das nicht auffangen können. Deswegen sind diese Hauseingänge alle vergittert.« [2/9/2]

Zum anderen seien schließlich, wie schon erwähnt, die Bänke und Büsche entfernt worden. Und zum dritten sei mit einem Wettbewerb die Umgestaltung des gesamten Platzes selbst auf den Weg gebracht worden. Prämiert wurde ein Beitrag, der nun das Gegenteil der ursprünglichen Gestaltung vorsah: der Platz sollte offener werden, bis an die Häuser heranreichen und nur durch wenige kleine Bäume begrünt werden. Während dieser Plan noch seiner Umsetzung harrt, sind in den letzten Jahren erste Schritte in diese Richtung unternommen worden: der Platz ist »entrümpelt«, das Pissoir aufgestellt, ein erstes Café bietet seit 2003 am Platz die Möglichkeit zum Aufenthalt und der Platz wird neuerdings nachts beleuchtet.

Einig waren sich alle Interviewpartner/innen darin, dass die bisherige Gestaltung des Platzes unzureichend sei, dass sie die Nutzung nicht begünstige. Während einige mit Nutzungsvorschlägen wie Wochenmärkten, Festen und Spielangeboten für Kinder eher den sozialen Aspekt der Nutzung in den Vordergrund stellen, betrachten andere eine ästhetische und funktionale Neugestaltung als richtungsweisend für den Platz: Wenn der Platz »geöffnet« werde, komme er in seiner Symmetrie besser zur Geltung, er sei dann aber auch einsehbarer und besser kontrollierbar. Das Verweilen auf dem Platz könne dann über gastronomische Angebote ermöglicht werden. Denn, wie bereits erwähnt, auch wenn es zum Verweilen entsprechender Möbel bedarf, sind Bänke offenbar aus Sicht der Anwohner/innen keine angemessene Lösung für den Hansaplatz:

»Man wird vermutlich sehr vorsichtig sein mit Bänken, weil das immer sehr schnell mit Pennern dann belegt ist, müssen natürlich auch irgendwo sein, aber die besetzen ja sehr gerne sehr schöne Plätze, also für mich ist immer bezeichnend, dass 'n Platz gut ist, wenn da viele Penner sind.« [2/10/11]

Dieses Zitat bringt die Widersprüchlichkeit zum Ausdruck, die dem Zusammenhang von Gestaltung, Nutzung und sozialem Ein- bzw. Ausschluss zugrunde liegt: Die Existenz von ›Pennern‹ auf öffentlichen Plätzen verweise einerseits auf die Qualität dieser Plätze, sie würden dann andererseits aber auch zum Problem dieser Plätze bzw. minderten deren Aufenthaltsqualität, zumindest aus der Sicht der Bürger/innen. Die Nutzung von Raum kann über gestalterische Elemente manipuliert werden, diese können aber auch, so zeigt das Beispiel Hansaplatz, der Intention entgegengesetzte Effekte haben. Die Aneignung des jeweiligen Raums wird über Angebote und über Zugänge reguliert. Dass dabei soziale, ästhetische und funktionale Zielbestimmungen häufig nicht zur Deckung kommen, zeigte sich an den erwähnten Beispielen: Entweder Gestaltung und (soziale) Nutzung finden die Form eines Kompromisses oder soziale Probleme werden räumlich verlagert oder aber das Verhältnis bleibt widersprüchlich, wie das Beispiel der Bänke vorführt.

Soziale Akteure und Gruppen – *ungewohnte Mischung*

Als letzte, sicher jedoch entscheidende der den Platz konstituierenden Dimensionen werden im Folgenden die diversen Gruppen bzw. sozialen Akteure betrachtet, die den Hansaplatz auf unterschiedliche Arten nutzen, sich aneignen oder von seiner Nutzung ausgeschlossen bleiben. Bei der Bearbeitung des Interviewmaterials ist deutlich geworden, dass die Menschen am und um den Hansaplatz von den Interviewpartner/inne/n einerseits unter bestimmte Gruppen subsumiert, andererseits auch in ein dichotomes Raster eingeordnet werden: den *Bürgern* bzw. die *Normalbevölkerung* auf der einen und die *Randständigen-Szene* auf der anderen Seite. Diese Teilung ist auch konstitutiv für die Wahrnehmung des zentralen Problems am Hansaplatz in den Augen der ›Bürger‹, das darin bestehe, »dass eine sehr sehr strenge Soziallastigkeit da ist. Also dass dieser Platz in der Hauptsache von randständigen Personen benutzt wird« [6/8/31].

Letztlich zeigt sich aber in allen Interviews, dass die Kategorien ›Bürger‹ und ›Szene‹ eine homogenisierende und dichotome Perspektive auf eine insgesamt sehr heterogene Menge, eine »ungewohnte Mischung« aufmachen: Der Hansaplatz sei ein Ort,

»an dem sich vielerlei Probleme, Interessengruppen, Bedürfnisse abgearbeitet haben, sag ich mal, Bewohner/Bewohnerinnen, die es hier noch gibt, Gewerbetreibende überwiegend dubioses Gewerbe, Hauptbahnhofeinfluss oder Gruppen hier aus dem Umfeld des Bahnhofs, Obdachlose, Junks, Alkis, Berber, die sich hier in einer ungewohnten Mischung zusammengefunden haben« [3/1/6].

Im Folgenden sollen die beiden Gruppen genauer beschrieben werden, die unter die homogenisierenden Folien ›Bürger‹ auf der einen, ›Szene‹ auf der anderen Seite fallen.

Bürger

Zum bürgerlichen Spektrum gehören die *Anwohner/innen*, und vor allem die Gruppe der *Kinder*, die in vielen Interviews auftaucht und deren Fehlen ein Indikator für eine einseitige Entwicklung des Stadtteils sei. So stellt eine Interviewpartnerin fest: »Und das kann einem Stadtteil nicht gut tun, wenn die Kinder wegziehen« [1/3/11].

Zum bürgerlichen Spektrum gehört die Gruppe der *Touristen*, die bisher den Hansaplatz in den Augen einiger noch zu wenig für sich nutze. Außerdem ist die *Schwulen-Szene* Teil dieses Spektrums, die, so ein Interviewpartner, maßgeblich dazu beigetragen habe, die Drogenszene weiter zurückzudrängen. Auch wenn diese in den Interviewaussagen wie selbstverständlich eher zum bürgerlichen Lager gerechnet wird, kommt insbesondere in der Bezeichnung Schwulen-*Szene*, aber auch in anderen Äußerungen zum Ausdruck, dass diese je nach Blickwinkel auch Teil des nichtbürgerlichen Spektrums ist. Eine Gruppe, die gewissermaßen zwischen ›Normalbevölkerung‹ und ›Randständigen-Szene‹ steht – und die im übrigen selbst wie keine zweite Gruppe diese dichotome Kategorisierung benutzt, offenbar ist ein bestimmter Sprachgebrauch amtlich vorgeschrieben –, ist die *Polizei*, die aufgrund ihrer Dauerpräsenz, der regelmäßigen Bestreifung des Platzes, auch zum festen Personal des Hansaplatzes gehört. Allerdings zeigt sich im Gespräch mit den bürgernahen Beamten, dass auch die Polizei differenzierter wahrgenommen wird. Zum einen gibt es die Bereitschaftspolizei, die vor allem zu zweit den Platz bestreift, darüber hinaus gibt es noch die »Dienstgruppe Präsenz«: die »machen anlassbezogen bzw. kümmern sich hier vermehrt um, was weiß ich, Randständige und und und« [5/17/12].

Und nicht zuletzt gibt es die bürgernahen Beamten, die immer allein unterwegs sind. Während die Bereitschaftspolizei als repressives Kontrollorgan angesehen wird (sowohl vom falsch parkenden ›Bürger‹ wie vom ›Randständigen‹), sind die bürgernahen Beamten Ansprechpartner für alle, so jedenfalls ihr Selbstverständnis: »Wir sind die Guten, aber die jetzt mit ’nem Streifenwagen kommen, das sind nicht die Guten, das sind nicht die Freunde und Helfer. Wir sind Freund und Helfer« [5/16/50].

Szene

Im näheren oder weiteren Sinne zur Gruppe der ›Randständigen‹ werden die ›Szenen‹ gezählt: die *Drogen-Szene*, die *Alkohol-Szene*, die *Obdachlosen-Szene*, die *Prostituierten* und *ausländische Gruppen*. Die *Drogen-Szene* wird differenziert in *Dealer* und *Konsument/inn/en* dargestellt. Ihre Präsenz auf dem Platz ist, so wird in den Interviewaussagen deutlich, stark vom jeweiligen drogenpolitischen Kurs der Stadt beeinflusst. Wie auch in der Diskursanalyse der *Drucksachen* bereits deutlich geworden ist, handelt es sich dabei um einen eher sozialarbeiterischen versus einen repressiven Umgang. Die Drogen-Szene hängt aber auch sehr stark ab von der jeweiligen Droge, die unterschiedliche Konsummuster nach sich zieht:

»Die Szene ist harter geworden, also wenn ich das jetzt mal mit der Situation Ende der 80er Jahre vergleiche, wobei Anfang der 90er Jahre auch noch diese hängenden Typen hier auch sehr stark das Bild prägten, also die einerseits bestimmte illegale Drogen eingeschmissen hatten, aber auch irgendwelche Beruhigungsmittel oder Schlafmittel, Rohypnol unter anderen, die dann zu so 'ner komischen/ Die fielen nicht um, aber sie standen im Halbschlaf sozusagen. Das gibt es überhaupt nicht mehr seit Jahren, wir haben es heute gerade in der Junk-Szene eher mit einem aggressiveren Grundtypus, sach ich mal, zu tun, das hat mit der Droge Crack zu tun, die einfach lauter macht.« [3/7/19]

Während die Drogen-Szene eher nachts das Bild des Platzes und vor allem die Lautstärke auf diesem bestimme, sei es tagsüber eher die *Alkohol-Szene*, die sich aber, so zeigen die Interviews, auch aus unterschiedlichen Leuten zusammensetzt, einige wohnen im Stadtteil, andere sind obdachlos und wieder andere kommen aus anderen Stadtteilen und fahren abends nach Hause:

»Und das sind nicht nur, muss man dazu sagen, Alkoholiker, die hier aus St. Georg sind. Die kommen aus ganz Hamburg. Die kommen, ja, die kommen mit der Bahn oder mit dem Fahrrad teilweise hier an, gehen rüber zum Minimal, Penny oder kommen mit dem Aldi bereits in ihrer Plastiktüte an und haben ihre Bierdosen, sitzen dann hier. Und wenn sie fertig sind mit trinken, dann fahren sie wieder nach Hause.« [5/2/24]

Außerdem ist diese Szene offenbar nach Nationalitäten getrennt, es gebe »'ne Polen-Ecke, 'ne Russen-Ecke«. Das Problem der Alkohol-Szene sei vor allem der Lärm, den sie mache, und der Müll, den sie liegen lasse. Die Gründe, weshalb sie sich am Hansaplatz treffe, seien vielschichtig: Zum einen sei sie »so'n bisschen hierhergeschwappt, als die Drogenszene abgewandert ist« [5/3/8]. Zum anderen habe es aber bedingt durch das Hotel- und Pensionsgewerbe schon immer eine derartige Szene gegeben, da die in den Hotels untergebrachten Leute auf sehr kleinem Raum wohnten und sich deshalb viel auf dem Platz aufgehalten hätten. Außerdem habe die Vertreibung der Alkohol-Szene vom Hauptbahnhof zu einer entsprechenden Verlagerung an den Hansaplatz geführt. Alkohol- und Drogenszene würden sich stark voneinander abgrenzen, Überschneidungen gebe es hier wenige. Die Alkohol-Szene sei weitaus stärker von Männern dominiert, wohingegen in der Drogen-Szene das

Geschlechterverhältnis quantitativ mehr oder weniger ausgeglichen sei. Die Gruppe der *Obdachlosen* taucht in den Interviews selten gesondert auf und zumeist in einem Atemzug mit der Alkohol-Szene bzw. allgemein mit denjenigen, die die Bänke ›belagerten‹. Dies wird in folgendem Zitat deutlich:

»Es war natürlich nicht ganz ungefährlich, da irgendwo zu sitzen, aber wenn Sie nochmal 'n freien Platz gefunden haben zu der Zeit, wenn 'ne Bank nicht durch irgendwelche nächtigenden Menschen irgendwo belegt war, oder Obdachlose und Randständige dann war es wirklich also recht beglückend da zu sein.« [6/5/18]

Auch die *Prostitution* nimmt eher einen Zwischenplatz in der dichotomen Wahrnehmung ein. Alle Interviewpartner/innen betonen, dass es schon seit über 100 Jahren ein etabliertes Prostitutionsgewerbe im Stadtteil gebe und das dieses dazugehöre. Ein Interviewpartner spricht gar von »bürgerlicher Prostitution«, die er von neuen härteren und brutaleren Formen, also Formen der Beschaffungsprostitution abgrenzt. Während die Prostitution an sich ein Gewerbe wie jedes andere sei, habe erst die Verknüpfung mit Drogenkriminalität eine Abhängigkeit und Verelendung der Prostituierten bewirkt. Nach Aussagen einer Interviewpartnerin werden die jungen drogenabhängigen Prostituierten im Kontext drogenbekämpfender Maßnahmen immer wieder Ziel polizeilicher Kontrollen. Neben der Drogenproblematik machen die beiden Polizeibeamten noch einen weiteren für die Prostitution relevanten Zusammenhang aus: die Migration/ethnische Differenz[6]:

»Das Problem Asylbewerber und das Öffnen nach Osten hat dazu geführt, dass die Drogen, die Prostituiertenszene ebenfalls, die Billigprostituiertenszene Rumänien, Bulgarien, Tschechien, Slowenien, das kommt alles hierher. Das hat dazu beigetragen, dass das hier vermehrt ist. Man wird aber auch davor gehen, man wird sich das nicht bieten und gefallen lassen, dass die Drogen/die Prostitution ziemlich Überhand nimmt.« [5/12/24]

Das Thema Migration umfasst die von den Interviewpartner/inne/n genannten *›ausländischen Gruppen‹*, die Teil des Hansaplatzes sind, wie beispielweise türkische Jungs, die auf den Bänken säßen: »Mal abgesehen von den Drogenhändlern oder so, gab's auch sicherlich so'n paar Gangs, eben die Türkenjungs, die da einfach waren« [8/5/30].

Erwähnt werden darüber hinaus osteuropäische Alkoholiker, italienische Familien, die die Hinterhöfe des Platzes bespielten, und ganz allgemein ›aus-

6 In den Interviews ist meist von Asylbewerbern oder Ausländern die Rede. Hier soll hingegen von Migration/ethnische Differenz gesprochen werden, weil diese Begrifflichkeit zum einen pejorative Konnotationen vermeiden soll und zum anderen das Phänomen als strukturelles genauer beschreibt.

ländische‹ Dealer. Insgesamt ist also diese Gruppe äußerst heterogen, d.h. letztlich wird die in den Interviews häufig auftauchende homogenisierende Beschreibung ›Ausländer‹ der Vielschichtigkeit der hierunter subsumierten Gruppen, um die es dann jeweils in diesem Zusammenhang in den Aussagen geht, nicht gerecht.

Strukturkategorien: Migration/ethnische Differenz

Als weiteres Ergebnis der Auswertung zeigte sich, dass nicht nur das bisher beschriebene dichotome Konstruktionsraster die Wahrnehmung der sozialen Akteure am Hansaplatz leitet, sondern darin eingebettet auch die gesellschaftlichen Strukturkategorien *Migration*, *Geschlecht* und *soziale Klasse*. Wie ein roter Faden durchziehen diese Kategorien die meisten Konstruktionen sozialer Gruppen, sie lagern sich in die Wahrnehmung, die Bewertung und auch in die eigene soziale Praxis ein und strukturieren diese. Sie sollen im Folgenden gesondert dargestellt werden.

Von ›Ausländern‹ ist, wie schon gezeigt, in allen Interviews die Rede, sei es in den Erzählungen der Polizei zur ›Randständigen‹-Szene am Platz, in der Kinder-Thematik, bei der dann doch von einigen italienischen Familien die Rede ist, deren Kinder jedoch nur im Hinterhof (und eben nicht auf dem Platz) spielten, sei es im Zusammenhang mit Drogen, Prostitution oder dem Hotelgewerbe, oder sei es in der Erzählung des alkoholkonsumierenden Mannes auf dem Platz:

»Weil in der Innenstadt treffen sich ja alle Länder, sagt man doch hier. Und jeder möchte hier in der Innenstadt leben. Das ist ja in Frankreich, überall so. Da sind die Zentren nur voll mit Ausländern. Ob man Marseille mal reinguckt oder sonst dergleichen, also da möcht ich auch nicht leben. Und das ist hier doch genauso, wenn Sie sich den Steindamm angucken, was da alles jetzt drin ist. Und jetzt besetzen die hier ja auch alles.« [7/4/1]

Abgesehen von der fehlenden Logik oder Konsistenz dieser Argumentation, fällt vor allem auf, dass ›die‹ Ausländer alles ›besetzten‹, als ginge es dabei um eine territoriale Besetzung, die abzuwehren sei.

Am häufigsten taucht das Stichwort Migration (Ausländer, Asylbewerber) im Zusammenhang mit den Themen Drogen, Prostitution, Pensionsgewerbe und Kriminalität auf. Dies soll an drei Beispielen verdeutlicht werden. So äußern sich die bürgernahen Beamten zum Thema Platzverweise und Straftaten in St. Georg folgendermaßen:

»Bedingt dadurch, wenn Sie 'n Drogenproblem haben, haben Sie immer zwei Straftaten, einer der verkauft und einer der kauft. Zwei Täter, zwei Straftaten. Beim Ausländer haben Sie gleich drei Straftaten, weil Ausländerdelikt auch noch dazu kommt. Das summiert sich natürlich.« [5/10/25]

In dieser Reihung wird suggeriert, dass die bloße Eigenschaft, Ausländer zu sein, bereits an sich ein Straftatbestand sei. Wachgerufen wird in dieser Verknappung vor allem die medial gängige Assoziation vom »kriminellen Ausländer«. Dieses Stereotyp wird auch in den Verknüpfungen von ›Ausländer‹ und Drogenszene bedient. Eine ähnliche Verknüpfung findet sich in folgender Argumentation: Zunächst wird die Prostitution erwähnt,

»Ja und dann war er lange Zeit sehr stark besetzt durch die Asylbewerber, die in den ganzen Pensionen da untergebracht waren und die ziemlich viel Alkohol konsumiert haben und da immer rumgehangen haben. Das wurde dann ja weniger, aber dann war er dann praktisch Drogenumschlagplatz.« [2/1/20]

Hier wird als Erklärung für die Problematik am Hansaplatz durch eine Aneinanderreihung folgende kausale Kette angeboten: Asylbewerber sind am Platz untergebracht, hängen rum und trinken viel Alkohol und bereiten damit das Terrain für den »Drogenumschlagplatz« vor.

Ein drittes Beispiel deutet die latent wahnhafte Struktur dieser potenziell rassistischen Argumentationsfiguren an. Der Interviewpartner beschreibt zunächst die soziale Zusammensetzung in seinem Hinterhof und erklärt dann ganz unvermittelt: »Also es ist überall Unfrieden. Sie sehen ja, wie das in Israel und im Nahen Osten dann irgendwo mit den Arabern da irgendwo ist, und es ist leider hier auch so, dass die Struktur also sehr sehr belastend irgendwo ist.« [6/6/14]

Der/die Ausländer/in wird in der Fremdzuschreibung zur Ursache von allem Problematischen, Konfliktiven. In der Wahrnehmung sozialer Gruppen wirkt als strukturierendes Moment vor allem die Trennung in Deutsche und Ausländer.

Geschlecht

Die Strukturkategorie Geschlecht taucht insgesamt impliziter in den Interviewaussagen auf als die Strukturkategorie Migration. Jedenfalls finden sich nur wenige Stellen, an denen die Geschlechterdifferenz und ihre gesellschaftliche Bedeutung und Funktion direkt angesprochen werden.

Das Geschlechterverhältnis taucht in den Interviews beispielsweise beim Thema Prostitution auf. Zwar gibt es auch männliche Prostituierte, diese werden aber in den Interviews kaum genannt. Dass sich in dem Verhältnis von Prostituierten und Freiern (nicht immer, aber im Kontext von Beschaffungsprostitution offensichtlich häufig) eine deutlich hierarchisch organisierte patriarchale Geschlechterdifferenz manifestiert, macht folgende Interviewaussage ersichtlich:

»Aber die Freier, die auf den Strich gehen, die suchen sich halt/ die haben noch mehr Machtgelüste als Freier, die sich 'ne Profiprostituierte sicherlich suchen. Und bevorzugen es, dadurch dass die Frauen durch den Drogenkonsum oft sehr sehr ausgemergelt sind, und körperlich sind sie auch in 'nem ganz schlechten Zustand, was man eben aber nicht sofort auf'n ersten Blick unbedingt sieht, dass sie sich immer ganz zarte Frauen aussuchen, junge zarte, also die auch dieses Mädchenhafte haben. Und da ist eben ganz viel diese Machtgeschichte.« [4/6/34]

Geschlecht taucht aber auch in den Interviewpassagen auf, in denen es darum geht, wer den Platz nutzt und wer nicht. Ein Interviewpartner stellt fest, es gebe »noch viele Ältere oder auch Frauen, die den Platz eher meiden, also drumherum gehen« [3/2/42].

Für viele Frauen, die dort nicht als Prostituierte arbeiten, sei der Hansaplatz also ein gefährlicher oder bedrohlicher Ort.

Männer hingegen bildeten vor allem die Gruppe derjenigen, die den Platz für sich nutzen, sei es durch Sitzen und Alkoholkonsumieren oder das Benutzen des Pissoirs. Das sei »jetzt nicht so ein gemütlicher Frauentreff«, wie eine Interviewpartnerin sich ausdrückt. Frauen und Männer haben offenbar auch unterschiedliche Arten, sich Orte anzueignen. Die Betreuerin der jungen Prostituierten schildert beispielsweise, dass ihre Klientel »verstreuter« sei, sich weniger in Gruppen und an fixen Orten aufhalten würde. Die jungen Frauen seien ständig in Bewegung, weil sie Geld verdienen müssten, wohingegen die Männer, wenn sie sich illegal Geld beschaffen wollten, dies mit Zuhälterei und Dealerei täten oder durch Einbrüche, die sie dann eher nachts als tagsüber erledigen würden.

Zusammenfassend lässt sich sagen, dass Geschlecht auf drei Weisen in den Interviews thematisiert wird: zum einen in der Thematisierung unterschiedlich codierter Räume (impliziter Männerräume bzw. insgesamt weniger, dafür expliziter Frauenräume wie den entsprechenden sozialarbeiterischen Einrichtungen), zum anderen in geschlechtsspezifischen Aneignungsweisen von Raum, und drittens fungiert die Kategorie sowohl als ein- wie auch als ausschließendes Kriterium in der Konstruktion von Gruppen und den Aneignungsmöglichkeiten von sowie dem Zugang zu Raum.

Soziale Klasse

Am indirektesten kommt die Strukturkategorie soziale Klasse in den Aussagen zum Hansaplatz zum Ausdruck. Sie ›verbirgt‹ sich letztlich hinter der dichotomen Aufteilung in ›Bürger‹ und ›Randständigen-Szene‹. Wie in Kapitel 1 herausgearbeitet, wird die ›Randgruppe‹ einerseits sozialstrukturell und negativ in Bezug auf Erwerbsarbeit und andererseits in Bezug auf gesellschaftliche Normen und Konventionen definiert. Was nur in der Wortwahl ersichtlich wird, wie beispielsweise in dem häufig gebrauchten ›rumhängen‹, ist eine gewisse Verachtung gegenüber denjenigen, die keiner oder einer schlecht bezahlten Arbeit nachgehen. Während ›der Bürger‹ die besitzende Klasse repräsentiert, repräsentiert der ›Randständige‹ die besitzlose.

In der Wahrnehmung und Konstruktion der Gruppen entfalten sich also bestimmte Schemata, die gesellschaftlich vorgeformt sind (Ausländer, Geschlecht, ›Bürger‹ – ›Randgruppe‹), gleichwohl ist hier die Wahrnehmung gekoppelt an die Sichtbarkeit von Gruppen im Raum, an einem konkreten Ort. Dieser Zusammenhang von Schemata, Wahrnehmung und Sichtbarkeit gilt auch für das bedeutsamste Raster zur Bildung und Konstruktion von Gruppen: der Aufteilung in »(Normal)Bürger« und »Randständige«. Die Beschreibung von zwei dichotomen Lagern ist bereits ein wichtiges Element in der Konstituierung dieser Lager, d.h. diese werden auch diskursiv in den Selbst- und vor allem Fremdzuschreibungen unter Indienstnahme gängiger Klischees und stereotyper Wahrnehmungsfolien hergestellt. Dieses dichotome Raster ist sowohl Ausgangspunkt der Beschreibung wie ein Effekt der Darstellung. Ein Interviewpartner reflektiert den Zusammenhang von Wissen und Wahrnehmung in der folgenden Aussage:

> »Wenn Flohmarkt war, dann wunderte man sich tatsächlich, dass es hier so irrsinnig viele normale Menschen gibt, weil sonst ist das, oder nee vielleicht ist auch einfach die Wahrnehmung sehr stark geprägt worden von den Randgestalten eher so. Da hatte man wirklich den Eindruck, die dominieren den Platz.« [8/7/16]

Hinter der Trennung verbirgt sich die Aufteilung in ›normale‹ und ›unnormale‹, weil potenziell kriminelle Menschen, bzw. zwischen normaler Welt und Halbwelt. Entscheidend ist jeweils, wer festlegt, was ›normal‹ ist und was ›unnormal‹ bzw. welche gesellschaftliche Gruppe das Zentrum und welche den Rand besetzt.[7]

In die Konstruktion von Gruppen gehen nicht nur Werte und Normen ein, sondern diese formen die Wahrnehmung des Sichtbaren, das vor allem verkörpert wird. D.h. soziale Gruppen werden auch darüber hergestellt, wie sich welche Körper im Raum bewegen und ob diese sanktionierten Tätigkeiten nachgehen oder nicht, ob beispielsweise ihre Aneignung von Raum als »Besetzung« wahrgenommen wird. Nachdem in diesem Abschnitt vor allem die

7 Es sei an dieser Stelle angemerkt, dass die Klassenstruktur einer Gesellschaft selbstverständlich nicht zureichend mit der zuschreibenden Aufteilung in ›normale‹ und ›anormale‹ Gruppen beschrieben ist, auch wenn diese Spaltung mit sozialstrukturellen Differenzierungen verknüpft ist, wie in Kapitel 1 dieser Arbeit herausgearbeitet wurde.

verschiedenen Ebenen der Raumkonstitution im Fokus standen, soll es im Weiteren darum gehen, die Ebenen der auf diesen Raum bezogenen Körperpraxis zu analysieren.

9.2.2 Die Körper-Perspektive

In der nun folgenden Analyse der Interviewpassagen zur Bedeutung von Körperlichkeit in Bezug auf den Hansaplatz richtet sich das Augenmerk einerseits darauf, wie körperliche Merkmale und körperliche Praktiken soziale Gruppen konstituieren, andererseits darauf, wie dieses Verhältnis gesellschaftliche Ausgrenzungsprozesse bestimmt.

Zwei mit der Körper-Thematik verbundene Probleme seien hier kurz genannt: Zum einen setzt eine Abfrage körperlicher Phänomene immer schon eine kognitive Verarbeitung der zunächst unmittelbar körperlich erlebten Ereignisse voraus, d.h. das körperliche Erleben und Wahrnehmen ist bereits kognitiv gefiltert. In der Auswertung des Interviewmaterials zeigt sich jedoch, dass sich das Körperliche auf unterschiedlichen Ebenen ›versteckt‹ hat, die ich im Folgenden nacheinander unter den Überschriften *Körperzeichen*, *Körperwahrnehmung* und *Körperpraktiken* analysieren werde. Zum anderen ist mein Sample so zusammengesetzt, dass sich die meisten Befragten eher der bürgerlichen Sphäre zuordnen würden und nicht den ›Szenen‹, wenn man dieses im vorangegangenen Abschnitt analysierte dichotome Raster an dieser Stelle bemühen möchte. Das bedeutet aber auch, dass die Aussagen zu Körperlichkeit auf dem Platz in erster Linie Beschreibungen der ›anderen‹, vor allem der ›Szenen‹, und weniger Selbstbeschreibungen der eigenen Bewegungen im Raum sind und somit eine gewisse Schieflage haben. Diese wird teilweise darüber wieder ausgeglichen, dass beispielsweise durch den Bezug auf körperliche Ebenen wie Wahrnehmung und Gefühl Selbstthematisierungen greifbar werden können, aber im wesentlichen auch darüber, dass der zentrale Fokus in der Analyse von Körpern auf dem Hansaplatz der gruppenkonstituierenden *und* machtvollen/exkludierenden Wirkung gilt.

Körperzeichen – *hängende Typen*

Äußerlich auffallende Körper auf dem Hansaplatz sind Körper, die bestimmte Zeichen tragen. Als Körperzeichen beschreiben viele Befragte die Drogenkonsument/inn/en, die »hängenden Typen«. Die Leute aus der Drogenszene hätten auf jeden Fall auffällige körperliche Merkmale, wenn »die« sich einen Schuss gesetzt hätten, »dann standen die gerne mal so vorn über gebeugt und schwankten so rum« [8/5/45].

Andere betonen vor allem die körperliche Versehrtheit der Konsument/inn/en, die Wunden am Körper, das elende Aussehen. So seien die Körper der drogenabhängigen Frauen ausgemergelt und ausgezehrt, von Krankheiten befallen und durch den Drogenkonsum besonders verletzungsanfällig. Wieder andere beschreiben, die den Platz früher noch stärker besetzenden Gruppen hätten dort »vollgesabbert, vollgepisst, vollgeschissen« [5/9/9] gelegen.

Die erwähnten Körperzeichen sind mitunter deshalb so auffällig, weil mit ihnen negative Assoziationen verbunden sind: Instabilität, Krankheit, Verfall und Kontrollverlust. Sie konstituieren in den Augen der Beschreibenden ›negative‹ Gruppen, diese fallen ins Auge, weil sie buchstäblich ›aus dem Rahmen‹ zu fallen scheinen. Neben der körperlichen Versehrtheit bzw. den atypischen, weil unkontrolliert hektischen Körperbewegungen, die die Drogenkonsument/inn/en kennzeichnen, ist ein weiteres, eine bestimmte Gruppe konstituierendes äußeres, körperliches Merkmal, jedenfalls für die 1990er Jahre, die Hautfarbe. Schwarze sind in den Augen vieler Interviewpartner/innen automatisch Dealer und werden grundsätzlich von der Polizei kontrolliert. So berichtet ein Interviewpartner von den

> »Schwarzafrikanern, die grundsätzlich als Dealer angesehen wurden. Und ich hab da auch 'ne Weile lang mit 'nem Schwarzafrikaner gewohnt, der auch irgendwie ganz oft kontrolliert worden ist. Und man kann schon sagen irgendwie, ich würde mal tippen, dass 90 Prozent aller Schwarzafrikaner, die auf diesem Platz unterwegs waren, tatsächlich Drogendealer waren. So gesehen, wundert es nicht, dass J., so hieß der, auch kontrolliert worden ist. Also ich hatte ja tatsächlich 'n ganz guten Einblick so. Und wenn du rumstehst und schwarz bist, ich meine, was haben die Leute da getan? Drogen verkauft.« [8/3/44]

Hier wird die Hautfarbe Schwarz zum Körperzeichen, das direkt auf die Tätigkeit des Drogenhandels verweist. Wie dieses Beispiel deutlich macht, sind Körper nicht einfach auffällig, *weil* sie bestimmte Merkmale aufweisen, sondern umgekehrt: die Wahrnehmung von Körpermerkmalen verweist auf ein dieser ›vorgelagertes‹ Schema. Sie werden in der Beobachtung zu ›Eigenschaften‹ des Körpers und mit sozialen Eigenschaften verknüpft. Körperzeichen transportieren also in doppelter Weise soziale Bedeutungen.

Körperwahrnehmung – *latent aggressive Stimmung*

Die Kategorie der körperlichen Wahrnehmung schließt alle Aussagen ein, in denen Gefühle, Stimmungen, kurz: die auf die vier Sinne Hören, Riechen, Schmecken, Fühlen bezogenen Wahrnehmungen thematisiert werden, wohingegen der Sehsinn zentral für den vorangegangenen Abschnitt *Körperzeichen* war. In diesen Aussagen sprechen die Interviewpartner/innen von sich und ihrer Wahrnehmung des Hansaplatzes und der dort anwesenden Gruppen. Den meisten Interviewpartner/inne/n sind der Dreck und die Lautstärke, bisweilen auch die Aggression und latente Gewalttätigkeit als körperliche Ausdrucks- bzw. Verhaltensweisen der auf dem Platz anwesenden Gruppen unangenehm, sie fühlen sich davon beeinträchtigt. Die »Zimmerlautstärke«, in der sich einige Personen gelegentlich auf dem Platz unterhielten, wird als unpassend empfunden. Offenbar werden bestimmte erwartete Verhaltensstandards dadurch unterlaufen. Brüllen und Schreien an sich sind nicht notwendigerweise inadäquat, sondern nur in bestimmten Räumen unangemessen. So ist Schreien auf dem Fischmarkt oder im Fußballstadion ein durchaus ›angemessenes‹ Verhalten, dort würde mitunter Flüstern oder Schweigen als inadäquat empfunden werden.

Die Wahrnehmungen werden in den Aussagen häufig mit Emotionen in Verbindung gebracht. So artikulieren manche Interviewpartner/innen in Bezug auf den Hansaplatz ein Wohl- oder Unwohlsein oder ein Gefühl der Bedrohung, d.h. der Angst vor Diebstahl oder Angriffen auf die eigene körperliche Integrität. Dieses Gefühl lässt sich offenbar kaum objektivieren, es wird vielmehr ausgelöst durch eine empfundene Atmosphäre oder Stimmung, die der Platz schaffe. Die von einigen Interviewpartner/inne/n erwähnte Angst, über den Platz zu gehen, macht sich beispielsweise sehr wenig an konkreten Erfahrungen oder Beobachtungen fest, sondern gründet vor allem in einem Gespür oder dem Wahrnehmen einer (aggressiven) Stimmung auf dem Platz. Wie in Kapitel 2 ausgeführt, wies Löw darauf hin, dass Atmosphären für die Konstitution von Raum bedeutsam sind. Sie definierte Atmosphäre als in der Wahrnehmung realisierte Außenwirkung bestimmter Dinge. Die Wahrnehmung selbst ist wiederum habituell und somit auch geschlechts- und klassenspezifisch geprägt. In der Wahrnehmung des Hansaplatzes als angstbesetztem Raum werden die dort sitzenden Männer und Gegenstände (Bäume, Mäuerchen) als bedrohlich erlebt. Die Wahrnehmung selbst ist vorstrukturiert von Normen und Konventionen, von eigenen Erfahrungen, Bildern und Diskursen. Die Atmosphäre oder Stimmung realisiert sich primär als Gefühl, dessen Genese sich in dem Moment nicht entschlüsseln lässt. Ein Interviewpartner reflektiert den Zusammenhang zwischen dem ›unmittelbaren‹ Erleben einer Atmosphäre und der habituellen Vorstrukturierung dieser Wahrnehmung in den folgenden Gedanken:

»[E]s ist phasenweise, kann ich gar nicht so genau sagen, wenn ich hier mit mehreren bin, wir sitzen und warten auf irgendetwas, oder es ist ein lauer Abend, manchmal eine spürbare Lautstärke oder Aggressivität auf diesem Platz. Das spür ich hier mehr als, glaub ich, an jedem anderen Platz im Stadtteil. Selbst am Hachmannplatz, da ist viel Bewegung, zehntausende, dreihunderttausende, die da jeden Tag rumhühnern. Aber hier ist manchmal etwas in der Luft. Ich kann es dir nur so umreißen. Ich spüre das und dann hör ich plötzlich jemanden rumschreien, und frag mich, ist das die Ursache jetzt für diese Stimmung oder ist das der Ausdruck dafür, dass es einfach in der Luft liegt. Ich kann's gar nicht so genau sagen. Also es ist hier eine latent angestrengte Stimmung bisweilen. Und das muss irgendetwas mit den Menschen zu tun haben, mit dem und was man dem Platz andichtet, was selbst meine eigenen Bilder sind, die das projizieren hier. Aber davon hat der schon einiges.« [3/14/24]

Es liegt etwas »in der Luft«, von dem der Interviewpartner meint, dass es mit den Menschen und mit vorgefertigten Bildern zum Platz zu tun hat, die wachgerufen und auf die Situation am Platz projiziert werden. Damit macht er deutlich, dass die Wahrnehmung einer konkreten Situation eben nicht nur mit der Situation selbst zu tun hat, sondern auch viel mit der der Begegnung vorausgehenden Prägung dieser Wahrnehmung. Er ›spürt‹ gewissermaßen eine körperliche Reaktion auf etwas zunächst nicht Greifbares, das aber mit bisherigen Erfahrungen oder auch bestimmten Bildern und Mustern im Kopf korrespondiert, d.h. der Körper transportiert ein Erfahrungsrepertoire, das von bestimmten räumlichen Situationen ausgelöst/aktualisiert werden kann. Auch hier wird wieder deutlich, wie das ›Innerste‹, der Kognition oder Ratio scheinbar Entfernte, durchaus von gesellschaftlichen Strukturen, die sich in die Körper einlagern, als Habitus und damit Denk-, Gefühls-, Bewertungs- und Wahrnehmungsschemata, durchdrungen ist.

Körperpraxis – *Rumhängen*

Konkreter als die Ebene der Wahrnehmung und des Gefühls ist die der körperlichen Praktiken, der bewegten Körper, die die Interviewpartner/innen mit dem Hansaplatz assoziieren. Eine Interviewpartnerin fasst die beobachteten Körperpraktiken in Gruppen zusammen. Es gebe dort

»die Leute, die ziemlich schnell hier rüberrennen, so, die nicht groß nach links und rechts gucken, […]. Und dann, so was Körperhaltung angeht, seh ich eben die Leute, die hier zu uns reinkommen, sich hier hinsetzen und ganz, und die Augen aufmachen und sagen, meine Güte, das ist ja wunderbar, so mit der Scheibe dazwischen und so und alles sieht gut aus. Und sonst die Gruppen, die den Platz jetzt echt benutzen, […] Menschen, die sich da mit Bierdosen aufhalten, sich mehr oder weniger muss man ja mal sagen zuschütten […]. Also jetzt ja nicht mehr, aber in den Jahren davor natürlich auch die Leute, die sozusagen auf ihren Stoff warteten, die in einem ziemlich desolaten Zustand waren.« [1/5/43]

In dieser Interviewpassage werden vier Gruppen ›typischer‹ körperlicher Praktiken genannt, über die die unterschiedlichen Nutzer/innen-Gruppen konstituiert werden: 1. Leute, die den Platz schnell überqueren, 2. Leute, die auf dem Platz sitzen und Bier trinken, 3. Leute, die in den Einrichtungen oder Cafes am Platz sitzen und 4. Leute, die sich im Drogendelirium oder auf der Suche danach über den Platz bewegen. Zu ergänzen aus anderen Interviewaussagen wären diese Gruppen um 5. Polizei, 6. die vor den Kontrollen Flüchtenden.

Versucht man diese Bewegungspraktiken weiter zu systematisieren, werden zwei Grundmuster deutlich: Körperpraktiken der Statik und solche der Dynamik. Zu ersteren gehören die sehr häufig in Verbindung mit dem Platz genannten Praktiken des »Sitzens« (auf dem Mäuerchen, am Brunnen oder in den anliegenden Cafes), »Liegens« (auf dem Platz, vor den Hauseingängen, auf den Bänken, als es sie noch gab), des »Rumhängens« (auf dem Platz), des »Alkohol-Konsumierens« (vor allem Bierdosen, aber auch »Herrengedecke«), »Stehen«, kurz: das »Belagern« des Platzes durch körperliche Präsenz. Zu den Körperpraktiken der Dynamik gehört das schnelle Überqueren des Platzes. Bringt man diese Praktiken mit den weiter oben analysierten typischen Gruppen in Verbindung, so zeigt sich, dass Statik und Dynamik mit dem dichotomen Raster ›Randständige‹ bzw. ›Szenen‹ und ›Bürger‹ korrespondieren, d.h. bestimmte Körperpraktiken verweisen auf bestimmte soziale Gruppen. Die Körperpraktiken der Dynamik ließen sich so der Gruppe der Bürger zuordnen, und jene der Statik der (Alkohol-, Drogen-) Szene. Dieser Eindruck wird auch durch die Aussagen der Interviewpartner/innen gestützt. Ein Interviewpartner stellt fest, »die meisten Normalos, die da unterwegs waren, die sind, glaub ich, tatsächlich auch nicht stehen geblieben« [8/6/13].

Ein anderer beschreibt die beobachtbaren körperlichen Praktiken und damit implizit die sozialen Gruppen in folgendem Zitat:

»Naja im Augenblick ist es natürlich so, dass immer noch die Alkis da ja rumhängen, ist auch 'ne körperliche, die hängen da rum, sitzen auf den Stufen und drücken sich auch 'n Schuss. Das kann man immer wieder sehen. Kinder sehe ich da relativ selten, aber das gibt's auch. Und dann ist es normales Spielen. Dass Leute entspannt da sitzen, eher selten. Das sind meistens auch Alkis, die sich da hinsetzen. Das sind einseitige körperliche Ausdrucksweisen, wenn Sie so wollen. Und es gibt dann eben an der – welche Seite ist denn das? Das ist die Nordseite, da wo die Cafés sind, da gibt es das Verweilen, an Tischen und Stühlen. Dann gibt es dieses türkische Restaurant, diese Teestube, die eigentlich ganz ordentlich ist, da sitzen dann auch welche draußen. Das sind auch körperliche Haltungen, wenn Sie so wollen. Sonst ist für den Hansaplatz leider eben typisch, dass man ihn schnellen Schrittes überquert, weil man sich nicht gerne aufhält, weil man sich unwohl fühlt. Das ist typisch im Augenblick, das muss aber nicht so sein.« [2/9/36]

In diesem Zitat wird jedoch auch deutlich, dass in die Wahrnehmung von körperlichen Praktiken normative Muster eingehen: Während die »Alkis« »rumhängen«, sitzen »die Leute«, wenn auch selten, dann doch »entspannt« auf dem Platz, was impliziert, das »rumhängen« keine entspannte Körperbewegung ist. Wenn Kinder dort spielen, ist es »normales Spielen«. Bleibt die Frage, was »unnormales Spielen« wäre, bzw. ob in der Rede von ›Normalität‹ die Bewertung der dort vollzogenen Körperpraktiken als anormal mitschwingt. Verweilen gebe es nur an Tischen und Stühlen, also nicht auf den

Bänken oder Brunnentreppen. »Man«, das eine Allgemeinheit vertretende Personalpronomen, fühle sich auf dem Platz eher unwohl, oder anders und etwas zugespitzt ausgedrückt: die, die sich dort aufhalten, gehören einer Minderheit an. Die Ausübung bestimmter, dem eigenen Habitus fremder Körperpraktiken, wie beispielsweise das »Rumhängen«, konstituiert also bestimmte Gruppen, die darüber, wie sie den Platz besetzen, »sichtbar« werden würden. Auch wenn sich auf einer allgemeineren Ebene Bewegungen der Dynamik eher mit einem bürgerlichen Habitus und damit mit Menschen, die sich nicht »hängen lassen«, sondern kontrolliert und zielbewusst ihre Wege von A nach B zurücklegen, identifizieren lassen und einem nicht-bürgerlichen Habitus eher statische Körperpraktiken entsprechen, zeigt sich letztlich in weiteren Aussagen aus den Interviews, dass dieses dichotome Schema nur einen Ausschnitt der Realität am Hansaplatz beschreibt. So *sitzen* beispielsweise auch ›Bürger‹ hin und wieder auf dem Platz, zumindest behauptet ein Interviewpartner das von sich, wenn auch die Mehrzahl der Interviewpartner/innen sich nach eigenen Angaben nicht auf den Platz setzen würden. Die Gruppen, die sich eher auf und um den Platz herum *bewegen*, sind ebenfalls heterogener. So halten sich nach Aussagen einer Interviewpartnerin die jungen Prostituierten gar nicht auf dem Platz auf. Sie sind stattdessen dauernd in Bewegung, sei es auf der Suche nach Kundschaft oder um den Kontrollen der Polizei zu entgehen. Auch würden sich die der Alkohol-Szene zugerechneten Menschen nach Aussagen der bürgernahen Beamten immer mal wieder von Ort zu Ort bewegen, um sich keinen Platzverweis einzuhandeln. D.h. letztlich gehen Statik und Dynamik von ganz unterschiedlichen Gruppen aus. Über dieses Bewegungsmuster lassen sich also eigentlich keine homogenen Gruppen konstruieren. Dies passiert jedoch aufgrund eines Filters, d.h. eines inkorporierten Schemas, in dem die Bewegungen der Statik bzw. Dynamik mit bestimmten Gruppen identifiziert werden.

Es ist deutlich geworden, dass die genannten ›typischen‹ Körperbewegen nur zum Teil mit der Zugehörigkeit zu einer bestimmten Gruppe zu tun haben, hingegen viel mit den jeweils auf den Platz bezogenen Tätigkeiten. Den Zusammenhang zwischen Körperhaltungen und -bewegungen und den jeweiligen Tätigkeiten stellt ein Interviewpartner in der folgenden Beobachtung her:

»Naja, und ich denke mal, die typischen Körperhaltungen oder Körpersprachen das waren halt die, die mit den Tätigkeiten der Leute verbunden waren. D.h., die Nutten standen halt rum, so mit dem Rücken an die Häuserwand, die Dealer standen halt auch rum und so zwischen zwei geparkten Autos und guckten immer in alle Richtungen gleichzeitig. Und die Türkenjungs standen auch rum, aber gerne in Gruppen und gerne so auf den Parkbänken oder so. Und da ist mir noch am unklarsten, was die eigentlich gemacht haben. Ich glaub, die waren da einfach nur da in erster Linie.

Also ich glaube mal, die statischen Elemente waren die Halbwelts-Elemente und auch die eher ja/ Ach nee, was mir noch einfällt, es gab auch jede Menge, naja, Penner, würde man wohl sagen, die eben auch die Bänke da belagert haben. Und das waren auch statische Elemente, wenn du so willst, die hingen da halt auf den Bänken rum und haben sich da, auch gerne in Gruppen, ja das berühmte Herrengedeck da reingepfiffen, also 'ne Flasche Fanta und 'n Liter Korn.« [8/6/25]

Zusammenfassend lässt sich folgende These aufstellen: Die jeweilige Nutzung von Raum geht mit der Aneignung und Besetzung von Raum, hier dem Platz, einher, und diese hängen unmittelbar mit einer körperlichen Besetzung zusammen. Auf diesen Zusammenhang wurde bereits in Kapitel 4.3.3 mit Bezug auf Bourdieu aufmerksam gemacht. Dieser hatte die Aneignung von Raum als Mittel im Kampf um Positionen im sozialen Raum interpretiert und darauf hingewiesen, dass die Aneignung der räumlichen Strukturen mit Hilfe körperlicher Bewegungen im Raum erfolge.

Auch wenn empirisch die sozialen Gruppen (Halbwelt – bürgerliche Welt) eigentlich nicht nach Körperbewegungen der Statik bzw. der Dynamik konstruiert werden können, entsteht doch der Eindruck der Vorherrschaft einer Gruppe durch die Art, wie sie sich körperlich den Platz aneignet. Die Tätigkeiten erfordern bestimmte Körperhaltungen, mit denen das jeweilige Anliegen kommuniziert und praktiziert wird: Prostituierte müssen stehen, um vorbeilaufende Passanten ansprechen zu können, sie sind in Bewegung, wenn sie sich polizeilichen Kontrollen entziehen müssen; wer gemütlich mit anderen ein Bier trinken will, sucht sich eine Sitzgelegenheit dafür; wer ›nichts‹ zu tun hat, lungert draußen herum und trifft sich mit anderen; wer den polizeilichen Kontrollen entgehen will, hält sich immer in Bewegung usw.

Mentales Visier

Unabhängig von der Aneignung und Besetzung des Raums aufgrund bestimmter dort ausgeübter Tätigkeiten, wird die auf den Hansaplatz bezogene körperliche Praxis davon strukturiert, wie viel körperliche Nähe bzw. Distanz man zulassen bzw. sich verschaffen will, d.h. auch von den körperlich markierten Grenzen zwischen sich und anderen Gruppen. Ein Interviewpartner beschreibt beispielsweise, dass im Gegensatz zu ihm selbst sich seine Mitbewohnerin »mehr auf Abenteuer« einlassen mochte und sich experimenthalber einfach mal auf den Platz gestellt habe:

»Und du musst auch nicht lang warten, sobald du da stehst, heißt es, ich hab hier entweder sexuelle oder Drogenangebote. Irgendwie du wirst sofort angequatscht. Also wenn du in Bewegung bist und den Blick möglichst starr irgendwie nach vorne oder nach unten gerichtet hast und gerne noch 'n Walkman auf'm Ohr, dann hattest du 'ne Chance irgendwie als jemand durchzugehen, der weder etwas kaufen will, noch etwas verkaufen will. So, und sobald du dich hingestellt hast oder da verweilt hast oder so in irgendeiner Form, bist du auch sofort in Kontakt mit Leuten gekommen. Ob die irgendwie 'ne Zigarette nur von dir wollten, oder dir Koks verkaufen wollten oder sonst irgendwas, ist eigentlich egal.« [8/1/51]

Sich schnell und mit starrem Blick durch den Raum zu bewegen, lässt sich somit auch als eine körperliche Strategie verstehen, mit der man Kontakt (in diesem Fall das »Angequatschtwerden«) unterbinden möchte. Für diese Körperhaltung hat der Interviewpartner die Metapher des *mentalen Visiers* gewählt:

»Und für mich war das auch so, dass, wenn ich dann die Wohnung verlassen hab, hab ich quasi im Treppenhaus so'ne Art mentales Visier runter geklappt. So, versucht 'n Gesichtsausdruck aufzusetzen wie, ›Sprecht mich nicht an, ich bin gefährlich‹. Und das war mit der Zeit auch so'n bisschen anstrengend.« [8/1/39]

Das *mentale Visier* verhindert die Interaktion oder Kontaktaufnahme mit anderen und schützt so vor einer körperlichen Kommunikation, bzw. ist als eine nonverbale Aussage zu verstehen. Der Körper selbst wird hier zum Kommunikationsmedium und schützenden Panzer. Er ist darüber hinaus aber auch das Wahrnehmungsmedium, das anzeigt, ob man sich im Raum geschützt oder ungeschützt bewegen sollte. Die »Indikator«-Funktion des Körpers wird deutlich in der von einer Interviewpartnerin als »Habachtstellung« beschriebenen körperlichen Praktik:

»Na, wenn da schon irgendwelche Leute sind, denen ich nicht ins Gesicht gucken kann, und grüppchenweise Männer rumstehen, weiß ich, fühl ich mich gleich bedroht. Also egal ob auf'm Hansaplatz oder woanders. Oder muss damit rechnen, dass ich da/ Hab so 'ne Habachtstellung, dann gehe ich lieber einmal außen rum, würde ich jedenfalls einmal außen rumgehen.« [4/4/49]

Der Körper reagiert auf Situationen und antizipiert mögliche Ereignisse. In diesem Fall sind es geschlechtsspezifische Verhaltensweisen, Männergruppen und deren mögliche Reaktionen auf Frauen, die ihren Weg oder Blick kreuzen, auf die das innere Warnsystem reagiert.

Ausgrenzung – *Keinen Ort haben*

Es gibt drei unterschiedliche Ebenen der körperlichen Ausgrenzung aus Raum. Als erstes ist die *Gestaltung des Raums* selbst zu nennen, die Möblierung, auf die weiter oben bereits ausführlich eingegangen wurde. Wenn es keine Mittel gibt, sich den Raum körperlich anzueignen, kann das Gefühl entstehen, aus diesem Raum ausgegrenzt zu werden. Das Gleiche gilt für die gestalterisch regulierte Zugänglichkeit von Raum. Wird der Zugang verhindert, entsteht ein Gefühl der Ausgrenzung. Als zweite Ebene ist die *Präsenz ande-*

rer Gruppen zu erwähnen, die als fremd oder gefährlich oder zumindest den eigenen räumlichen Abstand gefährdend eingestuft werden. Die körperliche Präsenz von Gruppen, und so ließe sich ergänzen: anderer Habitusformen, verunmöglicht offenbar anderen Gruppen oder Individuen die Aneignung, und d.h. hier vor allem die körperliche Besetzung des Raums. Darüber entsteht das Gefühl, aus dem Raum ausgegrenzt zu sein, keinen Zugang zu ihm zu haben. Ein Interviewpartner beschreibt dieses Gefühl so: »[W]eil es keinen echten Ort gibt hier auf dem Platz, wo ich mich hinsetzen würde« [3/11/22].

Für ihn gibt es keinen Ort auf diesem Platz, d.h. die Gestaltung des Raums verunmöglicht eine körperliche Besetzung, die den Raum zu einem angeeigneten Ort machen könnte. Die hier beschriebene verhinderte Aneignung von Raum wird von einigen als Verdrängung empfunden. Das gilt vor allem für die dem bürgerlichen Spektrum zuzurechnenden Gruppen. Körperliche Ausgrenzung funktioniert hier darüber, dass zum einen der Raum nicht entsprechend ›möbliert‹ ist, dass man ihn gerne nutzen (also körperlich besetzen) würde. Zum anderen funktioniert die körperliche Ausgrenzung darüber, dass Gruppen mit anderen, den eigenen fremden Habitusformen den Platz nutzen und er daher als körperlich okkupiert erscheint.

Eine dritte Ebene körperlicher Ausgrenzung aus dem Raum bezieht sich auf ganz direkte *Raumausschlüsse oder Raumverbote*. Gemeint sind damit bezogen auf den Hansaplatz die polizeilichen Kontrollen und Platzverweise gegen bestimmte Gruppen und Individuen. Durch diese wird ganz direkt die Aneignung von Raum durch körperliche Besetzung unterbunden, denn es sind ja gerade diese Körper, die stören, und die den Platz oder gar das Gebiet verlassen müssen.

Allerdings gilt für alle drei Ebenen der körperlichen Ausgrenzung aus dem Raum das Gefühl, am Hansaplatz »keinen Ort« zu haben.

Die Auswertung der Aussagen zum Körper als sozialer Praxis am Hansaplatz zeigt, dass und wie die körperliche Ebene relevant dafür ist, wie Gruppen wahrgenommen werden. Einerseits ist die Wahrnehmung selbst ein körperlicher Vorgang, der jedoch habituell und damit gesellschaftlich strukturiert ist, andererseits werden Menschen im öffentlichen Raum zunächst aufgrund der Sichtbarkeit ihrer Körperzeichen und Körperbewegungen wahrgenommen und klassifiziert. In den im Körper verankerten, habitualisierten Wahrnehmungsschemata werden gesellschaftliche Normen stabilisiert. Es ist darüber hinaus deutlich geworden, dass die Aneignung von Raum nicht nur durch die Zugehörigkeit zu Gruppen, sondern vor allem auch durch Tätigkeiten (Körperpraxis) erfolgt. Wenn die körperliche Aneignung von Raum oder der Zugang zum Raum verhindert werden, stellt sich ein Gefühl der Ausgrenzung aus dem Raum her.

Die Körper als soziale Praxis sind also nicht nur von der Bewegung selbst strukturiert, sondern auch von der Beschaffenheit des Raums und den sozialen Habitusformen, die sich in die Körper eingeschrieben haben. Und in diese Habitusformen sind die jeweiligen gesellschaftlichen Strukturen (Geschlecht, Klasse und andere Teilungsprinzipien; aber auch Ordnungsprinzipien und in diesem Fall die spezifischen Regeln, die der Raum vorgibt) eingelassen und werden über die Körperbewegung und das Körperverhalten reproduziert. So formuliert ein Interviewpartner: »Ich glaube, es gab sowas wie ungeschriebene Gesetze, wie man sich so zu verhalten hat.« [8/8/4]

Körper und Drogen – Ein Exkurs

»Nun sehen wir ja nicht gerade so wie die Leute aus, die irgendwie Drogen konsumieren oder so.« [1/4/30]

Das Thema Drogen war über einige Jahre, das haben die Interviews gezeigt, die den Platz beherrschende Thematik – weit über den Stadtteil hinaus. Es ist deutlich, dass heute das Thema dafür, wie der Platz genutzt wird, offenbar nicht mehr so relevant ist, weil sich die Drogenszene an andere Orte verlagert hat bzw. regelmäßig kontrolliert und vertrieben wird. Da die Drogenthematik aber nach wie vor eine hohe Bedeutung für die Bilder des Platzes hat, wie sich in der Analyse der Interviews aber auch in der Diskursanalyse gezeigt hat, und weil diese Thematik auf eine sehr enge Weise mit körperlichen Praktiken verknüpft ist, soll sie hier gesondert in Form eines Exkurses betrachtet werden.

Auch in Bezug auf Drogen und die Drogenszene lassen sich die drei analytisch zu unterscheidenden Ebenen der Körperlichkeit – Körperzeichen, Körperwahrnehmung, Körperpraxis – anwenden. Bereits im vorangegangenen Abschnitt wurde deutlich, dass insbesondere die äußerlich sichtbare körperliche Versehrtheit der Drogenkonsument/inn/en als Körperzeichen fungiert, als Verknüpfung von Drogenkonsum und Verelendung. Mit Blick auf die Drogenverkäufer/innen ließe sich insbesondere mit Verweis auf die diskursanalytische Auswertung feststellen, dass diese ebenfalls durch Körperzeichen markiert sind: hier sind es vor allem die Hautfarbe bzw. äußerlich sichtbare Merkmale, aufgrund derer auf die nationale oder ethnische Herkunft der Person geschlossen wird. Hierzulande fungiert das Stereotyp ›Ausländer‹ häufig über den ideellen Typus ›Südländer‹. Die Verknüpfung von körperlichem Merkmal und Herkunft geht in die Gleichsetzung von Dealern mit ›Schwarzafrikanern‹ oder noch allgemeiner mit ›Ausländern‹ mit ein. Die dichotome Trennung in ›kranke Abhängige‹ und ›böse Dealer‹ führt dazu, dass die Dämonisierung der Droge im Bild des skrupellosen Dealers fixiert und die konkret des Dealens verdächtigten Personen gesellschaftlich geächtet und polizeilich verfolgt werden.[8] Die Droge selbst bleibt somit weiterhin gesellschaftlich nicht integrierbar bzw. fungiert als Projektionsfläche für das die Gesellschaft Schädigende.

Sinnlich wahrgenommen wird die Drogenszene von den Befragten primär über Geräusche, Lautstärke und Hektik, die von ihr ausgingen. Vor allem aber sind es die besonders hektischen oder besonders verlangsamten Körper*bewegungen*, die den Interviewpartner/inne/n auffallen. Es handelt sich hier offenbar um ›anormale‹ oder ungewöhnliche Körperpraktiken. Sie werden auf den Konsum der jeweiligen Drogen zurückgeführt, welche durchaus unterschiedliche Bewegungsmuster hervorbringen können, wie eine Interviewpartnerin schildert:

»Und das ist auch vom Konsummuster her ganz einfach, ja also vergleichsweise einfach, wenn du dir 'nen Druck setzen musst, dann musst du ganz viel Ruhe haben und Zeit und Treffenkönnen und brauchst das ganze Besteck dazu, solltest es natürlich eigentlich unter hygienischen Bedingungen machen. Und so 'ne Pfeife kannst du immer überall mal eben rauchen. Also die Cracksteine, das kannst du ganz schnell mal eben auf'm Weg machen. Das ist also ganz andere Art von Konsum, aber es ist halt insofern viel gefährlicher, weil es eben den Körper völlig auszehrt, und ganz schrecklich ist, dass die Schleimhäute austrocknen ganz schnell. Was bei Frauen, die anschaffen, auch noch zur Folge hat, dass die Scheidenschleimhäute eben austrocknen. Und da ganz verletzlich sind, dann noch 'n Gesundheitsrisiko dazukommt.« [4/9/9]

Wie aber aus diesem Zitat ebenfalls deutlich wird, ist der Konsum von Drogen eng mit den Bedingungen, unter denen er stattfindet, verbunden bzw. von ihnen beeinflusst. Diese sind auch der Grund dafür, dass die Körper vieler Drogenabhängiger versehrt sind, und weniger der unmittelbare Konsum der Droge, auch wenn die körperliche Abhängigkeit früher oder später körperliche Effekte zeitigt. So macht es einen Unterschied, ob die Konsument/inn/en obdachlos und mittellos sind oder ob sie eine gut bezahlte Arbeitsstelle sowie ein festes Dach über dem Kopf haben. Die Illegalisierung der Substanzen bedingt, dass es, abgesehen von den Druckräumen in Drogenberatungscafés, keine legalen öffentlichen Räume für den Erwerb bzw. Konsum gibt, dass beides mehr oder weniger versteckt im öffentlichen Raum stattfinden muss. Im öffentlichen Raum treten nur die Konsument/inn/en in Erscheinung, die weder über die entsprechenden (privaten) Räume noch über genügend Mittel und einen akzeptierten Platz in der Gesellschaft verfügen. Ihre Erscheinung, d.h. ihr körperliches Elend und ihre Verhaltensweisen werden aus zwei Grün-

8 Vgl. zu dieser Trennung auch Sönmez (1998) sowie zu Analysen der gesellschaftlichen Konstruktion der Figur des Dealers aus historischer und sozialwissenschaftlicher Perspektive Paul/Schmidt-Semisch (1998).

den von den sie (körperlich) Wahrnehmenden als Problem oder Gefahr angesehen: Zum einen erscheinen die gesellschaftlich sanktionierten Drogen als Wurzel ihres Elends, die gesellschaftlichen Bedingungen und der gesellschaftliche Umgang mit Drogen bleiben ausgeklammert. Zum anderen schürt der Anblick verelendeter Konsument/inn/en in dreifacher Weise die Angst vor dem Verlust der eigenen körperlichen Integrität: die Angst vor der Verletzlichkeit menschlicher Körper, die Angst vor dem sozialen Abstieg und zugleich die Angst vor dem Kontrollverlust, den der Drogenkonsum ermöglicht.

9.2.3 Körper und Raum

Während in den beiden vorangegangenen Auswertungsabschnitten der Fokus jeweils primär auf der Konstitution von Raum respektive körperlicher Praxis lag, soll nun der Zusammenhang der Kategorien Raum und Körper an ausgewählten, aus dem Interviewmaterial gewonnenen Themen analysiert werden. Im Hintergrund steht dabei die Frage, wie sich soziale Ordnung in Prozessen der Raumkonstitution und Körperpraxis herstellt und auf welche Weise diese Ordnung von Marginalisierung und Normalisierung strukturiert ist. Wenn dabei zunächst an konkreten Beispielen aus den Interviews beleuchtet wird, *wie* jeweils Raum und Körper miteinander zusammenhängen, wird im Verlauf der Analyse deutlich, dass die auch dem Verhältnis von Körper und Raum zugrundeliegende Widersprüchlichkeit des Orts selbst als eine zentrale Kategorie für die ›Problematik‹ Hansaplatz zu analysieren ist.

Raumaspekte? Körpereffekte? Wegerecht und Platzverweis

In den Interviews tauchten zwei rechtliche Bestimmungen auf, die den Aufenthalt im, die Nutzung und damit auch die Aneignung von Raum regeln: das Wegerecht und der Platzverweis. Das Wegerecht, so erklären die bürgernahen Beamten, schreibt vor, wie ein öffentlicher Raum genutzt werden darf, bzw. vor allem, welche Nutzungsweisen hier verboten sind oder einer Sondererlaubnis bedürfen.[9] So ist es nach dem Wegerecht verboten, sich dauerhaft im öffentlichen Raum aufzuhalten oder zu wohnen. Nach Aussage der Beamten ist ein Verweilen, gar das Errichten eines »Lebensmittelpunkts« auf dem Hansaplatz nicht erlaubt:

9 Das Straßen- und Wegerecht macht rechtliche Vorgaben für die Nutzung von Straßen, Wegen und Plätzen und widmet diese dem Gemeingebrauch. Geht die Nutzung über diesen hinaus, liegt eine Sondernutzung vor, die extra genehmigt werden muss. Das Wegerecht stellt die ordnungsrechtliche Grundlage für die Vertreibung von Bettler/inne/n aus der Innenstadt dar.

»Man kann sich nicht einfach irgendwo ausbreiten. Die setzen sich ja hin, die bleiben ja nicht stehen, irgendwann wird man ja müde. Und wenn sie sich dann hinsetzen, ihre Decke hinpacken, dann kann man nach dem Wegerecht gehen und sagen, so Leute, ihr verweilt hier.« [5/3/33]

Das Wegerecht ermöglicht Maßnahmen, um das Verweilen von Menschen am Hansaplatz zu unterbinden. Diese richten sich vor allem gegen die »Randständigen-Szene«, wie die Aussagen der bürgernahen Beamten deutlich machen. Doch nach welchen Kriterien lässt sich schließen, dass aus einem Aufhalten ein Verweilen geworden ist? An dem Konsum bestimmter Genussmittel oder an den Stunden des Aufenthalts oder an der körperlichen Nutzung des Raums (Stehen, Sitzen oder Liegen)? Diese Problematik ist den befragten Polizeibeamten durchaus bewusst. Erst wenn sich andere Leute belästigt fühlten oder wenn sich die entsprechenden Personen »ausbreiten«, könne man mit dem Wegerecht argumentieren. Nach Aussagen der Interviewpartner kennen die Nutzer/innen des Platzes die rechtliche Grundlage des Wegerechts genau und versuchen dem Verbot zu entgehen, indem sie sich häufiger durch den Raum bewegen. Nach den Aussagen eines Interviewpartners sieht das so aus:

»Wenn sie den Leuten sagen, so, nach dem Wegerecht, das Verweilen ist nicht erlaubt. O.k., dann geh ich drei Meter weiter. Zapp zapp, und dann geht er drei Meter weiter. Oder er geht mit seiner Dose spazieren. Auf und ab, auf und ab. Das können Sie nicht verbieten. Es gibt kein Gesetz, das einem verbietet, auf der Straße 'ne Dose Bier zu trinken. Das können sie nicht. Das wissen die.« [5/3/27]

Bestimmte Körperpraktiken, die auf eine dauerhafte Aneignung des Raums schließen lassen, sind offenbar im öffentlichen Raum nicht erlaubt. Es bleibt allerdings die Frage, ob die Körperpraxis generell oder ob nicht vielmehr der Raum die Anwendung des Wegerechts impliziert. Schließlich gibt es diverse Orte im öffentlichen Raum, an denen gelagert und Alkohol konsumiert wird, was insbesondere in der Großstadt an lauen Sommerabenden zu beobachten ist. Insofern liegt der Schluss nahe, dass es bei der praktischen Anwendung des Wegerechts nicht um den Ausschluss bestimmter Körperpraktiken, sondern bestimmter Gruppen geht. Die Praxis des Ausschlusses basiert jedoch primär auf der Körperlichkeit dieser Gruppe im Raum. Deren Widerstandsstrategie ist ebenfalls körperlich: Bewegung im Raum.

Ein anderes Mittel zur Regelung der Zugänglichkeit und Aneignung öffentlichen Raums ist die Ausweitung privater Hoheitsrechte wie in Kapitel 3.2.1 am Beispiel des Hauptbahnhofs dargestellt. Auch in den Innenstädten wird immer mehr ehemals öffentlicher Raum an private Nutzungen übergeben (beispielsweise der Bereich vor einem Kaufhaus). Denn ein Privateigentümer von Raum kann ohne weiteres andere aus diesem ausschließen, ohne mit dem Wegerecht und der Allgemeinverträglichkeit argumentieren zu müssen.

Das von der Polizei am Hansaplatz am häufigsten angewandte Mittel zur Regulierung des Aufenthalts im und Zugangs zum öffentlichen Raum ist der Platzverweis. Die interviewten bürgernahen Beamten erklären:

»Platzverweise heißt, derjenige, der hier sich nicht aufhalten soll, kriegt von uns gesagt, pass mal auf, du verschwindest, gehst du nicht, sperren wir dich ein, nehmen wir dich jetzt in Gewahrsam zur Durchsetzung des Platzverweises.« [5/8/51]

Die Polizei bestimmt also, welche Personen sich im öffentlichen Raum nicht aufhalten *sollen*. Sie zielt dabei nach eigenen Angaben auf »Gruppen, die sich nur treffen, um bestimmten Dingen nachzugehen« [5/10/41] und verlässt sich auf bestimmte »Anhaltspunkte, dass es Leute aus der Szene sind, die sich hier getroffen haben, die ihr Verhalten dementsprechend an den Tag legen, die nicht erkannt werden wollen« [5/10/45].

Die Interviewpartner berichten von bestimmten Kriterien, die die Vergabe eines Platzverweises nötig machten und legitimieren. Diese sind:

»Dieses Zusammenrotten, konspiratives Verhalten, wenn die Polizei kommt, versuchen wegzulaufen. Wenn die Polizei sie anruft, sich schneller weg zu bewegen, zu entziehen oder sich zu trennen. Das sind so Situationen, wo wir dann sagen, so Leute, das reicht uns, ihr bekommt jetzt 'nen Platzverweis für St. Georg, gilt aber auch nur für St. Georg. Ihr verlasst bitte den Stadtteil.« [5/11/2]

Die hier genannten Kriterien sind vor allem auf *sichtbare* körperliche Bewegungs- und Verhaltensweisen bezogen. Bestimmte Bewegungen im Raum und in der Gruppe werden zu Kriterien für einen Platzverweis und damit für einen Ausschluss aus Raum. Auch hier stellt sich die Frage, ob die Körperbewegung an sich, wie das Weglaufen oder Zusammenrotten, das Kriterium für den Ausschluss ist oder ob nicht vielmehr ihre Existenz in einem bestimmten Raumausschnitt sie zu einem Kriterium für einen Platzverweis macht. Letztlich zielt der Platzverweis auf den Ausschluss von Personen, die, wie auch im Fall des Wegerechts, nur mit Hilfe dieser rechtlichen Konstruktionen aus dem öffentlichen Raum ausgeschlossen werden können. Durch die Sichtbarkeit von körperlichen Merkmalen lassen sich bestimmte Gruppen als diejenigen identifizieren, auf die die Polizei ein besonderes Auge hat. Die Polizei weiß auch ganz ohne Beobachtung und Kriterienkatalog, welche Gruppen potenziell die Ordnung im öffentlichen Raum stören. Die Wahrnehmung ist bereits vorher geschult und sie läuft automatisiert ab, d.h. ›Szeneangehörige‹ werden sofort erkannt, weil deren körperliche und Verhaltensmerkmale in ein entsprechendes Raster fallen. Körperliche Merkmale als äußerliche Kriterien werden hier zum relevanten Bezugspunkt, vor allem deshalb, weil sie sichtbar sind, weil sich in den körperlichen Bewegungspraktiken und im Aussehen soziale Kriterien artikulieren. Auf meine Frage, ob die Prostituierten durch sichtbare körperliche Merkmale für andere erkennbar seien, antwortet die Interviewpartnerin:

»Ich hab natürlich 'n geschulten Blick, weil ich sie auch kenne. Und die Freier kennen sie natürlich auch. Also sie stehen schon an Ecken, die bekannt dafur sind oder an Straßen oder vor bestimmten Hotels und machen, denk ich mal, durch das Stehen oder sonstwie oder Reden schon erkenntlich, dass sie Geld brauchen.« [4/6/29]

Der »geschulte Blick« entwickelt sich, wenn man die Personengruppe, ihre Art sich zu kleiden, zu bewegen, zu reden etc. ›kennt‹. Er ergibt sich aber auch über den Raum, bzw. eine bestimmte körperliche Nutzung des Raums wie das »Stehen« an »bestimmten« Ecken.

Die Praxis der Platzverweise schränkt nicht nur die Bewegungspraxis der davon Betroffenen massiv ein. Die sozialen Folgen der Praxis der Platzverweisvergabe am Hansaplatz bestehen darin, dass sich bestimmte Gruppen dort nicht mehr treffen können, bzw. dass Menschen, die sich dort treffen, den Umgang mit der Gruppe meiden müssen, um nicht die Aufmerksamkeit der Polizei auf sich zu lenken, wie ein Interviewpartner schildert: »Aber ich möchte mich nicht dazugesellen. Dann sitz ich lieber alleine und lass mir die Leute/ Weil ich hab keine Lust, jeden Tag hier PV zu kriegen.« [7/3/29]

Derselbe Interviewpartner berichtet, dass er bei einer früheren Kontrolle einen Platzverweis (»PV«) bekommen habe, weil er vor vielen Jahren mal »ausgerutscht sei« und das jetzt noch in den Akten stehe. In der Vergabe von Platzverweisen kann also eine Kriminalisierung der Person aktualisiert werden.

Berührungspunkte

Ein in diesem Abschnitt bereits erwähnter Begriff ist der des *Lebensmittelpunkts*. Dieser konstituiert sich darüber, an welchen Orten man viel Zeit verbringt, andere Menschen trifft und seine Alltagsbedürfnisse regelt. Für einige Leute ist dieser Lebensmittelpunkt ein öffentlicher Ort wie der Hauptbahnhof oder eben der Hansaplatz. Offenbar machen die Dauer und die Qualität des Aufenthalts den Ort zum Lebensmittelpunkt, wie ein Interviewpartner schildert: »Das Ausbreiten, was ich vorhin sagte, das spielt die Hauptrolle, dass die Leute anfangen, sich da ihren Lebensmittelpunkt aufzubauen und dann den ganzen Tag verweilen.« [5/5/27]

Während die Aufgabe der Polizei darin besteht, die Bildung von Lebensmittelpunkten im öffentlichen Raum zu verhindern, erklärt ein anderer Interviewpartner, dass eben die Existenz von Lebensmittelpunkten zu respektieren und entsprechend mit den Bedürfnissen anderer Gruppen zu harmonisieren sei. Ihm sei es immer darum gegangen,

»[b]ewohnerorientierte Politik zu machen, ohne soziale Problemgruppen zu verdrängen, oder gleichzeitig auch 'ne Aufenthaltsqualität sozusagen so zu gestalten, dass auch andere, die sich hier, die diesen Stadtteil zu ihrem Lebensmittelpunkt gemacht haben, dass die hier auch entsprechende Wirkungs- oder Aufenthaltsberechtigung finden.« [3/1/30]

Während sich der Lebensmittelpunkt für andere über die Wohnung, eventuell über die Arbeit und über die soziale Einbindung (Familie oder Freundeskreis) konstituiert, sind Menschen ohne festen Wohnsitz bzw. mit einem, der keine längere Verweildauer ermöglicht (wie eine Unterbringung in einer Unterkunft beispielsweise), auf eine besondere Art auf den öffentlichen Raum angewiesen, der dann zum Lebensmittelpunkt werden kann. Das Problem am Hansaplatz besteht aber offenbar darin, dass diese Art der ›Besetzung‹ des öffentlichen Orts von anderen sozialen Gruppen als ›Inbeschlagnahme‹ erlebt wird, dass hier zu viele unterschiedliche Nutzungsinteressen und Bedürfnisse aufeinanderträfen und nicht »in Einklang« miteinander stünden, wie es in einer am Anfang dieses Kapitels bereits zitierten Formulierung heißt. Das ›eigentliche‹ Problem ist somit zunächst einmal die große *Heterogenität*, die, so sind sich alle Interviewpartner/innen einig, St. Georg und insbesondere auch den Hansaplatz auszeichne: »Hier treffen sich alle Klassen. Alles durcheinander, die Drogisten und auch einige, die nicht so geistig drauf sind. Es trifft sich alles hier.« [7/3/23]

In den Interviews wird diese Heterogenität häufig mit dem Wort ›Mischung‹ aber auch ›Miteinander‹ und ›Nebeneinander‹ bezeichnet und drückt ein Doppeltes aus: das Positive und Besondere, das den Stadtteil und den Platz auszeichne, und zugleich das Negative, Problematische. Nicht die Existenz einer Mischung an sich, sondern vielmehr das Mischungs*verhältnis* und vor allem die *Berührungspunkte* zwischen den einzelnen Gruppen werden nach Aussagen der Interviewpartner/innen als problematisch erlebt. Die von den Interviewpartner/inne/n in unterschiedlichen Zusammenhängen eingebrachte Kategorie Berührungspunkte ist für den hier zu analysierenden Zusammenhang in zweifacher Hinsicht relevant, hat sie doch sowohl eine räumliche wie auch eine körperliche Bedeutungsebene. In einigen Aussagen ist es vor allem die »Konzentration« bestimmter Gruppen oder Einrichtungen, die für die Bewohner/innen des Stadtteils Nachteile mit sich brächte, womit zunächst die räumliche Ebene angesprochen ist. Die Konzentration bestimmter Gruppen und Körperpraktiken auf einem vergleichsweise kleinen Raum wird zum Problem, weil damit eine für einige unerträgliche körperliche Nähe entsteht. Insofern geht der räumliche Aspekt, der in den Stichworten Mischung und Berührungspunkte steckt, in einen körperlichen über. Tatsächlich kommt es zwischen den ›Szenen‹, den verschiedenen sozialen Gruppen kaum zu direkten körperlichen Berührungen, und doch scheint der Raum zu klein, um Heterogenität aushaltbar zu machen.

Die Kategorie der Heterogenität verweist darauf, dass die Stabilität einer sozialen Ordnung auf Nähe und Distanz zwischen den einzelnen Gruppen basiert. Nähe und Distanz müssen sowohl als räumliche wie als körperliche Phänomene verstanden werden. Dass Heterogenität zum Problem wird, hat jedoch soziale Gründe, auch wenn es sich zunächst räumlich und körperlich manifestiert.

Widersprüchlicher Ort *Gute Stube* oder *Transitort*?

Es ist aber nicht nur die bloße Präsenz unterschiedlicher Gruppen in räumlicher Konzentration, die soziale Probleme aufwirft. Vielmehr geht es auch um die Art der Nutzung oder körperlichen Besetzung des Orts, wie ja bereits in der Thematisierung von Lebensmittelpunkten deutlich wurde. Und schließlich geht es um Vorstellungen von Ordnung, nach denen der öffentliche Raum strukturiert sein sollte. Da Öffentlichkeit aber zunächst den offenen Zugang aller impliziert, stoßen partikulare Ordnungsvorstellungen in der Praxis an Grenzen, die nur über den Ausschluss bestimmter Gruppen aus dem Raum überwunden werden können. Der Widerspruch zwischen öffentlichem und privatem und damit zwischen allgemeinem und partikularem Interesse durchzieht den öffentlichen Raum, wie an den folgenden Beispielen deutlich gemacht werden soll.

Wie sich in der anfänglichen Problembeschreibung der Interviewpartner/innen zeigte, besteht aus Sicht der ›Bürger‹ das zentrale Problem darin, dass die ›Randständigen‹ den Platz, das Zentrum St. Georgs besetzt hätten: »[D]a gab es noch keine Drogenproblematik, die kam da erst. Und das hat natürlich den Hansaplatz stark geändert, in der Wahrnehmung. Er war dann eigentlich kein Platz mehr, der den Bürgern zur Verfügung stand.« [2/1/36]

Dass *Rand*gruppen ausgerechnet das *Zentrum* besetzen, stellt bürgerliche Ordnungsvorstellungen auf den Kopf. Für die »Normalos, die da unterwegs waren«, war der »Hansaplatz und auch Bremer Reihe, das war da nur so'n so'n Transitort« [I8], wohingegen ihn die Randständigen als ihr »Zimmer« begriffen. Hier geht es um die Vorstellungen davon, wer diesen öffentlichen Ort rechtmäßig beanspruchen kann und zu seinem ›Wohnzimmer‹, seiner ›guten Stube‹ machen darf und wer nicht. So kritisiert ein Interviewpartner, dass »randständige Personen aus Wandsbek und auch aus anderen Bereichen hier in der Gegend kommen und das den ganzen Tag als ihr Wohnzimmer« [6/10/15] nutzen würden. Der Begriff Wohnzimmer taucht sowohl in den Beschreibungen auf, wie die ›Szene‹ den Platz für sich nutzt, als auch in Formulierungen, in denen das Recht der Bürger auf diesen Platz eingeklagt wird, weil diese wollen, dass er nicht mehr so stark »dem bürgerlichen Leben entzogen« ist wie ehedem. Ein Interviewpartner formuliert in Bezug auf die neuen gestalterischen Veränderungen des Platzes: »Das sind alles so Versuche, ihn wiederzukriegen. Und wenn das weiterläuft, dann kann er ja wieder 'n Mittelpunkt werden. Weil das so 'ne gute Stube ist.« [2/13/15]

Ebenso die Forderung, der Hansaplatz solle wieder die »gute Stube« werden, die auch der Bürgerverein regelmäßig aufbringt, löst den Widerspruch zwischen öffentlichem und privatem Interesse zugunsten von letzterem auf. Denn die gute Stube ist ebenfalls ein Wohnzimmer, wenn auch eines mit repräsentativem Zweck. In dem Bild von der guten Stube geht es um die Durchsetzung bürgerlicher Normen und Vorstellungen von Ordnung. Zwar ist ›der Bürger‹ zunächst eine Figur, die die Allgemeinheit repräsentieren soll (die der bürgerlichen Gesellschaft). Wie aber in der Analyse deutlich wurde, stellt sich die Gruppe der ›Bürger‹ einerseits durch Anrufungen und Abgrenzungen von den ›Szenen‹ als homogene Gruppe erst her, andererseits repräsentiert sie eben nur eine bestimmte, durch entsprechende Habitusformen (Körperpraktiken) konstituierte Gruppe und damit letztlich etwas Partikulares. Der Unterschied zur Gruppe der ›Randständigen‹, so wird in den Interviews sehr deutlich, ist, dass diese Gruppe die Norm darstellt und von ihr Normalisierungs- und Marginalisierungsstrategien ausgehen. Alle Interviewpartner/innen sprechen von Normalität: »Normalbürger«, »Normalbevölkerung«, »Normalo«, und doch wird immer wieder deutlich, dass diese Normalität keine in sich homogene Gruppe beschreibt. Diese Homogenität wird erst in Abgrenzung zu den als ›Szene‹ oder ›Randständige‹ bezeichneten Gruppen und den ihnen zugeschriebenen Körperpraktiken produziert bzw. durch die Setzung stabilisiert. Wie heterogen diese Normalität ist, drückt sich in folgender Aussage aus:

> »Aber, naja, weil es auch so ist, dass, ähnlich wie in St. Georg, dass es da auch Normalos, dass es da auch unterschiedliche Schichten gibt, also Leute, die nicht kriminell sind jetzt vom Gesetzgeber her. Also in St. Georg laufen halt oder liefen damals halt irgendwie die türkischen Mamis rum und die türkischen Prollkinder, aber auch die Studenten und die Leute, die schon seit 30 Jahren da wohnen und irgendwie Drucker sind, oder was weiß ich was. Und dann Leute, die in der Werbung arbeiten und glauben, das ist 'n extrem hipper Ort. Und dann die alteingesessenen Schwulen mehr oder weniger. Das sind ja auch alles Normalos, die aber auch völlig unterschiedliche Backgrounds haben. Und das fand ich an St. Georg auch immer sehr attraktiv, diese Heterogenität.« [8/10/19]

Sperrgebiet

Der Hansaplatz ist jedoch ein Ort, der nicht nur, wie jeder andere öffentliche Ort, von dem diese Öffentlichkeit konstituierenden Widerspruch zwischen partikularem und allgemeinem Interesse strukturiert wird. Erst ist darüber hinaus offiziell Sperrgebiet, wie alle Interviewpartner/innen betonen. Mit dieser Bezeichnung ist im weiteren Sinne ein abgesteckter Bereich gemeint, zu dem ›normale‹ Menschen keinen Zutritt haben, wie beispielsweise ein militärisches Sperrgebiet. Im engeren Sinn, häufig auch mit der Bezeichnung Sperrbezirk, ist damit von der Stadt- oder Landesregierung ein Gebiet deklariert, in dem die Prostitution oder deren Anbahnung verboten ist.[10] In St. Georg gilt diese Verordnung ausnahmslos für den gesamten Bereich und stellt somit die Straßenprostitution genau in den Straßen unter Strafe, in denen sie stattfindet. Die bürgernahen Beamten meinen dazu: »Und das andere dieser Szene ist ja noch, wir haben ja im Grunde ein kleines Rotlichtmilieu. D.h., es darf hier zwar keine/ Ist zwar Sperrgebiet, aber Sperrgebiet ist ja, ich sach mal so, so das Gewohnheitsrecht, was heißt ausheben, das gibt's schon ewig hier« [5/6/31].

Hier finden sich also Recht und Praxis in einer widersprüchlichen Struktur zusammen, wodurch ein potenziell kriminalisierender Raum entsteht, durch den das Eingreifen der Polizei, vor allem die Vergabe von Platzverweisen legitimiert und die dort als Sex-Arbeiterinnen tätigen Frauen strukturell kriminalisiert werden.[11] Die Prostitution in St. Georg ist geduldet und verboten zugleich; sie findet statt, aber darf nicht zu auffällig sein. Wie die beiden bürgernahen Beamten berichten, ist die neue Vorgabe der Polizeiführung, »die Sichtbarkeit auf 60 Prozent runterhauen, aber dahinter stehen auch Menschen, die kennen die bereits« [5/20/35].

Ähnlich wie die Drogenszene befindet sich auch das Prostitutionsgewerbe rechtlich in einer prekären Situation, die Prostituierten wie die Angehörigen

10 Obwohl die Prostitution seit Inkrafttreten des Prostitutionsgesetzes 2002 legal ist, haben die Länder und Kommunen mit der Sperrgebietsverordnung die Möglichkeit, dieses Gesetz einzuschränken bzw. außer Kraft zu setzen.

11 Wie Regina Schulte in ihrer sozialgeschichtlichen Studie zum widersprüchlichen Umgang der bürgerlichen Gesellschaft mit der Prostitution zeigt, entsteht durch die Sperrgebietsverordnung ein unfreier kriminalisierter Ort, der die Prostitution zugleich ausschließt und institutionalisiert: »Die sittenpolizeilichen Vorschriften sind die formale Grundlage und der reale Beginn eines allumfassenden Zugriffs auf die Frau, die als Prostituierte offiziell wird, sie sind ein Netz, das über die ganze Stadt gelegt, um die Prostituierte selbst immer dichter wird. Ihr Freizügigkeitsraum in der Stadt wird exakt abgegrenzt, der Stadtplan zeigt ihr die Straßen, in denen sie nicht auftauchen darf, ohne straffällig und möglicherweise verhaftet zu werden – ihre Anwesenheit hier und an allen anderen ihr verbotenen Orten, die vor allem diejenigen sind, wo sie sich mit dem Bürgertum vermischen könnte, macht sie zur kriminellen Person. Da aber die in den Berliner Vorschriften untersagten Straßen und Plätze eben die sind, auf denen die Prostitution sich am stärksten ausbreitete, sind die ›Prostitutionsmärkte‹ identisch mit dem kriminalisierenden Raum.« (Schulte 1984: 181)

der Drogenszene sind somit permanent von polizeilichen Interventionen bedroht und von gesellschaftlicher Marginalisierung betroffen.

Das Elend vor der Tür

Der Hansaplatz ist, so lässt sich resümieren, ein Ort, der von unterschiedlichen Widersprüchen strukturiert wird, zentral von dem Verhältnis von Öffentlichkeit versus Privatheit bzw. allgemeinem und partikularem Interesse. Diese Widersprüche konstituieren die soziale Ordnung, die sich nicht nur in Rechten und Institutionen realisiert, sondern, so ein entscheidendes Ergebnis der Interviewauswertung, auch sowohl räumlich wie körperlich manifestiert. Die diversen sozialen Probleme haben sich am Ort Hansaplatz manifestiert, d.h. einen räumlichen Ausdruck gefunden, damit aber auch den Raum konstituiert. Als Ergebnis der Auswertung lässt sich die These aufstellen, dass soziale Ordnung durch Widersprüche konstituiert wird und dass diese inkorporiert und verräumlicht werden. Ausdruck dieser Widersprüchlichkeit sind Prozesse der Marginalisierung und Normalisierung. An ihnen entzünden sich Konflikte, wie am Hansaplatz als ›problematischem‹ Ort analysiert werden konnte. In diesem Zusammenhang möchte ich abschließend zu den bereits zu Anfang dieses Kapitels systematisierten drei unterschiedlichen Problem-Ebenen zurückkommen: Als ›Problem‹ wird zum einen die Beeinträchtigung durch Lärm, Gestank und Müll genannt. Dies sind körperliche Äußerungen und Wahrnehmungsweisen, die als unangenehm erlebt werden. Zum zweiten werden die Verdrängungstendenzen aufgeführt, sei es durch die körperliche Präsenz bestimmter Gruppen auf dem Platz, von denen sich andere abgeschreckt fühlen, seien es die Kontrollen und Platzverweise der Polizei, die eine ganz direkte Verdrängung anderer Gruppen zur Folge haben. D.h., unterschiedliche Gruppen fühlen sich oder werden ganz manifest vom Platz verdrängt und ausgegrenzt. Die soziale Ordnung, in der jeder Körper seinen Platz hat, ist gestört und muss wieder hergestellt werden. Als drittes wird ein Unbehagen artikuliert, das sich beim Anblick des sozialen Elends einstellt. So berichtet ein Interviewpartner:

»Ja, es sind einmal die Alkis, die da immer noch auch sind tagsüber, die so'n bisschen da zu dem Aldi-Markt sich hin orientieren, und es ist nachts und abends die Drogenszene, am Tage auch. Und das ist natürlich für viele, die da wohnen, schon also nicht so leicht zu ertragen, das Elend immer vor der Tür zu haben.« [2/8/27]

Eine andere Interviewpartnerin fasst die Problematik der Anwohner/innen in ähnlicher Weise zusammen: »Ja, die nächtlichen Unruheschaften, die ungebetenen Gäste im Haus. Ich glaube auch vielleicht manchmal der Anblick verelendeter Personen (Klammer auf Frauen, Mädchen).« [1/6/16]

Das Nichtaushaltenkönnen des Anblicks verelendeter Körper zeigt, dass sich in den zunächst partikularen, weil habitualisierten körperlichen Schemata und Wahrnehmungsweisen auch etwas Allgemeines verbirgt. Denn das Elend ist ein gesellschaftlich hergestelltes, es ist ein gesellschaftlicher Widerspruch, der zum einen in den individuellen Körpern sichtbar wird und zum anderen sich als *gesellschaftlicher* Prozess im *individuellen* Körper wieder verbirgt, sich hier quasi naturalisiert. Aber im Unbehagen, das sich in der räumlichen Nähe erst herstellt, d.h. an einem Ort, an dem die unterschiedlichen sozialen Gruppen und Probleme aufeinandertreffen und nicht wie sonst im urbanen segregierten Raum voneinander getrennt und isoliert leben, in diesem Unbehagen artikuliert sich der gesellschaftliche Widerspruch körperlich.

10. Zwischenresümee der empirischen Studie

Die ethnographische Studie hat nicht nur ein facettenreiches Bild vom Hansaplatz entstehen lassen, sie hat darüber hinaus auch gewinnbringende Hinweise für die Analyse des Zusammenhangs von Körper, Raum und Marginalisierung erbracht. In methodologischer Hinsicht hat sich in der Durchführung der empirischen Untersuchung gezeigt, dass erst eine Kombination unterschiedlicher Methoden die Vielfalt des Gegenstands zu erfassen vermag. Gerade die Kombination aus diskursanalytischen Verfahren einerseits, der Beobachtung und Durchführung qualitativer Interviews andererseits, erwies sich als hilfreich, um die Wirkmächtigkeit diskursiver Konstruktionen zu begreifen und Kontraste zwischen eigener Beobachtung und den Aussagen der Interviews einordnen zu können. Außerdem konnte auf diese Weise die Konstruktion des Gegenstands auf unterschiedlichen Ebenen analysiert und rekonstruiert werden, wie und wo sich diese überlappen und miteinander verknüpft sind. Hinsichtlich der Perspektive auf den Körper wurde deutlich, dass sich das Körperliche in den verschiedenen Aussageebenen ›versteckt‹ und daher mit besonderem Augenmerk aufgespürt werden muss.

Im Folgenden sollen zunächst die Aussagen zum Hansaplatz zusammengefasst und dann die Ergebnisse hinsichtlich der Frage nach Körper, Raum und Marginalisierung systematisiert werden.

In der Diskursanalyse verschiedener Textsorten wurde herausgearbeitet, dass und wie der Hansaplatz als gefährlicher Ort diskursiv konstruiert wird. Hierfür war insbesondere die Untersuchung der Zeitungsartikel hilfreich, konnte doch gezeigt werden, wie diese mittels verschiedener diskursiver Strategien, vor allem durch die Wahl der Metaphern und allgemeinen Verknüpfungen mit anderen semantischen Feldern die Gefährlichkeit des Orts produzieren. Auch die Drucksachen benennen den Hansaplatz als einen Ort der ›Problematik St. Georg‹. Der andere ›problematische Ort‹ ist hier der Hauptbahnhof. Festzuhalten bleibt also auch für diese Textsorte, dass eine starke

Lokalisierung sozialer Probleme stattfindet. Diese erschien in den Vereinszeitungen als eine strategische Verknüpfung des Hansaplatzes mit der Situation im Stadtteil. Vor allem die Analyse der *Blätter* konnte nachzeichnen, wie der Hansaplatz dort selbst zu einem Synonym für das ›Problem‹ wurde und darin eine strategisch wichtige Position für die kommunalpolitische Arbeit gewann.

In den Beobachtungen am Platz selbst wurde jedoch eher deutlich, dass der Hansaplatz als *ein* Ort nicht existiert, sondern dass sich an ihm vielmehr verschiedene soziale Räume und Orte bilden.

Auch die Auswertung der Interviews stützte die Erkenntnis, dass der Hansaplatz kein homogener Raum und dass die mit ihm verknüpfte soziale Problematik sehr viel vielschichtiger ist, als in der diskursiven Konstruktion des Orts suggeriert wird. Neben seinem Verhältnis zu anderen Orten wurden in den Interviews als die zentralen den Raum konstituierenden Dimensionen deutlich: Politik und Vorstellungen zu Sicherheit und Ordnung, Eigentumsverhältnisse und Sozialstruktur, die Gestaltung und nicht zuletzt die sozialen Akteure.

Sowohl in den Aussagen der Interviewpartner/innen wie auch in der Auswertung der Zeitungsartikel und Vereinspublikationen wurde auch die Veränderung des Orts beschrieben. So thematisieren die Artikel des *Lachenden Drachen* primär in den letzten Jahren die Aufwertung der Gegend um den Hansaplatz als zentrales Problem. Dessen ungeachtet konnte gleichzeitig herausgearbeitet werden, wie aber ›alte‹ Bilder auch heute immer wieder aktualisiert werden. Dies zeigte sich beispielsweise in den Artikeln zu den beiden neuesten Projekten zum Hansaplatz, der Videoüberwachung und der nächtlichen Beleuchtung, die in der Beschreibung dieser Maßnahmen die ›Gefährlichkeit‹ des Orts ein weiteres Mal implizieren. Denn erst die Eigenschaft, »Kriminalitätsschwerpunkt« zu sein, legitimiert rechtlich die Videoüberwachung des Platzes. Insofern ist ein wesentliches Ergebnis der Studie, dass die diskursive Aufladung des Hansaplatzes als gefährlicher Ort nach wie vor wirkmächtig ist, auch wenn sich die Situation dort heute anders darstellt als noch vor ein paar Jahren, wie in den Beobachtungen festgestellt wurde. Der Hansaplatz existiert somit sowohl als diskursiv produzierter und damit homogener Raum wie auch als heterogener Ort, an den sich unterschiedliche Interessen und Nutzungen binden. Auch wenn die diskursive Konstruktion des Platzes als gefährlicher Ort ebenso die Wahrnehmung der Interviewpartner/innen strukturierte, wurde er in diesen auch als ein widersprüchlicher Ort offenbar; genauer: als Ort, den gesellschaftliche Widersprüche konstituieren.

Für die Frage danach, wieso der Hansaplatz zum ›Problem‹ werden und sich an ihm unterschiedliche Konflikte überlagern konnten, ist die Perspektive auf Körper und Raum und die mit diesen verbundenen Prozesse der Marginalisierung und Normalisierung weiterführend. Marginalisierung wurde in diesem

Zusammenhang in drei unterschiedlichen Formen thematisiert: Zum einen als Verelendung (in den Zeitungsartikeln, den Drucksachen und den Interviews), zum anderen als Kriminalisierung (in den Zeitungsartikeln und Drucksachen) und zum dritten als Verdrängung bzw. Exklusion aus dem öffentlichen Raum (vor allem in den Vereinsblättern und in den Interviews). Normalisierung fand sich hingegen in den dichotomisierenden Beschreibungen der den Platz nutzenden Gruppen und ihrer Körperpraktiken wieder. Die Normalisierung strukturiert somit die Wahrnehmung der Körper sowie die körperliche Aneignung von Raum.

Während in den Zeitungsartikeln primär die Körper der ›anderen‹, der ›problematischen Randgruppen‹ auftauchen, stellen die Beobachtungen heraus, dass der Platz von sehr unterschiedlichen Menschen und damit auch Körpern genutzt wird. In ähnlicher Weise wie in den Interviews zeigte sich in den Beobachtungen, dass der Raum vor allem körperlich und als sozialer Ort angeeignet wird, d.h. über Interaktion, Kommunikation und körperliche ›Besetzungen‹. Das Interviewmaterial machte es dann allerdings erforderlich, die Perspektive auf den Körper zu differenzieren in Körperzeichen und damit äußerlich sichtbare Körper, in Körperwahrnehmung und in Körperpraktiken. Der Raum strukturiert die Körperpraktiken, insofern er über Architektur und Gestaltung die Zugänglichkeit und die Nutzungsformen reguliert. Darüber hinaus zeigten die Auswertungsaspekte Wegerecht, Platzverweis und Sperrgebiet, dass Raum in der Verbindung mit Recht bestimmte Körper und Praktiken als problematische und zu exkludierende erscheinen lässt. Aber auch die Körper strukturieren und produzieren den Raum durch die Art und Weise, wie räumliche Strukturen sozial genutzt werden. So kann ein Platz Lebensmittelpunkt, Wohnstube oder Transitort sein, je nachdem als welche (An)Ordnung er durch platzierte Körper und Güter konstruiert und synthetisiert wird. In welcher Weise sich in dem Verhältnis von Körper und Raum die erwähnten drei Formen der Marginalisierung realisieren, hängt wiederum von den sozialen Normen und gesellschaftlichen Strukturprinzipien ab, die sich über Habitusformen in die Körper einschreiben und in räumlichen Strukturen sedimentieren. Die diskursanalytische Auswertung der Texte zeigte, dass die Menschen am und um den Hansaplatz in einer stark dichotomisierenden Sichtweise dargestellt und inszeniert werden. Auf der einen Seite gibt es ›die Bürger‹, auf der anderen ›die Randständigen‹. Die Darstellungsperspektive ist die der ›Bürger‹, die als ›Randgruppe‹ bezeichneten Gruppen erhalten in den Texten keinen Subjekt-Status, sondern sind Objekte der Darstellung. Auch die Interviewpartner/innen übernehmen diese Schablone in ihrer Beschreibung der den Platz nutzenden Gruppen. Sie unterlaufen dieses Schema jedoch auch immer wieder, indem sie beispielsweise die Prostitution doch als eher ›bürgerliches‹ Phänomen beschreiben, die ›Schwulenszene‹ einerseits der ›Normalbevölkerung‹, andererseits den ›Szenen‹ zuordnen, und verweisen damit auf die eigentliche Heterogenität der sozialen Akteure. Neben der erwähnten dichotomisierenden Schablone, in der gesellschaftliche Normen reproduziert werden, kommen auch gesellschaftliche Strukturkategorien in der Wahrnehmung von Körpern und Körperpraktiken und deren Bewertung zum Tragen. Sie sind eingelagert in die Habitusformen der Interviewpartner/innen. Im Unterschied zu den von Bourdieu und Löw thematisierten habitualisierten gesellschaftlichen Teilungsprinzipien Geschlecht und Klasse, die für die Konstitution von Raum entscheidend sind, wurde in der Auswertung der Interviews und der Texte deutlich, dass neben diesen auch Migration bzw. ethnische Differenz eine wichtige Strukturkategorie darstellt.

Für die Frage nach der Relevanz der Körper in Prozessen der Normalisierung und Marginalisierung hat die Studie als wichtigstes Ergebnis gezeigt, dass die hierfür zentralen Kategorien die der *Sichtbarkeit* und der *Wahrnehmung* sind. Körper sind sichtbar, aber erst die (sozial strukturierte) Wahrnehmung ermöglicht es, bestimmte Körperzeichen oder Körperpraktiken auszuwählen und mit sozialen Kriterien zu verknüpfen. Außerdem ist die Wahrnehmung als eigener körperlicher Prozess ein wichtiges Scharnier zwischen individuellem Körper-Empfinden und gesellschaftlichen Strukturen.

Die Studie hat darüber hinaus den Zusammenhang von Körper und Raum deutlich werden lassen. In Bezug auf die körperliche Ausgrenzung aus dem Raum hat insbesondere das Interviewmaterial gezeigt, dass diese drei Ebene aufweist: Ausgrenzung wird zum einen durch die Gestaltung und Zugänglichkeit von Raum strukturiert, zum anderen durch die Präsenz anderer Gruppen und zum dritten durch Raumverbote und Platzverweise. Bei der letzten Ebene handelt es sich um eine Exklusion aus dem Raum, wohingegen die anderen Ebenen eine Form der Verdrängung bezeichnen, die in den Interviews als eine Form der Marginalisierung lesbar wird. Während sich die als ›Normalbevölkerung‹ bezeichnenden Gruppen durch die Anwesenheit der ›Randständigen-Szene‹ und deren Körperpraktiken vom Platz verdrängt fühlen, realisiert sich die Verdrängung der letzteren faktisch durch polizeiliche Kontrollen und die Vergabe von Platzverweisen. Eine genauere Betrachtung der Interviewaussagen ergibt hier eine weitere Differenzierung: Es sind vor allem die räumliche Nähe heterogener Gruppen sowie die damit verbundenen heterogenen Vorstellungen von auf den Raum bezogenen adäquaten Körperpraktiken, die zum körperlichen Problem werden. Aus Sicht der Anwohner/innen stellt Alkoholkonsum auf dem Platz, anders als in den umliegenden Kneipen, ein Problem dar. Hier wird ein zentrales Ergebnis der Interviewauswertung deutlich: Der Hansaplatz ist als öffentlicher Raum auch von dem ihn zentral strukturierenden Widerspruch zwischen öffentlichen und privaten Interessen gekennzeichnet, der sich hier vor allem räumlich und körperlich manifestiert. Auch die vor allem in der Diskursanalyse zu Tage tretende Form der Marginalisierung als Kriminalisierung ist von diesem Widerspruch strukturiert. Als öffentlicher Ort unterliegt er den Gesetzen zur Aufrechterhaltung der öffentlichen Ordnung. Diese, ihre Durchsetzungspraxis und die Interessen der unterschiedlichen Akteure stehen aber am Hansaplatz, der gleichzeitig Sperrgebiet ist, teilweise in Widerspruch zueinander. In der Thematisierung der Marginalisierung als Verelendung wird ein weiterer wichtiger Widerspruch deutlich. Die Zeitungsartikel thematisieren die Verelendung hauptsächlich in den Beschreibungen der »kaputten Körper« – der Prostituierten und Drogenkonsument/inn/en. In den Drucksachen hingegen wird am explizitesten formuliert, dass das grundsätzliche ›Problem‹ in der ›Sichtbarkeit‹ des Elends liege und dass dieser mit ordnungspolitischen Mitteln nur begrenzt beizukommen sei. Die Sichtbarkeit des Elends als Problem kommt auch in den Interviews zur Sprache, wenn Interviewpartner/innen formulieren, dass dessen Anblick sehr belastend und nur schwer zu ertragen sei. Schwer erträglich ist es aber, weil die körperliche Verelendung an die eigene körperliche Verletztheit rührt und zugleich auf einen gesellschaftlichen Zustand verweist, der dieses Elend nicht verhindert hat. So artikuliert sich also auch in dem Unbehagen gegenüber der körperlich werdenden Verelendung ein gesellschaftlicher Widerspruch, der sich an den individuellen Körpern manifestiert.

Der Hansaplatz, so das Ergebnis der Auswertung, ist ein Ort, der von verschiedenen Widersprüchen strukturiert wird. Er ist ein Ort, an dem sich Raum lokalisiert, aber auch Sicherheit, Kontrolle und Marginalisierung.

Schluss: Gefährliche Körper an gefährlichen Orten

»I found that the archetypal outsider was figured not by the woman, the homosexual, the Jew, the Red Man, and the Black, as it often has been in classic American literature. Instead, I discovered that the strangely formed body has represented absolute Otherness in all times and places since human history began.«
(Fiedler 1996: xiii)

In diesem Kapitel soll an den Ausgangspunkt zurückgekehrt und die Frage danach beantwortet werden, *wie* sich soziale Ungleichheit körperlich manifestiert bzw. in welcher Weise der Körper Prozesse gesellschaftlicher Marginalisierung und Normalisierung strukturiert. Dafür ist es nicht nur wichtig, die Ergebnisse der empirischen Studie stärker mit denen der theoretischen Überlegungen des ersten Teils dieser Arbeit zu verknüpfen. Es wird darüber hinaus auch zu zeigen sein, *warum* bestimmte Körper zu marginalisierten, zu gefährlichen werden. Schließlich soll abschließend zusammengefasst werden, welche systematischen Verbindungen sich aus den dargestellten theoretischen Feldern und Fragestellungen für die Gesellschaftsanalyse ergeben.

Was bedeuten die Ergebnisse der empirischen Studie für die im theoretischen Teil erarbeiteten Konzepte und Fragestellungen zu Marginalisierung, Raum und Kontrolle? Die Studie konnte zeigen, dass sich am Hansaplatz soziale Konflikte räumlich und körperlich manifestieren. Diese lassen sich als Prozesse der Normalisierung und der Marginalisierung beschreiben, als Exklusion aus dem Raum, aber auch als Kampf um die Produktion von Raum. In der Auswertung des empirischen Materials ließen sich die Prozesse der Marginalisierung differenzieren in Kriminalisierung, Verdrängung und Verelendung. In der theoretischen Auseinandersetzung mit den Begriffen der Ungleichheitsforschung wurde Marginalisierung als prozesshafte und auf Normalisierungen verweisende Ergänzung zur Konzeption der Exklusion eingeführt. Wenn man die Dimensionen der Interdependenz und der Partizipation auf die hier thematisierten Formen von Marginalisierung überträgt, wird deutlich, dass es sich dabei vor allem um den Ausschluss aus einem verbindlichen Normengefüge, um Ausschluss aus Raum und den Ausschluss aus materieller Absicherung handelt. Zentral ist dabei jedoch, dass in allen diesen Formen die Körperlichkeit zu einem entscheidenden Medium des Ausschlusses wird. Denn die *Sichtbarkeit* von Körpern sowie die *Wahrnehmung* von Körperpraktiken sind Voraussetzung dafür, dass die soziale Ordnung auf dem Platz als problematisch oder gestört erscheint. Entscheidend hierfür ist aber insbesondere das Zusammenspiel von Körper und Raum, wie sich in der Auswertung des empirischen Materials zeigte. Die Gestaltung des Raums er- bzw. verunmöglicht unterschiedliche Weisen, den Raum zu nutzen, ihn zu besetzen, anzueignen oder aber auch aus ihm verdrängt zu werden. Die Doppelperspektive auf den Raum als herzustellenden und als Container-Raum erweist sich für die Analyse der Prozesse am Hansaplatz als sinnvoll: In der Analyse der diskursiven Herstellung des Platzes als gefährlichem Ort zeigte sich, dass hier Bilder und diskursive Verknüpfung an der Bedeutungskonstitution und schließlich daran, wie er erlebt und empfunden wird, mitwirken. Damit wird der Platz aber auch als institutionalisierter wirkmächtig. Es findet eine Kriminalisierung des Platzes statt und der Hansaplatz wirkt als gefährlicher Ort. Als solcher ist er dann einer, für den bestimmte Regularien wie Videoüberwachung oder Messerverbot gelten. Im Abschnitt zu gefährlichen Orten konnte gezeigt werden, wie eine wechselseitige Kriminalisierung von Ort und den dort zu beobachtenden Körperpraktiken stattfindet. Das Ineinandergreifen von Raumkonstitution, Körperpraxis und Marginalisierung bedeutet in der Praxis, dass räumliche Strukturen und vor allem räumliche Kontrolltechniken auf die Körper wirken, dass sie die Bewegung im Raum und damit die Formen seiner Aneignung beeinflussen. Gleichzeitig wird in der körperlichen Präsenz und den Körperpraktiken der Raum erst als je spezifischer hergestellt. Diese Prozesse sind von Bildern strukturiert, in diesem Fall von der diskursiven Produktion des gefährlichen Orts, aber auch von Normen, in diesem Fall häufig ›bürgerlichen‹. Damit verbunden sind die Habitusformen, d.h. die inkorporierten Schemata und Dispositionen, die die Wahrnehmung und Körperbewegung präformieren und in denen soziale Teilungsprinzipien verkörpert sind. Auch hierfür sind vor allem die Sichtbarkeit und die Wahrnehmung der und durch die Körper die entscheidenden Kategorien für die Analyse der körperlichen Prozesse.

Die Herstellung von Raum stellt sich am Hansaplatz als konfliktiver Prozess dar, der von unterschiedlichen Dimensionen determiniert ist. Der Konflikt resultiert aber vor allem aus seinem Charakter als öffentlicher Ort und damit als einem, mit dem widerstreitende Interessen und Nutzungsweisen verbunden sind. In der Studie wurde sehr deutlich, dass der Platz zum einen Ort einer großen Heterogenität ist und dass er zum anderen von dem Widerspruch zwischen privater und öffentlicher Sphäre durchzogen ist. Die räumlichen Kontrolltechniken und die Durchsetzung bestimmter, letztlich partikularer Ordnungsvorstellungen stellen Versuche dar, diesen Widerspruch zugunsten einer stärkeren Homogenität aufzulösen. Alles, was stört, soll aus dem Raum ausgeschlossen werden. Für die Homogenisierung von Raum und die Zonierung der Stadt ist die Sichtbarkeit von Körpern ein wichtiges Kriterium. Als öffentlicher Ort ist der Platz in besonderer Weise von den veränderten Formen sozialer Kontrolle durchzogen. Dass sich diese vor allem räumlich artikulieren, konnte im theoretischen Teil gezeigt werden. Wie sich die Vorstellungen von Gefährlichkeit und Sicherheit in der Gestaltung von Raum, in seiner Nutzung und Aneignung niederschlagen, in Formen des Zugangs und Ausschlusses, hat die Studie genauer ausleuchten können. Die neuen Kontrolltechniken nehmen aber darüber hinaus in einer besonderen Art und Weise die menschlichen Körper ins Visier.

Dass die Körper sowohl für Prozesse der Marginalisierung wie auch der Raumkonstitution und die Formen sozialer Kontrolle zentral sind, ist in den diversen Beispielen zum Hansaplatz offensichtlich geworden. Wie die Körper für diese Prozesse sozial wirksam werden, soll nun mit Hilfe der körpertheoretischen Überlegungen aus Kapitel 4 noch einmal genauer rekonstruiert werden.

Für die Analyse des Zusammenhangs von Marginalisierung und Körper bietet sich die bereits für das Verhältnis von Raum und Körper eingenommene Doppelperspektive an. Wie schon im Zwischenresümee des Theorie-Teils zusammengefasst, wird der Körper in dieser Perspektive einerseits als Produkt und andererseits als Produzent von Gesellschaft, bezogen auf das Thema dieses Buchs: von Marginalisierung und Normalisierung, begreifbar. Als Produkt ist der Körper ein marginalisierter, insofern sich in seine Gestalt und in seine Bewegungsformen seine gesellschaftliche Marginalisiertheit einschreibt. So werden am Hansaplatz körperliche Praktiken marginalisiert, weil sie bestimmten, hier: ›bürgerlichen‹, Normen nicht entsprechen, und bestimmte Gruppen werden als diejenigen sichtbar, die ein Problem für die soziale Ordnung darstellen. Aber auch in der Perspektive auf den Körper als Produzenten wird die Sichtbarkeit wichtig. Denn um als normaler oder anormaler Körper sichtbar zu werden, muss die Wahrnehmung bereits nach bestimmten Kriterien formiert sein. Die im Körper habitualisierten Schemata lassen bestimmte Körper und ihre Praktiken eher als ›auffällig‹, d.h. als der Norm nicht entsprechend erscheinen als andere. Damit hat der Körper auch teil an der Klassifikation anderer Körper und stabilisiert die soziale Ordnung. Bourdieu hat diesen Vorgang als Habitualisierung beschrieben. In der Körperbewegung schreiben sich gesellschaftliche Ordnungsmuster, Schemata des Wahrnehmens, Bewertens, Klassifizierens und Fühlens in die individuellen Körper ein. Das Klassen- wie das Geschlechterverhältnis lagern sich im Körper ab, in der Art, wie er sich bewegt, aber auch wie er andere Körper wahrnimmt und klassifiziert. Am Beispiel Hansaplatz konnte gezeigt werden, dass die Art, wie andere Körper wahrgenommen werden, nicht nur mit der Wahrnehmung von deren Körpergestalt (»Körperzeichen«) und Bewegung (»Körperpraktiken«) zu tun hat, sondern auch mit dem Raum und den verschiedenen Dimensionen, die diesen konstituieren. Es entsteht dann im Körper (»Körperwahrnehmung«) ein Gefühl des Wohl- oder Unwohlseins, der Angst oder der Freude. Die Sichtbarkeit ist also Voraussetzung für eine Wahrnehmung, welche gleichzeitig aber vorstrukturiert ist von gesellschaftlichen Normen, die dann eine entsprechende Zuschreibung sozialer Kriterien beeinflussen. Butler beschreibt den Vorgang der Inkorporierung oder Habitualisierung als Materialisierung von kulturellen Normen mittels performativer Akte. D.h. diese Normen müssen performativ hergestellt und damit körperlich inszeniert werden, um sozial wirksam zu werden. Nicht nur Butler, sondern auch Foucault betont, dass in beiden Perspektiven auf Körper – Produkt und Produzent von Gesellschaft zu sein – die Durchsetzung kultureller bzw. gesellschaftlicher Normen in den Blick kommt. Es bleibt hinsichtlich der Forschungsfrage und der Ergebnisse der empirischen Studie jedoch zu klären, warum welche gesellschaftlichen Normen durch die Körper sozial wirksam werden.

Körperliche Differenzen und die sich über diese konstituierenden Normen sind historisch variabel. Rosemary Garland Thomson legt in ihrer Genealogie des Freak-Diskurses dar, dass Gesellschaften immer ›körperlich abweichende Menschen‹ hervorgebracht haben und dass sich in der jeweiligen Bedeutungsaufladung körperlicher Differenz durch die Norm die Gesellschaft selbst konstituiert. Während im Mittelalter körperliche Anomalien als göttliche Zeichen oder Wunder interpretiert wurden, werden diese in der Herausbildung der modernen Gesellschaft zu Devianzen: »modernity moved the freak from the embodiment of wonder to the embodiment of error« (Thomson 1996b: 13). Auf Letzteres hat auch Foucault hingewiesen, indem er herausarbeitete, wie die Herausbildung der ›Normalisierungswissenschaften‹ mit der Entstehung des ›anormalen‹ und letztlich (für die Gesellschaft) ›gefährlichen Körpers‹ zusammenhing. Sein Norm-Begriff bietet sich für die Frage danach an, wie Gesellschaft ›normale‹ und ›anormale‹ Körper produziert, weil er ihn als Teil eines konstitutiven Bedingungsverhältnisses konzipiert. Die Norm ist nicht willkürlich gesetzt und starr, sondern sie hat eine gesellschaftliche Funktionalität, sie ist nicht nur eine repressive, sondern auch eine produktive Größe. Entscheidend hierbei ist jedoch, wie mit Verweis auf Link gezeigt werden konnte, dass die Norm in zwei Strategien wirkmächtig wird: einmal als Normation, d.h. als Vorgabe, an der sich die Körper auszurichten haben, und einmal als flexible und variable Norm, die sich aus einer Verteilung von

Werten ergibt, wie etwa der Durchschnittsgröße oder dem Durchschnittseikommen. Aber auch in dieser Strategie wird die Norm zum Standard und zum wichtigen Bezugspunkt. Während jedoch in der ersten Strategie die körperliche Abweichung als das wesenhaft andere, die absolute Differenz, als ›anormal‹ gekennzeichnet ist, manifestiert sie sich in der zweiten Strategie als graduelle Abweichung und damit als zu normalisierende.

Mit Blick auf die Körper am Hansaplatz wurde deutlich, dass es sich bei diesen Normen um das dichotome Muster ›Bürger versus Randständige‹ und in diesem eingelagert um die gesellschaftlichen Strukturkategorien Migration/Ethnie, Klasse und Geschlecht ging. Darüber hinaus konnte jedoch auch gezeigt werden, dass die realitätsstrukturierenden Prinzipien von Sicherheit und Gefahr nicht nur für die Kontrolle von Raum, sondern auch für das Wahrnehmen und Erleben der Körper eine neue Qualität gewonnen haben. Ein zentrales Ergebnis dieser Arbeit ist, dass die gesellschaftliche Norm sich aktuell vor allem vor dem Hintergrund von Vorstellungen zu Sicherheit und Gefahr entfaltet. Sie bringt gefährliche Körper an gefährlichen Orten hervor. Die Gefährlichkeit ist aus drei Gründen so wirkungsmächtig: Sie rührt daran, dass bestimmte Körper und Körperpraktiken als Gefahr für die soziale Ordnung wahrgenommen werden, weil sie bürgerliche Ordnungsvorstellungen ›stören‹. Sie ist aber auch deswegen relevant, weil, wie in den Interviews deutlich wurde, das in dem körperlichen Unbehagen artikulierte Problem gegenüber ›anderen‹ Körpern letztlich die Angst vor der eigenen körperlichen Versehrtheit ist und das implizite Wissen um gesellschaftliche Bedingungen, die diese aus sich heraus produzieren. Auf einer anderen Ebene schließlich ist diese Angst als konstitutiver Teil der Materialisierung von Normen an und in den Körpern zu interpretieren. Mit Butler ließe sich argumentieren, dass die Angst der Materialisierung einer Norm innewohnt, weil diese notwendig aus sich heraus das andere, ihr Entgegengesetzte produziert und damit die undenkbaren, verworfenen, die sozial nicht akzeptierten Körper, die die Norm ständig bedrohen. Der Bereich der anderen Körper sucht den Bereich der an der Norm ausgerichteten Körper »als das Gespenst seiner eigenen Unmöglichkeit« (Butler 1995: 16) ständig heim. Insofern erinnern die Körper, die als anders, fremd oder merkwürdig empfunden werden – die gefährlichen Körper – daran, dass die Körper immer auch Resultate einer zwanghaften Verinnerlichung von herrschaftsförmigen gesellschaftlichen Normen sind.

Für die Aufrechterhaltung einer an Sicherheit und Gefahr ausgerichteten sozialen Ordnung ist die Konstruktion gefährlicher Körper und gefährlicher Orte konstitutiv, da sich die Norm immer nur über das von ihr Ausgeschlossene stabilisieren kann. Die gefährlichen Körper koinzidieren mit den in Kapitel 1 bereits diskutierten gefährlichen Klassen. In dem vorliegenden Buch wurde deutlich, dass mit dem Auftauchen von ›gefährlichen Klassen‹ auch eine soziale Ordnung sichtbar wird, die auf Sicherheit und Gefahr als realitätsstrukturierenden Prinzipien basiert. Diese Ordnung produziert gefährliche Körper an gefährlichen Orten.

Mit dieser Arbeit konnte gezeigt werden, dass eine soziologische Perspektive auf Körper für die Gesellschaftsanalyse und konkreter für die Fragen nach Marginalisierung, nach Raum und nach Sicherheit und Kontrolle weiterführende Erkenntnisse ermöglicht. Denn sie macht deutlich, an welcher Stelle und auf welche Weise sich gesellschaftliche Strukturen mit individuellen vermitteln. Auf die einzelnen thematischen Felder und theoretischen Fragestellungen bezogen, bedeutet dies, dass Prozesse der Marginalisierung immer auch in ihrer körperlichen Dimension erfasst werden müssen, dass sie sich in den Körpern niederschlagen und von diesen stabilisiert werden. Für die Analyse des Raums wird deutlich, dass die Produktion von Raum immer auch von Körperpraktiken getragen ist, die diesen nutzen, sich aneignen, von diesem ausgeschlossen sind, die ihn wahrnehmen und ihm Bedeutung verleihen. Dass der Raum jedoch nichts Abstraktes ist, konnte auch der Zusammenhang mit dem Sicherheitsdiskurs und den mit diesem verbundenen neuen Formen sozialer Kontrolle deutlich machen. Der Hansaplatz ist insofern ein paradigmatischer und doch auch spezifischer öffentlicher Raum, als er ein in mehrfacher Hinsicht umkämpftes Feld darstellt und damit eines, an dem sich Fragen nach Teilhabe, nach Differenzen und Heterogenität sowie gesellschaftlichen Normen und letztlich der Durchsetzung gesellschaftlicher Herrschaft auf eine immer wieder neue und vor allem offenere Weise stellen als in den homogenen und segregierten Zonen der Stadt.

Auch wenn in diesem Buch die Dimension des Körpers im zentralen Fokus stand, so bleibt doch zum Schluss noch einmal zu betonen, dass Marginalisierung und Ausgrenzung von übergreifenden gesellschaftlichen Zusammenhängen strukturiert sind, und dass die Verteilung von Ressourcen und Rechten entscheidend dafür ist, wer die Mitte für sich beansprucht und wer an den Rand geschoben wird. So sind in der Analyse der körperlichen Dimension gesellschaftliche Strukturzusammenhänge deutlich geworden, die gleichwohl über diese Dimension hinausreichen.

Enden möchte ich mit der Schilderung einer Szene, die ich bei meinem letzten Besuch am Hansaplatz erlebt habe. Ich saß dort wie so häufig auf dem Mäuerchen und machte mir Notizen zu meinen Beobachtungen. Ein junger und sichtlich betrunkener Mann löste sich aus einer der sich dort gewöhnlich am Mäuerchen treffenden Gruppen, kam mit einer Zigarette in der Hand auf mich zu und bat freundlich um Feuer. Bevor ich reagieren und nach meinem Feuerzeug suchen konnte, meinte er schnell: »Keine Angst.«

Die Bilder sind durchgesetzt: Gefährliche Körper an gefährlichen Orten.

Literatur

1. Literatur

Ahrens, Daniela (2001): Grenzen der Enträumlichung. Weltstädte, Cyberspace und transnationale Räume in der globalisierten Moderne, Opladen: Leske + Budrich.

Alkemeyer, Thomas (2001): »Die Vergesellschaftung des Körpers und die Verkörperung der Gesellschaft. Ansätze einer Historischen Anthropologie des Körpers und des Sports in modernen Gesellschaften«. In: Klaus Moegling (Hg.), Integrative Bewegungslehre. Teil 1: Gesellschaft, Persönlichkeit, Bewegung, Immenhausen/Kassel: Prolog Verlag, S. 132-178.

Alkemeyer, Thomas (2006): »Rhythmen, Resonanzen und Missklänge. Über die Körperlichkeit der Produktion des Sozialen im Spiel«. In: Gugutzer (2006), S. 265-296.

Amann, Klaus/Hirschauer, Stefan (1997): »Die Befremdung der eigenen Kultur. Ein Programm«. In: Stefan Hirschauer/Klaus Amann (Hg.), Die Befremdung der eigenen Kultur. Zur ethnographischen Herausforderung soziologischer Empirie, Frankfurt/M.: Suhrkamp, S. 7-52.

Andreß, Hans-Jürgen (1999): Leben in Armut. Analysen der Verhaltensweisen armer Haushalte mit Umfragedaten, Opladen/Wiesbaden: Westdeutscher Verlag.

Andreß, Hans-Jürgen/Kronauer, Martin (2006): »Arm – Reich«. In: Lessenich/Nullmeier (2006), S. 28-52.

Arbeitskreis 800-Jahr-Feier St. Georg (1994): 800 Jahre St. Georg: 28.5.-5.6.94. Hamburg.

Augé, Marc (1994): Orte und Nicht-Orte. Vorüberlegungen zu einer Ethnologie der Einsamkeit, Frankfurt/M: S. Fischer.

Ausstellungswerkstatt St. Georg und Museum für Kunst und Gewerbe (Hg.) (1978): St. Georg – Vorstadt und Vorurteil? Hamburg.

Bahrdt, Hans-Paul (1998 [1961]): Die moderne Großstadt. Soziologische Überlegungen zum Städtebau, hg. von Ulfert Herlyn, Opladen: VS-Verlag.

Balke, Friedrich (2003): »Der Zwang zum ›Habitus‹. Bourdieus Festschreibung des ›subjektiven Faktors‹«. In: Link/Loer/Neuendorff (2003), S. 135-149.

Barlösius, Eva (2004): Kämpfe um soziale Ungleichheit. Machttheoretische Perspektiven. [Lehrbuch], Wiesbaden: VS-Verlag.

Barthes, Roland (1996 [1957]): Mythen des Alltags, Frankfurt/M: Suhrkamp.

Bauer, Patricia (2004): »Die politische Entgrenzung von Innerer und Äußerer Sicherheit nach dem 11. September«. In: Elsbergen (2004a), S. 49-73.

Bauman, Zygmunt (1998): »Vom gesellschaftlichen Nutzen von *Law and Order*«. Widersprüche 18, S. 7-21.

Becker, Jochen (Hg.) (2001): Bignes? Size does matter. Image/Politik. Städtisches Handeln. Kritik der unternehmerischen Stadt, Berlin: b_books.

Belina, Bernd (2006): Raum, Überwachung, Kontrolle. Vom staatlichen Zugriff auf städtische Bevölkerung, Münster: Westfälisches Dampfboot.

Belina, Bernd/Michel, Boris (Hg.) (2007): Raumproduktionen. Beiträge der Radical Geography. Eine Zwischenbilanz, Münster: Westfälisches Dampfboot.

Bellebaum, Alfred (1984): Abweichendes Verhalten. Kriminalität und andere soziale Probleme, Paderborn: Schöningh.

Berger, Peter A./Schmidt, Volker H. (Hg.) (2004): Welche Gleichheit, welche Ungleichheit? Grundlagen der Ungleichheitsforschung, Wiesbaden: VS-Verlag.

Berger, Peter A./Vester, Michael (Hg.) (1998): Alte Ungleichheiten. Neue Spaltungen, Opladen: Leske + Budrich.

[Berliner Polizeigesetz] Allgemeines Gesetz zum Schutz der öffentlichen Sicherheit und Ordnung in Berlin [vom 14. April 1992, zuletzt geändert am 10. Februar 2003], http://www.Datenschutz-berlin.de/recht/bln/rv/sich_o/asog2.html, 17.1.2007.

Bernsdorf, Wilhelm (Hg.) (1969): Wörterbuch der Soziologie, Stuttgart: Enke.

Beste, Hubert (2000): Morphologie der Macht. Urbane »Sicherheit« und die Profitorientierung sozialer Kontrolle, Opladen: Leske + Budrich.

Beste, Hubert (2004): »The City of ›New Surveillance‹«. In: Elsbergen (2004a), S. 155-176.

Bette, Karl-Heinrich (1989): Körperspuren. Zur Semantik und Paradoxie moderner Körperlichkeit, Berlin/New York: de Gruyter.

Bieling, Hans-Jürgen (2000): Dynamiken sozialer Spaltung und Ausgrenzung – Gesellschaftstheorien und Zeitdiagnosen, Münster: Westfälisches Dampfboot.

Birenheide, Almut/Legnaro, Aldo (2003): »Shopping im Hochsicherheitstrakt? – Sicherheitsstrategien verschiedenartiger Konsumlandschaften«. Kriminologisches Journal 35, S. 3-16.

Birenheide, Almut/Legnaro, Aldo/Ruschmeier, Sibylle (2001): »Sicherheit und Recht und Freiheit. Städtisches Lebensgefühl und Glokalisierung«. In: Criminologische Vereinigung (Hg.), Retro-Perspektiven der Kriminologie. Stadt – Kriminalität – Kontrolle, Hamburg: BOD, S. 17-57.

Blakely, Edward J./Snyder, Mary Gail (1997): Fortress America. Gated Communities in the United States, Washington D.C./Cambridge: Brookings Institution Press.

Böhnke, Petra (2006a): Am Rande der Gesellschaft – Risiken sozialer Ausgrenzung, Opladen: Verlag Barbara Budrich.

Böhnke, Petra (2006b): »Marginalisierung und Verunsicherung. Ein empirischer Beitrag zur Exklusionsdebatte«. In: Bude/Willisch (2006a), S. 97-120.

Bohnsack, Ralf/Marotzki, Winfried/Meuser, Michael (Hg.) (2003): Hauptbegriffe Qualitative Sozialforschung. Ein Wörterbuch, Opladen: Leske + Budrich.

Bonß, Wolfgang (1995): Vom Risiko. Unsicherheit und Ungewißheit in der Postmoderne, Hamburg: Hamburger Edition HIS.

Bonß, Wolfgang (1997): »Die gesellschaftliche Konstruktion von Sicherheit«. In: Ekkehard Lippert/Andreas Prüfert/Günther Wachtler (Hg.), Sicherheit in der unsicheren Gesellschaft, Opladen: Westdeutscher Verlag, S. 21-41.

Bourdieu, Pierre (1985): Sozialer Raum und ›Klassen‹. Leçon sur la leçon. Zwei Vorlesungen, Frankfurt/M: Suhrkamp.

Bourdieu, Pierre (1986): »Historische und soziale Voraussetzungen des modernen Sports«. In: Gerd Hortleder/Gunter Gebauer (Hg.), Sport – Eros – Tod, Frankfurt/M: Suhrkamp, S. 91-112.

Bourdieu, Pierre (1991): »Physischer, sozialer und angeeigneter physischer Raum«. In: Wentz (1991), S. 25-34.

Bourdieu, Pierre (1996 [1979]): Die feinen Unterschiede. Kritik der gesellschaftlichen Urteilskraft, Frankfurt/M: Suhrkamp.

Bourdieu, Pierre et al. (1997a): Das Elend der Welt. Zeugnisse und Diagnosen alltäglichen Leidens an der Gesellschaft, Konstanz: UVK.

Bourdieu, Pierre (1997b): »Zur Genese der Begriffe Habitus und Feld«. In: Ders., Der Tote packt den Lebenden, Hamburg: VSA, S. 59-78.

Bourdieu, Pierre (1998): Praktische Vernunft. Theorie des Handelns, Frankfurt/M: Suhrkamp.

Bourdieu, Pierre (1999): Sozialer Sinn. Kritik der theoretischen Vernunft, Frankfurt/M: Suhrkamp.

Bourdieu, Pierre (2001): Meditationen. Zur Kritik der scholastischen Vernunft, Frankfurt/M: Suhrkamp.

Bourdieu, Pierre (2005): Die Männliche Herrschaft, Frankfurt/M: Suhrkamp.

Bourdieu, Pierre/Wacquant, Loïc (1996): Reflexive Anthropologie, Frankfurt/M: Suhrkamp.

Bowling, Benjamin (1999): »The Rise and Fall of New York Murder. Zero Tolerance or Crack's Decline?« The British Journal of Criminology 39, S. 531-554.

Breckner, Ingrid/Sessar, Klaus (2003): »Unsicherheiten in europäischen Großstädten: Transdisziplinäre Perspektiven in einem alten Forschungsfeld«. In: Gestring et al. (2003), S. 107-116.

Bröckling, Ulrich/Krasmann, Susanne/Lemke, Thomas (Hg.) (2000): Gouvernementalität der Gegenwart. Studien zur Ökonomisierung des Sozialen, Frankfurt/M: Suhrkamp.

Bröckling, Ulrich/Krasmann, Susanne/Lemke, Thomas (Hg.) (2004): Glossar der Gegenwart, Frankfurt/M: Suhrkamp.

Bude, Heinz (1998): »Die Überflüssigen als transversale Kategorie«. In: Peter Berger/Michael Vester (Hg.), Alte Ungleichheiten – Neue Spaltungen, Opladen: Leske + Budrich, S. 363-382.

Bude, Heinz/Lantermann, Ernst-Dieter (2006): »Soziale Exklusion und Exklusionsempfinden«. Kölner Zeitschrift für Soziologie und Sozialpsychologie 58, S. 233-252.

Bude, Heinz/Willisch, Andreas (Hg.) (2006a): Das Problem der Exklusion. Ausgegrenzte, Entbehrliche, Überflüssige. Hamburg: Hamburger Edition HIS.

Bude, Heinz/Willisch, Andreas (2006b): »Das Problem der Exklusion«. In: Dies. (2006a), S. 7-23.

Bude, Heinz/Willisch, Andreas (Hg.) (2008): Exklusion. Die Debatte über die »Überflüssigen«, Frankfurt/M: Suhrkamp.

Bürgerschaft der Freien und Hansestadt Hamburg (2004): Drucksache 18/1487. Mitteilungen des Senats an die Bürgerschaft. Entwurf eines Gesetzes zur Erhöhung der öffentlichen Sicherheit in Hamburg (14.12.2004).

Burchell, Graham/Gordon, Colin/Miller, Peter (Hg.) (1991): The Foucault Effect. Studies in Governmentality, Hemel Hemstead: Harvester Wheatsheaf.

Burzan, Nicole (2004): Soziale Ungleichheit. Eine Einführung in die zentralen Theorien, Wiesbaden: VS-Verlag.

Bussmann, Kai-D./Kreissl, Reinhard (Hg.) (1996): Kritische Kriminologie in der Diskussion. Theorien, Analysen, Positionen, Opladen: Westdeutscher Verlag.

Butler, Judith (1995): Körper von Gewicht. Die diskursiven Grenzen von Geschlecht, Berlin: Berlin Verlag.

Butler, Judith (2006): Haß spricht. Zur Politik des Performativen, Frankfurt/M: Suhrkamp.

Castel, Robert (2005): Die Stärkung des Sozialen. Leben im neuen Wohlfahrtsstaat Hamburg: Hamburger Edition HIS.

Chassé, Karl August (1992): »Brauchen wir den Randgruppenbegriff?« In: Ders./Anke Drygala/Anne Schmidt-Noerr (Hg.), Randgruppen 2000. Analysen zu Randgruppen und zur Randgruppenarbeit, Bielefeld: Böllert KT-Verlag, S. 91-100.

Dangschat, Jens S. (Hg.) (1999): Modernisierte Stadt – Gespaltene Gesellschaft. Ursachen von Armut und sozialer Ausgrenzung, Opladen: Leske + Budrich.

Dangschat, Jens S. (2000): »Sozial-räumliche Differenzierungen in Städten: Pro und Contra«. In: Harth/Scheller/Tessin (2000), S. 141-159.

Darnstädt, Thomas (1997): »Der Ruf nach mehr Obrigkeit«. Der Spiegel 28/1997, S. 48-61.

Davis, Mike (1992): City of Quartz. Excavating the Future in Los Angeles, New York: Vintage Books.

Deleuze, Gilles (1993): Unterhandlungen. 1972-1990, Frankfurt/M: Suhrkamp.

Denzin, Norman K./Lincoln, Yvonna S. (1994): »Introduction: Entering the Field of Qualitative Research«. In: Dies. (Hg.), Handbook of Qualitative Research, Thousand Oaks/London/New Delhi: Sage, S. 1-17.

Diesener, Christian/Pfadt, Andreas/Reich, Michael/Seifert, Stefan (1994): Integriertes Handlungs- und Maßnahmenkonzept für den Stadtteil Hamburg St. Georg. Arbeitgruppe für Stadtplanung und Kommunalbau, Hamburg.

Diettrich, Ben (1999): Klassenfragmentierung im Postfordismus. Geschlecht, Arbeit, Rassismus, Marginalisierung, Münster: Unrast.

Dinges, Martin/Sack, Fritz (Hg.) (2000): Unsichere Großstädte? Vom Mittelalter bis zur Postmoderne, Konstanz: UVK.

Döring, Jörg/Thielmann, Tristan (Hg.) (2008): Spatial Turn. Das Raumparadigma in den Kultur- und Sozialwissenschaften, Bielefeld: transcript.

Dollinger, Bernd (2001): »Zur sozialen Kontrolle in der ›Kontrollgesellschaft‹: Das Beispiel Drogenkonsum«. Kriminologisches Journal 33, S. 89-101.

Dreher, Gunther/Feltes, Thomas (Hg.) (1997): Das Modell New York: Kriminalprävention durch ›Zero Tolerance‹? Beiträge zur aktuellen kriminalpolitischen Diskussion, Holzkirchen/Obb.: Felix.

Dubet, François/Lapeyronnie, Didier (1994): Im Aus der Vorstädte. Der Zerfall der demokratischen Gesellschaft, Stuttgart: Klett-Cotta.

Duden, Barbara (1987): Geschichte unter der Haut. Ein Eisenacher Arzt und seine Patientinnen um 1730, Stuttgart: Klett-Cotta.

Durkheim, Emile (1992 [1930]): Über soziale Arbeitsteilung. Studie über die Organisation höherer Gesellschaften, Frankfurt/M: Suhrkamp.

Eckardt, Frank (2004): Soziologie der Stadt, Bielefeld: transcript.

Eick, Volker (2003): »›Und das ist auch gut so...‹ Polizieren im Berlin des 21. Jahrhunderts«. In: Nissen (2003), S. 67-88.

Eick, Volker (2004): »›Wenn Ihr einen schönen Tag haben wollt, müsst Ihr lächeln...‹ Zur Rolle von Nonprofit-Ordnungsdiensten in der Sicherheitsproduktion«. In: Elsbergen (2004a), S. 133-154.

Eick, Volker/Sambale, Jens/Töpfer, Eric (Hg.) (2007): Kontrollierte Urbanität. Zur Neoliberalisierung städtischer Sicherheitspolitik, Bielefeld: transcript.

Eisenberg, Ulrich/Puschke, Jens/Singelnstein, Tobias (2005): »Ubiquitäres Computing = ubiquitäre Kontrolle? Zum Potential der RFID-Technologie für Überwachung und Kontrolle«. Kriminologisches Journal 37, S. 93-108.

Eisner, Manuel (2001): »Kriminalität in der Stadt – Ist Desintegration das Problem?« In.: Jehle (2001), S. 3-23.

Elsbergen, Gisbert von (Hg.) (2004a): Wachen, Kontrollieren, Patrouillieren. Kustodialisierung der Inneren Sicherheit, Wiesbaden: VS-Verlag.

Elsbergen, Gisbert von (2004b): »Das Konzept der Kustodialisierung – Innere Sicherheit zwischenstaatlicher Kontrolle und Privatisierung«. In: Ders. (2004a), S. 13-29.

Elsbergen, Gisbert von (2004c): »Auf der Suche nach der Sicherheitswacht – Bayern und sein Konzept zur Inneren Sicherheit«. In: Ders. (2004a), S. 159-206.

Engelhard, Wolfgang/Reinig, Joachim (1990): »50 Jahre Stadtplanung über St. Georg«. In: Joho (1990), S. 116-121.

Engels, Friedrich (1972 [1845]): »Die Lage der arbeitenden Klasse in England«. In: MEW, Bd. 2., Berlin: Dietz, S. 225-506.

Essinger, Helmut (1977): Soziale Rand- und Problemgruppen, München: Kösel.

Fainstein, Norman (1996): »A Note on Interpreting American Poverty«. In: Mingione (1996a), S. 153-159.

Fainstein, Susan S./Gordon, Ian/Harloe, Michael (Hg.) (1992): Divided Cities. New York & London in the Contemporary World, Oxford/Cambridge: Blackwell.

Farwick, Andreas (2001): Segregierte Armut in der Stadt. Ursachen und soziale Folgen der räumlichen Konzentration von Sozialhilfeempfängern, Opladen: Leske + Budrich.

Farzin, Sina (2006): Inklusion/Exklusion. Entwicklungen und Probleme einer systemtheoretischen Unterscheidung, Bielefeld: transcript.

Featherstone, Mike (1982): »The Body in Consumer Culture«. Theory, Culture and Society 1, S. 18-33.

Featherstone, Mike/Hepworth, Mike /Turner, Bryan S. (Hg.) (1991): The Body. Social Process and Cultural Theory, London/Thousand Oaks/New Delhi: Sage.

Fennelly, Lawrence J. (1996): Handbook of Loss Prevention and Crime Prevention, Boston/Oxford: Butterworth-Heinemann.

Fiedler, Leslie A. (1996): »Foreword«. In: Thomson (1996a), S. xiii-xviii.

Flick, Uwe (2003): »Triangulation in der qualitativen Forschung«. In: Ders./ Kardoff/Steinke (2003), S. 309-318.

Flick, Uwe/Kardoff, Ernst von/Steinke, Ines (Hg.) (2003): Qualitative Forschung. Ein Handbuch, Hamburg: Rowohlt.

Foucault, Michel (1976): Mikrophysik der Macht. Über Strafjustiz, Psychiatrie und Medizin, Berlin: Merve.

Foucault, Michel (1978): Dispositive der Macht. Über Sexualität, Wissen und Wahrheit, Frankfurt/M: Suhrkamp.

Foucault, Michel (1983 [1976]): Der Wille zum Wissen. Sexualität und Wahrheit, Bd. 1, Frankfurt/M: Suhrkamp.

Foucault, Michel (1991): »Andere Räume«. In: Wentz (1991), S. 65-72.

Foucault, Michel (1992): Was ist Kritik? Berlin: Merve.

Foucault, Michel (1994 [1975]): Überwachen und Strafen. Die Geburt des Gefängnisses, Frankfurt/M: Suhrkamp.

Foucault, Michel (2001): In Verteidigung der Gesellschaft. Vorlesungen am Collège de France (1975-76), Frankfurt/M: Suhrkamp.

Foucault, Michel (2003a): Die Anormalen. Vorlesungen am Collège de France (1974-75), Frankfurt/M: Suhrkamp.

Foucault, Michel (2003b): Dits et Ecrits. Schriften. Bd. 3, Frankfurt/M: Suhrkamp.

Foucault, Michel (2004a): Geschichte der Gouvernementalität I. Sicherheit, Territorium, Bevölkerung. Vorlesungen am Collège de France (1977-78), hg. v. Michel Sennelart, Frankfurt/M: Suhrkamp.

Foucault, Michel (2004b):Geschichte der Gouvernementalität II. Die Geburt der Biopolitik. Vorlesungen am Collège de France (1978-79), hg. v. Michel Sennelart, Frankfurt/M: Suhrkamp.

Foucault, Michel (2005): Dits et Ecrits. Schriften. Bd. 4, Frankfurt/M: Suhrkamp.

Frevel, Bernhard (2003): »Polizei, Politik und Medien und der Umgang mit dem bürgerlichen Sicherheitsgefühl«. In: Lange (2003), S. 322-336.

Friebertshäuser, Barbara (1997): »Feldforschung und teilnehmende Beobachtung«. In: Dies./Annedore Prengel (Hg.), Handbuch Qualitative Forschungsmethoden in der Erziehungswissenschaft, Weinheim/München: Juventa, S. 503-534.

Fürstenberg, Friedrich (1965): »Randgruppen in der modernen Gesellschaft«. Soziale Welt 16, S. 236-245.

Gans, Herbert J. (1996): »From ›Underclass‹ to ›Undercaste‹. Some Observations About the Future of the Post-industrial Economy and its Major Victims«. In: Mingione (1996a), S. 141-152.

Garland, David (1996): »The Limits of the Souvereign State. Strategies of Crime Control in Contemporary Society«. British Journal of Criminology 36, S. 445-471.

Garland, David (2001): The Culture of Control. Crime and Social Order in Contemporary Society, Oxford: Oxford University Press.

Garland, David (2004): »Die Kultur der ›High Crime Societies‹. Voraussetzung einer neuen Politik von ›Law and Order‹«. In: Oberwittler/Karstedt (2004), S. 36-68.

Gebhardt, Thomas/Heinz, Andreas/Knöbel, Wolfgang (1996): »Die gefährliche Wiederkehr der ›gefährlichen Klassen‹«. Kriminologisches Journal 28, S. 82-106.

Geschichtswerkstatt St. Georg (Hg.) (2003): 125 Jahre Hansabrunnen auf dem Hansaplatz. Chronik anlässlich der Gedenkveranstaltung am 10. Juli 2003, Hamburg.

Geschichtswerkstatt St. Georg e.V. (Hg.) (1994): Vom 28. Mai bis zum 5. Juni 1994 feiert St. Georg sein 800jähriges Jubiläum, Konturen H3/1994 Hamburg.

Gestring, Norbert/Glasauer, Herbert/Hannemann, Christine/Petrowsky, Werner/Pohlan, Jörg (Hg.) (2003): Jahrbuch StadtRegion 2002: Schwerpunkt. Die sichere Stadt, Opladen: Leske + Budrich.

Giddens, Anthony (1988): Die Konstitution der Gesellschaft. Grundzüge einer Theorie der Strukturierung, Frankfurt/M./New York: Campus.

Glaser, Barney G./Strauss, Anselm L. (1998): Grounded Theory. Strategien qualitativer Forschung, Bern: Huber.

Glasze, Georg/Pütz, Robert/Rolfes, Manfred (Hg.) (2005): Diskurs – Stadt – Kriminalität. Städtische (Un-)Sicherheiten aus der Perspektive von Stadtforschung und Kritischer Kriminalgeographie, Bielefeld: transcript.

Goffman, Erving (1971): Verhalten in sozialen Situationen. Strukturen und Regeln der Interaktion im öffentlichen Raum, Gütersloh: Bertelsmann.

Goffman, Erving (1975): Stigma. Über Techniken der Bewältigung beschädigter Identität, Frankfurt/M: Suhrkamp.

Greene, Judith A. (2001): »Zero Tolerance: Auswirkungen auf Kriminalität, Gemeinwesen und Kriminaljustiz in New York«. In: Jehle (2001), S. 43-67.

Gregory, Derek/Urry, John (Hg.) (1985): Social Relations and Spatial Structures, Basingstoke/London: Mac Millan Educ.

Groenemeyer, Axel (1999): »Soziale Probleme, soziologische Theorie und moderne Gesellschaften«. In: Günter Albrecht/Axel Groenemeyer/Friedrich W. Stallberg (Hg.), Handbuch soziale Probleme, Opladen/Wiesbaden: Westdeutscher Verlag, S. 13-72.

Gugutzer, Robert (2002): Leib, Körper und Identität. Eine phänomenologisch-soziologische Untersuchung zur personalen Identität, Wiesbaden: Westdeutscher Verlag.

Gugutzer, Robert (2004): Soziologie des Körpers, Bielefeld: transcript.

Gugutzer, Robert (Hg.) (2006): Body Turn. Perspektiven der Soziologie des Körpers und des Sports, Bielefeld: transcript.

Häfele, Joachim/Sobczak, Olaf (2002): »Der Bahnhof als Laboratorium der Sicherheitsgesellschaft? Soziale Kontrolle und Ausschließung am Hamburger Hauptbahnhof«. Widersprüche 22, S.71-85.

Häußermann, Hartmut (1997): »Armut in den Großstädten – eine neue städtische Unterklasse?« Leviathan. Zeitschrift für Sozialwissenschaft 25, S. 12-27.

Häußermann, Hartmut (2006): »Die Krise der ›sozialen Stadt‹. Warum der sozialräumliche Wandel der Städte eine eigenständige Ursache für Ausgrenzung ist«. In: Bude/Willisch (2006a), S. 294-313.

Häußermann, Hartmut/Ipsen, Detlev/Krämer-Badoni, Thomas/Läpple, Dieter/Rodenstein, Marianne/Siebel, Walter (Hg.) (1991): Stadt und Raum. Soziologische Analysen, Pfaffenweiler: Centaurus.

Häußermann, Hartmut/Kapphan, Andreas (2004): »Berlin: Ausgrenzungsprozesse in einer europäischen Stadt«. In: Häußermann/Kronauer/Siebel (2004a), S. 203-234.

Häußermann, Hartmut/Kronauer, Martin/Siebel, Walter (2004b): »Einleitung. Stadt am Rand: Armut und Ausgrenzung«. In: Dies. (2004a), S.7-40.

Häußermann, Hartmut/Kronauer, Martin/Siebel, Walter (Hg.) (2004a): An den Rändern der Städte, Frankfurt/M: Suhrkamp.

Häußermann, Hartmut/Siebel, Walter (2004): Stadtsoziologie. Eine Einführung, Frankfurt/M./New York: Campus.

Häußermann, Hartmut/Siebel, Walter (Hg.) (1993): New York. Strukturen einer Metropole, Frankfurt/M: Suhrkamp.

Hagner, Michael (Hg.) (1995): Der falsche Körper. Beiträge zu einer Geschichte der Monstrositäten, Göttingen: Wallstein.

Hahn, Kornelia/Meuser, Michael (Hg.) (2002): Körperrepräsentationen. Die Ordnung des Sozialen und des Körpers, Konstanz: UVK.

[hamburg.de] BiKa (2006): St. Georg. http://www.hamburg.de/artikel.do?cid=3879908, 1.9.2006.

[Hamburger Polizeigesetz] Gesetz zum Schutz der öffentlichen Sicherheit und Ordnung (SOG) [vom 14. März 1966, zuletzt geändert am 16. Juni 2005]/Gesetz über die Datenverarbeitung der Polizei [vom 10. April 1991, zuletzt geändert am 16. Juni 2005]. http://fhh.hamburg.de/stadt/Aktuell/

behoerden/inneres/service/downloads/0601-sog-poldvg-pdf,property=source. pdf, 18.1.2007.

Hardt, Michael/Negri, Antonio (2002): Empire. Die neue Weltordnung. Frankfurt/M./New York: Campus.

Harth, Annette/Scheller, Gitta/Tessin, Wulf (Hg.) (2000): Stadt und soziale Ungleichheit, Opladen: Leske + Budrich.

Hartig, Marion (2006): »Mit Mitgefühl und Härte gegen Kriminalität«. Frankfurter Rundschau Nr. 296, 20.12.2006, S. 28.

Harvey, David (2001): Spaces of Capital. Towards a Critical Geography, Edinburgh: Edinburgh University Press.

Hecker, Wolfgang (1997): »Vorbild New York? Zur aktuellen Debatte über eine neue Sicherheits- und Kriminalpolitik«. Kritische Justiz 30, S. 395-410.

Heinz, Wolfgang/Spiess, Gerhard (2001): »Kriminalitätsfurcht – Befunde aus neueren Repräsentativbefragungen«. In: Jehle (2001), S. 146-191.

Heitmeyer, Wilhelm/Collmann, Birgit/Conrads, Jutta/Matuschek, Ingo/Kraul, Dietmar/Kühnel, Wolfgang/Möller, Renate/Ulbrich-Hermann, Matthias (1996): Gewalt: Schattenseiten der Individualisierung bei Jugendlichen aus unterschiedlichen Milieus, Weinheim/München: Juventa.

Heitmeyer, Wilhelm/Dollase, Rainer/Backes, Otto (Hg.) (1998): Die Krise der Städte. Analysen zu den Folgen desintegrativer Stadtentwicklung für das ethnisch-kulturelle Zusammenleben, Frankfurt/M: Suhrkamp.

Herkommer, Sebastian (Hg.) (1999): Soziale Ausgrenzungen. Gesichter des neuen Kapitalismus, Hamburg: VSA.

Hirschauer, Stefan (1993): Die soziale Konstruktion der Transsexualität. Über die Medizin und den Geschlechtswechsel, Frankfurt/M: Suhrkamp.

Hirschauer, Stefan (2001): »Ethnografisches Schreiben und die Schweigsamkeit des Sozialen. Zu einer Methodologie der Beschreibung«. Zeitschrift für Soziologie 30, S. 429-451.

Hölscher, Michael (2003): »Sicherheitsgefühl und Überwachung. Eine empirische Studie zu Einstellungen der Bürger zur Videoüberwachung und ihrer Erklärung«. Kriminologisches Journal 35, S. 42-56.

Home Office (2004): A Guide to Anti-Social Behaviour Orders and Acceptable Behaviour Contracts. http://www.crimereduction.gov.uk/asbos9.html, 16.8.2004.

Home Office (2007): Anti-social behaviour. http://www.homeoffice.gov.uk/anti-social-behaviour, 18.1.2007.

Hopf, Christel (2003): »Qualitative Interviews – ein Überblick«. In: Flick/Kardoff/Steinke (2003), S. 349-360.

Hughes, Bill/Paterson, Kevin (1997): »The Social Model of Disability and the Disappearing Body: Towards a Sociology of Impairment«. Disability & Society, 12, S. 325-340.

Jacobs, Jane (1971 [1960]): Tod und Leben amerikanischer Städte, Gütersloh: Bertelsmann.

Jäger, Ulle (2004): Der Körper, der Leib und die Soziologie. Entwurf einer Theorie der Inkorporierung, Königstein: Ulrike Helmer.

Jehle, Jörg-Martin (2001) (Hg.): Raum und Kriminalität. Sicherheit der Stadt. Migrationsprobleme, Mönchengladbach: Forum-Verlag Godesberg.

Jencks, Christopher/Peterson, Paul E. (Hg.) (1991): The Urban Underclass, Washington D.C.: Brookings Institution.

Joho, Michael (Hg.) (1990): »›Kein Ort für anständige Leute‹. St. Georg – Geschichte und Gegenwart eines l(i)ebenswerten Stadtteils«. Hamburg: VSA.

Junge, Torsten/Schmincke, Imke (Hg.) (2007): Marginalisierte Körper. Beiträge zur Soziologie und Geschichte des anderen Körpers, Münster: Unrast.

Jurt, Josef (2003): »Habitus und Normalismus«. In: Link/Loer/Neuendorff (2003), S. 121-133.

Kamper, Dietmar/Rittner, Volker (Hg.) (1976): Zur Geschichte des Körpers, München/Wien: Hanser.

Kamper, Dietmar/Wulf, Christoph (Hg.) (1982): Die Wiederkehr des Körpers, Frankfurt/M: Suhrkamp.

Karstedt, Susanne/Oberwittler, Dietrich (Hg.) (2004): »Neue Perspektiven in der Kriminalsoziologie«. In: Oberwittler/Karstedt (2004), S. 7-35.

Keil, Roger (1993): Weltstadt – Stadt der Welt. Internationalisierung und lokale Politik in LA, Münster: Westfälisches Dampfboot.

Keller, Rainer (2004): Diskursforschung. Eine Einführung für SozialwissenschaftlerInnen, Opladen: Leske + Budrich.

Keller, Rainer/Hirseland, Andreas/Schneider, Werner/Viehöver, Willy (2001): Zur Aktualität sozialwissenschaftlicher Diskursanalyse – Eine Einführung. In: Dies. (Hg.), Handbuch Sozialwissenschaftliche Diskursanalyse. Bd. 1: Theorien und Methoden, Opladen: Leske + Budrich, S. 7-27.

Klein, Gabriele (1994): FrauenKörperTanz. Eine Zivilisationsgeschichte des Tanzes, München: Heyne.

Klein, Gabriele (Hg.) (2004a): Bewegung. Sozial- und kulturwissenschaftliche Konzepte, Bielefeld: transcript.

Klein, Gabriele (2004b): »Bewegung und Moderne: Zur Einführung«. In: Dies. (2004a), S. 7-19.

Klein, Gabriele (2005): »Das Theater des Körpers. Zur Performanz des Körperlichen«. In: Schroer (2005), S. 73-91.

Klein, Gabriele/Friedrich, Malte (2003): Is this real? Die Kultur des HipHop, Frankfurt/M: Suhrkamp.

Koch, Max (1999): »Ausbeutung und Ausgrenzung«. In: Herkommer (1999), S. 35-59.

Kögler, Alfred (1976): Die Entwicklung von ›Randgruppen‹ in der BRD. Literaturstudie zur Entwicklung randständiger Bevölkerungsgruppen, Göttingen: Schwartz.

Koskela, Hille (2002): »Videosurveillance, Gender and the Savety of Public Urban Space: ›Peeping Tom‹ goes High Tech?« Urban Geography 23, S. 257-278.

Krämer-Badoni, Thomas (1991): »Die Stadt als sozialwissenschaftlicher Gegenstand«. In: Häußermann et al. (1991), S.1-29.

Krämer-Badoni, Thomas (2003): »Die Gesellschaft und ihr Raum – kleines verwundertes Nachwort zu einem großen Thema«. In: Ders./Kuhm (2003), S. 275-286.

Krämer-Badoni, Thomas/Klaus Kuhm (Hg.) (2003): Die Gesellschaft und ihr Raum. Raum als Gegenstand der Soziologie, Opladen: Leske + Budrich.

Krais, Beate/Gebauer, Gunter (2002): Habitus, Bielefeld: transcript.

Krasmann, Susanne (2002): »Videoüberwachung in neoliberalen Kontrollgesellschaften oder: Smile, you are on camera«. Widersprüche 22, S. 53-68.

Krasmann, Susanne (2003a): Die Kriminalität der Gesellschaft. Zur Gouvernementalität der Gegenwart, Konstanz: UVK.

Krasmann, Susanne (2003b): »Gefährdungsausweitung. Die Kriminologie und die Transformation des Sozialen«. In: Pieper/Gutiérrez Rodríguez (2003), S. 39-49.

Krasmann, Susanne/Marinis, Pablo de (1997): »Machtinterventionen im urbanen Raum«. Kriminologisches Journal 29, S. 162-185.

Kreckel, Reinhard (1992): Politische Soziologie der sozialen Ungleichheit. Frankfurt/M./New York: Campus.

Kronauer, Martin (1997): »›Soziale Ausgrenzung‹ und ›Underclass‹: Über neue Formen der gesellschaftlichen Spaltung«. Leviathan. Zeitschrift für Sozialwissenschaft 25, S. 28-49.

Kronauer, Martin (1999): »Die Innen-Außen-Spaltung der Gesellschaft. Eine Verteidigung des Exklusionsbegriffs gegen seinen mystifizierenden Gebrauch«. In: Herkommer (1999), S. 60-72.

Kronauer, Martin (2002): Exklusion. Die Gefährdung des Sozialen im hochentwickelten Kapitalismus, Frankfurt/M./New York: Campus.

Kronauer, Martin (2006): »›Exklusion‹ als Kategorie einer kritischen Gesellschaftsanalyse. Vorschläge für eine anstehende Debatte«. In: Bude/Willisch (2006a), S. 27-45.

Kronauer, Martin/Vogel, Berthold (2004): »Erfahrung und Bewältigung von sozialer Ausgrenzung in der Großstadt: Was sind Quartierseffekte, was Lageeffekte?« In: Häußermann/Kronauer/Siebel (2004a), S. 235-257.

Kuhle, Holger (2001): Neue Formen sozialer Ausgrenzung. Sozioökonomischer Wandel in zwei Metropolen, Frankfurt et al.: Lang.

Kuhlmann, Ellen (2004): »Die Entdeckung der Körper – eine Herausforderung für die Soziologie«. Soziologische Revue 27, S. 69-79.

Läpple, Dieter (1991a): »Essay über den Raum. Für ein gesellschaftswissenschaftliches Raumkonzept«. In: Häußermann et al. (1991), S. 157-207.

Läpple, Dieter (1991b): »Gesellschaftszentriertes Raumkonzept. Zur Überwindung von physikalisch-mathematischen Raumauffassungen in der Gesellschaftsanalyse«. In: Wentz (1991), S. 35-46.

Lefebvre, Henri (1991 [1974]): The Production of Space, Oxford/Cambridge: Blackwell.

Lefebvre, Henri (2003 [1970]): Die Revolution der Städte, Dresden: DRESDENPostplatz.

Legnaro, Aldo (1997): »Konturen der Sicherheitsgesellschaft: Eine polemisch-futurologische Skizze«. Leviathan. Zeitschrift für Sozialwissenschaft 25, S. 271-284.

Legnaro, Aldo/Birenheide, Almut (2005): Stätten der späten Moderne. Reiseführer durch Bahnhöfe, shopping malls, Disneyland Paris, Wiesbaden: VS-Verlag .

Leisering, Lutz (1997): »›Soziale Ausgrenzung‹ – Zur handlungstheoretischen Fundierung eines aktuellen sozialpolitischen Diskurses«. In: Stefan Hradil /Deutsche Gesellschaft für Soziologie (Hg.), Differenz und Integration. Die Zukunft moderner Gesellschaften. Verhandlungen des 28. Kongresses der Deutschen Gesellschaft für Soziologie in Dresden 1996, Frankfurt/New York: Campus, S. 1039-1053.

Lemke, Thomas (1997): Eine Kritik der politischen Vernunft, Hamburg: Argument.

Lessenich, Stephan/Nullmeiner, Frank (Hg.) (2006): Deutschland – eine gespaltene Gesellschaft, Frankfurt/M./New York: Campus.

Lesting, Wolfgang (1997): »Polizeirecht und offene Drogenszene«. In: Kritische Justiz 30, S. 214-223.

Lianos, Michalis/Douglas, Mary (2000): »Dangerization and the End of Deviance. The Institutional Environment«. British Journal of Criminology 40, S. 261-278.

Lindemann, Gesa (1993): Das paradoxe Geschlecht. Transsexualität im Spannungsfeld von Körper, Leib und Gefühl, Frankfurt/M: S. Fischer.

Lindenberg, Michael/Schmidt-Semisch, Henning (1995): »Sanktionsverzicht statt Herrschaftsverlust. Vom Übergang in die Kontrollgesellschaft«. In: Kriminologisches Journal 27, S. 2-17.

Lindner, Rolf (1990): Die Entdeckung der Stadtkultur. Soziologie aus der Erfahrung der Reportage, Frankfurt/M: Suhrkamp.

Link, Jürgen (1999): Versuch über den Normalismus. Wie Normalität produziert wird. Wiesbaden Opladen u.a.: Westdeutscher Verlag.

Link, Jürgen/Loer, Thomas/Neuendorff, Hartmut (Hg.) (2003): ›Normalität‹ im Diskursnetz soziologischer Begriffe, Heidelberg: Synchron.

Lorenz, Maren (2000): Leibhaftige Vergangenheit. Einführung in die Körpergeschichte, Tübingen: Edition Diskord.

Löw, Martina (2001). Raumsoziologie, Frankfurt/M: Suhrkamp.

Ludwig-Mayerhofer, Wolfgang (2000): »Soziale Ungleichheit, Kriminalität und Kriminalisierung heute«. In: Ders. (Hg.): Soziale Ungleichheit, Kriminalität und Kriminalisierung, Opladen: Leske + Budrich, S. 9-20.

Lüders, Christian (1995): Von der teilnehmenden Beobachtung zur ethnographischen Beschreibung. In: Eckard König/Peter Zedler (Hg.), Bilanz qualitativer Forschung, Weinheim: Deutscher Studien-Verlag, S. 311-342.

Lüders, Christian (2003): »Beobachten im Feld und Ethnographie«. In: Flick/Kardoff/Steinke (2003), S. 384-401.

Luhmann, Niklas (1996): »Jenseits von Barbarei«. In: Max Miller/Hans-Georg Soeffner (Hg.), Soziologische Zeitdiagnose am Ende des 20. Jahrhunderts, Frankfurt/M.: Suhrkamp, S. 219-230.

Lutz, Tilmann/Thane, Katja (2002): »Alles Risiko – oder was? Sicherheitsdiskurse zwischen Rationalität und Moral«. Widersprüche 22, S. 9-20.

Lyon, David (2001): Surveillance Society. Monitoring everyday life, Buckingham/Philadelphia: Open University Press.

Lyon, David (2002): »Editorial. Surveillance Studies: Understanding visibility, mobility and the phenetic fix«. Surveillance & Society 1, S. 1-7.

Mäder, Ueli (2005): »Exklusion – die neue soziale Frage«. Widerspruch 25, S. 95-104.

Marcuse, Peter (1993): »Wohnen in New York: Segregation und fortgeschrittene Obdachlosigkeit in einer viergeteilten Stadt«. In: Häußermann/Siebel (1993), S. 205-238.

Marcuse, Peter (2003): »Die Manipulation der Kriminalitätsangst. Anti-Terrorismus als Verlagerung der Unsicherheit nach dem 11. September«. In: Nissen (2003), S. 89-102.

Marcuse, Peter/van Kempen, Ronald (Hg.) (2002): Of States and Cities, Oxford: Oxford University Press.

Maresch, Rudolf/Niels Werber (Hg.) (2002): Raum – Wissen – Macht, Frankfurt/M: Suhrkamp.

Marinis, Pablo de (2000): Überwachen und Ausschließen. Machtinterventionen in urbanen Räumen der Kontrollgesellschaft, Pfaffenweiler: Centaurus.

Martin, Hans-Jörg (1979): Sieben Tage St. Georg. Aufzeichnungen eines Hamburger Stadtteilschreibers, Hamburg: M+K Hansa.

Marx, Karl (1971 [1859]): »Zur Kritik der Politischen Ökonomie«. In: MEW, Bd. 13, Berlin: Dietz, S. 3-160.

Mauss, Marcel (1997): »Die Techniken des Körpers«. In: Ders.: Soziologie und Anthropologie 2, Frankfurt/M.: S. Fischer, S. 199-220.

Mayring, Philipp ([8]2003a): Einführung in die qualitative Sozialforschung. Eine Anleitung zum qualitativen Denken, Weinheim/Basel: Beltz.

Mayring, Philipp (2003b): »Qualitative Inhaltsanalyse«. In: Flick/Kardoff/Steinke (2003), S. 468-475.

Merleau-Ponty, Maurice (1966): Phänomenologie der Wahrnehmung, Berlin/New York: de Gruyter.

Meuser, Michael (2006): »Körper-Handeln. Überlegungen zu einer praxeologischen Soziologie des Körpers«. In: Gugutzer (2006), S. 95-116.

Michel, Boris (2005): Stadt und Gouvernementalität, Münster: Westfälisches Dampfboot.

Mingione, Enzo (Hg) (1996a): Urban Poverty and the Underclass, A Reader, Cambridge/MA: Blackwell.

Mitchell, David T./Snyder, Sharon L. (Hg.) (1997): The Body and Physical Difference. Discourses of Disability, Ann Arbor: University of Michigan Press, S. 1-34.

Möhring, Maren (2004): Marmorleiber. Körperbildung in der deutschen Nacktkultur (1890-1930), Köln/Weimar/Wien: Böhlau.

Mollenkopf, John Hull/Castells, Manuel (Hg.) (1991): Dual City. Restructuring New York, New York: Russell Sage Foundation.

Morris, Lydia (1994): Dangerous Classes. The Underclass and Social Citizenship, London/New York: Routledge.

Morris, Lydia (1996): »Dangerous Classes: Neglected Aspects of the Underclass Debate«. In: Mingione (1996a), S. 160-175.

Müller, Hans-Peter (1998): Sozialstrukturanalyse und soziale Ungleichheit. Theorien und Trends. In: Klaus Cachay/Ilse Hartmann-Tews (Hg.), Sport und soziale Ungleichheit. Theoretische Überlegungen und empirische Befunde, Stuttgart: Naglschmid, S. 9-25.

Nassehi, Armin (2006): »Die paradoxe Einheit von Inklusion und Exklusion. Ein systemtheoretischer Blick auf die ›Phänomene‹«. In: Bude/Willisch (2006a), S. 46-69.

Nissen, Sylke (Hg.) (2003): Kriminalität und Sicherheitspolitik. Analysen aus London, Paris, Berlin und New York, Opladen: Leske + Budrich.

Nogola, Detlef (2000): »Gating the Rich – Barcoding the Poor: Konturen einer neoliberalen Sicherheitskonfiguration«. In: Ludwig-Mayerhofer (2000), S. 49-84.

Nogola, Detlef (2003): »Ordnung durch Beobachtung. Videoüberwachung als urbane Einrichtung«. In: Gestring et al. (2003), S. 22-54.

Norris, Clive/Armstrong, Gary (1999): The Maximum Surveillance Society. The Rise of CCTV, Oxford/New York: Berg.

Norris, Clive/McCahill, Mike/Wood, David (2004): »Editorial. The Growth of CCTV: a global perspective on the international diffusion of video surveillance in the publicly accessible space«. Surveillance & Society 2, S. 110-135. http:/www.surveillance-and-society.org/cctv.htm, 11.10.2004

Oberwittler, Dietrich/Karstedt, Susanne (Hg.) (2004): Soziologie der Kriminalität. Kölner Zeitschrift für Soziologie und Sozialpsychologie, Sonderheft 43, 2003, Wiesbaden.

Ortner, Helmut/Pilgram, Arno/Steinert, Heinz (Hg.) (1998): Die Null-Lösung. Zero-Tolerance-Politik in New York. Das Ende der urbanen Toleranz? Baden-Baden: Nomos.

Paul, Bettina/Schmidt-Semisch, Henning (Hg.) (1998): Drogendealer. Ansichten eines verrufenen Gewerbes, Freiburg i. Breisgau: Lambertus.

Peddinghaus, Pia/Hauer, Dirk (1998): »Der Sozialstaat zeigt die Zähne. Sozialpolitik und Ausgrenzungsstrategien in Hamburg«. In: StadtRat, S. 103-119.

Pieper, Marianne/Gutiérrez Rodríguez, Encarnacion (Hg.) (2003): Gouvernementalität. Ein sozialwissenschaftliches Konzept in Anschluss an Foucault, Frankfurt/M./New York: Campus.

Planert, Ute (2000): »Der dreifache Körper des Volkes: Sexualität, Biopolitik und die Wissenschaften vom Leben«. Geschichte und Gesellschaft 26, S. 539-576.

Plessner, Helmuth (1981 [1928]): Die Stufen des Organischen und der Mensch. Gesammelte Schriften IV, hg. v. Günter Dux, Odo Marquard und Elisabeth Ströker, Frankfurt/M: Suhrkamp.

Poyner, Barry (1983): Design against Crime. Beyond Defensable Space, London/Boston: Butterworths.

Prömmel, Erdmann (2002): »Kontrolle statt Disziplinierung oder Kontrolle durch Disziplinierung?« Kriminologisches Journal 34, S. 242-256.

Reckwitz, Andreas (2003): »Grundelemente einer Theorie sozialer Praktiken. Eine sozialtheoretische Perspektive«. Zeitschrift für Soziologie 32, S. 282-301.

Ronneberger, Klaus (1998): »Die Stadt der ›Wohlanständigen‹ und die neuen ›gefährlichen Klassen‹. Der Umbau der Städte zu ›Konsumfestungen‹«. In: Wilfried Breyvogel (Hg.), Stadt, Jugendkulturen und Kriminalität, Bonn: Dietz, S. 16-36.

Ronneberger, Klaus/Lanz, Stephan/Jahn, Walter (1999): Die Stadt als Beute, Bonn: Dietz.

Rose, Nikolaus (2000): »Tod des Sozialen? Eine Neubestimmung der Grenzen des Regierens«. In: Bröckling/Krasmann/Lemke (2000), S. 72-109.

Ross, Hans (1978): »Etwas über den Hansaplatz«. Blätter aus St. Georg 27 (H6), S. 2-4.

Ruddick, Susan (1994): »Sub-Liminal Los Angeles: The Case of Rodney King and the Socio-Spatial Re-Construction of the Dangerous Classes«. In: Bernd-Peter Lange/Hans-Peter Rodenberg (Hg.), Die neue Metropole: Los Angeles – London, Hamburg: Argument, S. 44-61.

Ruddick, Susan (1996): »Constructing Difference in Public Spaces: Race, Class, and Gender as Interlocking Systems«. Urban Geography 17, S. 132-151.

Ruhne, Renate (2003): Raum – Macht – Geschlecht. Zur Soziologie eines Wirkungsgefüges am Beispiel von (Un)Sicherheiten im öffentlichen Raum, Opladen: Leske + Budrich.

Rusche, Georg/Kirchheimer, Otto (1981 [1938]): Sozialstruktur und Strafvollzug, Frankfurt/M: Europäische Verlagsanstalt.

Sambale, Jens/Veith, Dominik (1997): »Marginalisierung als urbaner Prozess«. Forschungsjournal NSB 10, S. 103-107.

Sarasin, Philipp (2001): Reizbare Maschinen. Eine Geschichte des Körpers 1765-1914, Frankfurt/M: Suhrkamp.

Sarasin, Philipp (2005): Michel Foucault zur Einführung, Hamburg: Junius.

Sassen, Saskia (1991): The Global City, New York et al: Princeton University Press.

Sassen, Saskia (1993): »Global City: Internationale Verflechtungen und ihre innerstädtischen Effekte«. In: Häußermann/Siebel (1993), S. 71-90.

Schäfers, Bernhard (1987): »Soziale Ungleichheit. Alte und ›neue‹ soziale Frage«. In: Michael Opielka/Ilona Ostner (Hg.), Umbau des Sozialstaats, Essen: Klartext, S. 83-94.

Schatzki, Theodore R./Knorr-Cetina, Karin/Savigny, Eike von (Hg.) (2001): The Practice Turn in Contemporary Theory, London/New York: Routledge.

Scheerer, Sebastian (1994): »Kriminalität und Kontrolle«. konkret, H1, 1994, S. 14-16.

Scherr, Albert (1998): »Randgruppen und Minderheiten«. In: Bernhard Schäfers/Wolfgang Zapf (Hg.), Handwörterbuch zur Gesellschaft Deutschlands, Opladen: Leske + Budrich, S. 504-514.

Schierz, Sascha (2004): »Ordnungspartnerschaften in Nordrhein-Westfalen – Sicherheit und Ordnung werden erlebbar«. In: Elsbergen (2004a), S. 119-131.

Schmid, Christian (2005): Stadt, Raum und Gesellschaft. Henri Lefebvre und die Theorie der Produktion des Raumes, Stuttgart: Steiner.

Schmidt, Christiane (2003): »Analyse von Leitfadeninterviews«. In: Flick/Kardoff/Steinke (2003), S. 447-456.

Schmidt, Robert (2002): Pop – Sport – Kultur. Praxisformen körperlicher Aufführungen, Konstanz: UVK.

Schmidt, Robert (2006): »›Geistige Arbeit‹ als körperlicher Vollzug. Zur Perspektive einer vom Sport ausgehenden praxeologischen Sozialanalyse«. In: Gugutzer (2006), S. 297-319.

Schneekloth, Hans-Peter (1995): Apfelsinenpudding und Rohrstock – Kindheit auf dem Hansaplatz in St. Georg, Hamburg: VSA.

Schroer, Markus (Hg.) (2005): Soziologie des Körpers, Frankfurt/M: Suhrkamp.

Schroer, Markus (2006): Räume, Orte, Grenzen. Auf dem Weg zu einer Soziologie des Raums. Frankfurt/M: Suhrkamp.

Schulte, Regina (1984): Sperrgebiete. Tugendhaftigkeit und Prostitution in der bürgerlichen Welt. Frankfurt/M: Syndikat/ EVA.

Sennelart, Michel (2004): »Situierung der Vorlesung«. In: Foucault (2004a), S. 527-571.

Sennett, Richard (1997): Fleisch und Stein. Der Körper und die Stadt in der westlichen Zivilisation, Frankfurt/M: Suhrkamp.

Shakespeare, Tom (1998) (Hg.): The Disability Reader. Social Science Perspectives, London/New York: Cassell.

Shearing, Clifford (2005): »Die politische Produktion von Sicherheit. Einige Überlegungen zum Thema Souveränität«. Kriminologisches Journal 37, S. 82-92.

Shilling, Chris (1993): The Body and Social Theory, London/Newbury Park/New Delhi: Sage.

Shilling Chris (2005): The Body in Culture, Technology & Society. London/Thousand Oaks/New Delhi: Sage.

Siebel, Walter (1997): »Armut oder Ausgrenzung?« Leviathan. Zeitschrift für Sozialwissenschaft 25, S. 67-75.

Silver, Hilary (1996): »Culture, Politics and National Discourses of the New Urban Poverty«. In: Mingione (1996a), S. 105-138.

Simmel, Georg (1999): Soziologie. Untersuchungen über die Formen der Vergesellschaftung. Gesamtausgabe Bd. 2, Frankfurt/M: Suhrkamp.

Singelnstein, Tobias/Stolle, Peer (2006): Die Sicherheitsgesellschaft. Soziale Kontrolle im 21. Jahrhundert, Wiesbaden: VS-Verlag.

Soja, Edward W. (1985): »The Spatiality of Social Liefe: Towards a Transformative Retheorisation«. In: Gregory/Urry (1985), S. 90-127.

Soja, Edward W. (1991): »Geschichte: Geographie: Modernität«. In: Wentz (1991), S. 73-90

Sönmez, Oya (1998): »Böse Dealer, arme Schweine. Linke und Drogen (-politik) im Hamburger Schanzenviertel«. In: StadtRat (1998), S. 65-77.

Sotscheck, Ralf (2004): Alle zwei Sekunden Randale. die tageszeitung Nr. 7434, 13.8.2004, S. 13.

StadtRat (Hg.) (1998): Umkämpfte Räume, Hamburg/Berlin/Göttingen: Libertäre Assoziation.

Statistikamt Nord (2006): Hamburger Stadtteil-Profile 2005. Stadtteil St. Georg. http://fhh1.hamburg.de/fhh/behoerden/behoerde_fuer_inneres/statistisches_landesamt/profile/stgeorg.htm, 6.9.2006.

Stichweh, Rudolf (2005): Inklusion und Exklusion. Studien zur Gesellschaftstheorie, Bielefeld: transcript.

Stoff, Heiko (1999): »Diskurse und Erfahrungen. Ein Rückblick auf die Körpergeschichte der 90er Jahre«. 1999. Zeitschrift für Sozialgeschichte des 20. und 21. Jahrhunderts 14, S. 142-160.

Stolle, Peer/Hefendehl, Roland (2002): »Gefährliche Orte oder gefährliche Kameras? Die Videoüberwachung im öffentlichen Raum«. Kriminologisches Journal 34, S. 257-272.

Stürmann, Klaus (1990): »›Kein Ort für anständige Leute‹. Auf dem Weg zum Bahnhofs- und Vergnügungsviertel«. In: Joho (1990), S. 41-45.

Terry, Jennifer/Urla, Jacqueline (Hg.) (1995): Deviant Bodies. Critical Perspectives on Difference in Science and Popular Culture, Bloomington/Indianapolis: Indiana University Press.

Thomson, Rosemarie Garland (Hg.) (1996a): Freakery. Cultural Spectacles of the Extraordinary Body, New York/London: University Press.

Thomson, Rosemarie Garland (1996b): »Introduction: From Wonder to Error – A Genealogy of Freak Discourse in Modernity«. In: Dies. (1996a), S. 1-19.

Turner, Brian S. (1984): The Body and Society, Oxford: Blackwell.

Villa, Paula-Irene (2001): Sexy Bodies. Eine soziologische Reise durch den Geschlechtskörper, Opladen: Leske + Budrich.

Vogel, Berthold (2006): »Soziale Verwundbarkeit und prekärer Wohlstand. Für ein verändertes Vokabular sozialer Ungleichheit«. In: Bude/Willisch (2006a), S. 342-355.

Wacquant, Loïc (1996): »Red Belt, Black Belt: Racial Division, Class Inequality and the State in the French Urban Periphery and the American Ghetto«. In: Mingione (1996a), S. 234-274.

Wacquant, Loïc (1997): »Vom wohltätigen Staat zum strafenden Staat: Über den politischen Umgang mit dem Elend in Amerika«. Leviathan. Zeitschrift für Sozialwissenschaft 25, S. 50-66.

Wacquant, Loïc (1998): »Drei irreführende Prämissen bei der Untersuchung der amerikanischen Ghettos«. In: Heitmeyer/Dollase/Backes. (1998), S. 194-210.

Wacquant, Loïc (2000): Elend hinter Gittern, Konstanz: UVK.

Waldschmidt, Anne/Schneider, Werner (Hg.) (2007): Disability studies, Kultursoziologie und Soziologie der Behinderung. Erkundungen in einem neuen Forschungsfeld, Bielefeld: transcript.

Walther, Uwe-Jens (Hg.) (2002): Soziale Stadt – Zwischenbilanzen. Ein Programm auf dem Weg zur Sozialen Stadt? Opladen: Leske + Budrich.

Walther, Uwe-Jens/Mensch, Kirsten (Hg.) (2004): Armut und Ausgrenzung in der »Sozialen Stadt«. Konzepte und Rezepte auf dem Prüfstand. Darmstadt: Schrader Stiftung.

Wehrheim, Jan (2002): Die überwachte Stadt. Sicherheit, Segregation und Ausgrenzung. Opladen: Leske + Budrich.

Wentz, Martin (Hg.) (1991): Stadt-Räume. Frankfurt/M./New York: Campus.

Wirth, Uwe (Hg.) (2002): Performanz. Zwischen Sprachphilosophie und Kulturwissenschaften, Frankfurt/M: Suhrkamp.

Zinganel, Michael (2003): Real Crime. Architektur & Verbrechen, Wien: edition selene.

2. Verzeichnis der in der Diskursanalyse ausgewerteten Quellen (Zeitungen, Zeitschriften, Internetquellen und Drucksachen)

Zeitungen und Zeitschriften:

Bild am Sonntag [BamS]

Der Spiegel

die tageszeitung [taz]

Die Zeit [Zeit]

Hamburger Abendblatt [HA]

Hinz&Kunzt

Hamburger Morgenpost [Mopo]

Nordelbische Kirchenzeitung

Süddeutsche Zeitung [SZ]

Szene Hamburg [Szene]

Blätter aus St. Georg. Hg. vom Bürgerverein zu St. Georg von 1880 R.V.

Der Lachende Drachen. Hg. vom Einwohnerverein St. Georg von 1987 e.V.

Internetquellen:

Bürgerverein zu St. Georg von 1880 R.V. (2006): Unsere Ziele. http://www.buergerverein-stgeorg.de/unsereziele.htm, Zugriff am 29.8.2006.

Einwohnerverein St. Georg von 1987 e.V. (2006): Homepage. http://www.gw-stgeorg.de/vereine/einwohnerverein.html, Zugriff am 31.8.2006.

Bürgerschaftsdrucksachen:

Bürgerschaft der Freien und Hansestadt Hamburg (1992): Drucksache 14/2852. Mitteilungen des Senats an die Bürgerschaft. Jugend-, sozial-, drogen- und stadtteilentwicklungspolitische Sofortmaßnahmen für St. Georg (24.11.1992).

Bürgerschaft der Freien und Hansestadt Hamburg (1995): Drucksache 15/3622. Mitteilungen des Senats an die Bürgerschaft. Darstellung stadtteilentwicklungspolitischer Maßnahmen für St. Georg (4.7.1995).

Bürgerschaft der Freien und Hansestadt Hamburg (1998): Drucksache 16/769. Mitteilungen des Senats an die Bürgerschaft. Koordiniertes Handlungskonzept am Hauptbahnhof (28.4.1998).

3. Nachweis der in der Diskursanalyse zitierten Artikel

BamS, 24.9.1989 – Horst Schlämmer: »Nichts wie weg hier!«. St. Georg in Hamburg – Deutschlands schlimmster Drogenstadtteil.

HA, 22./23.10.88 – [anon.]: Voscherau in St. Georg.

HA, 21.7.01 – bit/kj/cd/hib: Drogenhauptstadt Hamburg – es geht auch ganz anders...

HA, 4.8.03 – Karsten Broockmann: St Georg – zwischen Elend und Luxus.

HA, 17.10.03 – Jens Meyer-Odewald: St. Georg – wo die Drogenszene weiterlebt.

HA, 13.12.03 – Bettina Brüdgam: Wohnen in der Hafencity.

HA, 8.7.04 – pum: St. Georg: Beust auf Ideen-Tour.

HA, 11.7.06 – Linda Laddach: Die Hamburger fühlen sich dort sicher, wo sie sich auskennen. Videoüberwachung: Erhöhtes Sicherheitsgefühl auf dem Kiez?

Mopo, 30.7.91 – Thomas Hirschbiegel: St. Georg Report. Zwölf Mann gegen ein Heer von Dealern.

Mopo, 31.7.91 – Martin Gielnik: St. Georg Report. Der Boulevard des Elends liegt vor dem Hauptbahnhof.

Mopo, 1.8.91 – Gerd-Peter Hohaus: St. Georg Report. Das Heroin treibt Marlis vier Tage nach der Entbindung auf den Strich.

Mopo, 2.8.91 – Martin Gielnik: St. Georg Report. Stadtteil zwischen Slums und Snobs.

Mopo, 8.7.04 - Renate Pinzke: »Ja, es ist alles viel besser geworden«. Bürgermeister auf Sprint-Rundgang in St. Georg.

SZ, 4.9.91 – Klaus Brill: Hamburger Drogenszene. Elend, das nur die Kulisse wechselt.

SZ, 8.6.94 – Matthias Pees: Weltstadt-Widerspruch. Das beliebte Problemviertel St. Georg hinter dem Hamburger Hauptbahnhof feiert Jubiläum.

SZ, 16.6.01 – Peter Brandhorst: Am Rande – und doch stets voll im Blick.

Szene 9/05 – Frederik Matthias Schmidt: St. Georg.

taz, 28.5.94 – Andrea Hoesch: ...mit allem, was dazugehört.

taz, 22.7.02 – Elke Spanner: Verlorenes Gebiet.

taz, 8.7.04 – Markus Jox: Ein sauberer Stadtteil.

Welt, 13.8.99 – André Zand-Vakili: Teufelsdroge Crack – Die Welle hat Hamburg erfaßt.

Welt, 14.9.99 – Uwe Bahnsen: Unerträgliche Perspektive.

Welt, 5.11.00 – Saskia Tants: Die verlorenen Kinder vom Hauptbahnhof.

Welt, 4.8.02 – Dirk C. Fleck: Überlebenskampf am Hansaplatz. Sie gleichen Gespenstern, jeder Tag könnte ihr letzter sein: Hamburgs Crack-Junkies verkaufen Körper und Seele für ihre Sucht.

Welt, 22.5.04 – Gisela Schütte: Zinshäuser sind als Altersvorsorge wieder gefragt. Auf die richtige Lage kommt es an – Spekulation auf neue »In-Viertel« birgt hohe Gewinnchancen – St. Georg bleibt spannend.

Welt, 5.7.04 – Ole von Beust: Bürger und Politik haben ein neues St. Georg geschaffen.

Welt, 8.7.04 – Katja Gerhartz: Zwischen Sex-Shop und Szenerestaurant. Ortstermin St. Georg: Von Beust informiert sich über die Entwicklungen im einstigen Problem-Viertel.

Zeit, 37/01 – St. Willeke: Ein Sühneengel in Sankt Georg.

Materialitäten

Gabriele Klein, Michael Meuser (Hg.)
Ernste Spiele
Zur politischen Soziologie des Fußballs

2008, 276 Seiten, kart., 25,80 €,
ISBN 978-3-89942-977-0

Bastian Lange
Die Räume der Kreativszenen
Culturepreneurs und ihre Orte in Berlin

2007, 332 Seiten, kart., 30,80 €,
ISBN 978-3-89942-679-3

Lars Meier
Das Einpassen in den Ort
Der Alltag deutscher Finanzmanager in London und Singapur

Februar 2009, 300 Seiten, kart., zahlr. Abb., 29,80 €,
ISBN 978-3-8376-1129-8